刑事辩护的专业化与精细化

刘绍奎 ◎ 著

中国政法大学出版社

2018·北京

声 明	1. 版权所有，侵权必究。	
	2. 如有缺页、倒装问题，由出版社负责退换。	

图书在版编目（CIP）数据

刑事辩护的专业化与精细化/刘绍奎著.—北京：中国政法大学出版社，2018.10
（2021.7重印）
ISBN 978-7-5620-8676-5

Ⅰ.①刑… Ⅱ.①刘… Ⅲ.①刑事诉讼－辩护－研究－中国 Ⅳ.①D925.210.4

中国版本图书馆CIP数据核字(2018)第242825号

出 版 者	中国政法大学出版社
地　　址	北京市海淀区西土城路25号
邮寄地址	北京100088信箱8034分箱　邮编100088
网　　址	http://www.cuplpress.com（网络实名：中国政法大学出版社）
电　　话	010-58908586(编辑部) 58908334(邮购部)
编辑邮箱	zhengfadch@126.com
承　　印	北京鑫海金澳胶印有限公司
开　　本	720mm×960mm　1/16
印　　张	21
字　　数	340千字
版　　次	2018年10月第1版
印　　次	2021年7月第2次印刷
定　　价	59.00元

本书法律文件全称简称对照表

序号	全称	简称
1	《中华人民共和国宪法》	《宪法》
2	《中华人民共和国刑事诉讼法》	《刑事诉讼法》[1]
3	《中华人民共和国刑法》	《刑法》
4	《中华人民共和国监察法》	《监察法》
5	《中华人民共和国律师法》	《律师法》
6	最高人民检察院关于印发《人民检察院讯问职务犯罪嫌疑人实行全程同步录音录像的规定》的通知	最高检《同步录音录像规定》
7	最高人民法院、最高人民检察院、公安部、国家安全部、司法部印发《关于办理死刑案件审查判断证据若干问题的规定》的通知	两院三部《办理死刑案件证据规定》
8	最高人民法院、最高人民检察院、公安部、国家安全部、司法部印发《关于办理刑事案件排除非法证据若干问题的规定》的通知	两院三部《非法证据排除规定》
9	最高人民法院、最高人民检察院、公安部、国家安全部、司法部印发《关于规范量刑程序若干问题的意见（试行）》的通知	两院三部《关于量刑程序规定》
10	最高人民法院关于适用《中华人民共和国刑事诉讼法》的解释	最高院《刑事诉讼法解释》
11	最高人民检察院《人民检察院刑事诉讼规则（试行）》	最高检《检察院诉讼规则》
12	公安部《公安机关办理刑事案件程序规定》	公安部《刑事程序规定》

---

[1] 如无明确说明，本书中引用的《刑事诉讼法》是指现行《刑事诉讼法》。若引用的不是现行《刑事诉讼法》，会说明具体通过的时间，如 2012 年《刑事诉讼法》等。其他法律文件亦采取类似表述。

续表

序号	全称	简称
13	最高人民法院印发《关于建立健全防范刑事冤假错案工作机制的意见》的通知	最高院《防范冤假错案机制》
14	公安部关于印发《公安机关讯问犯罪嫌疑人录音录像工作规定》的通知	公安部《录音录像规定》
15	最高人民检察院、公安部《关于逮捕社会危险性条件若干问题的规定（试行）》	检察公安《社会危险性规定》
16	《人民检察院办理羁押必要性审查案件规定（试行）》	检察院《羁押必要性规定》
17	最高人民法院、最高人民检察院、公安部印发《关于办理刑事案件收集提取和审查判断电子数据若干问题的规定》的通知	两院三部《电子证据规定》
18	最高人民法院、最高人民检察院、公安部、国家安全部、司法部印发《关于推进以审判为中心的刑事诉讼制度改革的意见》的通知	两院三部《以审判为中心意见》
20	最高人民法院印发《关于全面推进以审判为中心的刑事诉讼制度改革的实施意见》的通知	最高院《以审判为心实施意见》
21	最高人民法院关于实施修订后的《关于常见犯罪的量刑指导意见》的通知	最高院《量刑指导意见》
22	最高人民法院、最高人民检察院、公安部、国家安全部、司法部印发《关于办理刑事案件严格排除非法证据若干问题的规定》的通知	两院三部《严格排除非法证据规定》
23	最高人民法院关于印发《人民法院办理刑事案件第一审普通程序法庭调查规程（试行）》的通知	最高院《一审调查规程》
24	最高人民法院关于印发《人民法院办理刑事案件庭前会议规程（试行）》的通知	最高院《庭前会议规程》
25	最高人民法院关于印发《人民法院办理刑事案件排除非法证据规程（试行）》的通知	最高院《排除非法证据规程》
26	江苏省高级人民法院《〈关于常见犯罪的量刑指导意见〉实施细则》	江苏省高院《量刑实施细则》

序 言
PREFACE

就世界各国刑事诉讼法的发展过程来看,刑事诉讼法修改的历史就是辩护权不断得到扩大的历史。我国近年来修改的《刑事诉讼法》同样体现了这一特征。在我国法治不断发展的过程中,立法上给予了刑辩律师更多的辩护权。这种辩护权的扩大既体现了对辩护权的保护,同时更为刑辩律师增添了一份责任。刑辩律师只有充分利用法律赋予的权利为犯罪嫌疑人、被告人提供更加专业和优质的服务,才能不辜负犯罪嫌疑人、被告人的要求及立法期望。

近年来,连续出现在中国刑事司法领域的重大错案、冤案在社会各界引起巨大反响。从云南的杜培武到湖北的佘祥林、河南的赵作海和李怀亮、河北的李久明和聂树斌、湖南的滕兴善,再到浙江的张高平和张辉、内蒙古的呼格吉勒图等,直到2018年吉林的刘忠林。2018年4月20日,吉林省高院再审宣判刘忠林故意杀人案,宣告刘忠林无罪,被囚禁25年多的刘忠林已于2年前刑满释放,此时刘忠林已50岁。这些错案冤案涉及的地域范围很广,不仅出现在较偏远的内陆地区,也出现在经济文化较为发达的江浙地区;涉案的当事人不仅包括普通的百姓,也包括原在公安机关工作的警察。而且,这些重大错案冤案的刑罚基本涉及死刑。反观发现错案冤案的原因,很大程度上依靠的是"亡者归来"或"杀手重现",而不是依靠在案件办理过程中发现错案,并启动事后的错案纠正机制。在考量司法机关的执法过程存在问题的同时,我们不仅要问:律师作为刑事司法环节中的重要一环,他们在哪里?律师的作用在哪里?刑辩律师如何通过提高自身的能力尽量避免冤假错案的发生是每一位刑辩律师都应思考的问题。

从我国的传统辩护情况来看,实践中的传统辩护与犯罪嫌疑人、被告人的要求和立法上的期待显然存在一定差距。按照陈瑞华教授的观点,传统辩护的特征主要体现在以下方面：第一，传统辩护大多为粗线条的宏观辩护。在这种辩护方式下，往往以无罪辩护为第一要素，更加注重和强调从犯罪构成的角度对控方观点提出辩护意见。第二，传统辩护重实体辩护、轻程序辩护。这与我国司法环境中长期存在的重实体、轻程序的传统观念相关，也与司法裁判中对程序性的辩护意见采纳少的现状相关。传统辩护之所以存在前述特征，既有立法上的原因，也有实践上的原因，这也是我国向法治社会迈进过程中难以逾越的阶段。不过，正如前文所述，在法治不断发展和辩护权不断得到扩大的当今社会，传统的辩护模式已经不能适应法治发展的要求。作为刑辩律师，应当依据法律赋予的各项权利为犯罪嫌疑人和被告人提供更加专业化和精细化的服务。

　　刑事辩护必须体现专业性，刑事辩护绝非"形式辩护"。只有充分掌握和运用专业性知识和技巧，才能实现有效辩护，才能体现并实现刑辩业务的特殊性。社会分工对社会发展的促进作用在此不再赘述，在我国社会经济文化不断发展的今天，法律服务业同样蓬勃发展。我们可以极其明显地体会到诸如从事证券业务、知识产权业务、房地产业务、涉外业务甚至是公司破产业务的律师在专业化发展方面的快速步伐及其成果，普通律师如果没有涉足并经一定时间的锻炼，难以胜任其中的工作。但刑事辩护业务作为律师业务中最传统当然也是最重要的部分，其专业性并没有得到足够的认可。这与刑事法律作为基础的法律学科有关，所有律师在学习过程中均涉略过相关内容。当然，这也与许多律师在从事刑事辩护过程中，没有真正认识到刑事辩护的专业要求有关，只是自我感觉已通门径。刑事辩护业务之所以说是律师业务中最重要的组成部分，是因为其业务内容与人的生命和自由紧密相连。社会越发展，经济越发达，生命和自由的地位就越高。我们经常可以听到一些颇具经济实力的人士发出以下感慨："只要不是人的问题，凡是钱能解决的都是小问题。"为了避免错误追究人的责任、避免错误剥夺人的生命和自由，法律从各个方面均规定了严格的条件，既包括实体上的条件，也包括程序上的条件。这些条件不是单一的，而是浑然一体的；这些内容不仅是表面的文字性、技术性立法，而是深层次地反映了对社会、对法学理论的认识态度和水平。以非法证据排除为例，这一制度的确立和发展过程既是对我国司法实践中存在的问题的总结，也体现出对人权保障水平的提高。其涉及的内容包括立法背景、条文规定、操作程序、操作技巧等一系列的刑事专业问题。对于类似的专业问题，律师若没有经过对刑事法律的潜心研究和长期实践，是不可能切实为犯罪嫌疑人或被告人服务的，这与刑辩律师的要求必然存在差距，这就是刑事辩护的专业性。

为犯罪嫌疑人、被告人提供高水平的专业服务，应当落实在具体工作上，应当通过一项项的精细化服务体现刑事辩护的专业性。可以说，刑事辩护的专业性与精细化服务是本质与形式的关系，二者密不可分。如何实现刑事辩护业务的精细化，同样存在形式要求与内容要求两个方面。就形式要求来讲，就是指刑辩律师在处理案件过程中，在形式上应当完成的工作类型和内容。法律为我们规定了最明确的工作类型，这是刑辩律师从事辩护业务的最基本标准。刑辩律师如果没有完成这些工作，可以断定其提供的服务是不完全的、是没有达到刑辩律师从事业务最基本要求和标准的。本书的主线即是根据前述思路来展开的，梳理了刑事辩护中最基本当然也是最重要的工作类型。就内容上的要求来讲，刑事辩护律师在从事相关类型的工作之时，应当提高服务水平，而且应当达到最低的服务要求，达到精细的程度，这也是将本书定名为《刑事辩护的专业化与精细化》的原因之一。本书针对不同类型的辩护，提出了不同的辩护方法和要求，这些方法和要求必然应在辩护过程中得以运用并实现，否则同样达不到刑辩律师从事业务精细程度的要求。

本书的框架结构以侦查、审查起诉、审判等基本的刑事诉讼程序为主线，针对刑辩律师在不同的诉讼阶段应当从事的具体的工作及工作方法和要求提出相关意见。为便于读者阅读和把握相关内容，作者在所在章节的开始部分以表格方式罗列出在相应诉讼阶段刑辩律师应当从事的工作概况。然后在随后的内容中就具有一定复杂性的问题作出具体解释和说明。在此说明，随后作出解释的内容，并不代表该项辩护工作相对于没有被解释的内容更为重要，笔者认为凡是表格中罗列的内容，每一项均是重要的、必不可少的，只是没有解释的内容，其相对较为简单，争议不大，因此不再说明，而且本书由于篇幅上的限制，也不可能对所有问题均一一说明。为进一步增强本书的实际操作性，书中包括部分具体的操作案例，这些案例大多是作者本人在从事刑事辩护中实际遇到的，出于相关原因，作者在撰写过程中，并没有使用真实的姓名或名称等，但相关事实均是真实的。

刑辩律师作为"为生命和自由辩护的职业"，其不仅仅是犯罪嫌疑人、被告人的利益保护者，更是公平正义规则的推动者和呐喊者。一切客观因素、

刑事辩护的专业化与精细化

环境因素都不足以成为律师逃避参与刑事辩护的借口和理由。刑辩律师应当具有更高的追求，献身法治的理想与信念，通过积极参与改变现实境遇而不负律师作为"法律之师"的崇高使命。

刘绍奎

2018 年 5 月 7 日初写

2018 年 6 月 28 日改订于南京

目 录
CONTENTS

序 言 ··· - 001 -

第一章　刑辩律师的角色定位和职业伦理 ···························· - 001 -
一、中国古代至清末时期的"律师"——讼师 ························· - 002 -
二、"律师"作为法律工作者称谓的缘起 ······························ - 008 -
三、清末民初时期律师的产生与角色定位 ····························· - 010 -
四、新中国成立后律师制度的发展及刑辩律师的实践特点 ········· - 014 -
五、刑辩律师角色定位的国际比较 ······································ - 027 -
六、我国刑辩律师的角色定位——地位平等的诉讼主体 ············ - 030 -
七、刑辩律师的职业伦理具有"非道德性"特征 ···················· - 047 -

第二章　侦查阶段辩护工作要求与实施 ······························ - 059 -
一、侦查阶段辩护工作纲要 ··· - 059 -
二、侦查阶段第一次会见犯罪嫌疑人的工作要求 ···················· - 060 -
三、就逮捕必要性向检察机关提出律师意见 ·························· - 075 -
四、就羁押必要性向检察机关提出律师意见 ·························· - 090 -
五、对犯罪嫌疑人进行心理疏导 ··· - 098 -
六、在侦查阶段提出的综合性意见 ······································ - 099 -

第三章　审查起诉阶段辩护工作要求与实施 ······ - 103 -
一、向犯罪嫌疑人、被告人核实有关证据 ······ - 104 -
二、收集、调取与本案有关的证据材料 ······ - 115 -
三、确定基本的辩护思路 ······ - 129 -
四、向人民检察院提供综合性的辩护意见 ······ - 130 -

第四章　审判阶段辩护工作要求与实施 ······ - 135 -
一、审判阶段辩护工作纲要 ······ - 135 -
二、围绕《起诉书》进一步审查案件的事实、证据，
　　梳理控方的逻辑主线 ······ - 136 -
三、会见被告人，征求其对《起诉书》的意见 ······ - 137 -
四、申请召开庭前会议 ······ - 138 -
五、刑辩律师庭审辩护策略的基本原则 ······ - 148 -
六、庭审中对被告人发问的方法与技巧 ······ - 152 -
七、庭审质证的方法与技巧 ······ - 160 -
八、辩护的分类与选择 ······ - 162 -
九、法庭辩论的基本要求、方法和技巧 ······ - 185 -
十、二审阶段的特点和辩护要求 ······ - 192 -
十一、认罪认罚从宽处理制度中的有效辩护 ······ - 195 -

第五章　非法证据排除规则在辩护中的运用 ······ - 200 -
一、非法证据排除程序的相关规定及立法进程 ······ - 200 -
二、非法证据与非法证据排除规则概述 ······ - 207 -
三、非法证据排除程序的特征 ······ - 210 -
四、非法证据与违法证据、瑕疵证据、真实性存疑证据和
　　资格待定证据 ······ - 212 -
五、非法证据的范围和分类 ······ - 217 -

六、是否构成非法证据的判断标准 ………………………………… - 219 -
七、认定非法证据的程序及效力 …………………………………… - 236 -
八、辩护人运用非法证据排除的其他问题 ………………………… - 248 -

第六章　审查证据的原则、方法与展开 ……………………… - 251 -
一、审查证据的目的 ………………………………………………… - 251 -
二、审查案件材料的基本原则 ……………………………………… - 252 -
三、审查卷宗材料的基本方法 ……………………………………… - 255 -
四、对物证、书证的审查与判断 …………………………………… - 265 -
五、对证人证言、被害人陈述的审查与判断 ……………………… - 269 -
六、对被告人供述和辩解的审查与判断 …………………………… - 272 -
七、对鉴定意见的审查与判断 ……………………………………… - 278 -
八、对勘验、检查、辨认、侦查实验的审查与判断 ……………… - 294 -
九、对视听资料、电子数据的审查与判断 ………………………… - 297 -
十、审查诉讼文书、技术性材料的具体方法和应当注意的问题 …… - 302 -
十一、制作满足办理案件需求的阅卷笔录 ………………………… - 305 -

后　　记 ……………………………………………………………… - 320 -

第一章
刑辩律师的角色定位和职业伦理

不同的人对刑辩律师[1]会有不同的评价。比如，在一些公众中眼中，刑辩律师就是一群拍好警察、检察官和法官的马屁，然后用社会关系"捞人"赚钱的人；在少数司法人员眼里，刑辩律师可能是一个不断制造麻烦、总是对案件吹毛求疵、影响案件正常进展的人；在许多律师眼中，刑辩律师收入低、风险高、办案过程难，是一个"看起来很美、说起来很麻烦、听起来很阔、做起来很难的职业"。刑辩律师作为一种职业似乎并不是看上去的那么幸福。

当然，我们在此考量刑辩律师的"幸福指数"并不是根本目的，其关键在于：在很大程度上，一个国家的刑辩律师的幸福指数在一定程度上直接反映了该国国民的幸福指数，反映了一个国家国民权利的保护状况，反映了一个国家民主和法治程度！分析刑辩律师存在前述问题的原因是多方面的，其核心与社会公众、司法机关工作人员以及律师自身，对刑辩律师的角色定位认识不清具有重要关系。[2]厘清刑辩律师的角色定位不仅是司法机关维护社会公正的需要，还是律师自身生存与发展的需要。如果在程序设计中对参与者在程序中的角色没有给出相对合理的界定，如果参与主体没有准确理解并把握自己的定位，就必然会增加运行成本。这不仅会影响预期目的的实现，

---

[1] 关于刑辩律师的称谓，本书一般会表述为刑辩律师，有时亦表述为辩护人、律师、刑事律师等，在本书基本属于同一含义，未作特殊区分。若由此给读者带来阅读上的误解，深表歉意。

[2] 关于律师的角色，可以从不同角度进行分析，比如律师是一个法律人的同时，还是一个文化人、经济人，甚至是政治人等。由于本书着重在于说明刑辩律师在刑事诉讼过程中的角色及影响，因此对于其他问题未作研究。

而且会使该程序的运行偏离预定目标。角色定位是程序设计和运行的基础性工作，[1]准确界定刑辩律师的角色定位并实现各界对刑辩律师角色以及对应的职业道德的认同，是刑辩律师脱离困境的基础性途径。

我们认为，分析刑辩律师的角色定位必须考查其历史演变过程，应与当时的政治经济、风俗习惯等密切联系起来。瞿同祖先生指出：法律是社会产物，是社会制度之一，它与风俗习惯有密切的关系，它维护现存的制度和道德、伦理等价值观念，它反映某一时期、某一社会的社会结构，法律与社会的关系极为密切。因此，我们不能像分析法学派那样将法律看成一种孤立的存在，忽略其与社会的关系。任何社会的法律都是为了维护并巩固当时的社会制度和社会秩序而制定的，只有充分了解产生某一种法律的社会背景，才能了解这些法律的意义和作用。[2]霍姆斯同样认为，历史"犹如一面魔镜，我们看到其中所映射出的不仅有我们自己的生活，还有所有前人的生活"[3]。与前述观点相对应，只有了解前人的生活，才能真正理解我们现在的状况。

一、中国古代至清末时期的"律师"——讼师[4]

（一）春秋战国时期的讼师

中国古代并没有严格意义上的律师，一般被称为"讼师"，讼师并非代现代意义上的律师，相当于"准律师"的角色。所谓讼师，是指古时精通法律、狱讼，替人写诉状及指点如何告状、陈词的专门职业人员。[5]"讼师"的称谓最早见于《周礼·秋官·司寇第五·小司寇》，该书记载了郑国以邓析为代表的第一代讼师。他凭借着对法律知识的精通及能言善辩，进行的是"以非为是，以是为非，是非无度，可与不可日变，所欲胜因胜，所欲罪因罪"的

---

[1] 王九川："论辩护律师在刑事诉讼中的角色定位"，载 http://www.king-capital.com/templates/second/index.aspx?nodeid=46&page=ContentPage&contentid=1122，访问日期：2014年8月19日。

[2] 瞿同祖：《中国法律与中国社会》，中华书局出版社2003年版，第8页。

[3] [美]霍姆斯：《法律的生命在于经验——霍姆斯法学文集》，明辉译，清华大学出版社2007年版，第186页。

[4] 本节内容主要参考①郭建：《獬豸的投影》，上海三联书店2006年版；②傅国涌：《追寻律师的传统》，北京联合出版公司2012年版；③党江舟："中国传统讼师文化研究"，中国政法大学2003年博士学位论文。

[5] 李栋："讼师在明清时期的评价及解析（上）"，载《中国法学》2013年第2期。

辩护。委托人想打赢官司他就有办法让他赢，想让罪名成立他也有办法使人身败名裂，弄得郑国"是非无度，而可与不可日变"。《吕氏春秋》记载了邓析的一个经典故事：一条河涨水淹死人，尸体被人打捞起来，以此要挟死者家属出高价。邓析对前来求教的家属说：一分钱也别多出，捞尸人除了能把尸体卖给你家，别人谁愿意出钱买？等着他着急吧。随后他又对来求教的捞尸者说，打捞费一分也别降价，除了能从你手里之外，家属到别处没法赎回遗体。同时他还传授法律知识，"与民有讼约者，大狱一衣，小狱襦。民之献衣襦而学讼者，不可胜数"。邓析还私自编纂了一部法典，刻在竹简上，史称《竹刑》，并提出"事断于法"的主张。[1]郑国的执政大夫子产无法接受邓析这种拿他自己出台的法律来对付官府的行为，认为邓析的行为是"五公好之则乱法，百姓好之则乱事"，最终将邓析杀掉，从而郑国"民心乃服，是非乃定，法律乃行"。邓析的命运是中国古代讼师的命运缩影。梁治平先生认为："在传统的社会里面，讼师素来受人轻贱，他们的形象……是贪婪、冷酷、狡黠、奸诈的，最善于搬弄是非，颠倒黑白，捏词辩饰，渔人之利。"[2]

在战国时期占了上风的法家理论强调法律要公开，认为这样可以使官吏不能欺负百姓，老百姓知道法律可以因为害怕而躲避犯罪。不过法家似乎并不主张人们学习法律来为自己或别人提供法律的帮助。而是提倡见了违法的事要立即揭发，自己犯了法要赶紧认罪，不得反复争辩，意图脱罪，烦扰官司。与法家思想相左的儒家思想则认为，争讼本身就是件不值得提倡的事，像邓析这样教导人们如何去打官司，为蝇头小利争论不休，是毒化人们的善良天性，是使民风日薄的罪魁祸首，必须要予以严惩。因此在大多数问题上都是针锋相对的儒家和法家思想，在禁止邓析之流方面的意见却是高度统一的。[3]

（二）秦汉至明清时期的讼师

后世的统治者仍然继续着这一思路，把这一行当称之为"讼师"，或者叫作"讼棍""哗徒"，通过立法严禁或严加限制。秦朝以法为教的目的是使人民学法知法而守法，并不是知法而用法；以吏为师的目的是让人民停止向邓

---

[1] （春秋）邓析："事断于法书《竹刑》"，载《河南法制报》2012年3月12日。
[2] 梁治平：《法意与人情》，中国法制出版社2004年版，第275~276页。
[3] 郭建："《亨利六世》受诅咒的律师"，载《法律与生活》2008年第19期。

析之流学习,以免他们开启民智而不服统治。如果有人敢对法律议论或增减一字皆以重罪处罚,秦朝史无前例的文化专制实际上已经不可能使讼师存在了。[1]汉朝董仲舒等人提倡《春秋》决狱,儒家思想被全面作为司法领域的指导思想,讼师的地位可想而知。《唐律疏议·斗讼》专门设有"为人作辞牒"的律条:"诸为人作辞牒加增其状、不如所告者,笞五十。若加增罪重,减诬告一等。"[2]随着社会之发展,至宋代讼师有所发展,尤其是以诉讼为职业的代书人及写状钞书铺户,广泛地存在于宋代社会生活中,官方给予贬斥和约束的同时,也对其职业予以承认并规定了取得资格的条件和手续,确定了其注册和运作的规则。[3]但宋朝法律对讼师的限制依然存在,宋朝法律直接规定代人诉讼为犯罪,景德二年(1005年)诏规定:各类人物告讼与己无关的事就要处以决杖、"枷项令众"十日。经常为人告讼、情节严重的,要上报皇帝,决杖后配军籍。除了直接替人诉讼外,向人传授诉讼的知识更被视为大罪,南宋绍兴十三年(1143年)敕规定:凡是聚集生徒教授辞讼文书者,处杖一百。再犯者,不得因大赦减免刑罚,一律要"邻州编管"。[4]

元、明、清时期虽然在法律上规定了诉讼代理制度,但这种诉讼代理制度基本限于官吏和老废笃疾等对象,且代理者多为亲属和家人。《大元通制》规定:"诸致仕代官不得已与齐民讼,许其亲属家人代诉,所司毋侵挠之。"[5]"诸老废笃疾,事须争讼,止令同居亲属深知本末者代之;若谋反、大逆,子孙不孝,为同居所侵侮,必须自陈者听。"明洪武元年(1368年)也仿元制,规定:"凡年老及笃废残疾之人,除告谋反、叛逆、子孙不孝,听自赴官陈告外,其余公事,许令同居亲属通知所告事理替实之人代告。"并规定:"诬告者,罪坐代告之人。"[6]《大明律》规定:"凡教唆词讼及为人作词状增减情罪诬告人者,与犯人同罪。若受雇诬告人者,与自诬告同。受财者,计赃以

---

[1] 党江舟:"中国传统讼师文化研究",中国政法大学2003年博士学位论文。
[2] 李瑞杰:"'律师伪证罪'存废之我见——读'为人作辞牒加状'条所想到的",载《法制博览》2012年第4期。
[3] 党江舟:"中国传统讼师文化研究",中国政法大学2003年博士学位论文。
[4] 霍存福:"宋明清'告不干己事法'及其对生员助诉的影响",载《华东政法大学学报》2008年第1期。
[5] 杨哲媛:"中西'厌诉'与'好诉'的文化实证研究",湖南大学2008年硕士学位论文。
[6] 谢佑平:"差异与成因:中国古代'辩护士''讼师'与现代职业律师",载《比较法研究》2003年第2期。

枉法从重论。其见人愚而不能伸冤，教令得实，及为人书写词状而罪无增减者，勿论。"[1]清代入关沿用《大明律》，在之后形成的《大清律例》中规定："凡教唆词讼，及为人作词状，增减情罪诬告人者，与犯人同罪；若受雇诬告人者，与自诬告同；受财者，计赃，以枉法从重论。其见人愚而不能伸冤，教令得实，及为人书写词状而罪无增减者，勿论"[2]明清的条例对讼师的处罚亦非常严重，如诬告强盗、人命重罪及"若系积惯讼棍串通胥吏，播弄乡愚，恐吓诈财，一经审实，即依棍徒生事扰害例问发云贵、两广极边烟瘴充军"[3]。

虽然法律严禁或限制讼师的活动与发展，但人类社会中的纷争是不可能避免的。其间或有强权，更有冤屈，讼师在事实上仍然是解决纷争的不可或缺的一环。所以不管立法者如何打击、限制讼师的发展，讼师在民间、在事实上仍然贯穿于整个中国古代社会，成为中国古代法律文化中不可缺少的重要部分。但讼师的形象在不同的人眼中千差万别，既有人认为讼师满腔正义、为民除害、为百姓申冤；也有人认为讼师坑害百姓、助纣为虐，是"社会赘疣"，"对于社会的作用，很难是有益的"[4]；当然还有很多人认为讼师的形象是灰色的，在黑白之间徘徊。

（三）中国古代讼师发展历程的基本原因

1. 中国原始商品经济的匮乏无法孕育出讼师得以生存的经济基础

由于我国特有的地理气候等环境，形成了中国古代自给自足的自然经济环境，原始商品经济并未形成，与商品经济紧密相连的契约精神、法治精神也无法形成。在此情况下，讼师缺少基本的生存基础。与此形成鲜明对比的西方，古罗马原始商品经济的形成和发展对契约精神和法治精神的形成起到了至关重要的作用，律师以法律为业，能够在商品经济秩序中为商品经济的主体提供法律咨询服务、维护其合法权益，并为诉讼各方提供必要的法律服务。而古代中国的宗法制注重君臣、父子、兄弟、夫妇之间的伦常关系，强调君仁、臣忠、父慈、子孝，古代中国通过这种制度来调节人与人之间的关

---

[1] 刘冰雪："明清讼师及讼学文献研究"，载《法律文献信息与研究》2011年第3期。
[2] 张荣铮等点校：《大清律例·刑律·诉讼·教唆词讼》（卷三十），天津古籍出版社1993年版，第525~527页。
[3] 马建石、杨育棠主编：《大清律例通考校注》，中国政法大学出版社1992年版，第900页。
[4] 参见梁治平：《法意与人情》，中国法制出版社2004年版，第272页。

系，同时通过这种对人与人关系的调整实现了对经济关系的调整。即使经济关系产生纠纷，也均可以通过宗法、伦理解决，其间更多强调的是社会个体承担的义务，而不是强调享有权利，因此古代中国无需律师、也不让律师作为中间的个体参与处理社会个体之间的纠纷和冲突。[1]

2. 在国家法文化的深层结构中，统治者倡导"无讼、息讼"的诉讼观念，没有讼师得以发展的肥沃土壤[2]

中国传统儒家思想中蕴含浓厚的和谐观和"非诉"的观念，和谐与非诉是一脉相承的。《礼记·中庸》记载："中也者，天下之大本也；和也者，天下之达道也。致中和，天地位焉，万物育焉。"与此相致，孔子曰："听讼，吾犹人也，必也使无讼乎。"孔子的无诉思想，在直接目的上是为维护和平稳定的秩序，好诉、健诉与孔子的思想完全背道而驰。孙笑侠教授指出：讼师在古代受到蔑视之事实，并非完全是因为讼师与律师制度在制度有区别，它固然与讼师的劣行、恶行有关，但主要还是因为法律家"帮助道德上有错误的人"不符合中国传统的伦理。[3]政治上的大一统观念、政府结构的集权化模式、司法过程中的超职权主义倾向以及传统伦理的影响，使得讼师在中国古代社会中始终都处于在政治与道德上被双重拒绝的尴尬境地。[4]

3. 封建集权专制容不得"权利"对"权力"提出挑战

古代中国制度以封建集权为典型代表，在此种格局下，统治者的"权力"绝不允许与其对抗的"权利"的存在，更不能允许有人帮助他人实现"权利"。所以讼师的最大"罪过"在于帮助他人实现"权利"，这是一个比"挑唆事端"更加无法让统治者接受的行为。中国的封建统治的权利在任何时候均不可能容忍出现任何挑战，因此讼师受到封建集权的打击成为必然。

(四)中国古代讼师角色的基本认知和评价

综上所述，中国古代讼师尚不能成为一个阶层，只是一个依靠诉讼养家糊口的小群体。无论是从业的人员，还是所受的专业训练等均与现代意义上

---

[1] 谢佑平："差异与成因：中国古代'辩护士''讼师'与现代职业律师"，载《比较法研究》2003年第2期。

[2] 吕欣："对古代讼师的法文化考察：以民间法与国家法的两分为视角"，载《山东大学学报（哲学社会科学版）》2007年第4期。

[3] 孙笑侠："法律家的技能与伦理"，载《法学研究》2001年第4期。

[4] 方立新、许翰信："纠葛，讼师与中国古代法律文化"，载《浙江大学学报（人文社会科学版）》2003年第6期。

的律师存在本质区别。总的来讲,可以对中国古代讼师的角色作出如下定位和评价。

1. 从业群体:未仕的读书人

识字、读书、写作是作为一名讼师基本的能力。不过如果书生经过考核进入仕途,一般是不允许也不会从事讼师职业的。雍正五年(1727年)定例:"文武生员,除事关切己及未分家之父兄许其出名告理外,如代人具控作证者,令地方官申详学臣,褫革之后,始行审理曲直。如给衣顶后,有包揽词讼者,加倍治罪。"乾隆三十六年(1771年)又定例:"生员代人抗帮作证,审属虚诬,该地方官立行详请褫革衣顶,照教唆词讼本罪上加一等治罪。如计赃重于本罪者,以枉法从重论。其讯明事属有因,并非捏词妄证者,亦将该生严加戒饬。倘罔悛改,复蹈前辙,该教官查明再犯案据,开报劣行,申详学政黜革。"[1]只有那些未经仕途的读书人,即"生员",才会"读书不成,乃包揽讼事"[2]。由此可以看出,与其说讼师是未经仕途的读书人,不如说是落魄的书生更加合适。

2. 专业素养:缺少系统专业训练

由于中国古代没有真正的律师制度和法治环境,讼师并不能成为一个真正的职业,充其量是半个职业,因此不可能有相对完整的训练方法或体系。未入仕的读书人在具有了读书、识字等基础后,结合自己的经验、阅历、智慧等为他人写状子或从事类似行为。讼师计谋之奇,来自经验,来自对生活尤其是某些特有习惯的细致入微的观察。[3]当然也会有讼师学习、研究当时的法律、礼等,但这种学习研究过程往往是自发的和无序的,不可能成为一种职业活动,讼师们当然无法培养职业素养。

3. 社会地位:饱受打压和歧视

古代中国,读书人的最高境界是经过科举考试步入仕途,仕途不成,要么去做私塾先生,要么去做官员的幕僚(幕友),读书人去做讼师是迫不得已的最后选择。正如谓"士不自爱,乃好干讼","读书不成,乃包揽讼事"。因

---

[1] 蒋铁初:"清代刑事人证的制度与实践",载《甘肃政法学院学报》2011年第2期。
[2] 霍存福:"从业者、素养、才能:职业与专业视野下的清代讼师",载《辽宁大学学报(哲学社会科学版)》2006年第1期。
[3] 霍存福:"从业者、素养、才能:职业与专业视野下的清代讼师",载《辽宁大学学报(哲学社会科学版)》2006年第1期。

为讼师在很多时候都被立法者视为非法的，即使在一定条件下允许存在，但也有诸多的限制，很容易被以犯罪处置。清代法律要求官员办案时必须先搞清"有无讼师唆""使扛帮情节"，否则要对"失察之地方官"予以处罚，故地方官办案时要"究出主唆之人"[1]，这种规定在形式上类似反方向的非法证据排除规则。既然是非法，既然已经"自甘堕落"，那么"以非为是，以是为非，是非无度，可与不可日变，所欲胜因胜，所欲罪因罪"已在所难免。《禅真逸史》第二十四回曾用如下文字描述讼师管贤士："枪刀不见铁，杀人不见血；棒打不见痛，伤寒不发热；毒口不见蛇，蜇尾不见蝎；苦痛不闻声，分离不见别；世上若无此等人，官府衙门不用设。"在官方打压和民间歧视的夹击下，讼师的社会地位可想而知。

4. 服务对象：具有较大的局限性

在中国古代的诉讼中，原被告一般均需亲自出庭，一般只有贵族官僚才能委派亲属等代理诉讼，以避免贵族在庭中受辱。秦简《封讼式》《黥妾》爰书记载：某里公士甲捆送大女子丙，控告说："本人是某里五大夫乙的家吏。丙是乙的婢女。乙派甲来说：丙强悍，请求对丙施加黥劓。"审讯丙供称："是乙的婢女，没有其他过犯。"五大夫是商鞅变法时定的二十等爵中的第九等，他可以派家吏把婢女送官府要求处以黥劓，而不必亲自出庭。因此中国古代的代理制度是等级制度的延伸，这与现代律师的代理制度存在根本区别。[2]

二、"律师"作为法律工作者称谓的缘起

中国古代律与师在同一语句中表达的情形较早见于《易经》中的"师卦"，《易经》曰："师出于律"，其通俗的意思是指军队的作战、守卫、训练，都必须有统一的步伐、齐全的兵器、明确的目标、严格的纪律等。《说文解字》中对"律"解释为"均布也，从彳，聿声"。"律者所以范天下之不一而归于一，故曰均布也。"[3]可以看出，此处并非现代意义上的律师的缘起。

---

[1] 霍存福："从业者、素养、才能：职业与专业视野下的清代讼师"，载《辽宁大学学报（哲学社会科学版）》2006年第1期。

[2] 谢佑平："差异与成因：中国古代'辩护士''讼师'与现代职业律师"，载《比较法研究》2003年第2期。

[3] （东汉）许慎：《说文解字》，（清）段玉裁注，中国戏剧出版社2008年版，第196页。

直接作为词语出现的"律师"见于佛教的《大般涅槃经·金刚身品》，原为梵文"vinaya-dhara"意译，经载"如是能知佛法所作，善能解说，是名律师"。该处"律师"特指佛门中善于解释、讲说戒律经藏（"三藏"之一）、谙熟律条礼仪的僧尼。[1]《三德指归》曰："像法决疑经及观心论皆明三师，谓律师、禅师、法师也。明练持犯曰律师。"佛教在从印度传入中土之前，小乘各部戒律繁多，而且各有分歧，要抉择修习，非专家不可。到了唐代道宣遂开创律宗，从而培养专门传授戒法的僧材——律师。在唐代的道门中，会按道士实际的修行水准而给予相应的尊号。《大唐六典》作为唐朝行政性质的法典，也是我国现有的最早的一部行政法典，其卷四《祠部》云："道士修行有三号，其一曰法师，其二曰威仪师，其三曰律师。其德高思精，谓之炼师。"前述律师称谓与作为法律工作者身份的律师大相径庭。

在汉语中，律师作为法律工作者的称谓或者说作为与"lawyer""attorney""solicitor"对应的概念是西法东渐时的创造性产物。在翻译西文"lawyer"一词时，曾经在"讼师""律师""状师"等词语之间出现混用和转变。据邱志红考证，自19世纪40年代开始，一些英汉字典就已经列有"attorney""solicitor""lawyer"等条目，但直到戊戌维新时期以前，无论是来华传教士还是中国人自己编纂的英汉词典中都还没有出现直接用"律师"一词来翻译上述英文词的现象，一般都是以"状师""讼师"对译，偶尔也用"师爷"等词汇。如1847年麦都思（W. H. Medhurst）的 *English and Chinese Dictionary* 就已收录"attorney"一词，麦氏将其译为"代理事者、管事的、状师、师爷、写呈子的、代书状的"；在次年出版的第2卷中，麦氏译"lawyer"为"状师、讼师、书办"，而"solicitor"其中的一个对译词就是"讼师"。"律师"一词在近代中国出现之前，存在并活跃于中国传统社会的"讼师"一词一直是早期字典编纂者解释"lawyer"等词汇时的首要参考资源。[2]但是鉴于"讼师"二千余年来的负面"名声"，为便于引进西方法律，创造现代意义上的"律师"概念成为有识之士的思考。

1871年，以翻译身份陪同崇厚前往法国的张德彝可能是创造性使用"律师"这一概念的第一人。在其《随使法国记》（《三述奇》）所载的1871年

---

[1] 韩栋："说说'律师'"，载《文史知识》2007年第7期。
[2] 邱志红："从'讼师'到'律师'"，载《近代史研究》2011年第3期。

10月11日（同治十年八月二十七日）的日记中，有一段美国朋友巴尔三向他介绍10年前英国因向美国南部派船支援、插手美国南北战争而被罚款一事的记录，在提及美英政府围绕"阿拉巴马"号正当性问题上所进行的交涉时，有3次提到双方"律师"的活动。[1]此后1877年1月23日，张德彝在陪同郭嵩焘（驻英国公使）、刘锡鸿（驻英副使）出使英国会见伍廷芳（第一位取得英国出庭律师资格的中国人）并在各自日记中评价伍廷芳时，张德彝、刘锡鸿均使用了"律师"一词，郭嵩焘则使用了"讼师"一词。[2]1879年，李鸿章幕僚薛福成所写的《筹洋刍议》，提出在通商口岸聘请外国律师，"参用中西律例"，来和列强讨论废除领事裁判权的问题，此文在1888年被选入当时的《皇朝经世文续编》。这些均是早期将律师作为法律工作者称谓的典型，亦是我国现代意义上"律师"的起源。1891年，曾任浙江高等学堂监督的项藻馨在上海格致书院秋季课试中，曾在策论中建议培养本国律师。[3]1892年，改良思想家陈虬在出版的《治平通议》一书中建议设立律师制度，制订律师条例，以律师取代原来的讼师，因而律师一词被中国普遍接受。

三、清末民初时期律师的产生与角色定位[4]

（一）清末民初时期律师的基本发展[5]

继张德彝、刘锡鸿、薛福成、陈虬之后，1894年，郑观应在其出版的《盛世危言》中对西方律师制度做了比较全面的介绍。

1894年，23名上海商人联名上书道台聂缉椝："中国自与各国通商以来，于交易一端，华人往往有受亏情事，历年来稍能与之抗理者，全恃有律师得

---

[1] 邱志红："从'讼师'到'律师'"，载《近代史研究》2011年第3期。

[2] 邱志红："从'讼师'到'律师'"，载《近代史研究》2011年第3期。

[3] 参见洪勤民、王阿林："追寻律师的本土传统"，载《余杭市金融志》编纂委员会编：《余杭市金融志·第六篇·人物·第一章》，中华书局2002年版。

[4] 本节主要参考：①郭建：《獬豸的投影》，上海三联书店2006年版；②刘桂明："律师百年与律师精神"，载 http://blog.sina.com.cn/s/blog_4a47cd200102e1xp.html；③傅国涌："中国律师制度百年之际话律师先驱"，载《法治周末》2012年8月1日；④傅国涌：《追寻律师的传统》，北京联合出版公司2012年版等。

[5] 冯建红："百年前的中国律师"，载 http://www.fyfzw.cn/a/shehuiyufa/2012102631052.html，访问日期：2014年8月7日；刘瑶："中国律师制度的历史"，载 http://bjgy.chinacourt.org/article/detail/2011/11/id/884223.shtml，访问日期：2014年8月7日；梁翠："论民国时期中国律师制度创建中的重要问题和选择"，载《经济与法》2013年第1期。

为华人秉公伸诉。"[1]

1902年,清廷下诏:"现在通商、交涉事益繁多。著派沈家本、伍廷芳将一切现行律例按照交涉情形,参酌各国法律,悉心考订,妥为拟议,务期中外通行,有裨治理。"这是中国首次大规模借鉴学习外国先进的法律制度。[2]

1903年,发生了著名的"苏报案",原被告均委托律师出庭。6月29日和30日,俞明震等串通上海租界工部局,经由美国领事同意签押,派巡捕先后闯入《苏报》馆和爱国学社,当即捕去章太炎等人。7月1日,邹容激于义愤,自动到巡捕房投案。7月15日,公共租界会审公廨会审《苏报》一案。审判官是英国官员迪比南,原告是代表清政府的孙建臣、汪懋琨。律师古柏代表清政府指控《苏报》和章太炎、邹容。后因律师博易、高易两人来不及准备辩护词,公廨宣布退堂,并定于21日续讯。[3]

1906年,由清廷命令沈家本、伍廷芳主持拟定的《大清刑事民事诉讼法（草案）》直接引进了西方的诉讼制度和原则,包括律师制度。其中专列了"律师"一节,但关于律师属于何种身份,并没有作出规定。在《进呈诉讼法拟请先行试办折》中说明:陪审制度和律师制度"俱我法所未备,尤为挽回法权最重之端",乃"我国亟应取法者"。[4]但四川总督锡良、广西巡抚林绍年、山西巡抚恩寿、江苏巡抚陈夔龙等都对此表示疑问,表示该法不符合中国现实,不便执行,致使该法被搁置,律师制度也未能形成。

1909年、1910年清政府先后颁布的《各级审判庭试办章程》和《法院编制法》,则以法律的形式确定了律师存在的合法性。1911年,修订法律馆又以日本的刑事、民事诉讼法为蓝本,完成了《刑事诉讼法（草案）》和《民事诉讼法（草案）》,其中明确了律师的代理、辩护等职能。但这些草案还没有送资政院讨论,清廷即已告终。[5]

1911年,辛亥革命在武昌打响第一枪,革命党人在武昌设立了湖北军政

---

[1] 孙慧敏:"清末中国对律师制度的认识与引介",载《近代史研究所集刊》2006年第52期。
[2] 高汉成:"晚清刑事法律改革中的'危机论'——以沈家本眼中的领事裁判权问题为中心",载http://www.iolaw.org.cn/showArticle.aspx? id=2141,访问日期：2018年5月7日。赵玉环:"论沈家本对清末司法改革的贡献",载《东岳论丛》2009年第7期。
[3] 陈波:"'苏报案'研究",苏州大学2008年硕士学位论文。
[4] 吴永明:"民国前期律师制度建构论",载《江西社会科学》2004年第12期。
[5] 孙慧敏:"清末中国对律师制度的认识与引介",载《近代史研究所集刊》2006年第52期。

府。时任湖北军政府司法部长的张知本主张采用资本主义国家的"三权分立"和"司法独立"原则，在司法审判中引入律师辩护制度。由他本人组织审理的"唐牺支案"，也第一次出现了在法庭上为被告人辩护的中国律师。唐牺支是当时的反清革命组织骨干，辛亥革命成功后，湖北军政府委任唐牺支为鄂西数十县最高军政长官。唐牺支的部下枪杀了一名水手，其母到军政府司法部为儿子申冤，张知本深感案情重大，组织了特别法庭审讯唐牺支。唐牺支被传讯到了武昌特别法庭后，就聘请了当时有一定声望的陈英作为辩护律师。据历史资料记载，陈英是辛亥革命爆发后执行律师职务的第一位中国律师，律师出庭使该案成为近代中国司法审判历史上的一大亮点。湖北军政府当时曾一度代行中央政府的职权，颁布了具有历史意义的《鄂州约法》。陈英在唐牺支案中以辩护人的身份出现，在近代中国律师业的发展中具有里程碑式的意义。[1]

1911年10月，辛亥革命后成立南京临时政府，临时大总统孙中山曾命令法制局审核复呈《律师法（草案）》。南京政府起草了《律师法（草案）》，这是第一部有关律师制度的成文法草案，后因袁世凯"夺权"而未公布实行。

1912年中华民国成立，1912年1月8日，南京临时政府司法部提法司任命陈则民等32名政法学堂毕业生为公家律师，这是近代政府公布的中国第一批律师。[2] 浙江、江苏各地的律师发起律师公会，上海14名律师成立了"中华民国辩护士会"（或称"中华民国律师总公会"，到年底解散时已有170多名会员）。

1912年9月，南京临时政府内务部警务局长孙润宇将其编成的《律师法（草案）》送呈临时大总统孙中山，在孙中山的督促下，《律师暂行章程》于1912年9月16日出炉。司法部以行政命令形式颁布，这是中国历史上第一部律师单行法规。[3] 就这样在邓析被杀2500多年后，中国终于迎来了现代意义上的律师制度。《律师暂行章程》第14条规定："律师受当事人之委托或审判

---

[1] 肖秀娟："辛亥革命与近代中国律师业"，载《新民晚报》2011年10月9日。
[2] 《申报》，1912年1月8日，上海书店1982年影印本，第116册，第100页。这些人员包括：陈则民、钱谦、陈毓璇、徐用锡、孙巩圻、祝寿柏、丁格、陆家、周衡、范惠、孙展圻、巢坤、王凤瀛、李文玉、吴让礼、胡廷宪、朱祖壶、金石声、宋铭仁、宋肇琪、贺冠南、吴曾善、江维钧、俞高嵘、罗连francs、罗永清、蔡倪培、潘志冈、沈复、钱崇固、沈兆芝、沈兆九。
[3] 吕利："从讼师到律师"，载《枣庄师范专科学校学报》2004年第8期。

衙门之命令，在审判衙门执行法定职务，并得依特别法之规定，在特别审判衙门行其职务。"有学者认为，该条规定确定了律师的自由职业者身份。[1]但女性不得作为律师，担任律师最基本的条件是"中华民国年满 20 岁的男子"。章程公布后，中国律师职业慢慢兴起，至北洋军阀政府末期，律师达到 3000 人。从 1918 年到 1933 年，东吴大学法学院 645 名毕业生中，有 228 名在上海做律师，其中包括 9 位女性。从 1926 年到 1934 年，上海律师公会就从 235 位会员增加到 1174 人，到 1937 年，律师人数达到 1328 名。[2]

1921 年，《律师暂行章程》修正版开始有了选拔律师委员会的章程。同年，北洋政府《刑事诉讼条例》第一次规定了律师的辩护权。

1928 年，《刑事诉讼法》确立了律师的辩护权，规定了律师有权为被告辩护，有询问被告权，会见被告权，法院可以指定律师辩护。

1927 年 7 月 23 日，国民政府沿袭北洋政府的律师制度，公布《律师章程》并废除了《律师暂行章程》，其中取消了对律师性别的限制。1934 年 3 月，《晶报》介绍："海上女律师，如史良、方剑白、罗亮、杨志豪、李彩霞诸女士，颇著称法界。"[3]

1935 年，国民政府正式开始起草《律师法》，该法于 1941 年 1 月 11 日正式公布实行，这是中国历史上第一部律师法。同年，国民政府颁布了《律师登录规定》和《律师惩戒规定》。

1945 年，国民政府颁布《律师检核办法》，使律师制度更加规范化。

（二）清末民初时期律师的角色基本评价

清末时期，由于律师制度刚刚踏入中国，加上列强入侵、社会动荡、政治不稳定、律师监管力量薄弱，而律师的准入门槛不高，因此清末时期社会大众对律师制度了解较少，支持度并不高。律师制度更多的是国家改革层面的问题和试图以之对抗外国列强层面的问题。不过，在实践中，律师运用法律武器在捍卫清政府和抵御外国强权时或多或少地发挥了一些作用。尤其是法律知识完备、素质相对较高的律师们被聘为外交政治领域的官员，他们凭

---

[1] 肖秀娟："民国律师执业活动研究"，华东政法大学 2011 年博士学位论文。
[2] 参见"中国律师制度百年之际话律师先驱"，载《法治周末》2012 年 8 月 1 日；傅国涌："追寻律师的本土传统"，载《经济观察报》2014 年 3 月 19 日。
[3] 王利明："我国律师制度的发展"，载王利明：《司法改革研究》（修改版），法律出版社 2001 年版。

借早期从事律师职业的经验和丰富的处理相关事务的技巧，在政治外交领域游刃有余。日后成为新中国第一任最高人民法院院长的沈钧儒就是其中的一位律师。到民国初期，民众为对律师制度已经能够部分接受。[1]法律制度的渐趋完备为民国律师执行职务提供了必要的司法环境，但民国时期的政治民主和司法环境并不尽如人意，律师虽然作为自由职业者身份，但执业活动受到各种制约，难以发挥应有的社会作用，尤其是到了南京国民政府后期，律师执业活动的积极性和正当性均有明显的弱化。[2]

四、新中国成立后律师制度的发展及刑辩律师的实践特点

新中国在立法上对刑辩律师的角色定位体现在不同的法律规定之中，从早期的规定，到后期的律师法、刑事诉讼法等法规、规定中均有所涉及。该些立法在不同时期采取了不同的立法态度，其实践特点随着立法的发展而变化，关于律师的角色定位同样发生着重大变化。

（一）新中国成立后律师制度的发展

1. 新中国成立前后——经历了新旧律师"废"与"立"交叉进行的过程，律师被定位为"人民辩护人"，主导思想是配合公权力行使专政职能

1949年2月22日《中共中央关于废除国民党的和确定解放区司法原则的指示》（以下简称"中央二、二二指示"）第5条中规定："在无产阶级领导的工农联盟为主体的人民民主专政政权下，国民党的六法全书应该废除。人民的司法工作，不能再以国民党的六法全书为依据，而应该以人民的新的法律作依据。在人民新的法律还没有系统地发布以前，应该以共产党政策以及人民政府与人民解放军所已发布的各种纲领、法律、条例、决议作依据。目前，在人民的法律还不完备的情况下，司法机关的办事原则应该是：有纲领、法律、命令、条例、决议规定者，从纲领、法律、命令、条例、决议之规定；无纲领、法律、命令、条例、决议规定者，从新民主主义的政策。"该指示宣告了国民政府的律师制度不适用于解放区，当然包括原有的律师制度同样不适用于解放区。1950年12月，中央人民政府司法部发出了《关于取缔黑律师

---

[1] 甘丽阳："清末民初律师的作用及地位"，南昌大学2012年硕士学位论文。
[2] 肖秀娟："民国律师执业活动研究"，华东政法大学2011年博士学位论文。

及讼棍事件的通报》，旨在摧毁旧的律师制度及取缔讼棍的非法活动，代之以培养"人民辩护人"，主导思想是配合公权力行使专政职能。这种观念一直到现在仍然有着根深蒂固的影响。[1]旧制度下的律师在一定程度上被视为"诉棍"，其在新中国法律制度中的角色地位可想而知。

1952年6月，新中国进一步开展了司法改革运动。这场"司法改革运动是反对旧法观点和改革整个司法机关的运动"。其目的就是要"在全国范围内"，从政治上、组织上、思想作风上纯洁"各级司法机关"，"系统地、正确地逐步建立和健全"司法制度。[2]至1953年2月底，司法改革运动取得了"巨大成功"，基本落下了帷幕。其结果为：第一，一批"旧司法人员"（有6000多人，约占当时全国审判队伍28 000余人的22%）被调离了人民法院的审判岗位，大量的非法律出身的干部（仅华东区就有2105名）被调进了司法机关从事审判工作。[3]第二，所有旧司法人员，以及虽然不是旧司法人员，但受到了旧法观点和旧司法作风影响的法律工作者，都接受了思想改造（学习党中央文件，改变心灵深处的旧法观点，清除平时生活中残留的旧司法作风）。第三，马克思列宁主义和毛泽东思想的国家观和法律观得以在中国司法界取得支配地位。1952年的司法改革运动，在政治上、思想上、组织上和作风上纯洁了我们的审判机关，在建立起一些便利人民的审判制度，以及满足人民群众的司法需求的同时，也对中国法学的发展，造成了许多负面的影响，如对"法律面前人人平等""司法独立""尊重诉讼程序"等所谓"旧法观点"的批判，是一种对法律文明的否定；不加区别地对"旧法人员"进行剔除，对新中国审判事业的发展以及司法工作者造成了严重伤害；一些非法律出身的工农兵干部，在未经过系统法律专业培训的状态下就担负起繁重的审判工作，造成了冤假错案的频频发生等。[4]在司法改革运动中得到强化的司法观念正是这种"专政工具论"，它把人民法院比喻成专政的"刀把子"，认为掌握"刀把子"的手要硬，不能软。[5]

---

[1] 史良："中央人民政府司法部关于取缔黑律师及讼棍事件的通报"，载《江西政报》1951年第1期。

[2] "必须彻底改革司法工作"，载《人民日报》1952年8月17日。

[3] 何勤华："1952年司法改革运动"，载《新民晚报》2009年7月26日。

[4] 何勤华："1952年司法改革运动"，载《新民晚报》2009年7月26日。

[5] 参见张憨："且看落叶秋风里：1952年的司法改革运动"，载张憨：《司法实践与法治探索——张憨司法论文集》，人民法院出版社2007年版。

刑事辩护的专业化与精细化

与此同时,新中国开始建立新的律师制度。1950年7月,政务院公布实施的《人民法庭组织通则》中规定:"县(市)人民法庭及其分庭审判时,应保障被告有辩护及请人辩护的权利……"1954年9月20日通过的《宪法》第76条规定:"人民法院审理案件,除法律规定的特别情况外,一律公开进行。被告人有权获得辩护。"该条规定是确立新中国律师辩护制度的宪法依据。1954年9月21日通过的《人民法院组织法》进一步从程序上确立了律师的地位,其中第7条规定:"人民法院审理案件,除法律规定的特别情况外,一律公开进行。被告人有权获得辩护。被告人除自己行使辩护权外,可以委托律师为他辩护,可以由人民团体介绍的或者经人民法院许可的公民为他辩护,可以由被告人的近亲属、监护人为他辩护。人民法院认为必要的时候,也可以指定辩护人为他辩护。"在前述法律颁布和实施后,1955年,律师制度在北京、上海、南京等26个城市试行,当年共有律师81人。1956年1月,国务院正式批准司法部《关于建立律师工作的请示报告》,对律师的性质、任务、条件以及组织机构作了规定,同年也颁布了《律师收费暂行办法》。1957年7月司法部在《关于试验法院组织制度中几个问题的通知》中指定在北京、上海、天津等地试办律师工作。至1957年,全国已有19个省、市、自治区成立了律师协会,30万人口以上的城市和中级人民法院所在的地县市一般都成立了法律顾问处,全国共计800余处,并有专业律师2572人,兼职律师350人,[1]中国律师事业蓬勃发展。

这一时期律师的身份是国家工作人员,法律顾问处是政府的组成部分,律师被赋予的职责是更多地保护人民的利益,甚至具有比较浓厚的政治色彩,律师应当以"人民辩护人"的角色配合公权力行使专政职能。刑辩律师在诉讼活动中往往充当的是第二公诉人的角色。

2. 1957年下半年至20世纪70年代末期——律师被全面废止

1957年整风"反右"运动的后期,出现"反右"斗争扩大化,很多律师被认为"丧失阶级立场""为坏人说话",律师参与刑事辩护是"为被告人开脱罪责","不要阶级斗争",律师坚持的事实和法律是"不要党的领导,搞法律至上"等,许多律师被错划成右派,法律顾问处也名存实亡。到1958

---

[1] 参见茅彭年:《中国律师制度研究》,法律出版社1992年版,第36、40页。

年,推行不到 2 年的律师制度就很快夭折了,1959 年被取消了。[1]自此至"文革"结束的 22 年中,中国社会度过了一个混乱时期。

3. 20 世纪 70 年代末至 90 年代初——"国家的法律工作者"角色

"文革"结束后,我国开始恢复律师制度,体现在法律规定上主要有以下几个方面。1978 年 3 月 5 日《宪法》第 41 条第 3 款规定:"人民法院审判案件,除法律规定的特别情况外,一律公开进行。被告人有权获得辩护。"1979 年 7 月 1 日,《刑事诉讼法》和《法院组织法》均规定了关于辩护的问题。1979 年 9 月,司法部恢复重建。12 月,司法部发出关于恢复律师制度的通知。在通知发下时,全国已有 212 个律师。1980 年全国人大常委会通过《律师暂行条例》,标志着中国律师制度的重建。同年开始审判"四人帮",各被告均有律师为其辩护,律师这一社会角色在全国被广泛知晓。1986 年,开始实行全国律师资格统一考试;同年 7 月,中华全国律师协会成立。这一时期,律师业发展迅速。至 1996 年《律师法》颁布,全国共有律师 9 万多人,其中拥有双学士、硕士、博士学位和留学归国人员 3000 多名,律师事务所 7200 余家,并由初期的国资所这种唯一形式发展到与合作所、合伙所并存的三种所有制形式。外国律师事务所在中国设立办事处 73 家,我国律师事务所在国外设办事处 7 家,1994 年港澳台居民 395 人参加了全国律师资格考试,其中 18 人获通过,律师事业发展蓬勃向上。[2]

关于律师的角色和性质,在此时期被定位为"国家法律工作者",属于国家公职人员。1980 年 8 月 26 日第五届全国人民代表大会常务委员会通过的《律师暂行条例》第 1 条规定:"律师是国家的法律工作者,其任务是对国家机关、企业事业单位、社会团体、人民公社和公民提供法律帮助,以维护法律的正确实施,维护国家、集体的利益和公民的合法权益。"《关于〈中华人民共和国律师暂行条例〉的几点说明》对当时律师的性质进行了详细的解释,认为我国的经济基础是社会主义所有制,所以中国的律师不适合私

---

[1] 张耕:《中国律师制度研究》,法律出版社 1998 年版,第 1 页;王公义:"新中国律师业 60 年五个发展阶段的理性思考",载 http://www.moj.gov.cn/yjs/content/2010 - 08/18/content _ 2247119.htm,访问日期:2014 年 8 月 7 日。

[2] 张耕:《中国律师制度研究》,法律出版社 1998 年版,第 1 页;王公义:"新中国律师业 60 年五个发展阶段的理性思考",载 http://www.moj.gov.cn/yjs/content/2010 - 08/18/content _ 2247119.htm,访问日期:2014 年 8 月 7 日。

人开业,不应当是资本主义国家那种自由职业者,而是应该在法律顾问处里有组织有领导地工作。我国律师执行职务,也不能像资本主义国家律师那样,只从雇佣关系出发,为委托人谋利益,而是要站在无产阶级的立场上,从维护法律正确实施的立场出发,来维护当事人的合法权益。我国律师是国家政治生活、经济领域和社会生活中的一支维护法制的力量。

1980年11月20日,北京时间上午9时整,天安门广场东侧正义路1号,审判"林彪、江青反革命集团案"的特别法庭开庭。马克昌、张思之、苏惠渔、傅志人、朱华荣、韩学章、张中等7位律师分别作为林彪、江青反革命集团案的6名主犯的辩护人出现在了法庭上。这是中国律师在世界上第一次公开亮相。这一历史的审判,开创了律师工作的新纪元,成为我国法制建设的里程碑。[1]

1984年10月8日司法部印发《〈关于加强和改革律师工作的意见〉的通知》第1条中规定:"各地司法行政机关除切实保证将新增的律师编制用于扩大专职律师队伍外,还应积极争取当地党委、政府批准,用地方事业编制发展专职律师";第2条中规定:"经省、自治区、直辖市司法厅(局)批准,可建立以特邀律师为主,有兼职律师参加并从社会上招聘一部分合同工做辅助性工作的法律顾问处或律师事务所。它不要国家编制,不要国家经费,但它的律师同样是国家法律工作者,按《律师暂行条例》履行律师职责,按规定向司法厅(局)提交管理费。"从以上内容可以看出,律师被定位为国家的法律工作者。1986年3月14日由国务院办公厅转发的司法部《〈关于加强和改革律师工作的报告〉的通知》第2条中规定:"为了适应各个方面特别是经济建设的需要,要继续加速发展我国的律师队伍。劳动人事部已同意在1986年内增加一些律师和公证人员的编制。今后5年内请国务院在核准的政法总编制以外,每年增拨一些编制,用以扩充律师队伍";第5条中规定:"律师是国家的法律工作者,在政治上应与政法干部一视同仁。"

在此种情况下,律师要遵守国家公职人员的伦理标准。作为公职人员,律师为国家、企事业单位和个人提供法律帮助,更多地被看作是"国家的雇员",在此种情况下,律师基本没有陷入利益冲突的困境之中。作为国家法律

---

[1] 王健:"中国律师重建30年专题报道之——中国律师30年变迁路",载《民主与法制》2010年第19期。

工作者的律师不会遇到真正意义上的职业伦理问题，而最多遇到一般意义上的道德问题。根据《律师暂行条例》第6条第2款的规定：律师认为被告人没有如实陈述案情，有权拒绝担任辩护人，这也是当时我国律师所应坚持的一个伦理标准。1981年四川宜宾的邱宗炳、范玉芳共谋杀人一案中，辩护律师认为，因被告邱宗炳没有如实陈述案情，依法拒绝辩护，在当时受到了旁听人员的一致赞扬。作为国家公职人员，律师的行为自然要遵循与其身份相应的伦理标准，受到行政职业道德的约束。[1]

4. 20世纪90年代初期至1996年《律师法》的颁布——"为社会服务的专业法律工作者"

在我国律师行业快速发展的同时，随着经济形势的不断变化，律师的职业性质和角色特征已经不能适应社会的发展。关于律师事务所的改制在20世纪80年代已经有所开始。1983年3月，司法部召开六市一县律师工作体制改革座谈会，开始探索律师体制改革。1987年，中央曾明确指出，要改变国家包办律师事务的状况。1988年1月，全国司法厅（局）长会议曾对律师体制改革做了部署，在全国绝大多数省、市、区确定了试点单位。[2] 1988年2月3日司法部在《改革律师管理体制的具体设想》中指出"律师作为国家法律工作者，不利于在刑事诉讼中和经济代理中取得当事人的信任，也不利于在办理涉外经济法律事务中取得外国人的信任"，并提出在国家法律工作者的单一体制之外建立合作制律师体制的构想。1988年3月4日，国家体改委就上述报告提出意见，当前可先试办一些合作性的律师事务所。1988年3月26日，国务院法制局对司法部关于律师体制改革试点的请示也提出了意见，同意试办合作制律师事务所。之后，司法部根据国务院体制改革委员会和国务院法制局提出的意见对律师体制改革的构想进行了修改并向国务院报送了《关于进行律师体制改革试点的请示》，1988年6月2日，国务院批准同意了《关于进行律师体制改革试点的请示》。于1988年8月召开的全国司法厅（局）

---

[1] 索站超："中国律师职业伦理为什么成为问题？"，载《河南财经政法大学学报》2012年第6期。

[2] 周长新："酝酿中的律师体制改革——访司法部部长蔡诚"，载《瞭望》1988年第41期。

长会议，又提出要加快律师体制改革。[1]

1984年8月全国司法行政工作会议后，一些法律顾问处改为律师事务所，其经营管理模式也产生变化。1986年7月，中华全国律师协会成立，在深圳、上海、北京等地已经出现开办合伙所和合作所的情况。1988年司法部下发《〈合作制律师事务所试点方案〉的通知》拉开了律师事务大规模发展的序幕，改制后的律师事务所成了独立核算、自负盈亏的独立主体。1992年中国共产党十四大报告中将法律、会计、审计、咨询等纳入第三产业。以上转变从表面上看，主要体现在律师事务所层面，但必然已经涉及律师个人的问题。关于律师个人身份变化的明确规定体现为1993年12月26日国务院批准《司法部关于深化律师工作改革的方案》，其第3条第1项中规定："律师是为社会服务的专业法律工作者"。自此，律师不再是国家干部。其第1条还规定："不再使用生产资料所有制模式和行政管理模式界定律师机构的性质，大力发展经过主管机关资格认定，不占国家编制和经费的自律性律师事务所；积极发展律师队伍，努力提高队伍素质，建立起适应社会主义市场经济体制和国际交往需要的，具有中国特色，实行自愿组合、自收自支、自我发展、自我约束的律师体制。"与律师的身份特征相一致，律师事务所不再是国家行政机关，而是社会主义市场经济条件下的法律服务机构，律师事务所形成了国资所、合作所、合伙所三种形式并存的格局，同时形成了司法行政机关行政管理和律师协会行业管理相结合的管理体制。

随着律师身份性质的巨大变化，尤其是在大力发展"不占国家编制和经费的自律性律师事务所"之后，使得律师陷入各种利益冲突在所难免，中国律师开始真正面对职务伦理和道德问题。《司法部关于深化律师工作改革的方案》第5条第6项中规定："加强职业道德教育，制定职业道德规范，树立敬业勤业精神。所有律师每年都要有一定的时间进行思想政治和职业道德方面的学习，并把思想政治表现和职业道德情况与律师的年检注册挂钩，以促进律师队伍政治素质的提高。"第7项规定："加强对律师执业活动的监督检查，严格各项制度。司法行政部门会同律师协会对律师的办案质量、业务收费、

---

[1] 刘松伟："走向'当事人'的律师——我国律师职业属性变迁的法社会学考察1980~2007"，西南政法大学2007年硕士学位论文；张耕主编：《中国律师制度发展的里程碑——〈中华人民共和国律师法〉立法过程回顾》，法律出版社1997年版，第22~23页。

职业道德、遵纪守法等情况进行定期或不定期的检查，严格执行奖惩制度，维护律师的良好形象。"

5. 1996年《律师法》颁布后至目前为止——"为当事人提供法律服务的执业人员"

1996年5月15日《律师法》颁布了，其中第2条规定："本法所称的律师，是指依法取得律师执业证书，为社会提供法律服务的执业人员。"本次《律师法》首次以法律形式将律师身份从"国家法律工作者"的角色转变为"为社会提供法律服务的执业人员"，律师的角色身份发生了根本性变化。2007年10月28日修订的《律师法》第2条规定："本法所称律师，是指依法取得律师执业证书，接受委托或者指定，为当事人提供法律服务的执业人员。律师应当维护当事人合法权益，维护法律正确实施，维护社会公平和正义。"[1]该条的重大修订在于：前者规定是"为社会提供法律服务"，后者规定的是"为当事人提供法律服务"，这一修订对于律师的角色定位具有较大改变和影响。2012年、2017年修订的《律师法》对该条未作修改。

刑辩律师的角色细化由《刑事诉讼法》完成，虽然《刑事诉讼法》经过1996年、2012年、2018年三次修订，每次修订时都在一定程度扩大了刑辩律师的辩护权，但对于辩护人的角色定位并没有作出实质性更改。需要说明的是《刑事诉讼法》并没有直接对刑辩律师的角色作出直接说明，刑辩律师的角色定位主要体现在关于刑辩律师的职责、权利和作用的相关规定中。主要包括以下几点：第一，关于刑辩律师的职责。从法律规定的刑辩律师的职责来看，主要在于维护对辩护人有利的辩护意见，具体讲是"提出"（不再是原《刑事诉讼法》规定的"证明"）犯罪嫌疑人、被告人无罪、罪轻或者减轻、免除其刑事责任的材料和意见。同时，维护其诉讼权利（程序性权利）和其他合法权益。第二，关于刑辩律师的权利。刑辩律师为保护犯罪嫌疑人、被告人权利主要是通过其行使辩护权来完成。具体包括：提供法律帮助权、代理申诉控告权、申请变更强制措施权、了解涉嫌罪名和案件情况权、会见权、通信权、会见不受监听权、案卷权、调查取证权、参与开庭审理并发表意见

---

[1] 由于2007年修订的《律师法》规定"律师应当维护当事人合法权益，维护法律正确实施，维护社会公平和正义"，有人曾经认为律师的角色一度被定位为社会主义法律工作者，对此笔者不予苟同。

权等。第三，关于刑辩应当承担的法律义务。主要义务在于不得帮助犯罪嫌疑人、被告人隐匿、毁灭、伪造证据或者串供，不得威胁、引诱证人作伪证以及进行其他干扰司法机关诉讼活动的行为。否则，如触及《刑法》第306条的规定，有可能承担刑事责任。

综合《律师法》《刑事诉讼法》的相关规定，我们可以将现阶段我国刑辩律师的角色定位为：受委托人的委托或相关部门的指派，为犯罪嫌疑人和被告人提供法律帮助、提出其无罪、罪轻或者减轻、免除其刑事责任的材料和意见，并维护其诉讼权利和其他合法权益的执业人员。

（二）我国刑辩律师在实践中的角色特点及评判

从以上关于我国律师及刑辩律师的角色定位的立法进程来看，刑辩律师角色定位具有多变性和无规律性的特征。即使我国现阶段法律将刑辩律师基本确定为为犯罪嫌疑人、被告人提供法律服务的执业人员，并规定了刑辩律师在办理案件过程中享有的种种权利。但是，这种对刑辩律师角色定位仍然具有一定的模糊性，导致已经赋予刑辩律师的部分权利在实践中难以实现，关于我国刑辩律师的角色定位仍需进一步完善。本书结合刑辩律师在实践中的情况，对我国现阶段刑辩律师在实践中的角色特点作出相关梳理并给予相应评判。

1. 刑辩律师无法在形式上和实质上与代表公权力的司法机关彼此相互制衡，只能担当刑事司法程序中的配角

（1）刑辩律师作为"配角"在立法上的体现。从我国刑事诉讼法的立法宗旨来看，主要是"为了保证刑法的正确实施，惩罚犯罪，保护人民，保障国家安全和社会公共安全，维护社会主义社会秩序"，关于"保障无罪的人不受刑事追究"的规定，在2012年《刑事诉讼法》修改时并没有写入《刑事诉讼法》的立法宗旨条款，而是写进了第2条即刑事诉讼法的任务之中。同时《刑事诉讼法》第7条规定："人民法院、人民检察院和公安机关进行刑事诉讼，应当分工负责，互相配合，互相制约，以保证准确有效地执行法律。"从文义上理解该条规定，可以得出以下内容：在刑事诉讼中，公检法三机关分工是基础；配合和制约是手段；保证准确有效地执行法律、打击犯罪、顺利进行刑事诉讼是目的。不过，除文义理解之外，我们也可以领会出其他的意思。第一，公检法三个机关在从事刑事诉讼的同时，没有体现出辩护人作为诉讼主体应有的地位，可以说这条原则性的规定，在一定程度上排除了辩护

人的地位和作用，使得辩护人在刑事诉讼中的地位完全是从属性的。第二，刑事诉讼是公检法三部门在刑事诉讼流程中的三道工序。公检法三部门对刑事诉讼程序各分管一段，属于公安机关负责的，其他部门无权参与，公安机关也无权参与检察院、法院负责的内容，然后在此基础上再谈相互制约和配合。第三，相互分工、相互配合和制约，在某种程度上意味着此三个部门在本质上属于"一家人"，只是分工不同而已。这个"一家人"将"其他家的人"，尤其是辩护人排除在外，其他人与公检法不是"一家人"。同时，只有公检法"一家人"之间才存在分工、配合和制约问题，其他人不能与公检法处于同等地位。公检法三部门相互配合的目的在于，合力对付犯罪嫌疑人和被告人，当然还有与其相关的其他人。第四，在有明确的职责分工、有明确的案件移交、逮捕的报批、移送起诉等这些配合和制约方面具体规定的前提下，还要再规定"互相配合和互相制约"，显然是想进一步强调和说明三家相互的配合和相互制约的其他特殊含义。这个特殊含义是否意味着不仅容忍，而且希望三机关之间的法外配合呢？至少在实践中这种情况并不罕见。应当说，从对《刑事诉讼法》第7条的理解来看，该条规定所设置的权力架构对辩护人而言是不公平的。在这种思维下，犯罪嫌疑人、被告人和辩护人在刑事诉讼中不能确立其可以与控方平等的诉讼主体地位，辩护人难以获得足以和控诉方相抗衡的能力。而按照人权公约的规定，控辩平衡、平等武装是刑事诉讼的基本原则。从这个意义上说，三家机关的关系与人权公约规定的目标仍存在一定的差距。基于该原则所体现的三家机关实为一家的关系，是以排斥犯罪嫌疑人、刑事被告人与控方的平等地位、否定辩护律师在刑事诉讼中的重要作用为前提的，这对加强辩护律师在刑事诉讼中的作用、保障犯罪嫌疑人和被告人权利极为不利。[1]

受到前述立法以及我国传统司法实践的影响，公检法机关之间彼此熟悉或在相关部门的协调下，在追究犯罪嫌疑人、被告人的过程中，极其容易达成共识，协同工作。侦查机关、检察机关往往更加希望刑辩律师是一个"跑龙套"的角色，任何有可能对案件的侦破带来不利影响的因素均可能被视为办案的障碍。这种以牺牲辩护律师的价值、要求律师"配合"法庭办案，来

---

[1] 中国社会科学院法学研究所王敏远研究员曾在其述讲座中详细阐述本段内容和观点，本书此处重点参考。

维护司法机关之间的分配协作现象很难消除。刑辩律师的权利受到非法侵犯的情形仍然存在、刑辩律师的应有角色作用无法完全发挥，结果是在某些情况下可能律师"说了白说"、法官"听而不闻"。[1]我们可看到，法官随意阻止辩护律师发表意见的现象司空见惯，甚至出现被直接被驱逐出庭的情况。[2]律师凭借其个体力量与司法机关抗衡无疑是以卵击石，根本无法在刑事案件办理过程中对司法形成制衡作用。其结果不仅仅损害了犯罪嫌疑人和被告人的利益，更是有可能影响司法公正和公平的社会环境。

（2）刑辩律师作为"配角"的后果——刑辩律师的风险高。刑辩律师作为专业的法律服务者，在接受委托后，以保护犯罪嫌疑人权利为第一要位。二者之间必然会存在一定的对抗性和冲突性，少数侦查机关工作人员对刑辩律师的抵触情绪在所难免，由此导致刑辩律师的风险升高。著名律师田文昌在接受法制日报采访、谈及刑事辩护率低时曾说过："收入低、风险大，这是事实，但我认为收入低还是次要的，最主要的是风险大、作用小，这是最关键的。"刑辩律师的风险高主要体现在两个方面：第一，刑辩律师被吊销执照的概率高；第二，刑辩律师在办案过程中被追究刑事责任的数量大、概率高。据不完全统计，从1997年到2007年，涉及《刑法》第306条的案件有111起，被追诉的律师多达140多人，公安机关撤销案件的有18起，检察机关作出不起诉决定的有14起（其中4起为提起公诉后撤回起诉），判决无罪的16起，最终被判处有罪的32起（其中大部分都在申诉中）。[3]"李庄案件"发生前，"北京市十佳律师"张某中、"中原第一大律师"李某生等，均曾因涉及《刑法》第306条被送进监所。李某刚刚出狱，广西北海市将南宁市的4名律师

---

[1] 卢义杰、李彬彬："全国政协委员、全国律协副会长吕红兵：刑辩律师队伍后备力量供给不足"，载《中国青年报》2018年3月8日。

[2] 为解决司法实践中存在的诸多问题，保障律师权利，最高人民法院、司法部于2018年4月21日发布《关于依法保障律师诉讼权利和规范律师参与庭审活动的通知》（法发通［2018］36号）。其中规定：对于律师在法庭上就案件事实认定和法律适用的正常发问、质证和发表的辩护代理意见，法官不随意打断或者制止；但是，攻击党和国家政治制度、法律制度的，发表的意见已在庭前会议达成一致、与案件无关或者侮辱、诽谤、威胁他人，故意扰乱法庭秩序的，审判长或者独任审判员可以根据情况予以制止。法庭审理过程中，法官应当尊重律师，不得侮辱、嘲讽律师。除当庭攻击党和国家政治制度、法律制度等严重扰乱法庭秩序的，不采取责令律师退出法庭或者强行带出法庭措施。

[3] 黄广明、赵佳月、徐琳玲："刑辩律师之困"，载《南方人物周刊》2011年9月5日。

全部抓起来。当"北方律师团"踏上北海市土地时,却"放三捕一"。[1]即使不构成犯罪,从全国律协统计的律师执业惩戒数据来看,涉及刑辩律师的惩戒案例同样居高不下。[2]刑辩律师风险高导致的直接结果是"刑辩律师队伍后备力量供给不足,许多年轻律师不愿、不敢从事刑事辩护工作;同时,一些功成名就的律师从事非诉讼业务及商事诉讼业务,逐渐淡出了刑事辩护专业领域"[3]。

2. 刑辩律师难以与委托人、犯罪嫌疑人和被告人形成良性关系,容易沦为委托人、犯罪嫌疑人和被告人的工具

刑辩律师难以与委托人、犯罪嫌疑人和被告人形成良性关系是受现实的司法环境、社会环境影响形成的。刑事案件案发后,犯罪嫌疑人、被告人或其亲属往往存在以下想法:第一,通过托关系解决问题。犯罪嫌疑人、被告人及其亲属在案发后的第一想法往往不是通过正常的司法途径去解决问题,而是通过托关系、找朋友等协调解决问题,这是不容否认的客观事实。委托律师介入刑事案件,只是其第二步的想法,或者充其量只能是与托关系并行的想法,甚至只是为托关系提供辅助。委托律师介入刑事案件是为探清案情,为通过关系协调解决案件打下基础。第二,通过寻找有关系、"神通广大"的律师协调关系,解决问题。犯罪嫌疑人、被告人及其亲属在寻找律师时,往往看重律师在司法领域的人际关系,少数律师为了迎合其想法,大力鼓吹自己如何神通广大。这样,容易使一些社会公众认为律师就是收钱"捞人"的工作。部分当事人在前述认识下,要求律师违法教唆、暗示犯罪嫌疑人翻供、串供和虚构事实,以期获得对犯罪嫌疑人有利的结果。个别律师或出于利益诱惑,或无法顶住各种情面的压力,冒险行事。第三,犯罪嫌疑人、被告人是被冤枉的,或者即使存在犯罪也是可以被人为地操作成无罪或轻罪。笔者相信,凡是处理过刑事案件,尤其是经济犯罪的律师都有过类似

---

[1] 张翔明、陈永胜:"中国律师刑事辩护风险防范",载 http://blog.sina.com.cn/s/blog_8c0898370100vl06.html,访问日期:2014 年 8 月 20 日。该文获 2011 年西部律师论坛一等奖和 2011 年三省一区律师论坛二等奖。

[2] 卢义杰、李彬彬:"全国政协委员、全国律协副会长吕红兵:刑辩律师队伍后备力量供给不足",载《中国青年报》2018 年 3 月 8 日。

[3] 卢义杰、李彬彬:"全国政协委员、全国律协副会长吕红兵:刑辩律师队伍后备力量供给不足",载《中国青年报》2018 年 3 月 8 日。

的体会。

在前述思维方式下，辩护律师往往处于比较尴尬的情境。在第一种和第三种思维下，辩护律师往往不被视作解决问题的根本途径，而是一个信息沟通的渠道。犯罪嫌疑人、被告人及其亲属为达到无罪或罪轻的目的，会向辩护律师提出大量的非法要求，最典型的莫过于要求律师去教唆犯罪嫌疑人、被告人作虚假陈述、翻供、串供等。在第二种思维下，刑辩律师需要承担的责任更大，出于对当事人的承诺，刑辩律师几乎需要承担中间过程中的所有风险，极其容易沦为"捞人"的工具。需要客观面对的是，有多少刑事案件中的犯罪嫌疑人、被告人能够全身而退呢？相信每一个刑辩律师心里都非常清楚，大部分犯罪嫌疑人、被告人及其亲属心里都非常清楚。但几乎所有犯罪嫌疑人、被告人及其亲属均是以结果论成败，只要结果不能让其满意，刑辩律师往往会成为其泄气的对象。

3. 刑辩律师的辩护作用难以获得社会公众的认同

刑辩律师之所以成为所谓"坏人"的帮凶，既有历史传统的影响，也有现实因素的作用。关于古代讼师的地位，前文已经详细说明。近现代律师引入中国以后，尤其是新中国成立以后，虽然刑辩律师的角色定位有所改善，但我国目前仍离实现发达法治国家有一定的距离。虽然法律规定刑辩律师享有一系列权利，但诸多权利仍然没有获得实质性的实现，刑辩律师的作用并不十分明显，甚至刑辩律师自身的人身权也会受到不法侵犯。中南财经政法大学刑事司法学院学者闵茜、彭少杰、徐成宝、方芳的调查分析显示：刑事诉讼中当事人不聘请律师的主要原因之一就是认为律师起不到多大作用。调查结果显示，民众对律师完全信任的程度仅达到22%，不太信任的高达78%。民众认为在刑事辩护中律师比较尽责的占29.17%，不尽责的占41.7%，很尽责的仅占6.25%。关于律师的参与对于维护当事人的权益的作用，社会公众和公诉机关均认为律师质证只在一定程度上影响了诉讼结果。[1] 田文昌曾认为："人们羡慕律师，又排斥律师；需要律师，又防范律师；政府发展律师，又不信任律师；企业需要律师的帮助，同时又怕律师帮倒忙；外国人说中国律师只是政府的摆设，而律师在政府中却并无摆放的位置；法院开庭需要律

---

[1] 闵茜等："对律师参与刑事案件现状的实证考察"，载《中南财经政法大学研究生学报》2011年第2期。

师出庭，而出庭律师却得不到起码的重视；律师在法官、检察官眼中地位低下，而许多法官、检察官却纷纷加入律师行列……这种种令人费解的现象，使律师成了一种难以捉摸的'怪物'。"[1]

从总体来看，刑辩律师在实践中存在的更多负面评价，既与我国的社会传统、社会环境存在关系，同样与现阶段关于刑辩律师角色在立法中的定位存在较大关系。对刑辩律师的角色定位认识不清的后果极其严重。

五、刑辩律师角色定位的国际比较

尽管由于大陆法系国家与英美法系国家的诉讼模式不同，但从各国立法对律师和刑辩律师的规定和实践情况来看，律师在立法和实践中的角色和地位存在许多某些相似性。主要内容如下：

（一）律师是独立、自由的职业主体[2]

1992年《法国律师法》第1条规定，律师职业系独立自由之职业。律师执业独立于公共权力机构——包括立法机构和行政机构，尤其是司法权力机构，任何公共权力机构不得以任何理由对律师执业施加压力或设置障碍；律师执业独立于行业机构，各地律师公会无权直接干涉律师执业，亦不得出台可能干涉律师执业自由的内部行业规范；律师执业独立于当事人。律师与当事人不存在任何隶属关系，律师在庭审中可依案件的具体情况自由地进行辩论，如果对诉讼进程存有不同看法，则律师应事先明确地将自己的意见告知当事人，在此一情况下，当事人可以另行聘任律师，律师亦可以决定不再为当事人辩护。[3]现代德国关于律师的立法主要建立在前联邦德国1959年8月1日制定和颁布的《联邦律师条例》的基础上，在东西德合并后不断完善。《联邦律师条例》前两条即规定：第一，律师是独立的司法机关；第二，律师从事自由职业。后来为了加强和促进律师的独立性，联邦又专门制定了一些法律来补充联邦律师条例。1994年通过的《德国自由职业者合伙法》明确界定了自由职业的含义和范围：自由职业，通常以基于特殊的职业资格或创造性的才能为委托人或公众提供个人的、自负责任的、专业上独立的高质量服

---

[1] 田文昌："关于律师职责定位的深层思考"，载陈卫东主编：《"3R"视角下的律师法制建设：中美"律师辩护职能与司法公正"研讨会论文集》，中国检察出版社2004年版，第40页。
[2] 我国台湾地区"法律律师法"，2002年版。
[3] 施鹏鹏："法国律师制度述评"，载《当代法学》2010年第6期。

务为内容。从事本法意义上的自由职业是指下列人员的独立职业活动：……律师公会成员、专利律师……东西德统一之后，西德的法律几乎全被照搬到了东德。[1]日本法律中虽然没有明确地对律师的定位作出规定，但是理论界一直视律师为"在野法曹"。英美法系国家大多采用当事人主义的诉讼模式，这一模式的核心内容是辩论主义或称辩论原则。在法庭审理过程中获得真相的最好办法是让各方当事人通过辩论，从而使事实愈辩愈明，而法官则只是在法院审理中充当法庭规则的施行者与监督者的角色。这样一来就赋予了双方律师相对独立的决定权。[2]

（二）律师角色都呈现出多元化的特质

在发达国家，法律共同体的理念和实践已经深入人心。如英美法系国家中，法官、检察官主要，是从优秀律师中选拔出来的。高高在上的法官绝大多数都曾经做过律师职业，因此法官与律师有亲密的认同感，法官尊重律师，律师尊重法官。而律师与检察官是完全对立的双方，在地位上、职权上、诉讼上是完全平等的。[3]同时，律师的活动和角色绝不仅仅限定在从事检察、审判工作的范围内，他们更是政治生活中的明星。英国《经济学人》杂志曾在《世界人物志》的参考书中拉网式地收集了一个包含了近5000名政客的样本，并对他们的背景进行了研究。在世界范围内，近1/5的政治家是前律师，均有着法学背景。紧随之后的是商人，统计显示，17%的政治家曾是商人，之后是外交官、军事领袖、记者、经济学家、医生、学者和工程师。在民主国家中，律师在政坛中占据了主导地位。这一点也不出乎意料，因为法学和政治学处理的是同一类型的问题：如何建立一个公正的社会，如何在自由和安全之间进行平衡等。律师需要具备整理证据、说服陪审团、掌控全局的能力，而这也正是政治舞台所需要的。在德国联邦议院当中，1/3的议员是律师。在由16人组成的法国萨科齐内阁中，多达9人曾做过律师或是法律专业毕业生，其中包括总统本人、总理和财长，还有一位曾担任过一家美国律师事务所的主席。[4]

---

〔1〕 朱文俊："德国律师制度的产生与发展"，西南政法大学2010年硕士学位论文。
〔2〕 计银波："论我国律师角色的定位"，华中科技大学2009年硕士学位论文。
〔3〕 冯正广："律师职业：在法律职业共同体中考量"，四川大学2004年硕士学位论文。
〔4〕 张驰："各国政治家们的职业背景：美国更钟情律师"，载http://data.163.com/12/0427/02/802IQNHU00014MTN.html，访问日期：2014年8月21日。本书中的图表同样来源于该文。

第一章 刑辩律师的角色定位和职业伦理

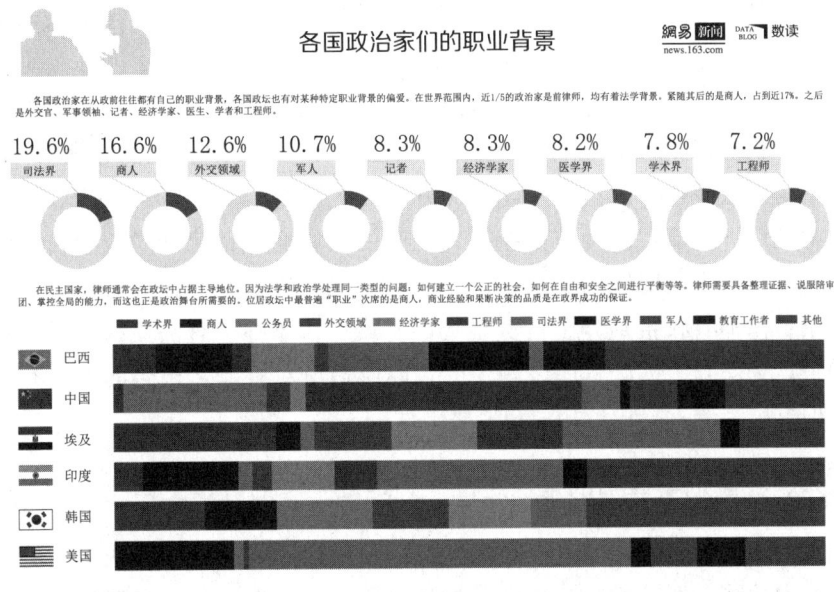

图 1-1

(三) 律师扮演着法律的忠实捍卫者的角色

尽管律师是独立的法律服务者,其执业活动也具有一定的商业特性。但他们也担负着维护当事人合法权益与保障法律正确实施的使命,并以一种对法律的信仰以及对公平、正义理念的忠实追求来严格要求自己。律师不能由于其身份上的独立性与商业特性,就背离自己的信仰与道德追求,任意玩弄技巧"钻法律的空子","唯利是图",更不能置维护当事人的合法权益与捍卫国家法治尊严的使命于不顾。律师必须以身作则坚守自己的专业形象,成为社会主流价值的代言人和法治的守护人。[1]

(四) 享有包括豁免权在内的诸多特权

为保障律师在执业中不受公共权力机关及利害关系人的迫害,法国法确立了律师的一些豁免特权,如不受不当追诉权:依 1881 年 7 月 29 日法律第 41 条之规定,律师在诉讼案件中所发表的言论及所提交的书面材料不得作为侮辱罪、诽谤罪或毁誉罪的控诉证据;律所不受搜查权:侦查机关在任何情况

---

[1] 计银波:"论我国律师角色的定位",华中科技大学 2009 年硕士学位论文。

下都不得搜查律师事务所以获得有罪证据;通信不受干涉权:律师与当事人之间的通信不受任何形式的扣押、拦截或窃听。[1]《德国刑事诉讼法典》规定,首先,律师对于在行使职务时因被信赖而被告知或者所知悉的事项享有拒绝作证权。如果被告自行为此作不实之主张,则其辩护人虽知其为不实,但仍不得向法院告知此不实(此乃辩护人职业上之缄默义务)。其次,不得扣押律师的以下物品:律师与被指控人之间的书面通讯;律师对被指控人向他们信赖告知的事项所作的记录,或者他们对此有权拒绝作证的其他事项所作的记录;律师有权拒绝作证的其他物品。最后,律师享有豁免权。当辩护人之辩护行为均合乎诉讼程序之规定时,即或造成对有罪之被告的处罚有所阻碍,但其行为绝不会导致构成犯罪之要件。[2]

六、我国刑辩律师的角色定位——地位平等的诉讼主体

在综合分析刑辩律师角色的演进过程及中国实践立法和实践特点的基础上,考虑并结合刑辩律师角色定位的诸多因素,本书认为,对刑辩律师角色科学、合理的定位,应建立在其本身具有的程序性和"非道德性"特征的基础上。这种定位至少有以下作用:第一,有助于帮助刑辩律师认清自己在刑事司法程序中的地位,弄清"我是谁、我应当是谁",从而合理地从事和调整自己在司法程序中的行为;第二,有助于司法机关及相关人员认清自己及刑辩律师在刑事司法程序中的地位,弄清"律师应当是谁",从而更加合理地对待刑辩律师;第三,有助于社会大众认清刑辩律师应有的地位和作用,从而对刑辩律师及其行为作出合理、正确的评价。

(一)刑辩律师应当纳入诉讼主体的范围[3]

刑事诉讼主体是在刑事诉讼中具有独立诉讼地位,执行一定诉讼职能,并享有一定诉讼权利,承担一定诉讼义务的有关国家机关和诉讼当事人。中国刑事诉讼的主体是指公安机关(含国家安全机关)、人民检察院、人民法院以及自诉人、被告人、附带民事诉讼的原告人和被告人。诉讼主体对刑事诉

---

[1] 施鹏鹏:"法国律师制度述评",载《当代法学》2010年第6期。

[2] [德]克劳思·罗科信:《刑事诉讼法》,吴丽琪译,法律出版社2003年版,第168~174页,转引自曲涛:"大陆法系律师权利保障制度初探",载《安阳师范学院学报》2009年第3期。

[3] 关于该节内容,引用和借鉴了王敏远教授关于刑事诉讼法理解和适用的相关讲座中的内容。另外,参见李本森:"论辩护律师在刑事诉讼中的主体地位",载《时代法学》2010年第4期。

讼程序的发生、发展和终结起着直接作用。其他诉讼参与人与案件结局没有直接利害关系，不是刑事诉讼主体。

刑辩律师是否在程序上具有诉讼主体地位，对于刑事辩护律师作用的发挥和程序正义的实现具有重要意义。我国《刑事诉讼法》第108条第4项规定："'诉讼参与人'是指当事人、法定代理人、诉讼代理人、辩护人、证人、鉴定人和翻译人员"，刑辩律师在诉讼中的角色属于诉讼参与人，与公诉人、审判方在诉讼中的地位和角色存在一定区别。就目前我国的主要理论来看，关于刑辩律师是否具有诉讼主体地位存在非诉讼主体论、相对诉讼主体论、准诉讼主体论和泛诉讼主体论等四种观点。[1] 泛诉讼主体理论来源于苏联的理论，对控辩审与其他诉讼参与人的地位区分不大，在诉讼理论中的影响目前已经不大，因此不再赘述。综合前三种理论，其共同的特点在于，均不认为刑辩律师具有诉讼主体地位，但也均在一定程度上承认刑辩律师具有一定的独立性，区别于其他的鉴定人、证人等。不认同刑辩律师属于诉讼主体的理由主要在于："第一，从宏观上考察，刑事诉讼是以侦控审三方之间的权利义务关系为主要框架，刑事诉讼如果缺少这三方中的任何一方，就根本无法构成完整的刑事诉讼形态。"[2] 其他权利义务关系不过是以上述关系为基础而展开的法律关系，辩护人与"案件的结局本身没有直接的利害关系"，"他们即使参与了刑事审判活动，也难以对刑事审判程序的开启、运作和终结产生决定性的影响"[3]。因此，"不应将传统的侦控审三方作为刑事诉讼的主体，而将包括证人、鉴定人、辩护人、代理人等在内其他诉讼参与人，视为一般的法律关系主体。第二，从微观上考察，辩护律师本身与实体法律，即案件事实的发生、发展和结果，并无任何利害关系，不存在有个人的独立诉讼的诉讼目标。因此，他在诉讼中是接受当事人的委托而参加诉讼，执行辩护职能，行使辩护权的主体。但是，由于他的职责是从无罪、罪轻、从轻、减轻和免除犯罪嫌疑人、被告人的刑事责任等方面维护其合法权益，所以辩护律师在刑事诉讼中所处的地位，是一个相对独立的诉讼主体地位。"[4] 第三，从辩护权的来源来看，辩护人相对独立的权利来源于刑事诉讼立法，而不单纯

---

[1] 李本森："论辩护律师在刑事诉讼中的主体地位"，载《时代法学》2010年第4期。
[2] 陈瑞华：《刑事诉讼的前沿问题》，中国人民大学出版社2000年版，第159页。
[3] 陈瑞华：《刑事审判原理论》，北京大学出版社2003年版，第188页。
[4] 陈瑞华：《刑事诉讼的前沿问题》，中国人民大学出版社2000年版，第159页。

是被告人的授权。辩护人虽然在进行辩护时需要征求被告人的意见,但被告人却不受被告人的意思束缚,可以独立地开展辩护活动。在辩护人所享有的广泛的诉讼权利中,有很多是被告人不具有的。在这种情况下,辩护人的地位就显得较为特殊,即具有非诉讼主体的特点,又具有诉讼主体的特点。为了与其他非诉讼主体相区别,可以将辩护人称为准诉讼主体。第四,诉讼主体首先意味着在诉讼中享有能够根据自己的意志自主行动的权利,辩护人不具有完整的诉讼主体的自主性条件。该理由认为由于辩护人的辩护权来源于犯罪嫌疑人和被告人,因此其自主性与控方、审方相比明显较弱,并不具有完全的自主性,因此辩护人不具有诉讼主体资格。

1. 将刑辩律师纳入诉讼主体地位的主要理由

本书认为,考察刑辩律师在刑事诉讼中是否具有诉讼主体地位和资格,不仅应考虑刑辩律师作为独立主体参与刑事诉讼的原因和纵向发展,而且还应注意考察刑辩律师与其他诉讼主体横向的对比,将刑辩律师纳入刑事诉讼主体的范畴具有理论和实践中的合理性和必要性。

(1) 刑辩律师具有诉讼主体地位是诉讼体制平衡的必然要求。"刑辩律师的程序性要求不同刑事诉讼主体的权力架构必须达到相对的平衡,即控、辩、审三方之间的权利平衡。这种平衡要求辩护人应当成为刑事司法程序上的支柱之一,成为法治国家所谓的'在野法曹',而不是一种从属的状态。刑事诉讼如果缺少这三方中的任何一方,就根本无法构成完整的刑事诉讼形态。"[1]如果缺乏刑辩律师的参与,诉讼形态的完整性将受到严重影响。在强大的侦查机关、公诉方面前,犯罪嫌疑人、被告人的权利是极其脆弱的,如果没有刑辩律师的参与和支持,犯罪嫌疑人、被告人的所有诉讼权利将大打折扣。犯罪嫌疑人、被告人的权利的维护需要辩护律师的支撑,否则很难得到充分保障。反观我国的立法和司法实践,距离这种理想状态仍然存在一定距离。从我国《刑事诉讼法》第7条的规定中可以看出某些端倪,对此在前文中已有详细论述。依据我国相关立法,在打击惩罚犯罪过程中,人民法院、人民检察院和公安机关进行刑事诉讼,应当互相配合、相互制约。但是律师作为为犯罪嫌疑人、被告人主张权利的诉讼主体,在刑事诉讼法的宗旨、任务中

---

[1] 关于该节内容,引用和借鉴了王敏远教授关于刑事诉讼法理解和适用的相关讲座中的内容。

并没有体现，刑辩律师的角色和作用、刑辩律师服务的对象等根本没有能够进入这些最具有基础性、基本性的条款中。在实践中，我们缺少刑辩律师能够与司法机关相互制衡的立法基础。

（2）从代理的形式上来讲，辩护人作为犯罪嫌疑人、被告人的代理人，与公诉方作为国家的代理人，具有同等地位。在现代刑事诉讼主体中，真正的诉讼主体分为两个层次。第一个层次是诉讼原体：一个是国家，一个是被指控人；第二个层次是诉讼代体：国家的代理人和被告的代理人，包括法律的代理人法官和律师。诉讼的结果所产生的权利与义务关系，既不在法官与被指控人之间产生，也不在指控方的检察官或警察与被指控人之间产生，而是在被指控人与国家之间产生。[1]公诉方对被告人进行追诉，其直接的权力来源于法律规定，但原理却在于代表国家对被告人进行追诉，是国家的代理人。公诉方作为国家的代理人，具有诉讼主体资格和地位是无可争议的客观事实，那么辩护人作为犯罪嫌疑人、被告人的代理人，当然可以获得与公诉方同等的法律地位。在肯定公诉方具有诉讼主体地位的同时，辩护人同样应当具有诉讼主体地位。另外，从案件处理的结果来看，非诉讼主体等理论认为，辩护人与"案件的结局本身没有直接的利害关系"，因此将辩护人排除在诉讼主体之外。但是，案件处理的结果与公诉方、审判方、侦查机关及其工作人员又存在多大的联系呢？这种对结果的承受只能是犯罪嫌疑人或被告人，辩护人承担的结果与公诉方、审判方及其工作人员承受并没有本质区别。非诉讼主体等理论以此否认辩护人的诉讼主体地位并无说服力。

（3）刑辩律师享有的权利与犯罪嫌疑人、被告人享有的权利不仅存在大范围重合的现象，而且辩护律师的权利在很多方面大于其他诉讼参与人的权利。从理论上来讲，辩护人的权利来源于犯罪嫌疑人和被告人，是加强对犯罪嫌疑人、被告人进行保护的体现和要求。但综合分析犯罪嫌疑人、被告人与辩护人享有的权利范围来看，二者虽然是一种交叉关系，且权利交叉的范围较广，可以说绝大多数权利均是重合的。辩护律师享有的权利远非鉴定人、翻译人员、证人等其他诉讼参与人能够比拟的。而且，辩护人享有的权利范围在立法进程中不断得到扩展，过去在扩展，以后还会再扩展。刑事诉讼的

---

[1] 李本森："论辩护律师在刑事诉讼中的主体地位"，载《时代法学》2010年第4期。

历史就是扩大辩护权的历史。[1] 从理论来讲，辩护人的辩护权应当足以与控方享有的权利相对应，才能够足以与控方对抗以实现实质上的平衡。既然控辩力量出现一定程度的平衡，也足以说明其诉讼地位是平衡的、对应的。

表 1-1

犯罪嫌疑人、被告人权利	共同权利	辩护人权利
①委托辩护权。②提出补充或者改正笔录权。③被告人有最后陈述的权利。	①使用本民族语言文字进行诉讼的权利。②申请回避权。③辩护权。④律师会见不被监听权。⑤代理申诉、控告。⑥申请变更强制措施。⑦向侦查机关了解犯罪嫌疑人涉嫌的罪名和案件有关情况并提出意见。⑧质证权。⑨发表辩论意见权。⑩调查取证权。⑪申诉或者控告。⑫上诉权或代为上诉权。⑬申诉权或代为申诉权。	①查阅、摘抄、复制本案的案卷材料。②辩护律师在侦查期间可以为犯罪嫌疑人提供法律帮助。③独立的辩护权。

2. 改善刑辩律师诉讼地位的建议

对公检法的关系问题，美国一般会认为法院参与打击犯罪是有问题的，法官应该完全是中立客观的。近年来，我国正进行大规模的以审判为中心的司法改革，但其核心内容更加强调、依赖于法官的公平公正，中间少有涉及如何通过完善和加强律师的地位和作用来实现司法公平的内容，这不得不说是一个遗憾。如果司法体制对权利分配得不平衡，仅仅依靠司法机关内部的自我完善是远远不够的，或许进一步加强律师的地位和权利并有效实施是实现平衡权力、限制权力并实现公平正义的必要措施。

（1）控诉方、侦查人员和审判人员应当从根本上认识到刑辩律师参与到刑事诉讼中是程序正义的需要，是防止冤假错案的要求，而不是阻挠、影响刑事诉讼程序的正常进行。

控诉方、侦查人员和审判人员应当站在更加宏观的角度上、站在犯罪嫌疑人、被告人和辩护人的角度、维护司法公正的角度上来看待刑辩律师的地位和作用，而不是站在自己一时所处的位置上看待律师。对此，前文已经从理论上予以了详细阐述，从现实的司法实践来看，同样应当得出这一结论。第一，大量发生的刑事错案，其后果的承担者是司法人员。近来发生的较有

---

[1] [日] 田口守一：《刑事诉讼法》，刘迪等译，法律出版社 2000 年版，第 89 页。

影响的刑事错案，从云南的杜培武到湖北的佘祥林；河南的赵作海；河北的李久明、李怀亮；湖南的滕兴善；浙江的张高平、张辉等，其事后处理的结果必然会追究承办人员的个人责任，相关领导也要被追究责任。在司法机关辛苦工作多年后，如果自己获得这种刑事后果，不仅会失去工作，而且同样遭受牢狱之灾，以后的生活根本无法获得保障。第二，违反刑事诉讼程序规定的行为同样会发生在司法人员的身上。在浙江的张高平、张辉叔侄强奸杀人案件的重审法庭上，张高平对法官们说了这样一段话：今天你们是法官和检察官，但是你们的子孙不一定是法官和检察官，如果没有法律和制度的保障，你们的子孙也可能被冤枉，徘徊在死刑的边缘。[1]杜培武冤案极富戏剧性和传奇色彩，在这起案子中，被害人是警察，真凶曾经做过警察，冤案的制造者是警察，受害者还是警察。1998年4月22日上午，昆明市路南县公安局副局长王某波、昆明市公安局通讯处警察王某湘，一男一女两名警察被发现死在一辆警用微型车内，殒命枪击。警方初步调查后，认定此案属于情杀，王某湘的丈夫、昆明市公安局强制戒毒所民警杜培武成为唯一的嫌疑人。现在可以肯定的是，案发时杜培武在单位值班，根本没有作案时间。案发5小时后，杜培武被警方留置盘问审查，从此失去人身自由。经过严刑逼供和中院与高院两次审判后，杜培武被判处死刑缓期二年执行，投入监狱。冤狱3年多后，2000年6月，真凶因他案落网，交代了3年前犯下的"二王"命案。最终云南省高级法院宣告杜培武无罪。从一审开始，杜培武的辩护律师刘胡乐就作了无罪辩护。但在整个审查起诉阶段，他都未获准与杜培武见面。[2]李久明，二级警督，1965年1月出生，中共党员。1988年调入河北省冀东监狱，1998年起任冀东监狱二支队政治处主任。2002年7月12日，因一起入室杀人案受到牵连，后被捕入狱。在审讯过程中，因一些办案人员刑讯逼供，迫使他屈打成招，被唐山市中级人民法院判处死刑缓期二年执行。2004年7月，一名抢劫杀人犯在被执行死刑前供认，"7·12"入室杀人案为自己所为，才使这起案件真相大白。2004年11月26日13时许，省公安厅、唐山市委政法委、唐山市公安局及南堡分局的人员来到唐山市公安局第二看守所，向他

---

[1] "若无法律保障，法官检察官的子孙也会被冤枉"，载《成都晚报》2013年3月31日。
[2] "专家称刑法306条助长司法机关报复刑辩律师"，载《南方人物周刊》2011年第30期。

宣布"无罪释放"。[1]在些案件中,刑辩律师的意见均未得到应有重视。在"沈阳刘涌案"中,曾任沈阳市人民检察院检察长、沈阳市中级人民法院院长的刘某因涉嫌贪污受贿罪被捕,张思之律师作为辩护人与之会见,刘某一见张思之就开始诉苦:"我告诉你,他们对我连续审讯64小时,已经构成刑讯逼供了。"张思之回去仔细翻阅案卷,在提审记录中一一核对时间,"时间记录的确是64小时"。当他再度在看守所见到刘某时,刘某愤然说:"太不像话了!"张思之则回答:"是你们过去太不像话了,如果你们过去做好一点,现在他们也不会这么对你。"陈有西说:"那些今天在制造冤案的人,自己往往也受到这种体制的报应,一旦蒙冤,再无拯救之途。我辩护过的好多政法机关、纪委的前领导,有大量这样血的事实。覆巢之下,难有完卵。"[2]第三,作为司法共同体,公检法与刑辩律师,一损共损,一荣共荣,任何一司法共同体地位不被重视会导致司法共同整体的损害。侦查、公诉、审判和辩护人员作为职业共同体,其应有的根本目标基本是一致的。但是当辩护方权利微弱、被视为可有可无、甚至最终被取消以后,公诉等部门会因为不存在对手而失去存在的意义。在新中国成立初期,也曾经在短期内存在律师代理制度,但这一制度在实施不久后就戛然而止。1957年"反右运动"后,法律界成了重灾区,在当时一篇题为《彻底批判人民律师工作中的资产阶级思想》的文章中就列出了资产阶级思想的三大表现,并指出:人民律师必须坚定地站在工人阶级的立场上为人民服务,不能为敌对阶级残余分子和坏分子服务。不过,"反右运动"的兴起并没有使实行中的律师制度立刻结束,直到1959年4月,司法部被撤销,从组织系统来说,律师执法已经没有了主管部门,他们在这时才无法存在下去。[3]在律师消亡后,公检法部门的命运如何呢?随后便发生了砸烂公检法运动。1968年4月砸烂所谓反动公检法是从北京市公安局开始的,北京市公安机关军管会刘传新(某军副政委)炮制了《旧北京市公安局反革命集团与美蒋特务勾结进行特务间谍活动的一些情况的报告》,报告称"北京市公安局10个正副局长、117名正副处长以及分局、县公安局长

---

[1] 万朝发:"近年来中国十大刑事错案",载http://www.jsxb365.com/index.php/article/read/aid/353,访问日期:2013年6月26日。

[2] "专家称刑法306条助长司法机关报复刑辩律师",载《南方人物周刊》2011年第30期。

[3] 陈同:"20世纪50年代我国实行律师制度的短暂过程及其历史思考",载《史林》2009年第4期。

全都是特务叛徒和三反分子","全局有一千多坏人",并诬陷"公安侦察部门通敌、资敌","侦控炮打无产阶级司令部……"这些骇人听闻的莫须有罪名,只要稍有正常思维能力的人都不会相信。毛泽东在此件上批示"请各地军管部门注意此类情况",由国发第142号文件下达,开始在全国范围内掀起砸烂公检法的高潮。据不完整统计:全国公安机关干部遭受打击逼害的达34万之多,被逼死打死的1200余人(公安部副部长徐子荣死在秦城监狱),被致伤残的3600余人。〔1〕刘少奇、彭真等一大批无产阶级革命家被先后打倒,期间产生的无数冤案相信所有人都十分了解。"文革"后,袁志辉所作的《法治颂》是对那一时法制情况的典型反映:痛往日,"四害"横行,"砸烂公检法",冤假错案生,多少无辜受了刑。〔2〕

(2)刑事案件的裁判文书中应当对辩护人的意见给予充分说明和具体评判。大量刑事判决文书中关于辩护人的意见罗列说明的内容很少,更为关键的是采纳的更少。辩护意见被采纳少一定程度上属于正常现象,因为案件毕竟经过侦查机关、审查起诉机关的周密处理,如果大量的辩护意见被采纳,只能说明案件在侦查、审查起诉阶段存在的问题太多,在目前我国的司法情况下,这毕竟不是多数。但是,法院的裁判文书应当对为什么不采纳辩护意见给出足够的理由和说明,只有这样才能成为作出合理裁判的基础,才能让被告人、委托人和社会公众心服口服,才能真正让裁判文书的社会公信力提高,才能真正通过个案对社会起到应有的警示和教育作用。否则,如果仅仅简单地以"辩护人的意见不予采纳"一以概之,其裁判效果、社会效果难以达到裁判的目的。2018年6月1日,最高人民法院发布《关于加强和规范裁判文书释法说理的指导意见》,该文件对裁判文书的释法说理作出诸多具体规定,如果切实实施必然会对刑辩律师的作用有所提高。

(3)完善我国的律师刑事豁免权制度。我国《律师法》第37条第1款规定:"律师在法庭上发表的代理、辩护意见不受法律追究。但是,发表危害国家安全、恶意诽谤他人、严重扰乱法庭秩序的言论除外。"该条规定的主要目的在于保障律师能够全面行使各项权利,对实现律师的角色价值具有重要意义。但是《刑法》第306条规定的"辩护人、诉讼代理人毁灭证据、伪造证

---

〔1〕 杨宪澄:"砸烂公检法和清理阶级队伍",载《炎黄春秋》2013年第2期。
〔2〕 袁志辉:"法治颂",载《人民司法》1980年第1期。

据、妨害作证罪"，作为专门针对刑事诉讼中辩护人和代理人的罪名，如同悬在刑辩律师头上的"达摩克利斯之剑"，其对辩护人的心理威慑和现实影响极为深远，本条近年来被运用之多让所有的刑辩律师不寒而栗。诸多学者从不同的角度对《刑法》第306条的规定提出猛烈抨击，如《刑法》第306条中将律师作为特殊主体确定单独罪名理由何在？比较我国《刑法》第306条和第307条的规定，可以看出第306条与第307条是并列关系而不是包容关系，对于为什么要把律师这一主体单独拿出来另行规定并没有充分的理由，且在立法中采用"引诱"这一十分模糊且难以判断的措辞，那么第307条中为什么不采取"引诱"二字呢；再如，司法权利应当公平对待，既然对律师可以在第306条被单独规定，为什么没有针对侦查人员、检察人员在从事第306条规定的行为时单独立法，并且上升到刑法的高度。实践的情况是只要办案人员没有将犯罪嫌疑人、被告人甚至证人搞死弄伤，是不可被追究刑事责任的。对类似行为的立法态度的截然不同难以自圆其说。

如前文所述，实践中的结果表明刑辩律师因从事辩护活动被追究刑事责任的概率远远超过从事民事代理活动的律师，为避免不必要的风险，刑辩律师不敢调查取证、调查后不敢出示证据、不敢理直气壮地与公诉机关对抗等情形大有存在，辩护律师的价值因此大打折扣。诚然，律师作伪证为任何国家所不允，但如何追究律师的伪证罪，是法律必须思考的问题。伪证罪的产生与一般刑事犯罪有很大区别，其主要是律师作为辩护人在与侦控机关进行诉讼对抗过程中产生的，容易带上一定的情节性。如果由直接对抗方的办案机关侦查立案，很难避免滥施追诉。对于该些情形，1990年联合国第八届预防犯罪和罪犯待遇大会通过的《关于律师作用的基本原则》第16条中规定："（a）……（b）……（c）不会由于其按照公认的专业职责、准则和道德规范所采取的任何行动而受到或者被威胁会受到起诉或行政、经济或其他制裁。"第20条规定："律师对于其书面或口头辩护时所发表的有关言论或作为职责任务出现于某一法院、法庭或其他法律或行政当局之前所发表的有关言论，应享有民事和刑事豁免权。"第28条规定："针对律师提出的纪律诉讼应提交由法律界建立的公正无私的纪律委员会处理或提交一个独立的法定机构或法院处理，并应接受独立的司法审查。"在《刑法》第306条尚未废除或修改的情况下，通过修改《刑事诉讼法》来尽量避免对律师伪证罪的不当追诉，无疑具有一定的现实意义。2012年《刑事诉讼法》规定辩护人涉嫌犯罪的，应当由办理辩护人所承办案件的侦查机关以外的侦查机关办理，这具有一定的合理性。但该规定仍然不够具体，比如：第一，对律师涉嫌伪证罪案件的启动机关如何确定，原侦查机关是否能够启动？俄罗斯《刑事诉讼法》均规定只有法官才有权启动，或许我国的《刑事诉讼法》在下次修订中可以借鉴。第二，《刑事诉讼法》规定的"异地"的范围如何确定，如果"异地"机关是在本县、本市甚至本省范围以内，该条立法也许并无太大的实际意义。

（4）提高律师在国家人事管理体系中的政治地位。在许多西方国家，律师在政治舞台上扮演着耀眼的角色，律师参政议政属于人事管理体系中的重要一环，对于促进国家政治民主、推动法治化建设具有重要价值，由此也使律师在该些国家具有较高的政治地位，甚至成为身份的象征。罗伯特·戈登说："在一个缺乏传统和强有力的公务员候选人的国家中，需要一大批能干的律师去充实政治结构中的上层政治职位，以便不论在野在朝都能提出自己的政策建议。"[1]以美国为例，美国总统从华盛顿到克林顿共49任46人（克利夫兰一人两任），其中律师出身者27人，另有4人接受法学教育或从事过法律职业工作，占总数的67.4%。副总统共50位，其中34人曾任律师，另有4人接受过法学教育或从事过法律职业工作，占总数的76%。国务卿共约62位，其中48人从事过律师工作，占总数的77%。[2]可以说，在美国的政治舞台上，律师占据着十分重要的地位。2018年我国第十三届全国人民代表大会代表共有2980名，其中律师有27人，[3]占总数的0.9%。党的十九大代表为2287人，有1名律师从业者当选为党的十九大代表。中美律师参政议政的差距之大，在一定程度上可以说明我国律师的政治地位不高，其参政议政的广度与深度与发达国家存在极大差距，在很大程度上影响了律师在人们心目中的形象及角色地位的担当。至于律师参政议政的优势，相关学者对此已有深入研究，由于该内容不属于本书的重点之列，因而不再详述。[4]

（5）引进国外的律师、法官、检察官之相互流转的运行机制。从律师的

---

[1] [美]罗伯特·戈登：《律师独立论：律师独立于当事人》，周潞嘉等译，中国政法大学出版社1997年版，第24页。

[2] 参见程燎原："'法律人'之治：'法治政府'的主体性诠释"，载 http://www.legal-theory.org/? mod=info&act=view&id=4953，访问日期：2014年8月19日。

[3] "律师代表委员人数达历年来最高背后含义深刻"，载 http://www.legaldaily.com.cn/commentary/content/2018-03/13/content_ 7495200.htm? node=34251，访问日期：2014年8月8日。

[4] 参考张涛华："中国律师政治参与问题研究"，吉林大学2012年硕士学位论文。

社会角色看，在西方国家，律师可以担任法官和检察官，英国律师有大小律师之分，英国法院的重要职位都由大律师充任，法官从律师中选任。法院的主要岗位，如上诉议员、上诉法院常设法官、高等法院御座法庭的首席法官等，要求由有15年以上执业经历的大律师来充当；郡法院法官，也须是有7年以上执业经历的大律师才有被任命的资格。法官中最高地位的大法官，虽然在法律上并不要求有任何资历，但事实上也是从律师中选任。到了20世纪70年代，法院的法官开始从小律师中任命，具有10年以上执业经历的小律师也可能被任命为市镇法院法官。[1]在美国，只有具有律师资格，有律师工作经验，是美国律协登记注册的律师，且在律师界表现杰出，才有可能成为法官，这可以说是对律师地位的充分肯定。反观中国的现实，律师仅仅定位为社会法律服务人员，一旦踏入律师行业，大部分只能是个律师而已。因其没有更美好的"前途"，对金钱的追求就成为其人生的目标。因此，逐步建立适应中国国情的从律师中甄选法官的机制，不仅有利于提高法官的素质，培养法官的敬业、乐业、刚直、廉洁的品质，刺激律师业的发展，还有利于司法独立和公民法治意识的形成，而且给律师提供了一个明确的目标，有利于提高律师的社会地位并重塑律师的社会形象。[2]

（二）刑辩律师作为诉讼主体应当获得平等"武装"

权力的制衡绝不仅仅限于理念状态，更重要的是通过立法规定，赋予刑辩律师与控诉权、侦查权和审判权同等地位的权利，使辩护权获得平等"武装"，从而使刑辩律师获得制衡的能力。在作出判决的过程中，倾听刑辩律师的意见，作出忠于法律、保持公正的判决，比按照自己的喜恶重判一个十恶不赦的被告人更加具有高的程序价值和深远意义，司法公正没有傲慢排斥刑辩律师的道理。[3]虽然近年来在《刑事诉讼法》修改的过程中，刑辩律师的辩护权不断加强，但仍然未能达到足以与控诉权、侦查权和审判权平等武装的程度。1972年第十二届世界刑法协会大会以"平等武装"为题对在刑事诉讼法中控辩双方诉讼地位的平衡问题进行了探讨，结果也只能将"平等武装"作为"公开审判的内在要素"加以记载，至于如何使平等武装得到实现，则

---

[1] 苏越、戴隆云："从中西方律师社会角色比较中看中国律师定位"，载《理论与现代化》2010年第2期。

[2] 卓朝君："浅论律师的地位和形象"，载《律师世界》2002年第12期。

[3] 方工："司法公正：没有傲慢排斥刑辩律师的道理"，载《中国律师》2014年第10期。

"只能从一个较广泛的意义上来理解"。[1]本书认为,具体来讲,目前阶段应当从以下几个方面完善律师的辩护权。

1. 律师在侦查程序讯问中的在场权

是否将"侦查机关讯问犯罪嫌疑人时律师有权在场"写入 2012 年、2018 年的《刑事诉讼法》,一度成为该刑事诉讼法修改过程中的热点之一。但遗憾的是,现行《刑事诉讼法》对此并未作出规定。本书认为,在《刑事诉讼法》中确立律师的在场权,具有立法上的必要性和可行性。

(1) 确立律师讯问在场权是完善权力制衡的必然要求。如前所述,刑辩律师是权力制衡的程序性要求。这种程序性要求必须通过"看得见"的方式实现。作为侦查机关,不仅具有法定的侦查权和侦查措施,还有国家的人、财、物作为强大后盾。在强大的侦查机关面前,犯罪嫌疑人的力量极其薄弱,无论是在能力还是在实力上均无法与侦查机关相抗衡,因此需要借助辩护律师的作用在一定程度上实现攻守平衡,需要刑辩律师提供相应的法律咨询等服务。赋予律师在讯问过程中的在场权,也是刑辩律师作为与侦查机关同等地位的诉讼主体的必然要求。

(2) 确立律师讯问在场权是打破侦查阶段诉讼程序封闭性的要求,强化对侦查机关的监督功能,并及时有效地发现、制止侦查程序中的违法行为。如果没有确立律师讯问场权,那么侦查阶段的诉讼程序在很大程度上属于封闭状态、"秘密"状态。在封闭性的环境下,侦查机关滥用侦查权、实施刑讯逼供难以受到有效制约。确立律师讯问的在场权无疑可以在一定程度上遏制侦查权的滥用、减少刑讯逼供行为的发生。2012 年《刑事诉讼法》的修改将"尊重和保障人权"写入《刑事诉讼法》的第 2 条,即刑事诉讼法的任务中。可以看出刑事诉讼法的任务不仅仅在于"保证准确、及时地查明犯罪事实,正确应用法律,惩罚犯罪分子",同样体现出对尊重和保障人权的任务。确立律师讯问的在场权是保障人权的最典型、最重要的体现之一。通过律师行使其在场权,可以及时地发现、制止侦查程序中的违法行为。比如在一定程度上有效防止诱供、逼供、骗供等情形的发生,同时在一定程度上保证讯问笔录形成的真实性。

(3) 确立律师讯问在场权可以进一步强化律师的辩护职能。刑辩律师的

---

[1] 罗力彦:"辩护权的国际公约与我国的辩护制度之比较",载《中国律师》1998 年第 11 期。

辩护职能首先应建立在事实的基础上,包括案件本身的事实和程序中出现的事实。如果律师对该些事实了解不清,难以为犯罪嫌疑人提供有效的法律服务。事实上侦查机关的讯问内容、犯罪嫌疑人回答的内容、笔录的内容、犯罪嫌疑人向辩护人事后说明的内容经常出现不一致的情形。这与侦查机关的侦查手段、笔录的形成过程、犯罪嫌疑人的理解与说明是在不同的条件下形成的存在较大关系,这种情形对辩护人实施有效辩护设置了一定的障碍。确立律师讯问在场权可以在很大程度上克服这一问题,让律师掌握、了解第一手的证据和事实,保证还原事实的可靠性,从而为律师进一步有效行使辩护权打下基础,强化律师的辩护职能。

(4)确立律师讯问在场权是许多国家成功的立法和实践经验。域外关于律师讯问在场权的设置与运行是与沉默权、录音录像制度综合运转的。大体可以分为三种模式:其一,以沉默权为主,以在场权为辅的模式;其二,以在场权为主,以沉默权为辅的模式;其三,以讯问录音录像为主,以在场权、沉默权为辅的方式。[1]但不论采用何种模式,律师讯问在场权在大量国家的确立是不争之事实。由于其已经确立了沉默权,因此可以在此条件下讨论何者为主、何者为辅的问题。在我国没有确立沉默权的前提下,在录音录像制度运行并不能有效制止侦查程序中存在较多违法行为的情况下,确立律师讯问在场权具有重要的现实意义和紧迫性。如意大利对于律师在场权的保障力度明显高于沉默权。根据其刑事诉讼法规定,没有律师到场则警察从被追诉人处获得的陈述(无论是否自愿)都不得采纳为证据(第350条第6~7款)。判例表明,警察没有对接受讯问之人进行沉默权警告所获取的证据具有可采性。意大利的最高法院将没有律师在场的讯问看成是导致"证据禁用"的重大违法,但没有进行沉默权警告则并不一定会导致证据的排除。[2]法国相关法律规定,在侦查程序中,如果律师不在场,则当事人有权拒绝回答任何问题。[3]德国、英国、美国等国家也以不同方式确立了律师讯问场权,甚至一些第三世界国家,如越南也确立了律师讯问在场权,其现行的2003年《越南

---

[1] 朱奎彬:"比较与实证:律师讯问在场权透视",载《四川大学学报(哲学社会科学版)》2008年第3期。

[2] 朱奎彬:"比较与实证:律师讯问在场权透视",载《四川大学学报(哲学社会科学版)》2008年第3期。

[3] 施鹏鹏:"法国律师制度述评",载《当代法学》2010年第6期。

刑事诉讼法》第 58 条第 2 项中规定:"(1) 在侦查人员讯问被临时拘留的人和犯罪嫌疑人时,其辩护人有权在场,经侦查人员同意,辩护人可以向被临时拘留的人和犯罪嫌疑人提问;在其他的侦查活动中辩护人也可以在场;辩护人有权查看本人所参与在场的诉讼活动的笔录和对本人所辩护的人所作出的相关诉讼决定;(2) 要求侦查机关提前告知讯问犯罪嫌疑人的时间、地点以便行使讯问在场权。"[1]

2. 进一步完善调查取证权

我国的律师调查取证权,主要体现在《律师法》第 35 条、《刑事诉讼法》第 41~43 条。《律师法》第 35 条规定:"受委托的律师根据案情的需要,可以申请人民检察院、人民法院收集、调取证据或者申请人民法院通知证人出庭作证。律师自行调查取证的,凭律师执业证书和律师事务所证明,可以向有关单位或者个人调查与承办法律事务有关的情况。"《刑事诉讼法》第 41 条规定:"辩护人认为在侦查、审查起诉期间公安机关、人民检察院收集的证明犯罪嫌疑人、被告人无罪或者罪轻的证据材料未提交的,有权申请人民检察院、人民法院调取。"第 42 条规定:"辩护人收集的有关犯罪嫌疑人不在犯罪现场、未达到刑事责任年龄、属于依法不负刑事责任的精神病人的证据,应当及时告知公安机关、人民检察院。"第 43 条规定:"辩护律师经证人或者其他有关单位和个人同意,可以向他们收集与本案有关的材料,也可以申请人民检察院、人民法院收集、调取证据,或者申请人民法院通知证人出庭作证。辩护律师经人民检察院或者人民法院许可,并且经被害人或者其近亲属、被害人提供的证人同意,可以向他们收集与本案有关的材料。"从以上规定可以看出,《律师法》第 35 条的规定不仅包括刑辩律师,也包括从事民事活动的律师,主体规定得相对宽泛。《刑事诉讼法》第 41~43 条是对刑辩律师的进一步规定,比《律师法》第 35 条更加严格、具体。但是,该些规定在实践中被执行的情况不容乐观。调查显示:34.64% 的律师认为其在依法调查取证受阻时无法获得人民检察院、人民法院的协助;另外 30.62% 的律师认为其调查取证受阻时缺乏有效的救济途径;同时,72.29% 的检察官认为法律关于律师

---

[1] 伍光红:"越南律师在场权制度对中国的启示",载《云南民族大学学报(哲学社会科学版)》2013 年第 2 期。

可以申请人民检察院收集、调取证据的规定不合理。[1]因此《刑事诉讼法》对律师调查权的规定仍然需要进一步完善，其原因在于：

（1）《刑事诉讼法》缺少律师在调查受阻时的救济权。首先，由于客观环境的限制，我国律师行使调查权的手段十分有限，如果确实存在一些关键证据需要调查，而被调查人不愿意配合，律师的调查权将无法行使，进而影响案件的公正判决。进一步讲，如果律师按照《刑事诉讼法》第43条的规定申请向司法机关调取证据，但在司法机关拒绝调取的情况下，律师仍然无计可施。对于司法机关拒绝调取证据的行为，由于律师没有相应的救济权，因此《刑事诉讼法》第43条的规定容易得不到有限实现。其次，法律没有规定律师可否向侦查机关提供的证人调查取证。从公平的角度来讲，证人作为中立者、对事实知悉者，其既可以向侦查机关提供证据，也可以向律师作证，但在实践中经常出现不允许侦查机关提供的证人再向律师提供证据的情形，这显然不利于查清案件事实。另外，比如在非法吸收公众存款案件中，出借人往往既是证人，也是受害人，在此种情况下律师可否向其调查取证存在模糊之处，类似问题需要法律作出进一步的规定。总之，关于律师的调查取证权需要进一步的细化和程序化，比如规定法院、检察院对律师申请调查取证的申请应当给予书面答复，若拒绝答复、拒绝调查应当承担相应的后果，从而将律师的调查权落到实处。

（2）应进一步完善律师对刑事诉讼程序的知情权和异议权。从现代辩护理念来讲，律师辩护的主要内容已经从实体性辩护扩展到量刑辩护、程序性辩护的阶段。程序性刑事辩护是指律师有权对侦查机关、审查起诉机关、审判机关在依据刑事诉讼法等法律办理案件过程中存在的违法行为提出辩护意见，通过司法机关程序性违法推导出实体性违法，从而获得犯罪嫌疑人、被告人无罪或罪轻的处理结果。程序性辩护不仅存在于审判阶段，也可存在于侦查阶段、审查起诉阶段，辩护律师凡在发现相关程序性违法行为的均可以通过法律规定的途径向司法机关提出异议。辩护律师如果达到前述辩护结果，必须在立法上存在两个基本前提：第一，立法应明确规定刑辩律师对司法程序的知情权及救济权；第二，立法应明确规定律师行使异议权的范围、途径

---

[1] 西北大学·西部法治调研课题组：《中国西部法治发展报告——刑事案件中律师作用及其工作状况调研（2012年）》，法律出版社2012年版。

以及异议权受阻后的救济权。辩护律师的程序异议权主要包括申请回避的权利、申请改变管辖的权利、要求司法机关依法定的期间办案权、要求司法机关依法定期间询问或讯问权、要求司法机关在法定地点办案权、申请变更强制措施的权利等，该此事宜在我国相关法律中已经有所规定。但是关于异议权受阻后的救济权基本少有涉及，这种情况使立法上规定的相关异议权形同虚设。关于救济权，其相关要求与前文所述的律师在调查受阻时的救济权基本类似，需要进一步明确规定，在此不再赘述。

刑辩律师对司法程序的知情权，对律师依法保护犯罪嫌疑人、被告人权利具有基础性的作用，是律师行使程序性异议权的前提。该些权利至少包括律师有权知悉且办案机关有义务告知犯罪嫌疑人、被告人立案情况、被采取强制措施的时间和地点、侦查期间终结时间、侦查期间的延长情况、移送审查起诉时间、退回补充侦查时间、移送审判机关时间、审判机关立案时间、判决时间和内容等。现有的运行情况是对于侦查、审查起诉、审判等不同阶段的转换，律师难以知悉。实践中，律师只能通过不停地与办案人员联系，如果运气好碰到态度好的办案人员，则可能知道案件在程序上的进展情况；如果遇到一般的，根本不告诉律师。辩护律师为了解案件的基本进展，通过各种途径与办案机关联系，或联系不上承办人，或不被告知，律师了解案件在程序上的进展如同捉迷藏。陈有西律师就抱怨道：有一个案件，委托人打电话问他"案件进行得怎么样了"。陈律师告诉他"案件正在办理"。那位委托人在电话中破口大骂："骗子，法院都通知家属去领骨灰了，还在骗我案件在办理中。"这是一个典型，在这种情况下辩护权当然无法得到有效行使，因而犯罪嫌疑人、被告人的权利难以得到有效保护。关于律师对司法程序的知情权，2012年《刑事诉讼法》虽然比以往法律有所进步，如第160条规定："公安机关侦查终结的案件，应当做到犯罪事实清楚，证据确实、充分，并且写出起诉意见书，连同案卷材料、证据一并移送同级人民检察院审查决定；同时将案件移送情况告知犯罪嫌疑人及其辩护律师。"类似规定，应当在立法上进一步完善和明确，且应当进一步规定如果司法机关不履行相关义务的法律后果及辩护人相应的救济权。

(三) 刑辩律师的辩护权具有独立性——独立的自由执业者

刑辩律师的独立性是指刑辩律师独立于法官、检察官和被告人（犯罪嫌疑人），在遵守法律规定及职业伦理的前提下，为犯罪嫌疑人或被告人提供法律服务的执业者。刑辩律师独立于法官是指不能将其个人对被告人的有罪判断带入诉讼活动；独立于检察官是指没有义务和权利实施任何带有追诉性质的活动；独立于被告人和犯罪嫌疑人是指不得为追求对被告有利的诉讼结局而不择手段，以至于违背了法律和正义。[1] 刑辩律师的独立性是检察官、法官和被告人均无法替代的，从而实现辩护律师具有的诉讼体制的平衡者、权力的制衡者、被告人权利的维护者的角色。其原因在于：

（1）辩护权的独立性来源于诉讼体制平衡的需要。关于刑辩律师作为诉讼体制平衡者的原因及作用，前文已有详细说明。

（2）刑辩律师的独立性具有法定成因。如前文所述，辩护人的权利虽然首先来源于犯罪嫌疑人和被告人的委托，但是不容否认的事实是，辩护人的辩护权不仅仅来源于犯罪嫌疑人和被告人的委托，更是来源于法律的规定，是法律赋予的权利。甚至可以说辩护权是犯罪嫌疑人、被告人的委托与法律规定的交叉结果，缺一不可。公诉方的控诉权和审判方的审判权，其源头同样首先是来源于国家，是国家的代理人，刑事诉讼法规定了作为国家代理人的控诉方和审判方所拥有的各项权利和承担的义务；又规定了作为犯罪嫌疑人和被告人所拥有的各项权利和承担的义务。既然在类似的情形下，作为控诉方和审判方拥有自主性，辩护人同样拥有自主性。如刑事诉讼法中规定人民法院"独立行使审判权"、人民检察院"独立行使检察权"，但没有律师可以独立行使辩护权的规定。辩护律师和人民检察院、人民法院属于何种关系，辩护律师在刑事诉讼中担当何种角色，在前述类似的条文中找不到明确的原则性规定，刑辩律师的自主性更多的是来源于法律的直接规定和赋予，这需要在原则性条款中进一步明确规定。

对此，我们可以从实践中民事授权的授权委托书与刑事案件中授权委托书存在的区别入手来进一步分析。民事授权委托书与刑事授权委托书在内容上的最主要区别在于：民事授权委托书必须列明授权的范围，比如是一般授权还是特别授权，授权的范围应当明确载明；但是刑事授权委托书仅仅载明授权某律师作为其辩护人即可，无需载明授权的范围，辩护人的权利范围已经由法律作出明确规定，其权利具有明显的法定性，非代理性。既然辩护人的辩护权具有明显的法定性，其独立性是必然结果。而且，这种权利的法定

---

[1] 罗力彦："辩护权的国际公约与我国的辩护制度之比较"，载《中国律师》1998年第11期。

性法律授权控诉方的控诉权和审判方的审判权并无本质区别。另外，刑辩律师参与诉讼除经犯罪嫌疑人、被告人的聘请外，可以依法由人民法院指定；刑辩律师如果认为第一审法院的裁判结果错误，可以在征得被告人同意后提起上诉，该些情形同样在一定程度上说明了刑辩律师的独立性。

七、刑辩律师的职业伦理具有"非道德性"特征

律师职业伦理，是指作为律师业务从业人员和律师执业机构所应当遵守的行为规范的总称。[1]律师职业伦理反映了国家及社会公众对律师职业规范的基本要求，是衡量律师职业道德水平的基本尺度，也是对律师的职业能力、品格修养、价值取向的综合考量。[2]刑事辩护律师作为律师职业的重要组成部分，当然需要遵守这些规范和伦理要求，比如法律和行业规定中的相关规定，在此不再赘述。但是，刑事辩护律师由于从事业务的特殊性，在职业伦理方面存在与其他律师不同的职业伦理要求和标准。

（一）刑辩律师的"非道德性"的含义

刑辩律师的"非道德性"特征，并非是指刑辩律师不应遵守伦理道德，而是说刑辩律师在办理刑事案件过程中遵守的不是普通的、社会通行的伦理道德，其遵守的伦理道德应是最大限度地保护被告人的合法权益原则，又称为"党派性忠诚原则"，这是刑辩律师职业伦理的核心之一。德肖维茨曾提出以下观点，就一个辩方律师的伦理而言，刑事审判绝不是单纯地追求真实。当辩护律师代表一个确实有罪的当事人时，他们的职责是尝试用所有合法且合乎伦理的手段，来防止有关当事人有罪的事实被"浮现"，尽量让被告获得无罪判决，如果做不到这一点，无法或者不愿去反对那些不当获得的事实，就是失职。除此之外，律师不能够有其他的打算。他们不能将爱国心、公民的善良责任、宗教、性别或种族认同，或其他任何的理念与承诺，看得比其当事人更重要。根据前述观点，律师为"坏人"效劳，是履行其本质角色的必然要求；律师辩护得越是成功，法治就越发健全，我们生存的社会就越是

---

[1] 李本森：《法律职业伦理》，北京大学出版社2005年版，第161页。
[2] 孙佳琪："当代中国律师职业伦理的理性构建"，黑龙江大学2010年硕士学位论文。

让人放心。[1]由此看出律师尽力为坏人辩护，虽为常人所不齿，但却是刑辩律师职业与生俱来的要求，刑辩律师应当将辩护成功作为期待中的伦理回报。从前述意义上讲，刑辩律师为"坏人"辩护，这既是辩护人的权利，也是辩护人的义务；既是对当事人负责，也是对社会负责；既是保护私权利，也是防止公权力滥用以维护公权利；既是保护其个体利益，也是从根本上保护社会大众利益。这一观点也许与社会大众的普遍认识相矛盾，甚至说"从亚里士多德以来，通过一定过程实现什么样的结果才合乎正义，一直是正义理论的中心问题"。[2]

（二）刑辩律师的"非道德性"的基本特点

1. 刑辩律师应在最大程度上维护犯罪嫌疑人、被告人的利益

对于这一特点，本书在刑辩律师的"非道德性"的含义和对刑辩律师的基本要求中已详细说明，在此不再赘述。

2. 刑辩律师在道德上的自我认同与社会认同之间存在冲突性

法律赋予律师的辩护人及被告人享有辩护权是社会发展的标志之一，是法治进程的必然结果。从刑辩律师的角度来看，刑辩律师应当依据法律和契约为被告人服务，这是天经地义的。就刑辩律师来讲，其应当抛开个人喜恶观念，不能以自己的道德观去评判案件和当事人，而是应当依法尽力地为犯罪嫌疑人、被告人服务，而不能将个人的恩怨情仇掺杂到案件的办理过程当中。律师为犯罪嫌疑人、被告人辩护，并不是认同其道德观和价值观；同时，刑辩律师也不能受到社会公众的普遍观点、社会舆论的影响。尤其是对于一切社会影响恶劣的案件，社会大众往往会采取朴素的思维观念来看待问题，而不是以宏观的、法治的理念来思考问题。法律已经赋予了律师和被告人辩护权，但在社会大众的法治意识未达到一定高度的情况下，社会大众的价值取向与律师的法定义务和契约义务之间产生冲突在所难免。从此意义上讲，刑辩律师的自我认同和社会认同之间存在矛盾是由刑辩律师职业与生俱来的特性决定。刑辩律师的工作重点"并不是为犯罪嫌疑人开脱罪责，而是在

---

[1] 冯象：《好律师能不能也是好人？》，载冯象：《政法笔记》，江苏人民出版社2004年版，第128页；刘瑜："民主与法制巡回讲坛专题报道之八：刑辩律师在坚定的理念中寻找价值"，载《民主与法制》2001年第19期。

[2] [日]谷口安平：《程序的正义与诉讼》，王亚新、刘荣军译，中国政法大学出版社2002年版，第1页。

基本事实查清的前提下,积极争取犯罪嫌疑人所应当享有的法定权利。我们不是为'坏人'的'坏'而辩护,而是为'坏人'的'人'而辩护,为他应该享有的合法权利而辩护"[1]。我们应当树立以下观念:刑辩律师是程序正义的必然要求,我们不能因为刑辩律师为被告人服务来否认律师违背了职业伦理。因为辩护的根本目的还是实现更广泛社会正义。2012年《律师法》第2条第2款规定"律师应当维护当事人合法权益,维护法律正确实施,维护社会公平和正义",该款的内容本身就存在一定的冲突性,即律师在"维护当事人合法权益"与"维护社会公平和正义"之间本身就在某些情形下可能存在冲突。

3. 刑辩律师的"非道德性"在范围上具有特定性

律师作为法律职业共同体的一员,其职业伦理中同样包含着维护公平正义的责任。当党派性忠诚原则与维护社会正义责任出现冲突、当普世主义法治与律师的行业伦理之间出现矛盾时,律师该如何处理呢？通行的做法是用一系列的律师执业行为规范和职业道德规定来要求和塑造辩护律师的个人伦理行为,以求通过技术性的条文协调普世主义法治与律师行业伦理之间的矛盾。[2]因此,刑辩律师的"非道德性"并非无底线,而是具有一定的限制。谷口安平亦说:"律师是以一种中间的独立的立场参与诉讼的特殊职业,他是当事人的代理人,但其利益或立场并不完全等同于当事者本身；他与法官一样从事法律专门职业,但又不是司法机关的附属部分。作为从事'专门职业'的人员,他接受这种职业团体特殊的伦理规范的制约。"[3]如2012年《律师法》第38条第2款规定:"律师对在执业活动中知悉的委托人和其他人不愿泄露的有关情况和信息,应当予以保密。但是,委托人或者其他人准备或者正在实施危害国家安全、公共安全以及严重危害他人人身安全的犯罪事实和信息除外。"

(三)刑辩律师职业伦理"非道德性"的成因

1. 刑辩律师"非道德性"伦理是程序正义的必然结果

刑辩律师作为诉讼体制的平衡者、权力的制衡者、平等的诉讼参与者均是程序正义的结果。律师在办理每一件刑事案件时,都在面临来自程序正义

---

[1] 董景娅:"为'坏人'说理刑辩律师究竟维护什么",载《河南法制报》2017年4月14日。

[2] 徐若瑶:"从重庆打黑看刑辩律师的自我认同与社会认同之间的矛盾",载《法制博览》2012年第11期。

[3] 李建华等:《法律伦理学》,中南财经政法大学出版社2002年版,第273页。

与实质正义冲突的考验,但这却是法治社会条件下的应然性产物。没有程序正义之树,所有实际的所谓实质正义无疑都是毒树之果;以在特定的、个别的情况下允许出现漏网之鱼的罪犯为条件,保住正义之树不受毒害,是平衡追求程序正义与公平正义结果的需要。从前述意义上来讲,"律师职业伦理是一种由律师角色和职业内在规定的特殊道德,它的内容必须服务于律师执业技术与法律程序,因此它是一种程序伦理、技能伦理,是一种不必然服务于实体正义,但必须服从于程序正义的伦理道德"[1]。换而言之,刑辩律师为一个十恶不赦的人辩护,就像一个癌症专业的主任医生在给一个患肝癌的病人做手术一样,无论这个病人是一个圣人还是坏蛋,医生都应当而且都会给他们按照同样的医疗标准、规范和程序做手术,医生与刑辩律师承担的职业伦理和道德存在异曲同工之处。

2. 刑辩律师"非道德性"伦理的形成具有契约性基础

自从1996年颁布的《律师法》将律师的角色定性为"为社会服务的专业法律工作者"之后,律师原有的"国家的法律工作者"的身份便不再存在,律师亦陷入各种利益冲突,尤其是经济利益的漩涡之中。面对利益的选择,律师面临着更多的职业伦理冲突。不过,刑辩律师从事法律服务往往是建立在当事人委托的基础上,是基于与客户之间的契约,律师应当为其客户服务是契约的必然要求和结果。但是,在刑辩律师为客户服务的过程中,必然会涉及第三人——刑事上的受害人。受害人的利害人(社会大众的观点)与律师客户的利益之间必然存在冲突,这种冲突直接来源于律师与客户之间契约。

3. 刑辩律师"非道德性"伦理的形成具有法定性原因

虽然我们并不能认为刑辩律师的"非道德性"是由法律规定导致的,但法律赋予律师的辩护人及被告人享有辩护权在客观上是形成刑辩律师职业伦理具有非德性的特殊原因之一。2012年《律师法》第2条第2款中规定"律师应当维护当事人合法权益"。当然这种结果,从人类文明的发展来看无疑是有益的。至少"让有罪之人得到公正审判,让无罪之人不受刑事追究"是所有刑辩律师追求的目标之一。

---

[1] 孙笑侠:《法律人之治——法律职业的中国思考》,中国政法大学出版社2004年版,第277页。

(四)刑辩律师的"非道德性"对刑辩律师执业行为的要求、影响及协调

1. 刑辩律师应当以维护被告人(犯罪嫌疑人)利益为首要原则

前文关于刑辩律师的"非道德性"特征决定了刑辩律师应当以维护被告人(犯罪嫌疑人)利益为首要原则。中华全国律师协会关于印发《〈律师办理刑事案件规范〉的通知》(2017年8月27日)第5条第3款规定:"律师在辩护活动中,应当在法律和事实的基础上尊重当事人意见,按照有利于当事人的原则开展工作,不得违背当事人的意愿提出不利于当事人的辩护意见。"作为刑辩律师应当眼里只有法律,没有权势。因此,不畏权势、仗义执言、敢于辩护、并基于事实、坚持自己的辩护立场和辩护意见,是辩护律师的必备品格。借用著名刑辩律师钱列阳的一句话来说:"刑辩律师应该有水的心态,狭窄的地方我们冲过去,平缓的地方我们流过去,放到什么瓶子里都能够生存,必要的时候也可以冲破一切阻拦,还有滴水穿石的韧劲。"这就是专注于刑辩的律师们,尽管有时他们被误解,被攻击,被拒绝!但他们必须以最公正的姿态去面对他们的当事人。这,也就是他们坚持下去的理念和价值![1]在律师的眼里,只有当事人,而没有"好人""坏人"之分,忠实地依照法律维护委托人的利益是律师的基本职责。诚如德肖维茨所说:"我们选择为面临死刑或者长期监禁的人辩护,并不代表我们同情这些杀人犯、强奸犯、抢劫犯或者团伙罪犯……如果说一个杀人犯应当被处死,那么就必须经过合法公正的程序剥夺其生命。非经法程序而剥夺了一个该死的杀人犯的生命绝对是不公正的,同时也是非常危险的,因为这将导致司法的滥权和不可估量的无辜被告人受害。允许被告人享有申辩的权利正是正当程序的必然要求,但由于法律知识的缺位,被告人往往又不可能独自行使,这就必须求助于具有专业知识的律师们,以协助他们行使应有的申辩权利。"[2]从这个意义来讲,刑辩律师行使辩护权不仅仅是为犯罪嫌疑人、被告人服务,而是为保障所有人的权利服务,以防"导致司法的滥权和不可估量的无辜被告人受害"。田文昌律师也有过类似表述:"我一直反对把律师打扮成正义的化身,打扮成包青天,这个认识本身就是错误的。律师既不是天使,也不是魔鬼,

---

[1] 刘瑜:"在坚定的理念中寻找价值",载《民主与法制》2011年第12期。
[2] 李鸣杰:"戴着锁链跳舞——当前律师刑事辩护的执业环境及其应对之道",载《法治研究》2010年第11期。

不代表正义，也不代表邪恶，律师是法律赋予的一种职责，他通过特有的为当事人辩护和代理的一种方式，达到维护法律正义的目的。他的职责就是依法最大限度地维护委托人的合法利益。"[1]

在具体实施过程中，如何实践这一原则，在不同的情况应采取不同的辩护方式。尤其是在案件处理，不仅有被告人、辩护人，而且还包括委托人的意见，因此为刑辩律师的辩护选择增加了难度。刑辩律师应区分以下情况区别对待：

（1）被告人认为自己有罪，委托人认为被告人有罪，辩护人认为被告人无罪。对于该种情况，辩护人当然应当从自己的角度出发，为被告人作无罪辩护。因为辩护人作为专业的法律工作者，其在刑事案件处理方面的能力一般应当超越于被告人和委托人，为被告人的利益服务是其应当坚持的原则。而且在此种情况下，选择该种辩护方式对于审判机关对被告的裁判来讲一般并没有太大影响，尤其是对被告人是否构成自首等情节影响不大。辩护人应当从自己的专业角度为保护被告人的利益作出最大努力。

（2）被告人认为自己有罪，委托人认为被告人无罪，辩护人认为被告人无罪。对于此种情形的处理方式，辩护人应当采取与第一种情况类似的辩护方式，在处理结果上不仅最大限度地保护了被告人的利益，而且满足了委托人的要求。

（3）被告人认为自己有罪，委托人认为被告人无罪，辩护人认为被告人有罪。对于此种情形，辩护人应当遵照的是被告人自己的观点和态度，因为虽然辩护人的辩护权最初来源于委托人，但最终归属于被告人。从实践上来看，我国被告人委托律师在开始时大多数是由其亲属委托，但是最终相关律师能否成为被告人的辩护人，取决于被告人的态度，而不是又于收了委托人的钱款，就要按照委托人的意见处理。一般来讲，辩护人在第一次时会见被告人，均要求被告人签字确认是否同意作为其辩护人。而且，委托人虽然与律师之间建立了委托关系，但目的是为被告人服务的，辩护人保护的首先是被告人的利益。

（4）被告人认为自己无罪，委托人认为被告人有罪，辩护人认为被告人无罪。对于此种情形，辩护人应当采取与第二种情况类似的处理方式，以保

---

[1] 宋远升："律师独立辩护的有限适用"，载《法学》2014年第8期。

护被告人的利益。

（5）被告人认为自己无罪，委托人认为被告人有罪，辩护人认为被告人有罪。对于此种情形，辩护人应当遵照被告人的意见作无罪辩护。如前文所述，刑辩律师应当以保护被告人的利益为第一要位，当其认为自己无罪时，应当遵照被告人的观点，而不是与被告人的意见相反，由去充当"第二公诉人"的角色，这与刑辩律师的角色、职责和伦理完全相违背。当然，对于前述所有情形，辩护人应当与被告人、委托人事前做好沟通，晓以利害。比如如果存在自首情节，辩护人经过分析判断认为判处无罪的可能性极小的情况下，应当与被告人沟通协商，避免一旦无罪辩护未能实现，自首等法定从轻情节无法认定情形的出现，这显然对被告人是不利的。不过，在沟通后被告人仍然坚持自己无罪时，辩护人应当遵照被告人的观点。

（6）被告人认为自己无罪，委托人认为被告人无罪，辩护人认为有罪。对于此种情形，辩护人应当遵照被告人的意见。

2. 刑辩律师"非道德性"职业伦理情况下对律师的约束和规范

在20世纪90年代我国律师职务迅猛发展后，无论律师是否真正理解了刑辩律师的"非道德性"或"党派忠实原则"的含义，是否真正将其提升到理论的层面进行分析和研究，但其蕴含的基本精神已经被律师界或多或少地接受。不过，由于与其配套的法律制度、政治伦理、法律职业共同体伦理等的缺失和不足，导致一些刑辩律师在一定程度走上了唯利是图的道路，甚至将刑辩律师的"非道德性"作为追求不当利益的借口。如果律师无职业伦理，则如同未经驯化之野兽。因其掌握法律利器，擅长百变技巧之能，具有伶牙俐齿，具有可能存在的危险性。[1]如果片面追求律师的党派性，其结果就必然是"党派性"完全成了律师不受约束地谋利的正当性说辞，而导致律师职业伦理出现偏差。[2]时任美国联邦最高法院首席大法官伦奎斯特曾说："律师是商人和神职人员所组成的微妙的混合体"，这句话在很大程度上能够体现律师职业所内含的私人利益与公共利益的矛盾冲突，换句话说，律师究竟是商人还是布道者，这是存在于律师职业发展历史中的一个古老而又常问常新的

---

[1] 宋远升："刑辩律师职业伦理冲突及解决机制"，载《山东社会科学》2015年第4期。
[2] 陈宜："略论实习律师培训制度的完善"，载《中国司法》2007年第2期。

问题，因而凸显出律师职业伦理所固有的极其重要的地位与作用。[1]刑辩律师的公信力严重不足，社会认同感严重缺乏，因此在正确认识刑辩律师"非道德性"特征的基础上，调整和规范刑辩律师的执业行为刻不容缓。在强调刑辩律师应当遵守"党派忠实原则"的同时，并不意味着律师必须一切事情听从、满足当事人的要求，刑辩律师的独立性还要求其承担着法律范围内的正义义务。联合国《关于律师作用的基本原则》第14条规定："律师在保护其委托人的权利和促进维护正义的事业中，应努力维护受到本国法律和国际法承认的人权和基本自由，并在任何时候都根据法律和公认的准则以及律师的职业道德，自由和勤奋地采取行动"；第15条规定："律师应始终真诚地尊重其委托人的利益。"[2]该措辞中，并没有采取"完全服从委托人利益"的表述，而是用"尊重其委托人利益"，同样在一定程度上可以证明前述观点。再如《刑事诉讼法》第48条规定："辩护律师对在执业活动中知悉的委托人的有关情况和信息，有权予以保密。但是，辩护律师在执业活动中知悉委托人或者其他人，准备或者正在实施危害国家安全、公共安全以及严重危害他人人身安全的犯罪的，应当及时告知司法机关。"这一条规定是对刑辩律师应当遵守"党派忠实原则"的典型注释。

（1）刑辩律师应当成为公众福祉的奉献者。洛德·埃尔登曾说："律师为任何人服务，但决不向任何人出卖自己。"孙晓楼先生在《法律教育》一书提出：法律人应具有三种素质，一为法律道德，二为法律知识，三为社会常识。对于法律职业者而言不能仅具有一般公民的道德水平，而应当赋予其更高的职业伦理标准。法律职业者要信仰法律、心存正义、忠于职守、廉洁公正、铁面无私。法律职业者的道德人格是支撑司法公正的柱石之一。[3]

近年来，包括刑事辩护在内的律师业务领域，出现了一些丧失原则，唯利是图；恶性竞争，扰乱秩序；专业水平低，职业素质差；违越规矩，知法犯法的情形。[4]在一些著名的案件中，最为引人注目的不仅是那些有名的犯

---

[1] 邹东俊："律师协会与美国律师职业伦理的演进与构建"，载葛洪义主编：《法律方法与法律思维》，法律出版社2011年版。

[2] 参见联合国官网：http://www.un.org/chinese/hr/issue/docs/52.PDF，访问日期：2014年8月18日。

[3] 李本森：《法律职业伦理》，北京大学出版社2005年版，第312页。

[4] 张翌日："律师职业道德的问题与对策探析"，载《法律与社会》2010年第10期。

罪嫌疑人，还有那些为嫌疑人辩护而各出奇招的刑辩律师们。在案子没有判决之前，刑辩律师就成了案件的主角。再加上媒体和自媒体的参与，形形色色的律师你方唱罢我登场，使得网络上的舆论沸腾，让大众看到了一场场比戏剧更精彩的表演，也使民众看到了律师这一行业的各种角色。[1]

中国十大杰出青年法学家顾培东说过："尽管律师个体利益扩张的实际倾向在任何社会都是存在的，但在中国现实下，这种倾向更为明显，在谋求利润最大化这一点上，律师事务所与企业、律师与商人几乎没有本质区别。"[2]中国律师现有的一点"尊崇"，更多的不是来自律师的自身价值，而是比一般稍高的经济收入。这一点距离托克维尔所说的"美国的贵族是从事律师职业和坐在法官席位上的那些人"存在极远的差距，不仅不具有"贵族"的高贵、正义的捍卫者的重要力量，称其为"土豪"在财力上也勉为其难，仅仅是稍有些收入的中产阶级而已。

该些情形不仅严重损害了律师的职业形象，甚至导致违法犯罪，当然最终会影响到律师的生存。刑辩律师想要得到民众支持和信赖，就必须通过遵守律师维护正义的高标准的伦理道德规范，而不是用法律形式伦理和技术规范将其掩盖淹没。那什么才是高标准的刑辩律师职业道德呢？美国联邦最高法院大法官露丝·拜德·金斯伯格提出："在历史上，为律师执业确立的最崇高原则是为贫穷、弱势及地位低下的群体提供法律服务，从而履行增进大众福祉的公共服务。"让普通民众看到律师不只是收费的工匠，而是一位增进公众福祉的奉献者。这样对缓解民众对刑辩律师的误解和不信任，让民众认识到好律师的存在，从而调和刑辩律师的自我认同和社会认同矛盾。要加强社会公众对刑辩律师的认同感，对刑辩律师制度和价值进行宣传是十分必要的。如果律师完全放弃了对社会公共责任的追求，不仅可能使得法律服务市场竞争丧失最基本的道德水准要求，还可能使得律师职业成为商业的次级附属行业，使律师变成只懂得法律操作的商人，而不再是法律职业主义控制下的具有社会公共精神的法律家。[3]

（2）禁止在庭外散布与案件相关的不正当言论。此处与案件相关的不正

---

[1] 冷月："辩护极限和道德底线"，载《民主与法制时报》2013年11月18日。
[2] 顾培东："中国律师制度的理论检视与实证分析"，载《中国律师》1999年第11期。
[3] 宋远升："刑辩律师职业伦理冲突及解决机制"，载《山东社会科学》2015年第4期。

当议论主要包括两种：虚假宣传、违背社会道德的宣传和不正当竞争行为。关于不正当竞争的宣传行为主要体现为非法抬高自己、贬低同行的行为，应当对其予以禁止，这不存在任何争议。关于虚假宣传、违背社会道德的宣传等，随着互联网的发展，这一点体现得愈加严重。包括律师在内的所有人员发表议论时不再需要依靠传统的报纸、电视、广播等新闻媒体，事实上很多律师都通过微信公众号、微博等平台发表观点。有的律师甚至拥有数十个微信公众号、数万乃至数十万名粉丝，其言论可以对社会造成一定的影响。许多律师通过微信公众号发表一些观点等，来提高自己的社会影响，一般来讲，无可厚非。但有少数刑辩律师纯粹为了能够引起社会关注、哗众取宠、甚至为了通过社会舆论给法院等施加压力，发表一些尚未公开的、虚假的、与社会伦理相悖的议论，造成了极其恶劣的社会影响。对于该些行为应当予以严厉制止，使其承担相应的责任。比如在震惊社会的2017年"杭州某某纵火案"中，相关律师在案件初期发表的议论对社会造成的负面影响十分恶劣，使得刑辩律师的行业形象再次受损。

关于规制律师在庭外散布与案件相关的不正当言论，就其他国家或地区的规定来看，主要存在三种模式。第一，严格管制模式。《德国联邦律师条例》第43a条第（2）（3）款规定：律师应当保持沉默，对在承办案件过程中所知道的一切信息，都不得向第三人泄露，除非该信息已经被公众知道或者不再具有保守秘密的意义。《加拿大律师协会律师执业行为准则》第十八章对"律师的公开露面与言论"进行了规定：律师如果以承办案件的辩护律师身份发表言论，对案件中涉及主观性意见的观点以及偏向性的观点应该回避。第二，相对管制模式。如《美国加州专业行为规则》第5~120条（A）就规定：对正在承办案件的或者跟案件存在某些关系的律师，在对新闻媒体发表跟案件有关的观点时，应当注意其发表的观点会不会对案件的审理造成影响，如果存在很大的可能，那么该律师就应当回避跟这些有关的话语。第三，预先管制模式。如《英国1981年禁止藐视法庭法》规定：如果新闻媒体发表的报道影响了法院的独立审判，对案件的审理确实造成了影响，或者说还没有产生现实意义的影响，但是存在这种可能，就可能会以藐视法庭罪对其进行惩戒。或许，我国采用相对于预先规制相结合的模式比较合适。[1]

---

[1] 邱乐婷："刑辩律师职业伦理研究"，西南政法大学2015年硕士学位论文。

（3）构建更加合理的刑辩律师行业规则。就目前我国关于规范刑辩律师的制度来看，主要包括两大类：一类是国家的法律、法规和部门规章，另一类是律师协会制定的行业性规范。从国家法律法规的层面上来看，自我国司法部于1990年颁布第一部关于律师执业范围关于印发《〈律师十要十不准〉的通知》之后，相继制定并颁布了《律师职业道德和执业纪律规范》《律师法》等。该些规定主要从宏观层面对刑辩律师的执业提出规范性意见。从律师协会制订的规定来讲，从1996年通过的《律师职业道德和执业纪律规范》（2001年修正）以来，律师协会先后制订颁布了《律师执业行为规范（试行）》（2004年通过）、《律师执业行为规范》（2009年、2017年先后修订）、2017年《关于印发〈律师办理刑事案件规范〉的通知》等，体现了我国对律师的管理从行政主导到行政指导与行业指导相结合的过程。

但是就律师协会等制订的行业规范来讲，更多的是在重复和解释相关的法律规定，并没有从更加严格、具体的层面对刑辩律师的职业伦理要求作出规定，因此应从行为自治的角度作出更加完善的规定。而且关于律师行业的管理经历了律师脱钩改制的过程，很多的管理规定具有深厚的行政色彩，关于律师道德、伦理建设的指引性规则严重匮乏，因此并没有从律师的意识和思想上试图解决问题，这将是构建更加合理的刑辩律师管理规则的重中之重。我们有必要借鉴《美国律师职业行为规则》等行业规范从而更好地构建我国的刑辩律师行业规则。从《美国律师职业行为规则》规则本身来看，规则不再仅仅是对律师行为的强制性规范，而更多的是调整律师与委托人之间利益界限的规范性条文。从形式上看，律师职业行为规则不再仅仅是松散的纪律训诫的罗列，而是形成有相对独立的逻辑体系、以委托人———律师关系为基础的法典样式。[1]

（4）进一步强化和完善职业伦理教育。就我国法学教育的过程来看，现有的高校法学教育中更加侧重于教授理论性知识，即使在日益强调加强实践教学的当今时代，对学生的职业伦理教育可以说是相当落后，在学生时代就开始加强法律职业、律师职业的职业伦理教育十分必要和迫切。如美国几乎所有的法学院都会设置关于律师职业的课程，并在教学中通过讨论式教育的

---

[1] 吴洪淇："从纪律到规则：律师行业规范的演进逻辑——兼评《美国律师职业行为规则：理论与实践》"，载《法治研究》2009年第3期。

方法在加强对学生知识培养的同时,加强职业伦理教育,对此我国的高等法学教育还有相当长的一段路要走。[1]与此同时,律师协会等行业协会应进一步加强对律师的继续职业教育工作。虽然几乎所有的律师协会每年均会组织不同场次的继续教育活动,但大多集中于对新颁布的法律、实践中的热点难点问题的研究与探讨,少有加强对律师职业伦理教育的课程。就律师事务所来讲,大多数合伙人、管理者更多强调的是如何提高本所的创收和影响,对律师职业伦理的继续教育往往流于形式或空谈。因此,建立并严格执行规范的律师职业继续教育体制十分必要。如法国2004年第2004-1386号法令之规定,所有注册律师在执业期间都必须接受每年20小时以上的继续培训,执业不满2年的律师每年应参加10小时以上的职业伦理培训。[2]

（5）进一步严格律师惩戒机制。刑辩律师的业务特征决定了刑辩律师可能知悉较多的个人隐私、商业秘密等信息,关于律师的惩戒规则和办法已经形成了一套规范,司法行政主管部门应当依据该些规范加强对律师的管理,对违反规定的严格依法办事。司法行政机关和律师协会应当同时开展定期与不定期的专项检查,健全律师惩戒监督机制,接受当事人和社会的检举与监督,坚决将律师队伍中的害群之马清理出去。在对律师加强检查与惩戒的同时,应建立健全投诉、立案、调查、听证等一系列制度和相关程序,一方面便于当事人提起惩戒程序,另一方面保证相关律师行使救济程序。如法国对律师惩戒的救济权规定了完整的六个阶段,主要包括：职业道德调查、起诉、预审、庭审、审判和上诉。[3]

本书对刑辩律师的角色定位及其职业伦理道德进行了前述分析和研究,其根本目的在于：一方面进一步明确和完善刑辩律师的角色定位；另一方面更加呼吁社会各界正确理解和认识刑辩律师的角色特点,在立法和司法实践中能够正确地对待刑辩律师,只有这样我们的律师制度才能真正发达。正如江平教授所言："律师兴则国家兴——只有律师制度发达了,国家的民主、法制制度才能够更加完善,律师制度的成败关乎国家的兴亡。"[4]

---

〔1〕 参见刘绍奎："诊所式法律教育本土化的障碍与对策",载《法律与社会》2012年第12期。
〔2〕 施鹏鹏："法国律师制度述评",载《当代法学》2010年第6期。
〔3〕 施鹏鹏："法国律师制度述评",载《当代法学》2010年第6期。
〔4〕 江平："律师兴则国家兴",载《法制资讯》2010年第11期。

第二章
侦查阶段辩护工作要求与实施

侦查阶段是刑事诉讼程序的第一个阶段，侦查机关在此阶段的主要任务是提取并固定与认定案件事实相关的证据，该些证据对刑事诉讼程序的进展具有根本性影响。就犯罪嫌疑人来讲，如果侦查机关能够完成相关证据的收集与固定工作，犯罪嫌疑人转变成被告人、继而最终被追究刑事责任的可能性极大。与侦查机关从事的工作相对应，辩护人在此阶段的工作同样是基础上的，甚至是根本性的。实践中，少数辩护人对律师在侦查阶段的作用不置可否，这种观点完全错误。忽视辩护人在侦查阶段所起的作用将直接导致辩护人在审判阶段的工作困难重重。对辩护人来讲，没有任何一个诉讼阶段是不重要的，每一个阶段都包含着辩护人应当完成的大量任务。保护犯罪嫌疑人权利，必须从头做起，从侦查阶段做起。

一、侦查阶段辩护工作纲要

辩护人在侦查阶段需要完成的工作主要包括下表中的内容，表 2-1 中列举的各项工作是辩护人在侦查阶段必须关注和审查的事项，甚至属于辩护工作的最低要求。

表 2-1

序号	侦查阶段辩护工作纲要
1	向侦查机关了解犯罪嫌疑人涉嫌的罪名和与案件有关情况：①与侦查机关保持联系，了解案件的基本情况；②就侦查过程中可能存在的问题与侦查机关沟通并提出对犯罪嫌疑人有利的意见。

续表

序号	侦查阶段辩护工作纲要
2	会见犯罪嫌疑人：通过会见达到以下目的：①向犯罪嫌疑人了解有关案件情况，掌握第一手资料；②了解侦查机关的侦查方向以及关注的主要问题；③对犯罪嫌疑人进行心理疏导，缓解犯罪嫌疑人的焦灼情绪；④了解和发现可能无罪或者罪轻的线索，在可能的情况下对有利的证据进行固定，为后期的有效辩护做好准备；⑤帮助犯罪嫌疑人正确地认识自己的行为，为量刑辩护做准备；⑥发现与立功、自首相关的线索；⑦发现可能存在的非法证据线索，最大限度地避免刑讯逼供的发生；⑧其他事项。
3	提供法律帮助：①就涉嫌的相关罪名向犯罪嫌疑人作详细解释和说明，提高犯罪嫌疑人的自我保护意识和防范能力；②向犯罪嫌疑人解释和说明与刑事案件处理相关的程序问题，在犯罪嫌疑人全面了解案件处理流程的基础上，进一步提高防范能力。
4	管辖辩护：①公安机关侦查管辖或其他机关管辖；②犯罪地法院管辖或被告人居住地管辖；③具有两个以上不同地区管辖权案件的处理。
5	回避辩护：①利害关系人回避；②其他可能影响案件公正处理人员的回避。
6	代理申诉、控告：就案件处理过程中可能出现的违法犯罪活动，代为向相关部门提出申诉、控告等。
7	申请变更强制措施：①为符合条件的在押犯罪嫌疑人申请办理取保候审等；②为犯罪嫌疑人书写办理取保候审相关的材料等。
8	依法申请排除非法证据：发现有应当排除的证据的，应当依法申请予以排除，不得作为审查批捕、移送起诉的依据，最大限度地避免刑讯逼供行为的发生。
9	就逮捕必要性和羁押必要性事宜向审查批捕部门提供意见：向检察机关提交相关申请文书等。
10	在案件侦查终结前，向侦查机关提供综合性律师意见：按照相关规定，辩护律师提出要求的，侦查机关应当听取辩护律师的意见，并记录在案。辩护律师提出书面意见的，应当附卷。

二、侦查阶段第一次会见犯罪嫌疑人的工作要求

律师第一次会见犯罪嫌疑人对于律师办理案件的全过程具有重要影响。第一次会见律师需要解决一系列的问题，比如如何取得犯罪嫌疑人的信任并

确认委托关系、如何处理律师会见不受监听的相关问题、如何向犯罪嫌疑人提供法律咨询。这些要求不仅适用于在侦查阶段第一次会见犯罪嫌疑人，同样适用于审查起诉、审判阶段的第一次会见。

(一) 会见前的准备工作

律师在会见前应当对可能出现的情况作出必要的预判并采取相应预防措施，以期达到最好的会见效果。主要准备工作如下：

（1）尽可能多地了解犯罪嫌疑人的背景资料。律师应在会见前向犯罪嫌疑人的亲属了解与其相关的情况，不仅包括犯罪嫌疑人涉嫌的罪名及基本事实等，还包括犯罪嫌疑人的身份状况、工作经历、文化水平、甚至兴趣爱好、身体状况等，以便于与犯罪嫌疑人进行沟通。

（2）熟练掌握涉嫌罪名的所有规定。诸如法律规定、司法解释、规范性文件以及判例等，以便于向犯罪嫌疑人提供咨询。对罪名的定性标准、定罪标准、量刑标准等均应熟练掌握，随口应答。律师应尽量避免临阵翻书、查阅资料，否则容易造成犯罪嫌疑人对律师的不信任。律师在会见时应携带这些资料，但只是作为一种参考和准备。

（3）制定会见提纲。会见前制定完善的会见提纲不仅可以大大提高会见的效率，而且便于深入了解案情和发现问题。许多律师在会见时携带的是几张空白的记录纸，凭借自己的记忆向犯罪嫌疑人发问。这种方式不仅容易导致思路混乱，而且容易遗漏问题。律师最好在会见前就拟定好发问提纲，有的放矢。

(二) 第一次会见时间

辩护人第一次会见犯罪嫌疑人的时间应当越早越好，陈瑞华教授提出最佳救援期是37天或14天[1]，笔者认为7天同样是救援期中极其重要的时间节点。一般来讲，辩护人会见犯罪嫌疑人时，犯罪嫌疑人已经被羁押或被采取其他强制措施。就一般犯罪嫌疑人来讲，一方面法律意识和专业水平比较低，对很多事实是否属于违法犯罪处于模棱两可的状态，急需法律上的帮助；另一方面，被羁押初期的犯罪嫌疑人容易恐慌，不知所措，急需精神上的支持与抚慰。因此，辩护人第一次会见犯罪嫌疑人的时间应尽可能早。通过尽早会见并向犯罪嫌疑人提供法律咨询与帮助后，一方面使犯罪嫌疑人的情绪

---

[1] 陈瑞华："未来刑辩律师执业八大趋势"，载《中国律师》2017年第6期。

有所稳定，另一方面提高其法律知识水平和防范能力。

（三）向犯罪嫌疑人确认委托关系并建立信任关系

多数刑事案件案发后，犯罪嫌疑人大多处于羁押状态，最初与辩护人建立委托关系的往往是犯罪嫌疑人的近亲属。辩护人在第一次会见犯罪嫌疑人时，应在自我介绍的基础上首先询问犯罪嫌疑人是否同意自己作为其辩护人。若犯罪嫌疑人同意，应当在会见笔录中确认和记载，同时要求犯罪嫌疑人在授权委托书上签字确认。

信任是刑辩律师从事下一步工作的前提和基础，只有犯罪嫌疑人对律师充分信任才能使律师真正全面深入地了解案情。实践中可以遇到犯罪嫌疑人向律师说明的内容与供述内容相差巨大的情形，该种情况主要源于犯罪嫌疑人对律师的信任程度不够。刑辩律师向犯罪嫌疑人介绍身份后，可以向其说明委托人委托本律师的原因，如果是亲戚朋友，一般情况下容易建立信任关系。如果不是，律师则可以侧重从以下方面努力赢得犯罪嫌疑人的信任：①通过对案件进行全面、深入的分析而赢得信任；②通过介绍以前案件的业绩情况、履历情况，尤其是对类似案件的处理情况赢得信任；③通过自身的人格魅力、精湛的业务知识赢得信任等。

（四）向犯罪嫌疑人了解案情

全面、准确地了解案件事实是律师有效辩护的基础，犯罪嫌疑人对案件的真实情况最为了解，第一次向犯罪嫌疑人了解案情时，需要把握以下几点：

（1）要求犯罪嫌疑人如实地说明案情，避免受到误导。在实践中，犯罪嫌疑人故意向辩护人隐瞒事实、避重就轻的情况大有存在，如果辩护人通过犯罪嫌疑人了解的仅是部分事实，会直接对后期的辩护思路造成重大不利影响。最悲催的情况莫过于当辩护人按照犯罪嫌疑人的说明与侦查机关沟通时，侦查机关以犯罪嫌疑人相反的供述直接予以否定。因此，必须让犯罪嫌疑人理解，辩护人不是犯罪嫌疑人的敌人，不是侦查机关的帮手，而是为其服务的，是为其权利和利益着想的；让其理解辩护人只有在准确把握案件真实情况的基础上，提供的意见才可能合理、有效，才可能使案件的处理结果对其有利。

当然，无论辩护人如何努力，人性的弱点决定必然有少数犯罪嫌疑人不愿意如实说明的情况。作为律师一方面应认识到这种情况的客观必然性，另一方面要注意综合分析犯罪嫌疑人说明的情况，仔细分析前后是否存在矛盾、是否存在漏洞、是否存在无法作出合理解释的问题，并适当作出追问。在追问时要注意方式方法，尽量不要引起犯罪嫌疑人的不满或让其产生敌对情绪，对于犯罪嫌疑人刻意隐瞒的情况，不一定要在当场查个水落石出，否则不利于后期的展开工作，而且追问结果是否会成为案件侦破的突破口实属难料。律师同时应注意观察犯罪嫌疑人的表情、语态等，综合其陈述仔细辨别其说明的内容是否真实，尽量去伪存真，避免被犯罪嫌疑人误导。在会见过程中，辩护人应当有自己的思路和主线，绝不能被犯罪嫌疑人"牵着鼻子走"。

（2）向犯罪嫌疑人了解案情时应注意询问其向侦查人员的供述情况，注意了解侦查机关关注的问题，分析侦查机关的侦查方向。只有知彼知己，才能百战百胜。如果出现侦查人员没有按照犯罪嫌疑人供述如实记录的情形，必须提醒犯罪嫌疑人以后遇到类似情况必须坚决要求侦查人员当场更正笔录，否则拒绝签字。如果实在无法拒绝，可以提醒犯罪嫌疑人自行书写内容全面的材料，并提交驻所检察官，以固定证据。

（3）注意发现是否存在非法收集证据的情况。证据具有合法性是成为定案证据的前提要件之一。律师在会见时应注意专项告知犯罪嫌疑人非法取证的相关规定，询问是否存在非法取证的情况，从而最大限度地避免刑讯逼供的发生。如果犯罪嫌疑人提出自己是被刑讯逼供的，一定要求犯罪嫌疑人提供具体的线索，比如何时、何地、何人采取何种非法方法，并将以上内容记录在会见笔录里。如果辩护人发现可能存在非法取证的线索，除应征询犯罪嫌疑人是否授权律师代为提出控告外，还应尽量想办法固定这些证据。比如在看守所看到犯罪嫌疑人身体上存在伤痕，除依法向侦查机关、检察机关反映外，应及时通知驻所检察官固定该些证据。

（4）向犯罪嫌疑人了解案情时应当全面、系统、具体。一般犯罪嫌疑人的法律素质不高，因此辩护人应当引导犯罪嫌疑人将案情说明得全面、系统、具体。所谓全面，是指引导犯罪嫌疑人对案件发生的起因后果、发生过程等所有与案件相关的事实作全面介绍，力图避免犯罪嫌疑人避重就轻的情况。所谓系统，是指辩护人可以结合该案可能涉及的罪名，引导其围绕犯罪构成说明相关情况，并有针对性地向犯罪嫌疑人提出一些问题，以得到明确答案。所谓具体是指辩护人应引导犯罪嫌疑人详细说明案件中可能对定罪量刑具有重要影响的细节问题。比如，为判断犯罪嫌疑人是否构成自首，在向犯罪嫌疑人了解情况时，必须详细地向其了解其归案过程，是被抓捕归案的，还是接到侦查人员的电话后主动归案；是否向单位、领导主动反映案件情况，诸如此类的问题必须了解具体。

（5）注意法律规定与专业知识的有效对接。许多犯罪往往具有一定的专业技术性，比如计算机领域的犯罪、证券领域的犯罪等，该些领域的犯罪往往带有一定的专业性和技术性，刑辩律师对于这些知识往往比较缺乏，而犯罪嫌疑人却是这个方面的"专家"。对此，一定要要求犯罪嫌疑人详细介绍该些知识或技术，使辩护人真正理解这些技术的含义，让犯罪嫌疑人成为辩护人的得力助手。在了解专业技术问题的基础上，将法律规定与这些技术建立有效的联系和对比，准确分析案件的性质。如果辩护人无法当场弄清搞懂，应在会见结束后进一步寻找相关领域的专家进行咨询。当然，这些工作如果能够在会见前作出准备则更佳。在会见前充分准备、了解相关的专业知识，不仅有利于深入理解案情、准确把握案件性质，也有利于与犯罪嫌疑人建立信任关系。

（6）善于发现案件中是否存在对量刑具有重大影响的事实。量刑辩护目前已经成为一种独立的辩护形态，辩护人应当善于发现案件中可能存在的对量刑存在重大影响的事实。诸如是否存在自首，是否构成累犯，是否属于从犯、胁从犯等，为以后的辩护打下基础。

（五）向犯罪嫌疑人提供法律咨询

向犯罪嫌疑人提供法律咨询的目的，是让犯罪嫌疑人在知悉相关法律知识的基础上提高自我保护意识和防范能力，提供法律咨询应当围绕这一宗旨进行和展开。在提供法律咨询的过程中应当注意以下几点：

（1）律师提供法律咨询要以犯罪嫌疑人能够形成防御能力为最终目的。一般来讲，提供法律咨询要正确、具体、准确，这属于基本要求。另外，提供法律咨询时应当注意宏观性和原则性。因为犯罪嫌疑人一般来讲对法律不了解，让其在短时间内记清所有规定、理解相关理论是不现实的，这些内容可能过于琐碎。因此，作为辩护人应当将相关规定总结成相对简单、易记的原则性问题，向犯罪嫌疑人解释并让其真正理解。侦查人员会从哪些角度切入、会问哪些具体的问题，无论是辩护人还是犯罪嫌疑人都不可能作出准确预判，但不管侦查人员的切入点如何，归根结底还要回到是否构成犯罪上来、回到法律的规定上来、回到辩护人总结的原则性问题上来，因此辩护人提供的咨询应当努力使犯罪嫌疑形成防御屏障，以不变应万变。为判断犯罪嫌疑人是否真正理解这些原则，可以在提供咨询过程中，多次询问其理解情况，对犯罪嫌疑人不理解或认识模糊的，应当进一步加强解释和说明。

（2）关于犯罪构成和法律规定的解释应当全面具体。详细的解释与原则性的把握是相辅相成的，通过详细的解释可以让犯罪嫌疑进一步理解防御性的原则。详细解释不仅要详细解释刑法规定的具体条文，而且应当注意司法解释的相关规定以及司法实践的基本情况。律师在提供法律咨询的过程中，采用的语言应当尽量通俗易懂，便于犯罪嫌疑人理解和把握。

具体来讲，解释犯罪构成主观方面的问题应深入、全面。比如，通过解释要让犯罪嫌疑人理解什么是故意犯罪、过失犯罪、犯罪动机和目的，让其清楚主观状态的不同可能对犯罪构成的影响，让犯罪嫌疑人自己结合案件事实分析自己的主观状态，避免作出对自己不利的回答。解释犯罪客观方面的规定要注意与涉案事实相结合。让犯罪嫌疑人理解什么客观行为可能构成犯罪、什么情况下可能不构成犯罪，其具体区别体现在哪些方面。许多法律规定往往采取罗列的方式对犯罪的客观方面作出规定，具有选择性，辩护人应对与涉案事实相关的规定向犯罪嫌疑人进行重点分析。在涉及数额、数量等问题上，律师应将相应的立案标准、定罪标准、量刑标准准确无误地告知犯罪嫌疑人，还应当告知其司法实践中掌握的尺度和认定方法等。如果可能存在立功、自首等情形的，应详细解释构成立功、自首的要件和规定。

（3）关于刑事诉讼相关程序的咨询应当具有条理性。刑事诉讼程序具有很大的复杂性，律师在向犯罪嫌疑人提供咨询时应当具有条理性，便于犯罪嫌疑人理解和掌握，必须要犯罪嫌疑人记住基本过程及时间节点。比如：①有关强制措施的条件、期限、适用程序；②有关侦查人员、检察人员及审判人员回避的法律规定；③犯罪嫌疑人对侦查人员的提问有如实回答的义务及对与本案无关的问题有拒绝回答的权利；④犯罪嫌疑人有要求自行书写供述的权利，对侦查人员制作的讯问笔录有核对、补充、改正、附加说明的权利；⑤侦查机关应当告知犯罪嫌疑人鉴定意见内容以及可以申请补充鉴定或者重新鉴定的权利；⑥犯罪嫌疑人享有的申诉权和控告权；⑦关于和解程序的相关规定等。

（六）审慎回答犯罪嫌疑人关于"最终结果"的询问

犯罪嫌疑人被立案后，其本人及亲属最想知道的问题就是"最终结果会是什么""最好的结果是什么""是不是构成犯罪""会被判多长时间"，犯罪嫌疑人存在前述想法无可厚非。作为律师回答在这些问题时，必须慎之又慎。我们可以看到，极个别律师为了能够获得更多案源、收取更多的费用，"闭着眼睛"直接回答"无罪"，甚至博得"张无罪、李无罪"的"称号"。这种处理方式显然是不合理的，最终闹的退费、被投诉的情况并不少见。

辩护人作为专业人员在回答这一问题时至少应考虑到以下两个因素：第一，案件本身的情况；第二，中国的刑事司法实践现状。辩护人对于中国刑事司法实践的现状非常清楚，犯罪嫌疑人被判处无罪的比例极低，尤其是被采取逮捕措施之后，犯罪嫌疑人被判无罪的情形更是微乎其微，刑辩律师不顾现实作出承诺显然是违反职业道德和伦理。另外，就案件本身来看，随着侦查的不断深入，证据可能会不断完善，对事实的认定情况会不断发展，在没有充分了解侦查机关收集的证据的情况下，对案件的处理结果作出极其乐观的判断极不科学。作为辩护人，应当实事求是地分析已经掌握的案件事实、证据，对犯罪嫌疑人作出留有余地的、具有一定弹性空间的回答。即便对于个别罪行极其严重、手段极其恶劣、很有可能被判处较重刑罚的案件，律师也不应直接对犯罪嫌疑人"判处死刑"，或对判决结果直接表露出悲观情绪，让犯罪嫌疑人失去希望；但也不能轻描淡写，让犯罪嫌疑人盲目乐观。最佳的方案是，辩护律师实事求是地向犯罪嫌疑人分析法律的有关规定，尽量找出可能存在或成立的从轻、减轻处罚甚至无罪的理由，并把这些理由一一告诉犯罪嫌疑人，诚恳地希望犯罪嫌疑人尽最大努力配合律师寻找案件突破口，激发起犯罪嫌疑人求生、求自由的欲望，调动其积极性。既要让犯罪嫌疑人意识到后果的严重性，又要让他对案件充满希望。把握好这个分寸，对律师的语言技巧要求是很高的，律师无意间的一句话，一个表情，都会让犯罪嫌疑人陷入无边的黑暗，甚至做出不理智的行为。[1]

（七）正确处理律师会见不受监听事宜[2]

律师会见不受监听作为 2012 年《刑事诉讼法》修订中的重要内容。由于会见不受监听，个别律师在会见中违反规定的情形有所发生。据统计，自《刑事诉讼法》2013 年 1 月 1 日实施以来至 2013 年 4 月，全国看守所发现并

---

〔1〕 门金玲主编：《刑事辩护操作指引》，法律出版社 2015 年版，第 78 页。

〔2〕 本节内容参见刘绍奎："权利还是诱惑——律师会见不受监听对律师诚信执业带来的挑战及对策"，该文被评为 2013 年法治江苏高层论坛优秀论文，同时获 2013 年法治南京建设优秀征文三等奖。

及时制止了律师违规会见240人次,其中1月份111人次,2月份52人次,3月份77人次。[1] 我们认为,律师会见不受监听绝不意味着律师在会见中可以不受约束,相反法律在赋予律师享有会见不受监听的权利的同时,律师的职业伦理和道德却对律师的诚信执业带来更高的要求,如何珍惜法律赋予的权利、诚信执业是每个刑辩律师面临的课题。

1. 律师会见不受监听的基本解读

(1) 基本内容——律师会见不受监听是一项绝对权。刑事诉讼的历史就是扩大辩护权的历史。[2] 2012年《刑事诉讼法》第37条中规定:"辩护律师会见犯罪嫌疑人、被告人时不被监听",这是我国第一次将律师会见不受监听在刑事诉讼法中予以明确规定。为进一步配合刑事诉讼法的实施,公安部《刑事程序规定》第52条中规定:"辩护律师会见犯罪嫌疑人时,公安机关不得监听,不得派员在场。"前述规定与联合国《公民权利和政治权利国际公约》、联合国预防犯罪和罪犯待遇大会通过的《关于囚犯待遇最低限度标准规则》《关于律师作用的基本原则》的规定基本一致。《关于囚犯待遇最低限度标准规则》第93条规定:受到刑事控告而被逮捕或监禁,由警察拘留或监督监禁但尚未审讯和判刑的人在会见律师时,"警察或监所官员对于囚犯和律师之间的会谈,可以用目光监视,但不得在可以听见谈话的距离以内"。

从以上内容可以看出,律师会见不受监听是一项绝对性权利,包括以下几层含义:第一,律师会见时不受侦查人员的现场监听。第二,律师会见不得被采取录音等设备监听。需要说明的是,录像监控与录音监听并非同一概念,为防止脱逃等事件的发生,法律不可能禁止看守所等部门可以采取录像等方式对会见现场进行实时监控,但这种监控的内容和目的与本书所述的监听并非同一概念。第三,律师不仅在会见一般性犯罪中的嫌疑人时不受监听,而是在会见所有犯罪中的犯罪嫌疑人时不受监听。即便按照《刑事诉讼法》第39条规定,会见前需要经过批准的危害国家安全犯罪、恐怖活动犯罪案件等,一旦经过侦查机关的许可允许会见,律师会见时同样不受监听。

(2) 根本目的——保证犯罪嫌疑人的实体性权利。律师会见不受监听从表面上看仅仅是程序上、操作上的规定,其本质目的在于让犯罪嫌疑人拥有

---

[1] "新《刑事诉讼法》后律师被当陪聊,带纸条递情感",载《北京晚报》2013年4月24日。
[2] [日]田口守一:《刑事诉讼法》,刘迪等译,法律出版社2000年版,第89页。

与辩护律师充分、自由交流的机会，让辩护律师充分了解案情后，运用自己的专业知识维护犯罪嫌疑人的合法权利，继而维护司法正义。从前述意义上看，律师的会见权本质上是犯罪嫌疑人享有的权利，是公民权利的延伸。[1] 身陷牢狱的犯罪嫌疑人在被采取强制措施、侦查措施、甚至非法侵害后，如果有侦查人员等在场或被实时录音，犯罪嫌疑人可能会出于多种考虑，不敢与辩护律师交流客观事实。2012年《刑事诉讼法》实施前，侦查人员随时宣布停止会见、带走犯罪嫌疑人、律师的谈话被干涉和限制的情况并不少见，致使律师会见成为一件尴尬之事。[2] 因此赋予律师在会见时不受监听的权利更多的原因不是出于对律师的保护，而是对犯罪嫌疑人权利的保护，是实体公正的程序性保障。

（3）律师会见不受监听的立法进程。律师会见不受监听多年前已经被诸多学者关注，2012年的《律师法》第33条首次在法律层面上规定："辩护律师会见犯罪嫌疑人、被告人时不被监听"，但该条文在执行中受到了多种曲解，直到2012年《刑事诉讼法》修订后才画上句号。2012年《刑事诉讼法》的规定既体现了我国立法机关对保障犯罪嫌疑人权利的重视，同时也是我国落实国际条约相关规定的体现。如1990年第八届联合国预防犯罪和罪犯待遇大会通过的《关于律师作用的基本原则》第8条规定："遭逮捕、拘留或监禁所有的人应有充分机会、时间和便利条件，毫无迟延地、在不被窃听、不经检查和完全保密情况下接受来访和与律师联系协商。这种协商可以在执法人员能看得见但听不见的范围内进行。"联合国《公民权利和政治权利国际公约》第8条规定："遭逮捕、拘留或监禁的所有的人应有充分机会、时间和便利条件，毫无迟延地、在不被窃听、不经检查和完全保密情况下接受律师来访和与律师联系协商。这种协商可在执法人员能看得见但听不见的范围内进行。"作为该些条约的签署国，我国的刑事诉讼法必须对国际条约的相关条文予以明确反映。

2. 律师会见不受监听对律师执业带来的挑战

律师会见不受监听为保障律师的会见权、辩护权铺平了道路。需要特别

---

[1] 连继民、王健："律师会见权究竟是谁的权利（二）"，载《民主与法制》2011年第5期。
[2] 参见李红："比较法视野下的律师会见权法律保障与制约"，载《北京人民警察学院学报》2012年第4期。

注意的是，律师拥有的该项权利会给律师在执业过程中带来更多的诱惑，如果不能正确对待，可能会给律师执业带来一定风险，甚至是刑事风险。

（1）律师会见不受监听带来的诱惑。第一，经济效益之诱。律师既是犯罪嫌疑人权利的维护者，也是物质利益的追逐者，个别律师就特殊案件放弃或减少经济利益的行为并不能否认其一定程度上是一个经济追逐者的特征。律师物质利益的最大化往往与案件的处理结果、犯罪嫌疑人的刑事处罚程度密不可分。律师在可能获得更多的经济利益的诱惑下，并不排除个别律师利用会见不受监听这一权利，违反法律规定和职业道德，"毁灭、伪造证据，帮助当事人毁灭、伪造证据，威胁、引诱证人违背事实改变证言或者作伪证"[1]以及进行其他干扰司法机关的活动，从而使犯罪嫌疑人免受或减少刑事处罚。第二，律师名气之诱。律师获利更多的名气，除能在一定程度上满足其精神需求以外，同样会获利相当的经济利益，所以许多律师采取多种手段使自己在社会上或业内获利更高的人气。让犯罪嫌疑人免除或在较大程度上减轻刑事处罚无疑是获利名气的有效途径。为此，可能出现个别律师利用会见不受监听的权利，从事一些扰乱司法秩序的行为。

（2）律师会见不受监听对律师执业带来的风险。关于辩护律师干扰司法秩序的后果，相信每一个刑辩律师都耳熟能详。《刑法》第306条规定的辩护人、诉讼代理人毁灭证据、伪造证据、妨害作证罪犹如悬在律师头上的"达摩克利斯之剑"，本条近年来被运用之多让许多的刑辩律师不寒而栗。如果刑辩律师利用会见不受监听的规定，作出违反《刑法》第306条的规定的行为，其后果不言而喻。同时，《律师法》《律师职业道德和执业纪律规范》等对类似行为的严重后果均有明确规定。

作为刑辩律师应当相信，对于绝大多数的违法会见行为，如果司法机关着力追究，其完全有能力去收集足够的证据加以认证。更何况，在律师引诱、教唆被告人伪造证据、虚假供述以后，犯罪嫌疑人并非一定因此免予或减轻刑事处罚，或者处理结果未必能够满足犯罪嫌疑人的要求。若犯罪嫌疑人事后反戈一击，辩护律师将无法逃脱，这种情形已经多次在司法实践中得到验证，刑辩律师必须以此为戒。

---

[1] 参见《刑法》第306条。

3. 律师会见不受监听制度下律师执业的基本要求和处理方法

在律师的会见条件相对得到放松之后，律师的执业要求和标准并未发生变化，这就要求律师必须在相对宽松的会见条件下，加强自我控制和约束，严守法律和职业道德底线。

（1）以法为师，恪守各项职业纪律或职业道德。法律是最好的教材和老师。关于律师执业纪律、执业道德，我国《刑法》《刑事诉讼法》《律师法》和《律师职业道德和执业纪律规范》等均有明确规定。律师会见不受监听，绝不意味着律师会见可以随心所欲地交流任何事情。《刑法》第306条的规定必须时刻铭记在心："辩护人、诉讼代理人毁灭、伪造证据，帮助当事人毁灭、伪造证据，威胁、引诱证人违背事实改变证言或者作伪证的，处三年以下有期徒刑或者拘役；情节严重的，处三年以上七年以下有期徒刑。"律师依法办事、依法会见，不仅是对律师执业的基本要求，更是让律师免遭不利后果的准则。

（2）刑辩律师应在思想上牢固树立被监听的意识。虽然法律规定律师会见不受监听，但律师应当牢固树立会见时可能被监听的意识，应在如同存在监听的情况下为犯罪嫌疑人或被告人服务，让这种思想成为自己的行为指南。只有牢固树立监听意识，才会对自己的行为有所控制和约束，避免出现违反法律或相关规定的行为。

（3）妥善处理律师会见过程中可能涉及的问题。律师在与犯罪嫌疑人接触的过程中，犯罪嫌疑人为免除或减轻自身处罚，必然会向律师提出一些问题，律师也会主动地向其提供一些咨询，律师应妥善处理在此过程中的一些问题，既要维护犯罪嫌疑人的合法权益，亦要避免违法。

第一，向犯罪嫌疑人提供咨询时，绝对不能引导、唆使犯罪嫌疑人虚假陈述、翻供等。如前文所述，提供咨询的目的，是使犯罪嫌疑人完全明悉相关规定，使其具备自我防御意识和能力，由其参照相关规定对其自身行为作出判断，辩护人绝对不能引导、唆使犯罪嫌疑人虚假陈述、翻供等。

第二，关于回答犯罪嫌疑人的问题。律师会见犯罪嫌疑人时，经常会遇到犯罪嫌疑人直接询问"这个问题我该不该讲""这个问题我能不能这样讲"等指向性极其明确的问题。对于该类问题，律师应尽量避免直接回答。而是应当将犯罪嫌疑人的问题进行归类或定性之后，从法律规定、相关原理、实践规则等角度予以回答。如果犯罪嫌疑人的这个问题涉及犯罪构成的主观方面,则向其解释关于主观方面法律是如何规定的;如果犯罪嫌疑人的问题涉及犯罪构成的客观方面,则解释客观方面的规定。若必须回答犯罪嫌疑人指向性较为明确的问题,应尽量采用做选择题的方法,在其明白法律规定之后,由其自己作出选择,而不是由律师通过指正的方式或灌输的方式,绝不能引导或唆使犯罪嫌疑人作虚假供述或翻供。[1]

第三,关于犯罪嫌疑人要求传递内外消息。一般来讲,在犯罪嫌疑人被羁押后至终审判决前,律师是其与外界沟通的唯一桥梁。犯罪嫌疑人经常要求将一些意见传递给其家属或了解外界情况。该些信息若与案件本身无关,如生活中的信息、民事问题的处理方法等,律师一般来讲应予传递;但如若与案件相关,律师要格外慎重,尤其对可能涉及伪造、销毁证据等妨碍司法秩序的内容应拒绝传递。

第四,关于犯罪嫌疑人或家属要求传递相关文件。《律师职业道德和执业纪律规范》第23条规定律师不得借职务之便违反规定为被告人传递信件、钱物或与案情有关的信息,看守所等部门也有类似规定。因此,律师在会见中原则上一般不应向犯罪嫌疑人、被告人递送任何文件,无论该文件与本案是否存在关联。在实践中经常出现犯罪嫌疑人向律师索要名片的情形,以便于通过监管人员与律师联系。对此,如果律师将名片传递给犯罪嫌疑人,必须事先征得监管人员的同意。若犯罪嫌疑人需通过律师向外传递相关文件,应分别对待。若该文件与案件本身无关,比如涉及一些个人的民事问题等,应当经过监管人员的同意。

第五,禁止为犯罪嫌疑人传递任何立功线索。揭发犯罪或向司法机关提供犯罪线索对于犯罪嫌疑人获得立功具有重要意义,但该些线索或犯罪事实应当是犯罪嫌疑人自己掌握或了解的信息,律师不能通过任何方式向犯罪嫌疑人传递任何案件的线索。通过这种方式传递的立功线索,不仅可能不被法院采纳,而且可能涉嫌犯罪。最高人民法院、最高人民检察院《关于办理职务犯罪案件认定自首、立功等量刑情节若干问题的意见》中规定:据以立功的线索、材料来源属"他人违反监管规定向犯罪分子提供的",不能认定为立功。在实践中,律师向嫌疑人传递立功线索查证属实,被追究刑事责任的情形多有发生。

---

[1] 朱觉明:"刑辩律师十大风险点及操作提示",载《浙江法制报》2012年12月27日。

第六,关于向犯罪嫌疑人核实案件证据。关于辩护人是否可以向犯罪嫌疑人核实卷宗中的证据材料,在李庄案件中广受争议。[1]现行《刑事诉讼法》第39条第4款中规定辩护律师"自案件移送审查起诉之日起,可以向犯罪嫌疑人、被告人核实有关证据"。由此看出,辩护人在审查起诉阶段、审判阶段向犯罪嫌疑人出示卷宗材料、向其核实证据完全合法,这也是本次刑事诉讼法的修订内容之一。陈瑞华教授认为,被告人享有阅卷权具有正当性。[2]不过,对于这一问题,存在一定争议,律师应予以注意,本书在第三章中有详细论述。

第七,绝对禁止犯罪嫌疑人使用律师的手机等通讯工具与外界联系。律师在会见时手机等通讯工具一般随身携带,律师绝对应避免将自己的手机等交给犯罪嫌疑人并由其与他人联系,此不仅违反监管部门的规定,而且涉嫌伪造证据、串供等。

第八,禁止带领犯罪嫌疑人的家属或其他非律师参加会见。《刑事诉讼法》《律师法》对于可以会见嫌疑人的人员范围具有明确规定。《律师职业道德和执业纪律规范》第23条规定律师不得与犯罪嫌疑人的亲属或者其他人会见在押犯罪嫌疑人。对于前述规定,律师必须严格遵守,避免出现伪造证据、串供等。

(八)律师应了解侦查人员突破性讯问的基本方法并适当说明

知彼知己,方能百战百胜,作为刑辩律师应当了解一些侦破刑事案件的基本方法,尤其是侦查人员在讯问中采取的基本方法。中国人民公安大学教授毕惜茜在其著作《心理突破》一书中,分18个专题全方位地阐述心理学方法在"谈话""讯问"中的应用。作为律师应对这些突破性讯问的方法有所了解,可以适当向犯罪嫌疑人介绍。在此以封闭问话为例,封闭问话限制了答话的范围,具有暗示性,且屏蔽了许多信息,一般只能从互相对立、互相排斥的两个方面选择一个。如"是那个女的打碎了玻璃还是那个男的打碎了玻璃?"这些疑问句对答话人回话的范围、信息量都有一定的约束,制约着被审讯人的回答。这样的问话,往往是在想控制犯罪嫌疑人时可适当使用。[3]犯

---

[1] 郑琳、庄庆鸿:"重庆打黑惊曝'律师造假门'",载《中国青年报》2009年12月14日。
[2] 参见陈瑞华:《刑事辩护的理念》,北京大学出版社2017年版,第293~314页。
[3] 参见毕惜茜:《心理突破》,中国法制出版社2017年版。

罪嫌疑人稍有不慎就可能落入"陷阱"。对此类情形，可以适当提醒犯罪嫌疑人注意，以避免产生因回答不慎形成冤假错案。

（九）第一次会见的笔录材料样本

如前文所述，辩护人第一次会见犯罪嫌疑人时，不论案情如何，均存在一些共同的特点和要求，因此辩护人最好能够准备统一的格式文本，一方面防止因为时间紧张漏掉相关问题，另一方面为与犯罪嫌疑人沟通案情节约时间。现将范本提供如下：

会见笔录
（侦查阶段第一次会见）

时间：　　　　　　地点：　　　　　　对象：
律师：　　　　　　记录人：　　　　　罪名：

问：你好，请问你否是××？（核实身份）

答：……

问：我们是律师事务所的律师，受××委托作为你的律师，你是否同意？

答：……

问：（若同意）请在授权委托书上签名确认。

　　（若不同意，记入会见笔录并请犯罪嫌疑人签字确认。）

问：依据《刑事诉讼法》的相关规定，作为你的律师，可以为你提供法律咨询、代理申诉、控告。被批准逮捕后，可以为你申请取保候审。下面向你询问几个问题。

答：……

问：能否说明一下本案的基本情况，请尽量详细阐述。

答：……

问：你是涉嫌什么罪名被公安机关羁押的？

答：……

问：你对这个问题是如何认识的？

答：……

问：对你涉嫌的罪名的相关法律规定你是否了解？下面我将向你详细解

释相关法律规定。（详细解释相关法律规定）

答：……

问：侦查机关是什么时间第一次讯问你的？

答：……

问：在公安或检察院等讯问你之前，有无其他单位或人员向你了解情况？

答：……

问：你是什么时候被刑事拘留（逮捕）的？

答：……

问：你是什么时间被关押在看守所的？（注意是否存在超期）

答：……

问：你是如何归案的，是被公安机关抓捕归案还是主动投案的？

答：……

问：你在归案前有没有向单位领导或相关组织主动交代或说明过本案的基本事实情况？

答：……

问：问你这个问题主要是看你是否存在自首情节。（向其解释构成自首的法律规定及构成要件）

问：你以前是否因为违法犯罪受到过刑事处罚或行政处罚，如果有具体是什么情况？

答：……

问：关于这个案件，可能存在一些影响量刑的相关规定，现在向你详细解释。（详细说明关于从重、从轻、减轻处罚等相关规定）

答：……

问：你对刑事诉讼的相关程序问题是否了解？下面我将向你详细解相关法律规定。（详细解释相关刑事诉讼程序方面的规定）

答：……

问：被批捕后，你是否要求律师为你申请取保候审？申请取保候审应当符合《刑事诉讼法》××等规定，并且应当提出保证人或者交纳保证金，是否可以取保候审由办案机关决定。

答：……

问：在今后的案件处理过程中，你应当如实叙述自己知道的案情，对办案机关提取你的笔录你必须认真核对，记录有差错的你可以要求更正，核对无误后才可以签名，你的口供对案件审理结果极其重要。

答：……

问：在你被羁押后，办案机关是否存在刑讯逼供或其他违法办案行为，需要律师为你申诉或控告的？

答：……

问：你还有什么其他需要说明的事情？是否需要亲属给你存放钱款或递送衣物？

答：……

犯罪嫌疑人签名：
日期：

三、就逮捕必要性向检察机关提出律师意见

（一）《刑事诉讼法》关于逮捕的基本规定

2012年《刑事诉讼法》的修改关于强制措施制度的修订数量较多，2018年《刑事诉讼法》修改的内容亦有所涉及该些修改对于律师依法保护犯罪嫌疑人或被告人权利具有重要意义。在此需要说明，强制措施（取保候审）在联合国《公民权利和政治权利国际公约》中是作为犯罪嫌疑人的权利来看待，而不仅仅在于保障诉讼程序的顺利进行。但在我国，强制措施（取保候审）既不是一种权利，也不是一种羁押的替代措施，而一种独特的限制人身自由的措施，甚至被看作是打击犯罪的手段和工具。《刑事诉讼法》与逮捕相关的内容主要包括两个部分。

1. 逮捕条件的分类

1996年《刑事诉讼法》和1979年《刑事诉讼法》对逮捕条件规定得十分抽象，因此导致在司法实践中容易出现理解不一致的情形，2012年《刑事诉讼法》在一定程度上解决了前述问题。2012年《刑事诉讼法》第79条对应当逮捕的情形作出了比较具体的规定，这些规定对于进一步减少逮捕数量、提高逮捕质量具有重要的意义。逮捕条件可以归纳为三种情况：第一，一般逮捕条件；第二，绝对逮捕条件；第三，转化逮捕条件。

（1）绝对逮捕条件。《刑事诉讼法》第81条第3款规定："对有证据证

明有犯罪事实，可能判处十年有期徒刑以上刑罚的，或者有证据证明有犯罪事实，可能判处徒刑以上刑罚，曾经故意犯罪或者身份不明的，应当予以逮捕。"本质上来讲，《刑事诉讼法》第81条的第1、3款均是关于应当逮捕的规定，凡是符合前述两种情况的，均应当逮捕。但《刑事诉讼法》第81条第3款相对于第1款讲，其规定的内容更加明确，因此对应的范围远小于第1款规定的范围，该款关于逮捕条件的规定弹性不大，自由裁量权很小，凡是出现《刑事诉讼法》第81条第3款规定情形的，均应逮捕，可以称之为绝对逮捕。对于该种情况下的逮捕，由于范围限制明确，辩护人的辩护空间很小。

（2）一般逮捕条件。就一般逮捕条件来看，2012年、2018年《刑事诉讼法》在立法精神上基本延续了1996年《刑事诉讼法》第60条的相关规定。1996年《刑事诉讼法》第60条将逮捕必要性条件抽象为"事实证据条件""刑罚条件""社会危险性条件"三个条件。2012年《刑事诉讼法》对"事实证据条件"和"刑罚条件"没有作出修改，只是将"逮捕必要性"修改为"社会危险性"作为逮捕的条件之一。应当说2012年《刑事诉讼法》用相对容易判断的"社会危险性"替代原则性较强的"逮捕必要性"规定，具有一定的进步意义。

对于如何判断社会危险性，[1]《刑事诉讼法》第81条第1款规定了五种具体情形：第一种：可能实施新的犯罪的。主要体现为：①案发前或者案发后正在策划、组织或者预备实施新的犯罪的；②扬言实施新的犯罪的；③多次作案、连续作案、流窜作案的；④1年内曾因故意实施同类违法行为受到行政处罚的；⑤以犯罪所得为主要生活来源的；⑥有吸毒、赌博等恶习的；⑦其他可能实施新的犯罪的情形。第二种：有危害国家安全、公共安全或者社会秩序的现实危险的。主体体现为：①案发前或者案发后正在积极策划、组织或者预备实施危害国家安全、公共安全或者社会秩序的重大违法犯罪行为的；②曾因危害国家安全、公共安全或者社会秩序受到刑事处罚或者行政处罚的；③在危害国家安全、黑恶势力、恐怖活动、毒品犯罪中起组织、策划、指挥作用或者积极参加的；④其他有危害国家安全、公共安全或者社

---

[1] 2018年10月26日，经十三届全国人大常委会第六次会议审议决定，将《刑事诉讼法》第79条改为第81条，增加一款，作为第2款："批准或者决定逮捕，应当将犯罪嫌疑人、被告人涉嫌犯罪的性质、情节、认罪认罚等情况，作为是否可能发生社会危险性的考虑因素。"

秩序的现实危险的情形。第三种：可能毁灭、伪造证据，干扰证人作证或者串供的。主要体现为：①曾经或者企图毁灭、伪造、隐匿、转移证据的；②曾经或者企图威逼、恐吓、利诱、收买证人，干扰证人作证的；③有同案犯罪嫌疑人或者与其在事实上存在密切关联犯罪的犯罪嫌疑人在逃，重要证据尚未收集到位的；④其他可能毁灭、伪造证据，干扰证人作证或者串供的情形。第四种：可能对被害人、举报人、控告人实施打击报复的。主要体现为：①扬言或者准备、策划对被害人、举报人、控告人实施打击报复的；②曾经对被害人、举报人、控告人实施打击、要挟、迫害等行为的；③采取其他方式滋扰被害人、举报人、控告人的正常生活、工作的；④其他可能对被害人、举报人、控告人实施打击报复的情形。第五种：企图自杀或者逃跑的。主体体现为：①着手准备自杀、自残或者逃跑的；②曾经自杀、自残或者逃跑的；③有自杀、自残或者逃跑的意思表示的；④曾经以暴力、威胁手段抗拒抓捕的；⑤其他企图自杀或者逃跑的情形。

不过，该五种情形只是逮捕的必要要件，而非充分要件。是否需要逮捕还要结合采取取保候审措施是否足以防止发生该五种社会危险性行为，如果犯罪嫌疑人不具备前述五种情形之一，即为不符合逮捕条件。即使可能出现了前述五种情形，但是如果采取取保候审足以防止发生五种社会危险性的，那么仍然不需要采取逮捕措施，而是可以采取取保候审强制措施。从这个意义上来看，《刑事诉讼法》在修订中对取保候审范围予以扩大，为辩护人的辩护工作留下了更大的辩护空间。

（3）转化逮捕条件。转化性的逮捕条件是2012年《刑事诉讼法》的新规定，其规定"被取保候审、监视居住的犯罪嫌疑人、被告人违反取保候审、监视居住规定，情节严重的，可以予以逮捕"。需要说明，该规定包括两个要件：第一，犯罪嫌疑人、被告人必须违反取保候审、监视居住的规定；第二，必须达到情节严重。还有，转化性逮捕条件是"可以"逮捕，而不是"应当"逮捕或"必须"逮捕。从本质上来讲，转化性逮捕条件是对一般逮捕条件的转化，即随着时间和条件的变化，原来采取的取保候审、监视居住等强制措施因为犯罪嫌疑人、被告人的行为，导致已经无法防止社会危险性的发生，司法机关可以根据情况更改原来的强制措施。由于立法上采取"可以逮捕"的措词，因此转化性逮捕条件更多地属于自由裁量的范围，而非法律的强制性规定。实践中出现以下几种情形，往往会达到转化逮捕的条件：①故意实施新的犯罪行为的;②企图自杀、逃跑,逃避侦查、审查起诉的;③实施毁灭、伪造、转移、隐匿证据或者串供、干扰证人作证行为,足以影响侦查、审查起诉工作正常进行的;④经传讯不到案,造成严重后果,或者经两次传讯无正当理由不到案的。未经批准,被取保候审的犯罪嫌疑人擅自离开所在县、市,造成妨碍诉讼严重后果的;未经批准,被监视居住的犯罪嫌疑人擅自离开住处或者指定的居所或者会见他人,造成妨碍诉讼严重后果的。

2. 关于逮捕监督程序

《公民权利和政治权利国际公约》第9条第3、4项规定:"三、任何因刑事指控被逮捕或拘禁的人,应被迅速带见审判官或其他经法律授权行使司法权力的官员,并有权在合理的时间内受审判或被释放。等候审判的人受监禁不应作为一般规则,但可规定释放时应保证在司法程序的任何其他阶段出席审判,并在必要时报到听候执行判决。四、任何因逮捕或拘禁被剥夺自由的人,有资格向法庭提起诉讼,以便法庭能不拖延地决定拘禁他是否合法以及如果拘禁不合法时命令予以释放。"由上看出,逮捕程序一般应经过司法审查。2012年《刑事诉讼法》关于逮捕监督的规定,虽然未达到司法审查的高度,但比之以前,已经有所进步。2012《刑事诉讼法》增加的第86条规定了逮捕监督的两种情形:第一,可以讯问犯罪嫌疑人;第二,应当讯问犯罪嫌疑人,并对应当讯问的情形作出具体规定。另外,《刑事诉讼法》增加第93条,规定人民检察院应对逮捕后羁押的必要性进行审查。这些对于进一步保障犯罪嫌疑人权利具有重要意义,同时也在一定程度上弥补了与《公民权利和政治权利国际公约》存在的差距。我国相关规定对与此相关的启动程序有所涉及,但如何设置相应的救济程序等,法律未作进一步规定,应当通过司法解释进一步完善。

(二)律师在审查逮捕程序中的相关工作

前文对逮捕条件及逮捕监督程序作了基本解读,虽然《刑事诉讼法》对逮捕的条件不断细化,但由于成文法本身的模糊性等特点,对具体条件的理解和把握会存在多种不同,这些为律师留下大量的辩护空间,律师如何利用法律的规定,为犯罪嫌疑人提供优质的法律服务,将直接反映刑辩律师的专业性与工作的精细程度。

1. 对"有证据证明有犯罪事实"的理解和把握

"有证据证明有犯罪事实"是指同时具备下列情形:①有证据证明发生了

犯罪事实，该犯罪事实可以是单一犯罪行为的事实，也可以是数个犯罪行为中的一个；②有证据证明犯罪事实是犯罪嫌疑人实施的；③证明犯罪嫌疑人实施犯罪行为的证据已有查证属实的。

2. 对"可能判处十年有期徒刑以上刑罚"的理解与界定

"可能判处十年有期徒刑以上刑罚"是绝对逮捕的充分条件之一，关于如何理解"可能判处十年有期徒刑以上刑罚"，将直接决定犯罪嫌疑人、被告人是否会被逮捕。根据我国刑法规定，有200余个罪名均有可能被判处10年有期徒刑以上的刑罚。如果将法定刑作为审查逮捕的条件，无疑会将逮捕的条件扩大，不符合宽严相济的刑事政策。此处的"可能判处十年有期徒刑以上刑罚"是指法院裁判的宣告刑，由于案件尚处于侦查或审查起诉等阶段，因此此处"可能判处十年有期徒刑以上刑罚"更多的是侦查人员、检察官根据已经了解的事实及法律规定作出的初步判断。这种判断中包含了大量的主观因素，容易造成执法结果上的不统一。作为辩护人除考查相关法律规定的量刑幅度外，还要考虑案情本身的情况。一般来讲，辩护人通过与犯罪嫌疑人、被告人的沟通，对基本的案情已经有所了解，对可能存在自首、立功、从犯、胁从犯等量刑情节已经有所知悉，对相关事实可能适用的量刑幅度已经有所把握，对最终宣告刑是否为可能处于10年有期徒刑以上刑罚已经有了初步判断。辩护人应当根据案情本身的情况结合法律规定向审查批逮部门提出不予逮捕的意见。

3. 对社会危险性的理解与把握[1]

2012年《刑事诉讼法》用相对容易判断的"社会危险性"替代原则性较强的"逮捕必要性"，如何理解社会危险性对于判断是否应当对犯罪嫌疑人采取逮捕措施具有重要意义。《刑事诉讼法》虽然明确列举了应予逮捕的五种社会危险性的类型，但对于社会危险性本身的含义，立法或司法解释并未给予明确说明，有必要进一步明确此问题。

（1）社会危险性的概念和特征。社会危险性作为一般用语多指某主体对社会存在损害的可能性，但对本处社会危险性的概念显然不能作如此宽泛的理解。由于本处关于社会危险性的规定包括在强制措施的规定中，因此对社

---

[1] 王占洲："解读刑事诉讼中'社会危险性'的法律含义"，载 http://www.chinalawedu.com/news/21601/21714/21623/2006/10/li005151310160020-0.htm，访问日期：2014年3月27日。

会危险性的理解必须建立在正确理解和把握强制措施的基础上。所谓强制措施是指公安机关、人民检察院或人民法院为了保证刑事诉讼的顺利进行，依法对刑事案件的犯罪嫌疑人、被告人所采取的在一定期限内暂时限制或剥夺其人身自由的一种法定强制方法。强制措施直接指向犯罪嫌疑人、被告人的人身自由，但这只是手段，其最终目的是为了保障刑事诉讼的正常进行，是为了使犯罪嫌疑人、被告人参与法律对其所涉嫌犯罪行为的法律评价过程，同时使其不能逃避法律对其行为的不利评价和相应的处罚。强制措施的功能不是对犯罪行为的处罚而是使行为人接受法律评价的保障。基于此，作为强制措施适用依据的"社会危险性"应是从已发生行为中反映出来的与刑事诉讼的正常进行紧密相关的一种可能性，因而可以将"社会危险性"界定为"可作为适用具体强制措施的法定依据的，有证据证明的犯罪嫌疑人、被告人可能实施危害社会、他人的行为以及其他可能妨碍刑事诉讼正常进行的行为"。它也可以被认为是司法机关工作人员在决定对犯罪嫌疑人、被告人适用何种强制措施时，依据已经发生的行为或已经存在的事实对将来可能发生的行为所做出的预测，也可以作为对其适用的强制措施可能出现的结果所作的一种风险评估。刑事诉讼中社会危险性应当具有如下主要特征：

第一，相对确定性。社会危险性中的危险性本身已经足以说明具体的、实际的危害后果尚未发生，只是有发生的可能性，是否发生仍处于不确定状态，从这个角度讲，社会危险性是确定的。但是由于社会危险性成了是否对犯罪嫌疑人采取逮捕这种最严厉的、限制人身自由的强制措施判断标准，因此在以是否存在社会危险性作为决定是否逮捕的条件时，必须查明存在相对的可能性和确定性，必须能够得到在一定程度上可能影响诉讼程序正常进行的结论，而且得出这种结论必须建立在科学、规范的基础上，否则将会严重扩大逮捕的范围。

第二，可证明性。相对确定性是说明社会危险性的静态性结果，如果想得出这种静态性结果，必须存在足够的证据，即社会危险性必须具有可证明性，否则同样会因为人为的原因导致对社会危险性作扩大性解释。

第三，可变性。"社会危险性"由于本身处于不确定状态，其只是出现了社会危险的征兆，却没有实际结果的出现，在征兆至实际结果出现期间，由于时间、环境等因素的变化，社会危险性的大小也会发生变化。当犯罪嫌疑人、被告人不具有社会危险时,当然可以对其采取取保候审强制措施,但当出现社会危险性时,应当采取逮捕强制措施;同样,当采取逮捕强制措施以后,发现犯罪嫌疑人、被告人的社会危险性不存在了,当然也应改变强制措施。这也是《刑事诉讼法》第81条第4款规定的转化性逮捕条件和第95条规定的应当进行押后羁押性审查的立法依据。

(2)社会危险性的分类及表现。根据社会危险性的来源不同,可以将社会危险性分为犯罪嫌疑人、被告人的人身危险性和罪行危险性两种。

人身危险性,主要是指来源于犯罪嫌疑人、被告人本身的危险性。《刑事诉讼法》第81条第1款中规定的五种情形,基本属于人身危险性。如何判断犯罪嫌疑人、被告人是否具有社会危险性,应当考虑犯罪嫌疑人、被告人本人的经历、以往的行为等情况综合判断。如果犯罪嫌疑人、被告人曾经存在前科、受过治安处罚、经常寻衅滋事、存在多次作案、流窜作案等情况,一般说明其主观恶意较深、犯罪习性较重,一般应予逮捕。如果犯罪嫌疑人、被告人向来表现良好、为人友善、乐于助人等,说明其主观恶意不深,一般不应逮捕。作为辩护人应当深入调查了解与犯罪嫌疑人、被告人相关的前述情况,全面收集相关证据,在向审查批捕部门提请意见时予以详细地阐述说理。就实践中的操作来看,除上述明确规定的几种情形外,以下几种情形往往会被认定为具有社会危险性:如多次犯罪或者3年内因故意犯罪受过刑事处罚、劳动教养的;可能继续实施犯罪行为,危害社会的;可能有碍本案或者其他案件侦查的;犯罪嫌疑人居无定所、流窜作案、异地作案,不具备取保候审、监视居住条件的。犯罪嫌疑人户籍不在本地,但在本地有固定住所或在本地有长期稳定工作的,一般不属于前述所称的异地作案。"本地有固定住所"往往是指犯罪嫌疑人在本地有生活居住2年以上的住所;在本地有长期稳定工作是指犯罪嫌疑人在本地连续工作超过2年且工作固定的。

罪行危险性,主要通过犯罪嫌疑人、被告人涉嫌的罪名及已有的证据来判断社会危险性的高低。如果涉嫌的罪名为危害国家安全、公共安全、社会秩序的犯罪,基本说明其社会危险性较高,这也是《刑事诉讼法》第81条第3款将"可能判处十年有期徒刑以上刑罚的"犯罪嫌疑人、被告人规定为绝对逮捕条件的原因。如果涉嫌的罪名较轻或情节不甚恶劣,尤其是一些过失性犯罪、激情性犯罪,则说明其社会危险性较低。作为辩护人同样应当对这些问题进行全面、深入的分析,并向审查批捕部门提请意见。

（3）"社会危险性"的证明机制。如前文所述，逮捕以社会危险性为基本条件和理论基础，但社会危险性具有可证明性的特点，因此如果需要采取逮捕措施，必须履行相应的证明机制和证明标准。

第一，"社会危险性"具有证明的必要性。是否存在社会危险性是决定是否对犯罪嫌疑人采取逮捕措施的重要条件之一，而且该条件只有较大的弹性。如果对犯罪嫌疑人是否具有社会危险性不加明确地证明，仅仅在操作过程中作为提请逮捕或批准逮捕的措词，则犯罪嫌疑人的人身权利难以得到充分保障。而且如果对社会危险性不加证明，最终导致错案之后，不仅对办案机关存在一定的名誉风险，而且对办案人员存在一定的职业风险。为此，检察公安《社会危险性规定》第2条规定："人民检察院办理审查逮捕案件，应当全面把握逮捕条件，对有证据证明有犯罪事实、可能判处徒刑以上刑罚的犯罪嫌疑人，除刑诉法第七十九条第二、三款规定的情形外，应当严格审查是否具备社会危险性条件。公安机关侦查刑事案件，应当收集、固定犯罪嫌疑人是否具有社会危险性的证据。"第3条规定："公安机关提请逮捕犯罪嫌疑人的，应当同时移送证明犯罪嫌疑人具有社会危险性的证据。对于证明犯罪事实的证据能够证明犯罪嫌疑人具有社会危险性的，应当在提请批准逮捕书中专门予以说明。对于证明犯罪事实的证据不能证明犯罪嫌疑人具有社会危险性的，应当收集、固定犯罪嫌疑人具备社会危险性条件的证据，并在提请逮捕时随卷移送。"

第二，"社会危险性"具有存在的可能性。如果社会危险性不具有被证明的可行性，则采取这种立法方法所导致的后果是十分可怕的，同时也是不科学的。正是由于社会危险性具有被证明的可行性，才被2012年《刑事诉讼法》采纳。一个犯罪嫌疑人是否具有社会危险性，往往可以从其成长的历程、涉嫌的犯罪、个人的经历等多个客观方面作出基本判断，人的内心"恶意"不可能与其客观行为完全割裂开，这是社会危险性可被证明的客观基础。

第三，证明存在社会危险性的责任主体和审查主体。按照法律的规定，证明存在社会危险性的责任主体一般为侦查机关。侦查机关对犯罪嫌疑人提请批准逮捕，除应当提供证明有犯罪事实的证据外，还应当提供对犯罪嫌疑人"采取取保候审、监视居住等方法，尚不足以防止发生社会危险性，而有逮捕必要"的证据。

侦查机关《提请批准逮捕书》中除叙述犯罪事实和证据外，还应当对犯罪嫌疑人"有逮捕必要"进行论证。

审查批准机关受理提请批准逮捕案件后，应当审查《提请批准逮捕书》中是否论证了"逮捕必要性"及是否提供了"逮捕必要性"证据。未说明有逮捕必要理由的，应当要求侦查机关补充说明；提供"逮捕必要性"证据不充分的，可以在作出是否批准逮捕决定前要求侦查机关补充证据，侦查机关应当及时补充；未提供逮捕必要性证据的，应当要求侦查机关补充相关材料后再提请批准逮捕。审查批捕机关应当全面审查是否符合逮捕条件，依法作出是否批准逮捕的决定。按照检察公安《社会危险性规定》第4条的规定，人民检察院必要时可以通过讯问犯罪嫌疑人、询问证人等诉讼参与人、听取辩护律师意见等方式，核实相关证据。依据在案证据不能认定犯罪嫌疑人符合逮捕社会危险性条件的，人民检察院可以要求公安机关补充相关证据，公安机关没有补充移送的，应当作出不批准逮捕的决定。从实践来看，目前我国已有许多地方建立了"逮捕必要性"证明机制，请见如下报道：

为准确把握逮捕条件，切实保障嫌疑人合法权益，在前期摸索的基础上，彭州市人民检察院在成都市检察院的指导下，与彭州市公安局联合制定了《关于进一步规范"逮捕必要性"证明材料的规定（试行）》（以下简称《规定》），在成都市范围内率先建立逮捕必要性暨社会危险性证明机制，并取得了明显成效。2013年1月1日始，在成都市彭州市人民检察院侦查监督科办理的卷宗里，每一份公安机关的《提请批准逮捕书》中，都能看见诸如"犯罪嫌疑人某某流窜作案，有可能实施新的犯罪，采取取保候审尚不足以防止发生社会危险性"的说明。而在此之前，由于《刑事诉讼法》并未规定公安机关在报请逮捕时须提供逮捕必要性的证明材料，公安机关在《提请批准逮捕书》中仅有一句简单的"有逮捕必要"，至于该犯罪嫌疑人符合什么逮捕条件，是否有必要逮捕，则需要承办人在审查案件材料时自行发现。这也使得少数办案人员对可捕可不捕的案件抱着"到侦监部门试一试"的心态，既增加了侦监部门的工作量，又侵犯了犯罪嫌疑人的合法权益。为此，彭州市人民检察院与市公安局会签的《规定》要求公安机关在报捕时必须说明逮捕必要性并提供相关证明材料，若无逮捕必要性说明及未提供证明材料的，检察院案件管理部门将不受理案件。这一规定强化了公安机关对逮捕必要性的证明责任，在对犯罪嫌疑人提请报捕时也更加审慎，保证了报捕案件的质量。

同时也使承办人在一接触案件时，即对犯罪嫌疑人是否具有逮捕必要性有初步了解，在之后的阅卷过程中，能做到有针对性地审查，大大提高了办案效率。[1]

以下为某辩护人为张某涉嫌敲诈勒索罪向审查批捕部门提出不予批捕的申请书：

不予批准逮捕申请书

申请人：××律师，江苏××律师事务所律师。
地址：南京市××区××路××号××室。
联系电话：××，手机：××。
申请事项：对犯罪嫌疑人××不予批准逮捕。
事实和理由：
本律师接受涉嫌勒索罪犯罪嫌疑人张××的委托，作为他在侦查阶段的辩护人，现已将该案移交贵院审查逮捕。依据《刑事诉讼法》第88条等相关规定，本律师申请贵院对犯罪嫌疑人张××不予批准逮捕。具体事实与理由如下：
首先向贵院说明，由于本案目前仍然处于侦查阶段，辩护人不能查阅相关的卷宗材料，因此辩护人对本案事实的了解主要是建立在与犯罪嫌疑人张××本人的沟通交流的基础上，但从张××对辩护人说明和其他相关事实来看，辩护人认为，难以证明张××的行为已经构成犯罪，即使张××的行为已经构成犯罪，但并未满足逮捕的法定条件。
一、张××涉嫌的敲诈勒索罪法定刑较轻，即使张××事后受到刑事处罚，处罚结果一般不会过重，本案没有达到必须对张××采取逮捕措施的程度。
依《刑法》第274条的规定，敲诈勒索公私财物，数额较大或者多次敲诈勒索的，处3年以下有期徒刑、拘役或者管制，并处或者单处罚金；数额巨大或者有其他严重情节的，处3年以上10年以下有期徒刑，并处罚金；数额特别巨大或者有其他特别严重情节的，处10年以上有期徒刑，并处罚金。结合本案张××可能涉嫌的数额来看，其最多涉嫌的数额为4万余元，达不到×

---

[1] 傅鉴、彭检、罗杰文："彭州率先建立'逮捕必要性'证明机制"，载http://www.jcrb.com/procuratorate/jckx/201304/t20130410_1086123.html，访问日期：2018年1月1日。

××省高级人民法院、××省人民检察院、××省公安厅联合颁布的相关规定中界定的"数额巨大",即使事后被认定犯罪成立,对其判处的刑罚也不会超过3年,处罚结果不会过重。

二、张××向李××实施敲诈的主观故意不明显,难以形成认定张××构成犯罪的证据锁链。

本案最初源于李××偷走了张××的树林等财物,事后李××的行为被张××发现,后在居委会主任的主持下,双方进行调解。由于涉案财产已经被李××出售,在调解过程中,李××主动提出赔偿给张××钱款4万余元。张××在调解及处理该事情的过程中,从未主动要求李××必须赔偿4万余元,更没有明确表示如果李××不赔偿4万余元,张××将向公安机关举报。在辩护人会见张××的过程中,张××明确说明,既然其从未主动要求李××赔偿,当然不可能存在关于张××以向公安机关举报为手段,要求李××必须赔偿的任何证据。辩护人认为,针对这一事实,建议侦查机关重点查明,也可以询问在本案中作为调解人的居委会主任。辩护人认为,如果至今仍未能获得该项证据,或者该证据仍然处于不确定状态,则难以证明张××存在敲诈勒索的主观故意,因此目前可能形成的证据仍不足以形成证据锁链以证实张××构成敲诈勒索罪,在此情况下对张××采取逮捕措施显然不符合《刑事诉讼法》第81条第1款规定的条件。

三、张××与李××之间的纠纷是以王××存在违法行为为前提的,作为举报人的李××与张××之间存在矛盾,且李××存在前科。

如前文所述,本案最初源于李××盗窃了张××的财产,后李××向公安机关举报张××构成敲诈勒索罪。辩护人对张××与李××之间是否存在其他矛盾并不是十分清楚,但由于张××发现了李××盗窃了其财物并进行交涉,这必然会在二人之间产生矛盾。虽然二人的纠纷经过居委会主任的调解,但问题并未解决。况且李××本人曾在5年前因盗窃罪被判处刑罚,在两方问题未解决的情况下向公安机关举报,不排除李××有报复张××的可能性,有可能属于恶人先告状。

四、张××一贯表现较好,无前科或其他违法记录。

张××作为一名国有企业的员工,不存在前科或其他任何违法记录,在单位表现良好,团结同事,乐于助人,近5年来有3次获得单位的嘉奖、两次被评为优秀员工(见相关证据)。××地震事件中,张××积极捐款,可见张××

本身并不贪财,而是在靠自己实实在在的劳动挣取工资,赡养老人,抚养子女。张××的一贯行为与具有多次盗窃背景的李××有天壤之别。

五、张××的社会危险性较低,对其采取取保候审措施足以防止社会危险性行为的发生,亦没有证据证明对张××采取取保候审措施会产生社会危险。

正如前文所述,张××一贯表现很好,具有的稳定的工作和幸福的家庭,即使张××的行为构成犯罪,在对其采取取保候审强制措施的情况下,其不可能实施《刑事诉讼法》第81条第1款规定的5种行为,对张××采取取保候审措施足以防止社会危险性行为的发生。辩护人同时说明,目前没有任何证据能够证明对张××采取取保候审措施会产生社会危险。相反作为公司的技术骨干,公司强烈要求张××能够继续在原工作岗位工作,张××亦多次表示其在取保候审后继续在公司正常工作。

六、对张××予以逮捕难以获得良好的社会效果。

对犯罪嫌疑人采取逮捕这种最严厉的强制措施,其根本目的在于保障刑事诉讼的正常进行,而不是为了惩罚犯罪嫌疑人。在犯罪事实未得到确认、张××不具有社会危险性的情况下,鉴于张××的一贯表现、本案的案情、与其产生纠纷的李××的个人情况(目前李××尚未被羁押),对张××予以逮捕难以获得良好的社会效果,与我国的刑事司法的教育职能、指引职能不相协调。

如果对张××采取取保候审措施,张××的家属愿意提供相应的担保,张××本人也愿意遵守取保候审期间犯罪嫌疑人的所有规定,严格约束自己,保证随传随到。

综上所述,辩护人认为,张××的行为不符合必须逮捕的必要条件,采取取保候审更符合刑事诉讼法的规定,请求贵院不予批准××××区公安分局的逮捕申请书,以维护犯罪嫌疑人张××的合法权益,维护刑事诉讼法保障人权的基本精神。

此致
南京市××区人民检察院

江苏××律师事务所
××律师
日期:××年××月××日

(三)关于在立法上进一步完善逮捕条件的建议

《刑事诉讼法》的修订进一步细化了逮捕条件和强化逮捕程序,但关于逮捕措施的内容仍然需要进一步完善，以充分保护犯罪嫌疑人、被告人的权利，维护司法正义。

1. 应进一步明确不予逮捕的具体条件

从实践来看，一般逮捕的情况较多，绝对逮捕与不应当逮捕的情形相对都比较少，《刑事诉讼法》第81条第3款对绝对逮捕的条件已经明确作出规定，那么对于存在数量较少的不应当逮捕的条件并未作规定，因此应当以法律形式予以明确，以尽量减少在执法过程中的不确定性。至于何种情形不应当逮捕，需要进一步研究，本书仅在此处提出相关提议。实践中，往往对以下情况，一般可以认定为没有逮捕必要：犯罪嫌疑人罪行较轻，不符合绝对逮捕或一般逮捕条件且没有其他重大犯罪嫌疑，具有以下情形之一的，可以认为没有逮捕必要：①预备犯、中止犯，或者防卫过当、避险过当的；②主观恶性较小的初犯、偶犯、过失犯，共同犯罪中的从犯、胁从犯，犯罪后有自首、立功表现或者积极退赃、赔偿损失或者当事人双方已经就民事赔偿达成和解协议或者调解协议的；③亲友、邻里、同事之间因纠纷引发的故意伤害案件或者侵害家庭成员、亲友权益的案件，犯罪嫌疑人有悔罪表现，并取得被害人谅解的；④犯罪嫌疑人系未成年人或者在校学生，本人有悔罪表现，其家庭、学校或者所在社区、居民委员会、村民委员会具备监护、帮教条件的；⑤犯罪嫌疑人系老年人或者残疾人的，身体状况不适宜羁押的；⑥应当逮捕但患有严重疾病或者正在怀孕、哺乳自己婴儿的妇女；⑦可能判处3年以下有期徒刑，不予羁押确实不致再危害社会或者妨碍刑事诉讼正常进行的；⑧其他无逮捕必要的情形。

2. 建立逮捕听证制度，切实保障犯罪嫌疑人利益[1]

逮捕程序作为我国一种最严厉的强制措施，一旦实施将直接限制犯罪嫌疑人的人身自由，因此在逮捕程序中充分保障犯罪嫌疑人的权利十分重要和必要，就我国相关法律来看，在我国审查逮捕过程中，批捕程序一律不予公开。当事人既无权对涉及逮捕的证据提出意见，也无对批准决定不服的复议权，因此，有必要进一步建立逮捕听证制度。具体理由如下：

（1）建立逮捕听证程序是权利对等的要求。对公安机关不服不批准逮

---

〔1〕 乔福香："论我国建立逮捕听证制度的必要性"，载 https://www.chinacourt.org/article/detail/2013/08/id/1050485.shtml，访问日期：2018年1月1日。

决定的，法律上专门规定了复议和复核程序。公安部《刑事程序规定》第135条规定："对于人民检察院不批准逮捕而未说明理由的，公安机关可以要求人民检察院说明理由。"第137条规定："对人民检察院不批准逮捕的决定，认为有错误需要复议的，应当在收到不批准逮捕决定书后5日以内制作要求复议意见书，报经县级以上公安机关负责人批准后，送交同级人民检察院复议。如果意见不被接受，认为需要复核的，应当在收到人民检察院的复议决定书后5日以内制作提请复核意见书，报经县级以上公安机关负责人批准后，连同人民检察院的复议决定书，一并提请上一级人民检察院复核。"最高检《检察院诉讼规则》第323条规定："对公安机关要求复议的不批准逮捕的案件，人民检察院侦查监督部门应当另行指派办案人员复议，并在收到提请复议书和案卷材料后的7日以内作出是否变更的决定，通知公安机关。"但是，对于犯罪嫌疑人如何参与到审查批捕程序中去，如何以自己的名义向审查批捕机关提出意见，法律并没有规定相应的与侦查机关相对应的程序，这种权利的不对等性不仅损害了犯罪嫌疑人的利益，而且明显是不公平的。

（2）建立逮捕听证制度是国际公约对我国刑事诉讼法提出的更高要求。2012年《刑事诉讼法》修订的重要背景和原因之一，就是相关国际公约和我国已经实施的法律对刑事诉讼法的具体制度提出了更高的要求。我国近年来加入的一些国际公约，对《刑事诉讼法》提出了更高的要求，带来更加深刻的冲击。我国政府已经于1998年10月签署了《公民权利和政治权利国际公约》，1987年我国已经参加了《禁止酷刑公约》等，虽然全国人大尚未最终批准，但其中的一些观念已经开始影响到我国的立法和司法实践。该些公约中赋予犯罪嫌疑人的沉默权、禁止刑讯逼供等规定，对我国的刑事诉讼和社会都产生了很大的影响，我国《刑事诉讼法》应当与之相协调。由于长期羁押严重妨碍了公民的人身自由权这一基本宪法权利，属于重大的程序性国家行为，因此不能由政府以其社会管理权限便宜行事、简单决定，而应当以司法的方式，即由独立的审查主体，听取羁押行为的利益方和非利益方双方意见后作出决定。[1]另外，我国的《宪法》规定必须尊重和保障人权，这些内容必须在刑事诉讼法中得到细化。

（3）审查逮捕程序应当有多方权利主体的参与。陈瑞华教授认为："多方

---

[1] 龙宗智："审查逮捕程序宜坚持适度司法化原则"，载《人民检察》2017年第10期。

参与只不过是在维护司法裁判过程的基本道德品质,使这一活动具备最低限度的公正性。控辩双方作为与案件结局有着直接利害关系的人,对自己获得胜诉的结果有着合理的预期,并有着为维护自己实体性权益而进行程序性'斗争'的意愿。显然,参与那种涉及个人权益的裁判活动,其实来自人性的基本要求。被人尊重的要求和欲望会促使被裁判者积极地寻求影响裁判结论的机会。"作为与逮捕结果关系最为紧密的犯罪嫌疑人,应当作为刑事诉讼的主体参与到具有"司法"性质的逮捕程序中去,而且不是对处理程序全无所知。[1]在我国司法实践中,审查逮捕工作的行政化审批色彩一直很浓,负责审查逮捕的检察官往往只注重书面审查侦查机关搜集的案件材料是否构成罪,并在此基础上作出捕与不捕的决定。在犯罪嫌疑人构罪的前提下负责审查逮捕的检察官更多地考虑配合侦查而对其予以羁押,普遍忽视犯罪嫌疑人和辩护人的抗辩意见,尤其是对犯罪嫌疑人是否具有社会危险性的辩解不予重视,造成刑事诉讼活动中审前羁押率长期居高不下。[2]我们可以进一步探讨逮捕程序的"行政化"向"司法化"转变。目前,我国部分地区已有对实行逮捕必要性听证制度进行的尝试,参见如下报道:

《江汉检方首尝"逮捕必要性听证会",挪用资金犯罪嫌疑人"不具有社会危害性"听证后不予批捕》。"黄某是我们家的独子,没有前科。他犯法,是我们教子无方。我现在已经退休,又患上了肾衰竭,他的爸爸快60岁了,在外面打零工。我们诚恳地请求司法机关对我儿子酌情处理。"昨天,江汉区人民检察院首次召开逮捕必要性听证会,黄某的妈妈强忍着眼泪,几度哽咽。31岁的黄某,去年就任武汉某汽车服务公司市场部开发主管。因沉迷赌博机游戏,从去年5月开始,黄某分5次采取货款不入账的方式,挪用公司资金总计2万元用于赌博,后以请假为名与公司失去联系。今年3月8日,黄某在惠州市被当地警方查获,4月7日,江汉区公安分局提请批准逮捕。修改后的《刑事诉讼法》对批捕条件的修改,要求我们必须加强对"是否具有社会危险性"进行审查;根据新《刑事诉讼法》第86条的规定,人民检察院审查批准逮捕,可以询问证人等诉讼参与人,听取辩护律师的意见。承办检察官介绍,

---

[1] 陈瑞华:"司法权的性质——以刑事司法为范例的分析",载《法学研究》2000年第5期。
[2] 孙中平:"审查逮捕工作诉讼化转型",载 http://www.spp.gov.cn/spp/llyj/201804/t20180411_373995.shtml,访问日期:2018年4月11日。

小黄的行为已经构成犯罪,但是否需要实施逮捕,我们决定召开听证会听取各方意见。听证会上,江汉分局的2名侦查人员、犯罪嫌疑人的母亲、被害单位委托人,针对是否应予逮捕发表了意见。办案组综合审查评估听证意见,最终依法对黄某作出了不予批捕决定,理由是"初犯,没有前科,平日表现好,大学学历,不具有社会危害性"。应邀出席并全程监督的2名人民监督员亦发表意见,赞同检察机关的不批捕决定,并对这种听证形式充分肯定。人民监督员叶某某感慨地说,"现在伢不好教,一场特殊的听证会比说教多少次都管用"。记者了解到,今后对于案件事实清楚、证据充分,可能判处3年以下有期徒刑的案件,针对犯罪嫌疑人、被告人是否具有"社会危险性"而有羁押的必要,江汉区人民检察院都将尝试建立听证制度。[1]

四、就羁押必要性向检察机关提出律师意见

捕后羁押必要性审查是指犯罪嫌疑人被逮捕后,出现可能不需要继续羁押的事由时,由检察机关对继续羁押的必要性进行审查,依法作出是否继续羁押的建议或决定。捕后羁押必要性审查问题是2012年《刑事诉讼法》规定的新内容,该制度为辩护律师进一步保障犯罪嫌疑人权利提供了新的辩护空间;辩护人有义务根据法律规定和事实情况及时向相关单位提出无需继续羁押的律师意见,以保障犯罪嫌疑人的合法权利。

(一)与逮捕后羁押必要性审查相关的程序事宜

1. 审查主体

《刑事诉讼法》第95条的规定,捕后羁押必要性的审查主体是人民检察院。但具体应当由检察机关的哪个部门负责处理,一度处于模糊状态。最高检《检察院诉讼规则》第617条规定:"侦查阶段的羁押必要性审查由侦查监督部门负责;审判阶段的羁押必要性审查由公诉部门负责。监所检察部门在监所检察工作中发现不需要继续羁押的,可以提出释放犯罪嫌疑人、被告人或者变更强制措施的建议。"由此看出,关于捕后羁押必要性的审查机关是分阶段分配的。在侦查阶段,由侦查监督部门负责;在审判阶段,由公诉部门负责。监所部门不享有审查权,其只能就工作中发现的问题向相关部门提出

---

[1] 高星:"江汉检方首尝'逮捕必要性听证会'",载《武汉晚报》2013年4月12日。

建议权。前述情况在 2016 年检察院《羁押必要性规定》实施之后有所改善，其中第 3 条规定："羁押必要性审查案件由办案机关对应的同级人民检察院刑事执行检察部门统一办理，侦查监督、公诉、侦查、案件管理、检察技术等部门予以配合"。

2. 捕后羁押必要性审查的启动主体

按照相关规定，捕后羁押必要性审查的启动主体主要包括人民检察院、犯罪嫌疑人、被告人及其法定代理人、近亲属或者辩护人。犯罪嫌疑人、被告人及其法定代理人、近亲属或者辩护人申请时，应当说明不需要继续羁押的理由，有相关证据或者其他材料的，应当提供。

3. 审查内容

从理论上讲，检察机关的审查内容范围十分广泛，但就实际操作来讲，检察机关会围绕最高检《检察院诉讼规则》第 619 条的规定进行审查，凡出现该条规定之一并经查证属实的，人民检察院可以向有关机关提出予以释放或者变更强制措施的书面建议：①案件证据发生重大变化，不足以证明有犯罪事实或者犯罪行为系犯罪嫌疑人、被告人所为的；②案件事实或者情节发生变化，犯罪嫌疑人、被告人可能被判处管制、拘役、独立适用附加刑、免予刑事处罚或者判决无罪的；③犯罪嫌疑人、被告人实施新的犯罪，毁灭、伪造证据，干扰证人作证，串供，对被害人、举报人、控告人实施打击报复，自杀或者逃跑等的可能性已被排除的；④案件事实基本查清，证据已经收集固定，符合取保候审或者监视居住条件的；⑤继续羁押犯罪嫌疑人、被告人，羁押期限将超过依法可能判处的刑期的；⑥羁押期限届满的；⑦因为案件的特殊情况或者办理案件的需要，变更强制措施更为适宜的；⑧其他不需要继续羁押犯罪嫌疑人、被告人的情形。

4. 审查方式

依据最高检《检察院诉讼规则》第 620 条、检察院《羁押必要性规定》第 13 条等规定，人民检察院进行羁押必要性审查，可以采取以下方式：①审查犯罪嫌疑人、被告人不需要继续羁押的理由和证明材料；②听取犯罪嫌疑人、被告人及其法定代理人、近亲属、辩护人，被害人及其诉讼代理人或者其他有关人员的意见；③听取被害人及其法定代理人、诉讼代理人的意见，了解是否达成和解协议；④听取现阶段办案机关的意见；⑤听取侦查监督部门或者公诉部门的意见；⑥调查核实犯罪嫌疑人、被告人的身体健康状况；

⑦查阅有关案卷材料,审查有关人员提供的证明不需要继续羁押犯罪嫌疑人、被告人的有关证明材料;⑧其他方式。

另外,检察院《羁押必要性规定》第14条中规定人民检察院可以对羁押必要性审查案件进行公开审查。但是,涉及国家秘密、商业秘密、个人隐私的案件除外。公开审查可以邀请与案件没有利害关系的人大代表、政协委员、人民监督员、特约检察员参加。

5. 综合评估

检察院《羁押必要性规定》第15条规定:"人民检察院应当根据犯罪嫌疑人、被告人涉嫌犯罪事实、主观恶性、悔罪表现、身体状况、案件进展情况、可能判处的刑罚和有无再危害社会的危险等因素,综合评估有无必要继续羁押犯罪嫌疑人、被告人。"第16条规定:"评估犯罪嫌疑人、被告人有无继续羁押必要性可以采取量化方式,设置加分项目、减分项目、否决项目等具体标准。犯罪嫌疑人、被告人的得分情况可以作为综合评估的参考。"

6. 审查处理的结果

办理羁押必要性审查案件,应当在立案后10个工作日以内决定是否提出释放或者变更强制措施的建议。案件复杂的,可以延长5个工作日。

检察院《羁押必要性规定》第17条规定:"经羁押必要性审查,发现犯罪嫌疑人、被告人具有下列情形之一的,应当向办案机关提出释放或者变更强制措施的建议:(一)案件证据发生重大变化,没有证据证明有犯罪事实或者犯罪行为系犯罪嫌疑人、被告人所为的;(二)案件事实或者情节发生变化,犯罪嫌疑人、被告人可能被判处拘役、管制、独立适用附加刑、免予刑事处罚或者判决无罪的;(三)继续羁押犯罪嫌疑人、被告人,羁押期限将超过依法可能判处的刑期的;(四)案件事实基本查清,证据已经收集固定,符合取保候审或者监视居住条件的。"

检察院《羁押必要性规定》第18条规定:"经羁押必要性审查,发现犯罪嫌疑人、被告人具有下列情形之一,且具有悔罪表现,不予羁押不致发生社会危险性的,可以向办案机关提出释放或者变更强制措施的建议:(一)预备犯或者中止犯;(二)共同犯罪中的从犯或者胁从犯;(三)过失犯罪的;(四)防卫过当或者避险过当的;(五)主观恶性较小的初犯;(六)系未成年人或者年满75周岁的人;(七)与被害方依法自愿达成和解协议,且已经履行或者提供担保的;(八)患有严重疾病、生活不能自理的;(九)系怀孕或者正在哺乳自己婴儿的妇女；（十）系生活不能自理的人的唯一扶养人；（十一）可能被判处一年以下有期徒刑或者宣告缓刑的；（十二）其他不需要继续羁押犯罪嫌疑人、被告人的情形。"

7. 审查结果的执行和通知

经审查认为无继续羁押必要的，检察官应当报经检察长或者分管副检察长批准，以本院名义向办案机关发出释放或者变更强制措施建议书，并要求办案机关在10日以内回复处理情况。释放或者变更强制措施建议书应当说明不需要继续羁押犯罪嫌疑人、被告人的理由和法律依据。人民检察院应当跟踪办案机关对释放或者变更强制措施建议的处理情况。办案机关未在10日以内回复处理情况的，可以报经检察长或者分管副检察长批准，以本院名义向其发出纠正违法通知书，要求其及时回复。

经审查认为有继续羁押必要的，由检察官决定结案，并通知办案机关。对于依申请立案审查的案件，人民检察院办结后，应当将提出建议和办案机关处理情况，或者有继续羁押必要的审查意见和理由及时书面告知申请人。

（二）就羁押必要性向检察机关提出意见

在多数情况下，律师提出羁押必要性审查的时间往往在移送审查起诉以后，此时律师已经可以查阅到案件的卷宗材料了。律师提出的羁押必要性审查申请应当与卷宗材料的内容结合起来，在对案件事实、证据材料进行准确分析的基础上提出相关意见。

羁押必要性审查申请书

申请人：江苏某某律师事务所某某律师。

申请事项：申请将犯罪嫌疑人钱某的强制措施变更为取保候审。

事实理由：犯罪嫌疑人钱某因涉嫌合同诈骗罪一案，由贵院批准逮捕，现羁押在海州铁路看守所。本案已由海州铁路公安处侦查终结并移送贵院审查起诉。申请人作为钱某的辩护人通过会见钱某及查阅相关卷宗材料，对案件的情况及钱某涉及的相关事实基本了解。申请人认为，鉴于钱某在本案中参与程度较低、主观恶性小，对钱某采取取保候审强制措施足以防止发生社会危险性，为此特申请贵院对该逮捕措施进行必要性审查，并恳请贵院将钱某的强制措施由逮捕变更为取保候审，具体理由如下：

一、本案行为若构成犯罪则属于单位犯罪，犯罪嫌疑人钱某在案件中所起的作用很小，不属于直接责任人或主要负责人。

从侦查机关出具的《起诉意见书》来看，本案的犯罪主体是长江公司，钱某只是因为在履行单位安排的职务过程中涉嫌犯罪。从钱某职务的变化情况及履职情况来看，钱某在本案中的作用很小。理由在于：

1. 钱某对本案中出口套过境行为无决定权，相关决定是由长江公司的4名领导集体研究并报上级部门批准的。实际参与决定过程的尹某多次在供述中说明，在2009年下半年，公司召开班子例会，武某（总经理）、陈某（副总经理兼党总支书记）、崔某（副总经理）和尹某（副总经理）研究决定公司要做出口套过境事宜，后武某报上级领导批准后实施。

2. 钱某在成为联运部经理之前，长江公司已经开始从事出口套过境费业务。钱某在2009年底调至联运部任普通工作人员，同样是在2009年调至联运部工作的董某证实，其来联运部工作的时候套过境业务已经形成习惯了。按照钱某供述，在2009年底尹某召集部门工作人员开会时，尹某说"现在市场行情不是很好，各家公司都在做出口套过境，公司已经研究过了，我们继续做这个业务"。尹某所说的"继续"做，说明长江公司在钱某调至联运部之前公司已经从事了套过境行为。由此类推，在钱某成为公司联运部副经理之前，长江公司也已经开始从事套过境费行为。

3. 钱某在成为联运部经理前后，从未安排员工从事套取过境费行为。钱某是在2010年2月至2010年底开始担任联运部的副经理，如前所述，长江公司在此之前已经开始从事出口套过境行为。在此阶段，联运部经理是赵某，赵某是联运部的第一领导人，钱某仅仅担任副经理，在联运部并不拥有任何实质性权力。在2011年至2013年5月期间，钱某虽然担任了联运部经理职务，但由于套过境费行为是联运部一脉相承的工作，钱某对于该部门从事套过境业务没有任何的影响力。换而言之，即使不是钱某担任联运部经理，出口套过境行为仍然会继续进行。因此，在钱某担任联运部的副经理、经理期间，钱某对联运部从事套过境业务没有任何作用或影响。

另外，从尹某及其他员工的供述及证言来看，钱某在担任联运部经理期间，从未直接安排过联运部的员工从事出口套过境行为。比如，尹某自己承认在2009年开会时，直接向联运部的工作人员布置、安排、要求从事套过境费行为；操作员单某证实，要求做"出口套过境假提货单"的人是尹某，是尹某在联运部办公室要求的；联运部副经理张某证实，是尹某安排做套过境业务；张某同时证实，"尹某对套过境业务非常清楚，因为他是我们部门的分管副总，部门的各项工作他都直接管理，包括对客户的报价、部门的揽货情况等"；杨某证实公司的分管领导尹某在办公室交代过，要做出口套过境事情；金某、郭某均证实，是尹某安排做出口套过境业务及伪造单据的，没有其他领导安排。虽然有个别人员证明，尹某和钱某一起安排从事套过境业务，但这与事实显然不符。因为在当时（2009年底），钱某只是刚刚调至联运部的一名普通员工，上面有部门副经理、经理、公司分管副总，钱某作为一名普通员工，有何权利或资格向其他工作人员安排、布置如此重大的公司决定，因此该些证言显然违背事实。《起诉意见书》中所述的"2009年底，武某、尹某与原多式联运部经理钱某，通谋利用价格差异，采取制作假提货单，用出口套过境的手段偷逃铁路运输费用，并授意相关员工制作假提货单等"不存在任何证据且与客观事实相悖。

4. 钱某在长江公司中的地位很低。钱某在2010年2月份之前是联运部的一般工作人员，虽然在2010年2月至2011年1月担任联运部的副经理，但联运部中仍有经理负责，钱某的职务在本案中无足轻重。更加需要注意的是，在2009年底至2014年案发，长江公司先后经历了两任董事长：周某（2007年8月~2013年3月）、孙某（2014年4月~现在）；四任总经理：武某（2003年~2012年2月27日）、彭某（2012年2月28日~2012年7月22日）、郑某（2012年7月23日~2014年3月2日）、葛（2014年3月2日~现在）；两任公司分管领导：尹某（2009年初~2013年9月12日）、叶某（2013年5月20日~2014年5月20日）；一名部门领导：赵某（2009年~2011年2月）。在如此众多领导（主要负责人或直接责任人）中，除尹某外，仅仅追究钱某的刑事责任，无论是在法律上还是在情理上均无法作出合理解释。更何况孙某作为长江公司的总经理自己亦承认，其曾经签字放出集装箱做出口套过境业务，其自己愿意承担相关责任。孙某在此情况下都未被追究刑事责任反而追究钱某的刑事责任，对此很难找出合法、合适的理由。

二、钱某涉及出口套过境费用的数额较少。

就《起诉意见书》来看，长江公司涉及的出口套过境情形分为五种类型：第一，本公司单独完成的行为；第二，与黄河公司之间的共同行为；第三，与珠江公司之间的共同行为；第四，与上海楠溪江公司之间的共同行为；第

五、长江公司为白龙江公司发货的行为。《起诉意见书》认定以上涉嫌出口套过境的集装箱8880个，共计偷逃铁路运输费22 607 150.5元。

就钱某来看，其有可能涉嫌的仅仅是长江公司为白龙江公司发货的行为。而且当时与白龙江谈生意的时候是尹某带领钱某去的，尹某作为长江公司的副总，对如何商谈该笔录业务具有决定权，钱某本人在这笔业务中基本没有什么作用。至于长江公司如何与其他几家公司合作，钱某不仅没有任何决定权，甚至根本不知悉。比如尹某证实，2011年下半年，长江公司开会决定启用新的代理公司，用珠江公司与黄河公司形成业务竞争，将长江公司揽到的部分业务交给珠江公司操作。该证据说明，与珠江公司的合作完全是长江公司的公司行为，与钱某不存在任何关系。再比如关于长江公司与黄河公司之间的合作事宜，张某证实，"揽货交给连横去做是尹某通知我们全体人员的，尹某说这种操作方式是公司决定的"；黄河公司的员工胡某证实是尹某安排其跟康某学习的；黄河公司的员工范某同样证实是尹某安排其跟董某、康某学习的。因此，在长江公司与其他公司合作从事出口套过境费过程中，钱某既不是直接责任人更不是主要负责人，以长江公司与其他公司合作从事出口套过境费来追究钱某的刑事责任缺乏事实和法律基础。

三、钱某存在主动归案并如实供述情节，且归案后的态度十分诚恳。

经侦查机关传唤后，钱某主动归案并如实交代了与案件相关的所有事实，能够积极地配合侦查机关开展相关工作。如果钱某的行为构成犯罪，亦存在自首情节。

四、犯罪嫌疑人钱某的主观恶意不深。

钱某大学毕业后直接进入长江公司就职，社会经验、工作经验严重缺乏，钱某是在单位的安排下为完成工作任务作出的相关行为。钱某不仅在初期根本不知道存在出口套过境的情况，而且后期对本案中的事实是否构成犯罪难以认知，钱某仅仅是在完成工作任务。

五、长江公司已经退还2000余万元涉案款项，受害人的损失基本得到挽回。

六、本案的发生与相关职能部门的放任或默许存在根本性联系，由此导致的所有后果全部由犯罪嫌疑人承担显失公平。

本案中的行为前后持续长达近6年时间并导致涉案的总额不断增加至2000余万元，这种后果与相关职能部门的默许存在根本性联系。本案中所有伪造并提交相关职能部门审核的单证均为复印件，相关职能部门也仅仅是对复印件进行审查，这种审查行为违反了《关于过境中国铁路国际联运货物运送费用核收暂行规定》第 5 条的规定。该条规定："对经港口转发运以及经国境站接入（交出）转运的国际联运货物，港口站（国境站）应认真审核，严格把关。凡以过境货物报关单向海关申报并在国际货协运单加盖'海关监管货物'戳记的，均视为过境货物。"依据前述规定，相关职能部门至少应审核相关单据的原件而不是复印件。如果相关职能部门仅仅通过审查复印件即作出是否审批同意的结果，只能说明相关职能部门对本案中的行为是放任或默许的。如果没有这种默许，不可能出现与本案类似的大批量出口套过境行为的发生。就涉嫌犯罪的单位来讲，正是由于相关职能部门的审批情况，其完全可以相信职能部门对本案中的行为是同意的，因此才会导致涉案公司持续不断地从事本案中的行为。作为公司的一名普通员工，在职能部门放任或默许、公司要求从事本案中行为的情况下，要求该些员工判断本案中的行为是否构成犯罪显然脱离实际。从另一个角度来看，一般员工认为公司之所以采取出口套过境业务，其主要的目的是能够获得铁路的运输计划，而不是为了骗取或少缴运输费用。事实上，长江公司也未赚取运输费用差价，其向客户收取的仅仅是代理费。

七、犯罪嫌疑人钱某具有正当职业，基本不存在脱逃的可能。

钱某从长江公司离职后，与他人共同设立公司，具有正当职业，不存在脱逃的可能。

八、犯罪嫌疑人钱某属于初犯、偶犯，无任何前科或违法记录，对钱某采取取保候审措施不会发生社会危险性。

钱某具有正当职业、幸福稳定的家庭，不存在其他任何犯罪倾向，对钱某采取取保候审措施不会发生社会危险性，亦不存在《刑事诉讼法》第 79 条规定的其他应当逮捕的情形。

鉴于上述事实和理由，根据本案犯罪嫌疑人及其亲属的要求，恳请贵院能够将钱某的强制措施由逮捕变更为取保候审。犯罪嫌疑人钱某的亲属自愿为此缴纳相应的保证金或提供合适的保证人。根据《中华人民共和国刑事诉讼法》等相关规定，特为其提出申请，请予批准。

五、对犯罪嫌疑人进行心理疏导

绝大多数情况下,犯罪嫌疑人都是初犯、偶犯,被羁押后心理往往容易出现急躁、伤心等情况,压力较大。一名合格的刑辩律师必须充分认识到犯罪嫌疑人的心理状况并做好相应的心理疏导工作。心理疏导和法律支持同样重要。

(一)给予犯罪嫌疑人倾诉的时间和机会

刑辩律师作为犯罪嫌疑人在羁押期间唯一可以"信任的自己人",在见到律师时容易痛苦、激动,尤其是第一次会见时,很多犯罪嫌疑人均会痛哭流涕,泣不成声。刑辩律师对此一定要予以理解,并给予其相应的时间,将积蓄的委屈等倾诉出来。否则,不仅会显得有些不近人情,而且也不利以后工作的开展。

(二)传达、通报亲属对犯罪嫌疑人的关心、关注

亲属的关心无疑是对犯罪嫌疑人最大的安慰。刑辩律师应详细向其说明亲属的关心情况,比如亲属表示的问寒问暖的话语、是否缺衣、少钱等;妻儿父母愿意与其共渡难关;配偶、父母或子女的生活与学习状况;案发后亲属为保证生活正常进行所采取的多种方法措施等。从而让犯罪嫌疑人感觉到生活上的温暖,让其理解亲属并不会因此让其失去生活的希望或阳光,让其在羁押期间相对安心、消除后顾之忧。

(三)勇敢、心平气和地面对现实

对此可以借鉴、引用一些案件中其他犯罪嫌疑人的处理方法等予以开导。尤其可以用与其同监室的可能获得较重处罚的例子,让其获得心理上的相对平衡,引导其转换角度思考问题。同时,向其表示亲属和律师愿意与其一起共同面对困难、解决问题。当然,如何在勇敢和心平气和之间做出选择需要针对不同情况区别对待。有些案件,可能受到的处罚不会太轻或者过重,犯罪嫌疑人的心理压力较大,此时应通过摆事实、讲道理引导其勇敢面对;若案件的相关事实比较明确、证据比较充分,犯罪嫌疑人仍然十分乐观或反应激烈,则应适当地引导其客观、心平气和地看待问题。

(四)引导其消除心理落差

许多犯罪嫌疑人,尤其是职务犯罪中的犯罪嫌疑人,在羁押前往往生活条件较好,羁押后往往心理落差巨大。对此,可以引导犯罪嫌疑人思考位居

高位、生活富裕前的生活方式，"一夜回到解放前"并不一定是绝路一条，既然以前可以承受，现在亦未尝不可等。也可以引导其结合其自身的专业技能，"畅想"以后的生活、工作状态，使其看到生活的希望。

（五）引导其适当地从事一些活动

比如可以经常给家里人写信、适当读书等，尽量通过外在的行为减少其思考负责问题的精力等。

六、在侦查阶段提出的综合性意见

在很多情况下，刑辩律师在侦查阶段提出综合性的意见对于案件的发展进程具有重要影响，但由于律师仍未实际看到并审查相关证据，因此容易对律师提出的综合性辩护意见造成一定的影响。具体来讲，律师在侦查阶段提出综合性辩护意见应注意以下几点：

（1）宜粗不宜细。由于律师尚未实际审查相关证据，对案件的了解往往单方面来源于犯罪嫌疑人的说明，因此律师在侦查阶段了解的案件情况往往不够全面、准确。因此，辩护提出的综合性辩护意见不宜过于细致，当然也难以做到十分细致。律师提出的意见更多的是粗线条的、框架式的，而不是非常具体的、详细的。

（2）宜简不宜繁。律师提出的综合性意见应当尽量直接切入主题，直接探讨案件的定性或其他主要问题，而不是全面地分析问题。同时，为保证提交意见之后的实际效果，便于让侦查机关理解和接受，辩护意见的内容应当简练、明确，避免复杂、繁琐。

（3）宜点不宜面。在侦查阶段，律师的突破点更应当强调对"点"的突破，而不是对案件的整体的突破，可以说在此阶段律师一般缺乏足够的证据支撑。当然，如果律师通过相关工作，能够对主要问题的相关情况予以确认，在侦查阶段提出全面的辩护意见亦未尝不可，但实践中往往属于少数情况。

关于赵某涉嫌贪污罪案件在侦查阶段的辩护意见

某某市人民检察院：

就赵某涉嫌贪污罪一案，江苏某某律师事务所某某律师受赵某家属的委托，担任犯罪嫌疑人赵某的辩护人。通过会见犯罪嫌疑人赵某等，我们部分了解了本案的相关事实。现就我们所了解的情况向贵院提出以下法律意见，敬请参考：

一、赵某不具有国家工作人员身份。

1. 赵某在承包经营万山出租公司期间（2010~2013年）不具有国家工作人员身份。赵某虽然曾经担任万山集团的副总经理、万山出租公司的董事长等职务，但是自2010年起，赵某通过招投标的形式，以最高标从6名竞标人中竞得了万山出租公司8年的租赁经营权。在竞标以及此后的承包经营过程中，赵某始终是以一般自然人的身份进行竞标和经营的，而不是凭借或具有任何国家工作人员的身份。虽然承包合同中约定，赵某的工资待遇为8万元，但这些钱全部是由赵某个人承担，包括医疗费等都是由赵某自己承担的，赵某在承包期间从未以国家工作人员的身份从国家获取任何利益。

2. 赵某在万山出租公司改制后（2012年至案发）不具有国家工作人员身份。在万山出租公司改制时，赵某完全依照合法的程序，通过个人向国家支付相应的对价，并结合其他合法条件，依法取得万山公司76.7%的股权。在此之后，赵某以股东的身份被选举为董事长，其董事长的取得完全依赖于其作为自然人股东的身份，而非来自于任何国家机关或国有公司的委派、任命。对此，我们完全可以从万山出租公司章程的相关规定中得出结论。如章程第31条规定：董事人选由甲方（赵某）向股东会推荐3名，乙方（万山集团）向股东会推荐1名，丙方（其他职工股东）向股东会推荐1名；第33条规定：董事长人选由甲方（赵某）推荐当选的董事担任，由董事会选举产生。事实上，在万山出租公司改制后，作为国有股部分的代表是钱某，而非赵某。鉴于按照公司章程的规定，国有股推荐的董事人选只能有一人，因此在万山集团推荐钱某为董事人选的情况下，完全排除了赵某作为国有股代表竞选董事的可能，因此赵某在万山出租公司改制后不具有国家工作人员身份。

二、赵某占有900万元钱款的行为不构成贪污罪。

由于该900万元的形成过程跨越万山出租公司改制，因此对于占有该些钱款行为的分析也应分成改制前、后两个不同的阶段。第一，在万山出租公司改制前。在此阶段，由于赵某对万山公司进行了"死承包"，因此350万元借款所形成的利息应纳入万山出租公司的收入，只要赵某完成了承包合同所约定的义务，那么不管利息多少，均应归赵某个人所有。或者说，如果赵某通过其他经营完成了承包合同所约定的义务，那么赵某完全有权对这些利润进行自由支配，而不能归结为非法截留。第二，在万山出租公司改制后。在此期间公司由赵某承包经营，只要赵某完成了股东会决议所约定的义务，剩余的所有利润同样均应属于赵某个人所有。事实上，赵某已经完全按照股东会决议的规定向相关股东履行了义务，因此剩余的利润均应属于赵某个人所有，当然也包括该350万元所产生的收益，因此同样不存在非法截留钱款的问题。

三、赵某占有35.5万元钱款的行为不构成贪污罪。

1. 赵某占有20.5万元租金的行为不构成贪污罪。万山出租公司于2003年1月投资建设该汽车展销厅后，万山出租公司将其租赁给千湖销售公司，千湖销售公司再将其转租给柏阳公司，柏阳公司将20.5万元钱款分数字支付给千湖销售公司。我们认为，万山出租公司与千湖销售公司作为独立的法人，其租赁汽车展销厅的行为属于民事法律行为，在双方之间产生相应的债权债务关系，千湖销售公司将汽车展销厅转租给柏阳公司同样如此。在柏阳公司将20.5万元支付给千湖销售公司后，其与千湖销售公司之间的债权债务关系消灭。由于千湖公司未有将相应的租金支付给万山公司，因此千湖销售公司应当向万山出租公司承担相应的民事责任。但这种民事责任与作为自然人的赵某占有千湖销售公司20.5万元钱款并不存在直接的法律关系。赵某所占有的是属于千湖销售公司的财产，而非万山公司的财产，赵某在此不构成对万山出租公司资产的贪污。另外，由于在此期间，赵某对于万山出租公司予以"死承包"，在其完全按照合同约定完成义务的情况下，包括本次千湖销售公司应当支付给万山出租公司的租金同样也应属于赵某个人所有，构成贪污罪同样无从谈起。

2. 赵某占有15万元租金的行为不构成贪污罪。第一，该笔租金的形成时间为2005年3月以后，即万山出租公司改制以后。在此期间公司由赵某承包经营，对此前面已经详细叙述，只要赵某完成了股东会决议所约定的义务，剩余的所有利润，包括该些租金，均应属于赵某个人所有，不存在非法截留钱款的问题。第二，万山出租公司改制后，由于赵某占有绝大多数的股份，国有股只占一小部分，因此万山公司的财产也不能成为贪污的对象，赵某构成贪污罪也无从谈起。

上述法律分析主要依据赵某本人的陈述，侦查机关掌握的证据材料等我们仍未了解，因此我们仅能对上述问题提出律师意见，并且对于上述意见正确与否有待于结合相关证据材料分析核实。对于犯罪嫌疑人述及的其他问题，由于辩护人尚未掌握相关证据，目前仍不能发表任何意见。

总之，由于侦查阶段是形成定案证据的阶段，对刑事诉讼程序的发展进程及案件判决结果具有决定性的影响，作为刑辩律师应根据法律全面地行使各项辩护权，而不应将可能对犯罪嫌疑人有利的辩护意见拖延至审查起诉阶段或审判阶段。

CHAPTER 3 第三章
审查起诉阶段辩护工作要求与实施

审查起诉是刑事诉讼程序的第二阶段,在此阶段辩护人已经可以复制到与案件相关的所有材料,包括证据材料和其他程序性材料等。辩护人不仅需要全面审查与案件相关的所有材料,还可以向被告人核实相关证据、向其他人调取相关证据。辩护人在此阶段的工作是否详尽,将对以后的庭审工作产生重要影响。基于当前无罪判决率低、错案追责等司法实践现状,律师要想得到一份无罪判决实在太难。律师加强审前辩护,尽量将问题解决在审前程序中,似乎比获得一份无罪判决更加容易。

辩护人在审查起诉阶段的工作除下表所列内容外,在侦查阶段的相关工作应同时进行,如在审查起诉期间会见被告人、就捕后羁押必要性问题提出辩护意见、为被告人提请取保候审等工作,但辩护人应当将更多的精力和时间用于完成本阶段的以表3-1中的任务。由于其中的证据审查与非法证据排除工作不仅贯串于审查起诉和审判阶段,而且涉及内容较多,为此该两部分内容将在第五章、第六章专门研究。

表3-1

序号	审查起诉阶段辩护工作纲要
1	继续完善在侦查阶段的相关工作。
2	复制本案的卷宗材料:全案复制本案的所有证据,为审查证据及开庭作充分准备。
3	审查案件所有材料:从证据的三性等不同角度依法对案件的材料进行全面审查。
4	向犯罪嫌疑人、被告人核实有关证据:就案件的所有证据向犯罪嫌疑人核实,为在审查起诉阶段提出律师意见及开庭作充分准备。

续表

序号	审查起诉阶段辩护工作纲要
5	收集与本案有关的证据材料：①依法调取对犯罪嫌疑人有利的相关证据；②辩护律师经人民检察院或者人民法院许可，并且经被害人或者其近亲属、被害人提供的证人同意，可以向他们收集与本案有关的材料。
6	申请人民检察院、人民法院收集、调取证据：对于辩护人无法调取的证据，依法申请人民检察院调取。
7	若符合法定条件的情况下启动非法证据排除程序：依《刑事诉讼法》第56～60条等相关规定启动非法证据排除程序。
8	确定基本的辩护思路：在综合审查各项证据材料及与公诉人沟通的基础上，确定基本的辩护思路。
9	向人民检察院提供综合性的律师意见：审查起诉机关应当听取辩护人的意见，并记录在案。辩护人、被害人及其诉讼代理人提出书面意见的，应当附卷。

一、向犯罪嫌疑人、被告人核实有关证据

2012年修订的《刑事诉讼法》第37条第5款规定："辩护律师……自案件移送审查起诉之日起，可以向犯罪嫌疑人、被告人核实有关证据。"辩护人能否在审查起诉阶段向犯罪嫌疑人核实证据，似乎已经盖棺定论。但事实上，对于该条的理解、实施存在极大争议，甚至已经成为一个不是问题的问题。

（一）辩护人能否在审查起诉阶段向犯罪嫌疑人核实证据

1996年《刑事诉讼法》对于律师会见犯罪嫌疑人可否出示、核实证据没有作出明确规定。1997年《关于印发〈律师参与刑事诉讼办案规范（试行）〉的通知》第47条规定："律师与犯罪嫌疑人通信时，不得向犯罪嫌疑人提及同案犯罪嫌疑人及其亲友的情况和意见。"2001年《律师职业道德和执业纪律规范》第23条规定："律师不得与犯罪嫌疑人、被告人的亲属或者其他人会见在押犯罪嫌疑人、被告人，或者借职务之便违反规定为被告人传递信件、钱物或与案情有关的信息。"因此，有关人员提出，既然律师在通信中不得向犯罪嫌疑人提及可能妨碍侦查的有关同案犯罪嫌疑人的情况，当然也不能向犯罪嫌疑人核实证据，尤其是不能宣读、透露同案犯的言词证据，

否则存在串供的嫌疑。这些观点更多地将核实证据行为定性为律师职业道德层面,而不是刑法层面。实践中也没有律师因为前述行为被追究刑事责任的判例,直到2009年。

2009年,重庆发生了"李庄涉嫌伪造证据、妨害作证案"。[1]认定李庄构成犯罪的重要一点便是"辩护律师李庄在会见犯罪嫌疑人龚某某时,向犯罪嫌疑人龚某某宣读同案犯樊某某的供述",这引起了学界对辩护律师会见是否可以宣读同案犯供述,犯罪嫌疑人、被告人是否有阅卷权的争议。[2]2009年12月18日下午,上海市律师协会刑事业务委员会在浙江乌镇召开年终工作会议,刑事业务委员会26名委员参加了本次会议。会议集中讨论了律师在刑事辩护过程中,是否可以在审查起诉阶段和审判阶段将卷宗材料提供给犯罪嫌疑人、被告人阅看的问题。经过分别发言和讨论,与会律师一致认为,辩护律师在会见过程中出示案件证据供犯罪嫌疑人、被告人阅看,是犯罪嫌疑人、被告人行使自行辩护权的前提和基础,也是律师履行辩护职责的应有之意。律师在审查起诉阶段及审判阶段将卷宗提供给当事人阅看,不构成任何违纪违法行为,也不存在违反律师执业道德的可能。[3]

2012年《刑事诉讼法》第37条第4款规定:"辩护律师……自案件移送审查起诉之日起,可以向犯罪嫌疑人、被告人核实有关证据。"如前文所述,辩护人能否在审查起诉阶段向犯罪嫌疑人核实证据,似乎已经盖棺定论。

但事实并非如此,辩护人能否在审查起诉阶段向犯罪嫌疑人核实证据仍然存在较大争议。目前主要存在以下三种观点:一是"阅卷权说";二是"客观证据说";三是"不一致证据说"。"阅卷权说"是指通过辩护律师会向犯罪嫌疑人、被告人时有权向被告人核实证据,实际上等于承认了被告人的阅卷权。持这一观点的主要是律师界和部分学界代表。"客观证据说"又称"实物证据说",该说主张辩护律师核实证据时只能向犯罪嫌疑人、被告人核实物证、书证等客观性证据,但不能核实除犯罪嫌疑人、被告人供述或辩解以外

---

[1] 李心成等:"律师李庄庭审时申请法官集体回避被驳回",载https://news.qq.com/a/20091231/000244.htm,访问日期:2018年3月23日。

[2] 谢小剑、揭丽萍:"论辩护律师核实证据的限度",载《证据科学》2015年第5期。

[3] 上海律协刑委会:"律师在会见过程中能否给犯罪嫌疑人、被告人看卷宗",载http://www.66law.cn/domainblog/83754.aspx,访问日期:2018年3月23日。

的言词证据。更有甚者,将辩护人核实证据的范围仅限定为"有罪的实物证据",认为"除了可以将有罪的实物证据告诉犯罪嫌疑人、被告人之外,其他证据都不能告诉"。主张"客观证据说"的主要是检察实务部门的代表。"不一致证据说"重点强调对案内"不一致"证据的核实,持这一观点的主要是学界代表。该观点认为:辩护人与在押的犯罪嫌疑人、被告人会见时,可以就案件中的有关事实和证据向犯罪嫌疑人、被告人进行核实,包括将案内有关证据的内容,特别是与犯罪嫌疑人、被告人陈述不一致,甚至有较大出入的证据内容告知犯罪嫌疑人、被告人;必要时还可把有关物证、书证的照片或复印件出示给犯罪嫌疑人、被告人,让其辨认。其理由是:让犯罪嫌疑人、被告人了解、掌握办案机关对其认定的犯罪事实、罪名以及相关证据,这是联合国《公民权利和政治权利国际公约》和《经济、社会及文化权利国际公约》关于公正审判的基本要求。从诉讼原理上讲,这也是控方应当承担举证责任的应有之义和犯罪嫌疑人、被告人及其辩护律师进行辩护准备的必要条件。[1]

浙江省高级人民法院等部门于2014年1月20日联合印发的《关于刑事诉讼中充分保障律师执业权利的若干规定》第23条中规定:"辩护律师会见在押的犯罪嫌疑人、被告人,应当遵守相关法律法规等规定,不得有下列行为:……(四)除核对犯罪嫌疑人、被告人本人口供以及辨认等情形外,将从办案机关复制的案卷材料给犯罪嫌疑人、被告人阅看……看守所工作人员如发现辩护律师有本条第一款所列行为之一的,应当及时制止;对不听劝阻的,应当终止当次会见,并在三日内将有关情况通报办案机关、其所在的律师事务所、所属律师协会和司法行政机关。"

为进一步明确这一问题,多地甚至举行了专门研讨会。2017年5月4日,"律师是否有向被告人(犯罪嫌疑人)核实人证的权利"研讨会在北京京都律师事务所召开。中国政法大学原副校长、博士生导师张保生教授,中国刑事诉讼法学研究会副会长、中国社科院法学研究所研究员王敏远教授,中国法学会《民主与法制》总编辑刘桂明先生,北京大学国际法学院满运龙教授,中国政法大学证据科学研究院副院长、博士生导师张中教授,原最高法院刑五庭庭长高贵君先生,中华全国律师协会刑事业务委员会主任、京都律师事

---

[1] 韩旭:"辩护律师核实证据问题研究",载《法学家》2016年第2期。

务所名誉主任田文昌律师等专家、学者，以及来自律师界、媒体界的近百人参加了本次研讨会。[1]这次研究会的召开，足以说明辩护人能否在审查起诉阶段向犯罪嫌疑人核实证据仍然是一个值得研究和讨论的问题。

（二）辩护人在审查起诉阶段向犯罪嫌疑人全面核实证据的合法性与合理性

在2012年《刑事诉讼法》修订后已近6年的今天，仍然在讨论这个看似不是问题的问题，必须有隐藏在背后的深层次的原因。因为这个"小行为"可能涉及的是犯罪、是悬在律师头上的"达摩克利斯之剑"——《刑法》第306条，该条款客观上已成为很多律师对刑事辩护业务望而却步的重要原因。尤其是在律师介入案件以后，若犯罪嫌疑人的供述发生变化、翻供，可能怀疑的首要"肇事者"就是律师。犯罪嫌疑人的供述之所以发生变化、翻供，很可能会被认为源于律师向其核实了证据。另外，《刑法修正案（九）》在《刑法》第308条后增加一条，作为第308条之一，其中规定："司法工作人员、辩护人、诉讼代理人或者其他诉讼参与人，泄露依法不公开审理的案件中不应当公开的信息，造成信息公开传播或者其他严重后果的，处三年以下有期徒刑、拘役或者管制，并处或者单处罚金""公开披露、报道第一款规定的案件信息，情节严重的，依照第一款的规定处罚"。稍有不慎，律师就有可能承担泄露案件信息罪的刑事责任。笔者在此认为，应以辩护人在审查起诉阶段可以全面向犯罪嫌疑人核实为原则，主要理由如下：

1. 限制辩护人核实证据的范围，与立法不符，违背立法原意

《刑事诉讼法》第39条第4款是2012年修改时增加的条款，由于原来法律对此未作规定，使律师与当事人的证据信息交流缺乏规范，不仅妨碍辩护权行使，而且增加了律师的执业风险，实务界和学界均要求明确行为规范，其基本立法意图是保障律师辩护权。2012年《刑事诉讼法》修订时增加这一条款，一方面赋予辩护律师向当事人核实证据的权利，另一方面，实际上也赋予了嫌疑人、被告人的证据信息知悉权。该条规定中的"有关证据"是指与案件定罪量刑有关的证据。[2]之所对"有关证据"产生争议，王明远教授

---

[1] 京都律师："'律师是否有向被告人（犯罪嫌疑人）核实人证的权利'研讨会在京都召开，学术与实务观点共鸣"，载http://www.king-capital.com/phone/details11_12618.html，访问日期：2018年3月23日。

[2] 龙宗智："辩护律师有权向当事人核实人证"，载《法学》2015年第5期。

认为"这是一个立法规定试图解决,但是又没有很好解决的问题",〔1〕既然这样,我们为何违背立法的原意呢?可以讲,赋予辩护人全面核实证据权本就是刑事诉讼法的原有之意。

两院一部《以审判为中心意见》第 17 条中规定:"健全当事人、辩护人和其他诉讼参与人的权利保障制度。依法保障当事人和其他诉讼参与人的知情权、陈述权、辩论辩护权、申请权、申诉权。犯罪嫌疑人、被告人有权获得辩护,人民法院、人民检察院、公安机关、国家安全机关有义务保证犯罪嫌疑人、被告人获得辩护。"其中规定的"知情权"应当包括了犯罪嫌疑人、被告人可以了解案件所有证据的权利,甚至说在一定意义上赋予了犯罪嫌疑人、被告人享有阅卷权。

另外,中华全国律师协会于 2017 年 8 月 27 日颁布的《律师办理刑事案件规范》第一章(一般规定)第 3 节(会见和通信)第 26 条第 2 款规定:"辩护律师可以接受犯罪嫌疑人、被告人提交的与辩护有关的书面材料,也可以向犯罪嫌疑人、被告人提供与辩护有关的文件与材料"。第 4 节(查阅、摘抄、复制案卷材料)第 37 条规定:"律师参与刑事诉讼获取的案卷材料,不得向犯罪嫌疑人、被告人的亲友以及其他单位和个人提供,不得擅自向媒体或社会公众披露。"前述两条规定与 2000 年《律师参与刑事诉讼办案规范(试行)》第 47 条相对比存在重大区别。2000 年《律师参与刑事诉讼办案规范(试行)》第 47 规定:"辩护律师可以与犯罪嫌疑人通信,但其内容不得向犯罪嫌疑人提及可能妨碍侦查的有关同案犯罪嫌疑人及其亲友的情况",现该条款已经被删除,从删除情况及立法变化来看,似乎核实证据的合法性得到确定。

还有,从司法实践来看,近年来在中国影响极大的案件,在审理过程中均存在全面核实证据的情况。如济南中院于 2013 年开庭审判的薄熙来案、咸宁中院 2014 年开庭审判的刘汉等人黑社会性质组织犯罪案件,该两起大案均由最高法院直接指导审判,最高检察院直接指导公诉。办案律师在庭前告知被告证据内容,甚至将重要人证交被告阅读摘抄。作为举世瞩目的大案,在

---

〔1〕京都律师:"'律师是否有向被告人(犯罪嫌疑人)核实人证的权利'研讨会在京都召开,学术与实务观点共鸣",载 http://www.king-capital.com/phone/details11_12618.html,访问日期:2018 年 3 月 23 日。

程序上具有示范效应。[1]

  2. 限制辩护人核实证据，不仅有悖于刑事司法人权保障制度，更无法实现刑事诉讼的目的

  犯罪嫌疑人享有辩护权是一个不争的事实，关键还在于我们该如何保障其享有的辩护权。如果犯罪嫌疑人根本不知道其是否受到诬陷、不知道哪些证据在证明其构成犯罪，就不存在行使辩护权的基础，知悉所有指控其构成犯罪的所有证据是行使辩护权的前提。在侦查过程中，犯罪嫌疑人所了解的证据内容是极其有限的，侦查人员也不可能、也不应当将所有证据告知犯罪嫌疑人。其不可能的原因在于证据繁多，侦查期间有限；其不应当的原因在于若侦查人员全面告知，不排除存在诱供、逼供的嫌疑。因此，如果限制辩护人向其核实证据，犯罪嫌疑人连最起码的知情权都无法获得，辩护更无从谈起。另外，即便犯罪嫌疑人知悉了相关证据，由于大多数犯罪嫌疑人并非法律专业人士，甚至文化层次极低，其无法对这些证据的证明对象、目的等作出正确判断，这就需要通过律师的不断核实、沟通后才能查明事实。如果辩护律师不能在之前的会见中向其出示证据，帮助其了解案情，就会使犯罪嫌疑人、被告人在对证据及案情全然无知的情况下接受审判。实践中，公诉人在开庭过程中往往分组、分批出示证据，被告人不可能在如此紧张的开庭过程中慢慢地去理解证据、作出辩解。辩护人在不了解被告人辩解、真实想法的情况下，当然也不可能实现有效辩护，如果这样庭审将沦为形式。两院一部《以审判为中心意见》第11条中规定："规范法庭调查程序，确保诉讼证据出示在法庭、案件事实查明在法庭。证明被告人有罪或者无罪、罪轻或者罪重的证据，都应当在法庭上出示，依法保障控辩双方的质证权利。"既然要求"案件事实查明在法庭"，那么必须以被告人对所有证据充分了解为提前，必须需要足够的时间，否则无法质证、查明。联合国《公民权利和政治权利国际公约》设定了最低限度的，要求各国普遍遵循的标准，包括"被指控人有相当的时间和便利准备他的辩护"。联合国人权事务委员会已经明确指出："'便利'必须包括辩方能够获得文件和其他必要的证据，以准备其案件的辩护。"[2]虽然辩护人拥有独立的辩护权，但是辩护人永远不可能完全替代

---

[1] 龙宗智："辩护律师有权向当事人核实人证"，载《法学》2015年第5期。
[2] 龙宗智："辩护律师有权向当事人核实人证"，载《法学》2015年第5期。

被告人，法庭应当听取被告人的辩解。如果不允许辩护人提前向被告人核实证据，将会很难做到"案件查明在法庭"，这必将妨碍实现以审判为中心的刑事诉讼制度改革。因此，辩护人有无与当事人核对证据的权利，既涉及刑事案件当事人和辩护律师的基本权利问题，也直接影响刑事诉讼过程中人权保障和刑事法治能否实现。这个问题与刑事诉讼的目的、当事人在刑事诉讼中的地位、辩护律师在刑事诉讼中的定位、当事人与律师以及自行辩护和律师辩护之间的关系紧密相关。[1]

与前文精神相一致，笔者认为主张"客观证据说"（"大范围限制论"）不能成立。该观点认为辩护律师仅可以将有罪的实物证据告诉犯罪嫌疑人、被告人，其他的证据即言词证据和无罪的实物证据都不能告诉。原因在于，一方面，言词证据相对于实物证据来说具有不稳定性、易变性等特点，尤其是共同犯罪中同案犯罪嫌疑人的供述，如果允许核实，很容易导致同案犯罪嫌疑人翻供、串供。这会增加司法机关对于证据固定和处理案件的难度，甚至可能使整个证据体系坍塌，从而妨碍司法机关打击犯罪。另一方面，核实无罪的实物证据可能会让犯罪嫌疑人、被告人根据其知悉的无罪实物证据，捏造与无罪实物证据相对应的其他证据，按照趋利避害的原则作出无罪供述，不利于侦查机关办理案件。[2] 笔者认为，这种观点不仅有悖于刑事司法人权保障制度，更无法实现刑事诉讼的目的。另一方面，这种试图通过限制信息交流渠道，妨碍有效辩护来实现控诉目的的方式完全不可取。难道由于被告人在审查起诉阶段因为没有看到其他证据而没有翻供，就可以保证其在庭审过程中看到相关证据后不翻供吗？这两者存在多少区别呢？"客观证据说"所依据的理由显然不符合逻辑。从客观上来看，形成于侦查阶段的证据，是一个相当封闭的环境，无论是辩护人还是犯罪嫌疑人均无法看到，侦查机关完全有能力将证实构成犯罪的证据收集齐全，若这些经过大量人力、物力和时间收集的证据所形成的体系，仅仅因为犯罪嫌疑人在审查起诉阶段看到、听到、辩解后就土崩瓦解，只能说明原因不是出在犯罪嫌疑人"翻供"身上。更何况，运用刑事证据的基本原则之一就是"对一切案件的判处都要重证据，

---

〔1〕 京都律师："'律师是否有向被告人（犯罪嫌疑人）核实人证的权利'研讨会在京都召开，学术与实务观点共鸣"，载 http://www.king-capital.com/phone/details11_12618.html，访问日期：2018年3月23日。

〔2〕 谢小剑、揭丽萍："论辩护律师核实证据的限度"，载《证据科学》2015年第5期。

重调查研究，不轻信口供。只有被告人供述，没有其他证据的，不能认定被告人有罪和处以刑罚；没有被告人供述，证据确实、充分的，可以认定被告人有罪和处以刑罚"。进一步讲，即使被告人翻供，也将会留下明确的痕迹、路线，审判人员完全有能力对此作出最终正确的判断，认定犯罪的证据是一个体系而不是一个环节，《刑事诉讼法》第55条的规定十分明确。事实上，有经验的辩护人在绝大多情况下并不会支持被告人翻供，翻供在绝大多数的情况下会成为被从重处罚的依据之一，除非能够获得其他证据体系的有力支持。从这个意义上讲，"客观证据说"所依据的理由是脱离司法实践的。

3. 限制辩护人核实证据，有悖于程序正义的基本要求

从理论上来讲，由于刑事案件涉及当事人的人身自由、生命安全，因此刑事诉讼的程序要求比民事诉讼更加严格、规范，程序上的设置应当更加有利于保护当事人利益。刑事诉讼法的历史就是犯罪嫌疑人、被告人权利不断扩大的历史。在民事案件中，当事人应当在开庭之前提供证据，同时法庭会将一方当事人提供的证据材料送达对方，以供核实。开庭中，如果一方当事人当庭提供之前没有提供的证据，对方当事人可以拒绝质证，法庭一般会休庭以便对方当事人核实。而在刑事诉讼中，被告人、辩护人面对的是国家公诉机关，相对于强大的公权力，更应当充分赋予被告人、辩护人相应的权利以实现对权力的制衡。律师是犯罪嫌疑人、被告人与外界沟通的桥梁，如果律师在会见犯罪嫌疑人、被告人过程中不能向其出示证据，就是封死了犯罪嫌疑人、被告人了解案情的最主要路径，等同于让犯罪嫌疑人、被告人在对案情全然不知的状态下走上法庭，无异于遭受"突然袭击"。民事案件的当事人尚且有权在开庭前了解案件相关证据，而刑事案件的犯罪嫌疑人、被告人反而没有这种权利，这种做法显然与程序正义观念和一般法理不符。[1] 从其他域外立法情况来看，《美国联邦刑事诉讼规则》第16条、《法国刑事诉讼法典》第114条、第279条、第280条以及德国、俄罗斯等相关法律均无一例外地赋予律师全面核实证据权。[2]

(三) 辩护人在审查起诉阶段向犯罪嫌疑人核实证据的限制

虽然辩护人可以在审查起诉阶段向犯罪嫌疑人核实证据，但是出于自身

---

〔1〕 上海律协刑委会："律师在会见过程中能否给犯罪嫌疑人、被告人看卷宗"，载 http://www.66law.cn/domainblog/83754.aspx，访问日期：2018年3月23日。

〔2〕 龙宗智："辩护律师有权向当事人核实人证"，载《法学》2015年第5期。

风险的防范、保护受害人和证人等原因,辩护人在核实证据时有所限制。从域外经验看,凡是确认辩护律师"阅卷权"的国家和地区,均对阅卷范围作出了一定的限制,在立法和实务上都有一些例外规定和做法。[1]

1. 注意保护证人等第三人的合法利益

律师享有独立的辩护权不仅来源于犯罪嫌疑人、被告人,同时也是法律赋予的,这种独立具有"法定性",当然也应当承担相应的义务。笔者认为,辩护人在向犯罪嫌疑人核实证据时,若发现犯罪嫌疑人有可能对证人等进行打击报复,尽量不要将证人等的居住地址、联系方式等告知犯罪嫌疑人。如我国台湾地区,虽然允许辩护律师将所得的卷证影本与被告核实甚至交付给被告,但基于各方面的考量,如在被告可能存在骚扰或威胁被害人时,辩护人不得透露或交付被害人的住址、电话等相关资料。欧洲人权法院在"Rowe and Davis v. the United Kingdom"一案的判决中便指出:虽然犯罪嫌疑人、被告人的证据开示权并不是绝对的,基于国家安全、保护证人免于报复的危险、对警方调查方法的保密等利益的考量,对于特定的证据不进行开示确实有其必要性。《德国刑事诉讼法》第68条规定,基于保护证人的需要,可以采取将其身份或是可确定身份的信息抽离于案卷的方式禁止犯罪嫌疑人、被告人通过阅卷获知相关信息。由于对涉密信息的保护是国家机关的义务,而不应简单要求律师权衡。[2]《俄罗斯联邦刑事诉讼法典》第217条第1款之规定,通常所有刑事案件材料都要提交刑事被告人了解。但是作为例外,可以不提供了解的是针对被害人、他的代理人、证人、他的近亲属、亲属和亲近的人所采取的安全措施的相关情况,即他们的个人情况(《俄罗斯联邦刑事诉讼法典》第166条第9款)。[3]

2. 注意保护国家秘密、商业秘密等

保护国家秘密、商业秘密同样是辩护人的职业道德要求,一般也为法律规定。因此,为防范和降低执业风险,对涉及国家秘密、危害国家安全、商业秘密等证据材料,辩护人尽量不要直接将相关联的证据材料直接交给犯罪嫌疑人、被告人进行阅读、查看、核实,可以对存在关联性的证据通过询问

---

[1] 韩旭:"辩护律师核实证据问题研究",载《法学家》2016年第2期。
[2] 谢小剑、揭丽萍:"论辩护律师核实证据的限度",载《证据科学》2015年第5期。
[3] 韩旭:"辩护律师核实证据问题研究",载《法学家》2016年第2期。

等方式进行核实。当然如果案件性质就是危害国家安全犯罪的，犯罪嫌疑人自己供述或辩解的，核实范围可适当扩大。另外，《刑法修正案（九）》在《刑法》第 308 条后增加一条，作为第 308 条之一，其中规定："司法工作人员、辩护人、诉讼代理人或者其他诉讼参与人，泄露依法不公开审理的案件中不应当公开的信息，造成信息公开传播或者其他严重后果的，处三年以下有期徒刑、拘役或者管制，并处或者单处罚金"。"有前款行为，泄露国家秘密的，依照本法第 398 条的规定定罪处罚"。"公开披露、报道第一款规定的案件信息，情节严重的，依照第一款的规定处罚"。律师稍有不慎，有可能承担泄露案件信息罪的刑事责任，对此应予以高度重视。

当然，实践中的问题，究竟哪些事实属于国家秘密、不能公开的证人信息等，完全由律师作出判断显然是不合适的。我们应当参照其他国家的相关规定尽快予以明确。如法国的操作方式是：当辩护律师拿到案卷材料后，一般不会将全部材料交给当事人，而是写信告知法官拟将哪些材料交给当事人，法官收到信件后可以提出不宜披露的材料，如果法官不回复即视为同意。日本的做法是：明确律师阅卷时，办案机关有履行提示、告知的义务，在对案卷中的证据情况进行综合评估后，若认为辩护律师将某些敏感信息披露给当事人可能会影响其他案件的侦破、妨碍证人作证、干扰被害人如实陈述或者可能对证人、被害人及其近亲属实施打击报复等，办案机关可以列出不宜披露的案卷材料的"负面清单"，以书面形式通知辩护律师不得将清单上所列的证据材料披露给当事人，并要求辩护律师签署"保密保证书"。[1]

3. 绝对杜绝通过任何明示或暗示的方式劝说、诱导犯罪嫌疑人翻供

客观上讲，犯罪嫌疑人在对相关证据了解之后，可能会根据不同证据之间存在的矛盾、漏洞等进行翻供，通过翻供、串供为自己或者其他同案犯脱罪。辩护人认为这一问题可以通过法庭的判断、补充侦查等方式弥补、解决，犯罪嫌疑人当然亦会对翻供不成的后果承担责任。就辩护人来讲，绝对不允许通过明示或暗示的方式诱导犯罪嫌疑人翻供。这不仅是律师职业道德的要求，同时也为法律严格禁止。从这个意义来讲，辩护人最大的对手不是法官、检察官、侦查人员，而可能是当事人，一旦当事人事后为立功、争取较轻的判决结果倒打一耙，辩护人难免会极其被动。

---

[1] 韩旭："辩护律师核实证据问题研究"，载《法学家》2016 年第 2 期。

（四）辩护人向犯罪嫌疑人核实证据的基本方法

1. 核实证据的完整性，核实是否存在已经被侦查机关掌握但未移交的对犯罪嫌疑人有利的证据

比如犯罪嫌疑人的供述与辩解往往存在多份，注意核实最初的供述与辩解是否在卷，这些往往对认定自首或坦白具有重要影响；注意核实中期的供述是否在卷，因为可能存在不同供述或辩解的情形，这种证据对于以后认罪供述是否稳定、是否存在诱供、逼供甚至无罪具有重要影响。注意核实侦查机关是否在侦查期间向犯罪嫌疑人出示过对其有利的物证、书证等，该些证据是否全部移交。只有掌握了这些线索，辩护人才可能根据刑事诉讼法的规定申请人民检察院、人民法院调取。公安部《刑事程序规定》第204条规定："对犯罪嫌疑人供述的犯罪事实、无罪或者罪轻的事实、申辩和反证，以及犯罪嫌疑人提供的证明自己无罪、罪轻的证据，公安机关应当认真核查；对有关证据，无论是否采信，都应当如实记录、妥善保管，并连同核查情况附卷。"

2. 核实证据形成过程的合法性、真实性，是否存在非法取证、瑕疵证据等情形

该情形同样往往发生在犯罪嫌疑人的供述与辩解过程中，辩护人仅仅通过审查笔录一般难以发现，必须借助于与犯罪嫌疑人的沟通。通过核实才能发现相关的线索，才能依法启动非法证据排除程序。比如，若犯罪嫌疑人说明存在以威胁、引诱、欺骗的方法获取口供，疲劳审讯等，办案人员要求犯罪嫌疑人直接在事先拟好的笔录上签字、供述的内容与笔录内容不符等情形，应将发生的时间、地点、人物询问清楚并记入会见笔录，然后才能通过查看录音录像等方式进一步查明情况。

3. 核实不同证据之间的矛盾性，提高核实内容的针对性

虽然法律对律师会见的时间没有强行限制，但律师会见的时间毕竟有限。因此，律师在会见前一定要详细阅读卷宗材料，在充分了解证据情况、发现问题、发现矛盾后去会见犯罪嫌疑人并进行有针对性的核对。这种矛盾或问题往往体现为不同证据之间的冲突，通过核实能否对这些冲突作出合理的解释或说明。我国刑事诉讼实务目前在很大程度上采用的是"证据相互印证"的证明模式，司法办案机关非常重视证据内容的"一致性"，作为辩护人当然应当以此为重要考查对象，当证据之间出现矛盾时，通过"核实"便成为解释矛盾和解决矛盾的主要方法。

4. 核实是否存在其他合理解释或怀疑

如前文所述，律师在审查卷宗材料过程中应当反复追问，这必然会产生许多问题或不疑，这种问题或怀疑既可能对犯罪嫌疑人有利，也可能不利。律师应客观中立地去分析这些犯罪嫌疑人对这些问题的解释，从而进一步准确地判断案件事实。

5. 核实过程中应注意运用角色转换法

律师在核实证据的过程中，首先应站在控方立场与犯罪嫌疑人沟通交流彼此对证据的观点、看法，当然在此之前必须向犯罪嫌疑人说明、让其理解运用角色转换法的原因、利弊。然后再站在中立立场、辩护人的立场与犯罪嫌疑人沟通交流，从而实现对证据的全面理解和把握，形成最终有利于犯罪嫌疑人的结论或意见。

二、收集、调取与本案有关的证据材料

根据辩护人收集、调取证据的方式，可以分为申请调取证据和自行调取证据权，[1]具体来讲主要包括以下内容。

（一）辩护人收集、调取证据的相关规定

表 3-2　关于申请调取证据的规定

申请调取证据权	
内容	渊源
第 41 条　辩护人认为在侦查、审查起诉期间公安机关、人民检察院收集的证明犯罪嫌疑人、被告人无罪或者罪轻的证据材料未提交的，有权申请人民检察院、人民法院调取。	《刑事诉讼法》第 41 条。
第 50 条　案件移送审查逮捕或者审查起诉后，辩护人认为在侦查期间公安机关收集的证明犯罪嫌疑人无罪或者罪轻的证据材料未提交，申请人民检察院向公安机关调取的，人民检察院案件管理部门应当及时将申请材料送侦查监督部门或者公诉部门办理。经审查，认为辩护人申请调取的证据已收集并且与案件事实有联系的，应当予以调取；认	最高检《检察院诉讼规则》第 50 条。

---

〔1〕 陈瑞华教授主张借鉴民事诉讼中，律师通过向法院申请"调查令"的方式确立第三种调查模式，但我国没有相关规定或实践。陈瑞华："辩护律师调查取证的三种模式"，载《法商研究》2014 年第 1 期。

续表

申请调取证据权	
为辩护人申请调取的证据未收集或者与案件事实没有联系的，应当决定不予调取并向辩护人说明理由。公安机关移送相关证据材料的，人民检察院应当在3日以内告知辩护人。 人民检察院办理直接立案侦查的案件，按照本条规定办理。 第52条 案件移送审查起诉后，辩护律师依据刑事诉讼法第四十一条第一款的规定申请人民检察院收集、调取证据的，人民检察院案件管理部门应当及时将申请材料移送公诉部门办理。 人民检察院认为需要收集、调取证据的，应当决定收集、调取并制作笔录附卷；决定不予收集、调取的，应当书面说明理由。 人民检察院根据辩护律师的申请收集、调取证据时，辩护律师可以在场。 第398条 在审查起诉期间，人民检察院可以根据辩护人的申请，向公安机关调取在侦查期间收集的证明犯罪嫌疑人、被告人无罪或者罪轻的证据材料。	
第7条 人民检察院应当依法保障律师在刑事诉讼中的申请收集、调取证据权。律师收集到有关犯罪嫌疑人不在犯罪现场、未达到刑事责任年龄、属于依法不负刑事责任的精神病人的证据，告知人民检察院的，人民检察院相关办案部门应当及时进行审查。 案件移送审查逮捕或者审查起诉后，律师依据《刑事诉讼法》第39条申请人民检察院调取侦查部门收集但未提交的证明犯罪嫌疑人无罪或者罪轻的证据材料的，人民检察院应当及时进行审查，决定是否调取。经审查，认为律师申请调取的证据未收集或者与案件事实没有联系决定不予调取的，人民检察院应当向律师说明理由。人民检察院决定调取后，侦查机关移送相关证据材料的，人民检察院应当在3日以内告知律师。 案件移送审查起诉后，律师依据《刑事诉讼法》第41条第1款的规定申请人民检察院收集、调取证据，人民检察院认为需要收集、调取证据的，应当决定收集、调取并制作笔录附卷；决定不予收集、调取的，应当书面说明理由。人民检察院根据律师的申请收集、调取证据时，律师可以在场。 律师向被害人或者其近亲属、被害人提供的证人收集与本案有关的材料，向人民检察院提出申请的，人民检察院应当在7日以内作出是否许可的决定。人民检察院没有许可的，应当书面说明理由。	《最高人民检察院关于依法保障律师执业权利的规定》
第49条 辩护人认为在侦查、审查起诉期间公安机关、人民检察院收集的证明被告人无罪或者罪轻的证据材料未随案移送，申请人民法院调取的，应当以书面形式提出，并提供相关线索或者材料。人民法院接受申请后，应当向人民检察院调取。人民检察院移送相关证据材料	最高院《刑事诉讼法解释》第49、51、52条。

申请调取证据权	
后，人民法院应当及时通知辩护人。 第 51 条 辩护律师向证人或者有关单位、个人收集、调取与本案有关的证据材料，因证人或者有关单位、个人不同意，申请人民法院收集、调取，或者申请通知证人出庭作证，人民法院认为确有必要的，应当同意。 第 52 条 辩护律师直接申请人民法院向证人或者有关单位、个人收集、调取证据材料，人民法院认为确有收集、调取必要，且不宜或者不能由辩护律师收集、调取的，应当同意。人民法院收集、调取证据材料时，辩护律师可以在场。	
人民法院向有关单位收集、调取的书面证据材料，必须由提供人签名，并加盖单位印章；向个人收集、调取的书面证据材料，必须由提供人签名。 人民法院对有关单位、个人提供的证据材料，应当出具收据，写明证据材料的名称、收到的时间、件数、页数以及是否为原件等，由书记员或者审判人员签名。 收集、调取证据材料后，应当及时通知辩护律师查阅、摘抄、复制，并告知人民检察院。	

表 3-3 关于自行调取证据的规定

自行调取证据权	
第 43 条 辩护律师经证人或者其他有关单位和个人同意，可以向他们收集与本案有关的材料，也可以申请人民检察院、人民法院收集、调取证据，或者申请人民法院通知证人出庭作证。 辩护律师经人民检察院或者人民法院许可，并且经被害人或者其近亲属、被害人提供的证人同意，可以向他们收集与本案有关的材料。	《刑事诉讼法》第 43 条。
第 53 条 辩护律师向被害人或者其近亲属、被害人提供的证人收集与本案有关的材料，向人民检察院提出申请的，参照本规则第 52 条第 1 款的规定办理，人民检察院应当在 7 日以内作出是否许可的决定，通知辩护律师。人民检察院没有许可的，应当书面说明理由。	最高检《检察院诉讼规则》第 53 条。
第 50 条 辩护律师申请向被害人及其近亲属、被害人提供的证人收集与本案有关的材料，人民法院认为确有必要的，应当签发准许调查书。 第 51 条 辩护律师向证人或者有关单位、个人收集、调取与本案有关的证据材料，因证人或者有关单位、个人不同意，申请人民法院收集、	最高院《刑事诉讼法解释》第 50~53 条。

续表

自行调取证据权	
调取，或者申请通知证人出庭作证，人民法院认为确有必要的，应当同意。 第53条 本解释第50条至第52条规定的申请，应当以书面形式提出，并说明理由，写明需要收集、调取证据材料的内容或者需要调查问题的提纲。 对辩护律师的申请，人民法院应当在5日内作出是否准许、同意的决定，并通知申请人；决定不准许、不同意的，应当说明理由。 第66条 人民法院依照《刑事诉讼法》第191条的规定调查核实证据，必要时，可以通知检察人员、辩护人、自诉人及其法定代理人到场。上述人员未到场的，应当记录在案。 人民法院调查核实证据时，发现对定罪量刑有重大影响的新的证据材料的，应当告知检察人员、辩护人、自诉人及其法定代理人。必要时，也可以直接提取，并及时通知检察人员、辩护人、自诉人及其法定代理人查阅、摘抄、复制。	

（二）刑辩律师自行调查取证的风险防范——不能留下任何遐想的空间[1]

笔者之所以通过前述表格详细说明关于辩护人调查取证的相关规定，主要为了说明，虽然存在诸多关于辩护人调查取证的法律规定，但在司法实践中，辩护人调取证据的情况较少，这些规定在司法实践中且在多数情况下均流于形式。在2012年《刑事诉讼法》颁布以前，刑事辩护领域存在三难，即"会见难、阅卷难、调查取证难"，应当说前两者在2012年《刑事诉讼法》实施后得到了较大改善，但调查取证难没有得到改善。《刑法》第306条对此起到主要作用。考虑到这种犯罪的特定主体是作为辩护人、诉讼代理人的律师，而发动追诉程序的通常是与辩护律师处于职业对立状态的检察官，与案件存在利害关系的检察官，完全有可能利用这一罪名来达到报复辩护律师的目的。即便法院最终判定律师不构成妨害作证罪，检察院的追诉行动也会造成辩护律师无法正常执业或者被剥夺人身自由的效果，也就达到了"整治"律师的目的。正因为如此，检察院在绝大多数追究辩护律师"妨害作证责任"的案件中明知最终无法使律师受到定罪，但仍然乐此不疲。[2]作为刑辩律师，对

---

[1] 关于律师调查取证的相关问题，本书第一章中亦有所涉及。
[2] 陈瑞华："辩护律师调查取证的三种模式"，载《法商研究》2014年第1期。

调查取证中的风险不仅应引起高度重视，更应当结合自身的专业优势将防范工作做得更加规范、周密，不能给人留下任何遐想的空间。以刑辩律师调取证人证言为例，至少应注意以下风险防范措施。

（1）申请程序合法。我国刑事诉讼法及相关司法解释等对调取不同证据规定了不同的程序，比如辩护律师在审判阶段申请向被害人及其近亲属、被害人提供的证人收集与本案有关的材料前，必须以书面形式向法院提出申请，并说明理由，写明需要收集、调取证据材料的内容或者需要调查问题的提纲。所有法定程序，刑辩律师必须全面严格履行，绝不可以有任何偷懒、松懈，否则后果不言而喻。

（2）人员合法，由两名律师参与。虽然刑事诉讼法并没有规定必须由两名律师作为调查人，但相关条文规定侦查人员在讯问、调查取证据时至少需要两名侦查人员，这容易形成调查取证必须至少有 2 名人员的习惯性思维，辩护人应顺应司法人员的固有思维。在笔者处理的一起受贿罪案件中，公诉人甚至对另外一名调查律师是否为本案的辩护人提出了质疑，这其实是一个基于客观情况产生的两难选择。因为被告人家属只委托了一名辩护人，在其不愿意或没有能力的情况下，辩护人不可能要求其专门为调查取证再委托 1 名辩护人。若在此情况下必须调查取证，辩护人不得不请求其他律师协助，甚至不是同一律师事务所的律师，但协助的律师又不是接受委托的辩护人，从理论上讲，该协助的律师无权了解案件情况，这着实让承办律师处于两难选择之中。为防范由此产生的风险，笔者建议在调查前将此情况向公诉机关或审判机关汇报，征求其意见，在获得允许后再从事调查；否则，则由公诉机关或审判机关调查。在调查证人证言时，不得有第三人在场，因为此阶段证据的内容尚不能公开。《刑事诉讼法》第 124 条第 2 款中规定侦查人员"询问证人应当个别进行"，辩护人律师可参照执行。在调取其他证据时，最好有社区、单位的人员作为第三方见证人在场。

（3）地点合法、合适。法律上对律师调查的地点没有作出具体规定，实践中多有不同分布，如被调查人住处、单位、律师所在事务所、茶社等，对此可借鉴刑事诉讼法规定的侦查人员询问证人的地点。《刑事诉讼法》第 124 条第 1 款规定："侦查人员询问证人，可以在现场进行，也可以到证人所在单位、住处或者证人提出的地点进行，在必要的时候，可以通知证人到人民检察院或者公安机关提供证言"。律师调查取证的地点，首先应选择在律师事务所；如果难以实现，其次为被调查人的住处或单位；如果到茶社等地点，应当由被调查人自己提出。

（4）全程录音或录像。在整个调查过程中，辩护律师均应当全程录音或录像，时间要起始于与被调查人见面之前，结束于与被调查人见面之后。全程录音或录像不仅是为了印证调查过程的真实性，更是为了证明在调查过程中不存在违法性。在笔者办理的一起受贿罪案件中，被告人提出其中一笔5万元不属于受贿，而是房屋租金。之后笔者找到该证人调查，该证人明确说不是行贿，是房屋租金，笔者将该证据提交法庭并转交公诉机关。在随后的开庭中，公诉人突然又出示了一份在此之后对证人的调查笔录，该证人在此份笔录中又变更证言，证明这笔钱款是行贿，不是房屋租金。公诉人在笔录中进一步询问："你为什么在律师调查时说这笔钱是房屋租金，不是行贿？"这一过程中着实让笔者为之一震。笔者随后向法庭出示了对证人调查的全程录音，以证明调查过程的合法性。若没有该全程录音，万一证人说明是受律师教唆或引导，那么律师的处境将十分被动。

（5）调取证据前向被调取人交付律师事务所介绍信、出示授权委托。刑辩律师在调查前是否应当、需要向被调取人交付律师事务所介绍信，法律上同样没有规定。《刑事诉讼法》第124条中规定，侦查人员"在现场询问证人，应当出示工作证件，到证人所在单位、住处或者证人提出的地点询问证人，应当出示人民检察院或者公安机关的证明文件"。鉴于与犯罪嫌疑人、被告人或其亲属签订委托协议的主体是律师事务所，辩护人是基于律师事务所的指派，更出于辩护律师的风险防范，调取证据前最好向被调查人交付律师事务所介绍信并出示授权委托。

（6）向被调取人表明律师身份，出示律师证原件。对此不仅要有明确地说明，而且必须向被查人出示律师证原件。

（7）核实证人身份，并要求提供与身份、待证事实之间存在关联性的证明文件。从理论上讲，不能排除证人以虚假身份提供证据的可能性。因此，刑辩律师必须在正式调查前核实证人身份，如查看身份证复印件并要求证人提供身份复印件等，若有其他资质等身份证明，必须一并要求提供。比如劳动合同等。尤其是证人是犯罪嫌疑人、被告人家属提供的情况下，更不能排除证人或其证言存在非法、瑕疵的可能性，对此必须在正式调查之前予以查明。

(8) 向被调取人详细说明如实作证的义务。最好事前印制好告知书，请被调查人认真阅读后签字留档。我国关于规定证人如实作证的条文并不多，而且基本规定的侦查程序、审判程序并没有规定在"辩护与代理"一章。《刑事诉讼法》第 125 条规定："询问证人，应当告知他应当如实地提供证据、证言和有意作伪证或者隐匿罪证要负的法律责任"；第 194 条中规定："证人作证，审判人员应当告知他要如实地提供证言和有意作伪证或者隐匿罪证要负的法律责任"。因此，律师在调查取证中绝不可以免除向被取人说明其应当如实作证的义务。辩护人应将法律中关于证人如实作证的规定予以梳理，执行的比侦查人员更加严格。以下为笔者制作的告知书：

证人诉讼权利义务告知书

尊敬的证人_____：

兹因_____涉嫌_____一案，_____律师事务所律师_____作为犯罪嫌疑人（被告人）的辩护人，需要向您调查取证，现将相关证人的诉讼权利和义务书面告知如下，请认真、详细阅读，并在完全理解并同意后签字确认。

根据《中华人民共和国刑事诉讼法》等相关规定，在刑事诉讼期间，证人有如下权利和义务：

1. 凡是知道案件情况的人，都有作证的义务。

2.《刑事诉讼法》第 43 条规定："辩护律师经证人或者其他有关单位和个人同意，可以向他们收集与本案有关的材料，也可以申请人民检察院、人民法院收集、调取证据，或者申请人民法院通知证人出庭作证。辩护律师经人民检察院或者人民法院许可，并且经被害人或者其近亲属、被害人提供的证人同意，可以向他们收集与本案有关的材料"。第 44 条规定："辩护人或者其他任何人，不得帮助犯罪嫌疑人、被告人隐匿、毁灭、伪造证据或者串供，不得威胁、引诱证人作伪证以及进行其他干扰司法机关诉讼活动的行为。违反前款规定的，应当依法追究法律责任，辩护人涉嫌犯罪的，应当由办理辩护人所承办案件的侦查机关以外的侦查机关办理。辩护人是律师的，应当及时通知其所在的律师事务所或者所属的律师协会。"

3. 应当如实地提供证据、证言。《刑法》第 305 条中规定："在刑事诉讼中，证人对与案件有重要关系的情节，故意作虚假证明，意图陷害他人或者隐匿罪证的，处3年以下有期徒刑或者拘役；情节严重的，处3年以上7年以下有期徒刑。"

4. 有用本民族的语言文字进行诉讼的权利。

5. 未满18周岁的证人在接受询问时有权要求通知其法定代理人到场。

6. 有权核对询问笔录。没有阅读能力的，询问人员应当向其宣读。如果记载有遗漏或者差错，有权提出补充或者改正，经核对无误后，应当在询问笔录上逐页签名、捺指印。有权自行书写亲笔证词。

7. 因在诉讼中作证，人身安全面临危险的，可以向公安机关、人民检察院、人民法院请求对本人或其近亲属予以保护。

8. 对询问人员侵犯其诉讼权利或者进行人身侮辱的行为，有权提出控告。

9. 证人因履行作证义务而支出的交通、住宿、就餐等费用，有权获得补助。有工作单位的证人作证，所在单位不得克扣或者变相克扣其工资、奖金及其他福利待遇。

以上内容请认真、详细阅读，并在完全理解并同意后签字确认。

证人（签字并按手印）：
日期：

（9）调查询问过程中做到"三不"，即不骗、不诱、不暗示。不要告知被调查人取证的目的，仅调查客观事实，绝对避免因律师接触证人导致证据"失真"。不得事先书写笔录内容；不得先行向证人宣读犯罪嫌疑人、被告人或其他证人的笔录；不得为证人代书；不得擅自更改、添加笔录内容；调查取证时不得有其他人员在场。实践中许多证人都是由犯罪嫌疑人亲属提供，不排除证人受到该些人员的影响，辩护人对此应引起高度重视，避免串供。

（10）如实制作规范、完整的询问笔录、调查笔录等。律师制作的询问笔录必须规范，对此我们应借鉴侦查机关、公诉机关制作的调查笔录。调查笔录应分为首部、内容和尾部三个部分。首部应当包括被调查人的姓名、居民身份证号码、住址、联系电话、调查律师的姓名、询问地点、询问的起止时间等。在调查笔录的具体内容中应当包括前文所述的相关内容，诸如介绍身份、证人身份、伪证责任、主体事实、出庭意愿、确认真实、签名捺印等。

凡是前文需要向证人说明的，均应当在调查笔录中记载。最后，需要证人对形成的笔录进行详细阅读并确认无异议，文末须写上"以上笔录看过，和我讲的一样"，在每一页笔录中签字确认、捺指印等。

调 查 笔 录

调 查 人：周×律师，××律师；××律师事务所律师。

被调查人：赵×，性别，××岁，民族，工作单位，住址，联系电话。

记 录 人：××律师。

调查时间：2015年12月28日10时45分至12时30分。

调查地点：××市××路××单位415室。

周×：赵×你好，我们是谢×涉嫌受贿、挪用公款、贪污一案中的犯罪嫌疑人谢×委托的律师，我是××律师事务所的律师赵×，他是我的同事××（向其出示律师证件），这是我们律师事务所的调查专用介绍信。我们拟向你了解本案中的一些情况，你是否同意？

赵×：（核对律师证等后）好的，我同意。

周×：按照我国相关法律的规定，你作为证人有如实作证的义务，如果作伪证或隐匿证据应依法承担相应的法律责任，甚至承担刑事责任。请您详细阅读一下《证人权利义务告知书》，并在确认理解后签字。

赵×：（阅读《证人权利义务告知书》）明白，我会实事求是地回答你们提出的问题。

周×：能介绍一下你个人的基本情况吗？

赵×：本人，赵×，女，31岁，在××市××房地产开发有限公司（以下简称北方公司）担任计财部副经理，住本市××村××幢××室。

周×：您何时开始在北方公司担任计财部副经理？

赵×：2014年1月1日。

周×：南方公司你是否知道？

赵×：知道的，它是我们下属公司。

周×：你是否与谢×一起去过南方公司？

赵×：是的，大概是8月份某日上午一上班9点左右。

周×：为什么去，还记得吗？

赵×：因为谢×让我到南方公司对一下账。在去之前的前一天，谢×对我说过，北方公司有一批房产委托南方公司管理，是以租养房的，杨某报了一个帐给他，说是收支情况基本持平，他看看也差不多，怎么这会突然多了45万元出来。所以要去对一下账。

周×：能详细说明你当时与谢×一起去南方公司的具体过程吗？

赵×：大概是8月20日上午一上班，我先到了南方公司，谢×后来的，杨某接待了我们。谢×当时在杨某办公室的桌上看到了一张整理房屋收入与支出的一张纸，上面写着从2013年6月到2015年6月的收入开支情况，上面写着的余额为40多万元。谢×问他是否是那些房子的所有的收入和支出的情况，杨某说是的。然后谢×问杨某"这个数额为什么与你上次报给我的数额不一样，你以前告诉我收支情况基本持平的"。杨某当时一声未吭，没有回答。

周×：杨某在当时有什么反应？

赵×：反正他就是没有作声。

周×：后来呢？

赵×：后来我问杨某，"这里面你们南方公司自己的一块费用，如手续费、管理费、税金这些之类有无提取"，然后杨某说，上次报给谢×的单子上提取过的，这个单子上没有提取。之后，谢×对杨某说，"这一块应当实事求是，该进账的就进，不应该进账的就不要进"。后来他们就到隔壁房间去说话了。

周×：你上面提到的"提取"是什么意思？

赵×：就是指南方公司受委托管理房子这一块的费用，如手续费、管理费、税金这些有无在支出项目中列出。

周×："这一块"是什么意思？

赵×：应该是北方公司委托南方公司管理的相关房屋的收入和支出情况。

周×：谢×当时有无让你做过其他什么事？

赵×：在他们到隔壁房间去的时候，因为杨某在前面走的，他在后面走的，他让我把桌上的收支情况的单子抄下来。

周×：抄在什么地方？

赵×：我顺便从打印机旁边拿了一张纸抄了下来。

周×：能否将这张纸提供给我们？

赵×：可以。

周×：再后来呢？

赵×：谢×和杨某谈完话后，我就和谢×一起离开了杨某的办公室。在下楼的时候，谢×非常气愤地告诉我（谢×当时还说了脏话，平时他是不说的），"杨某报给我的账与刚才我们在桌上见到的账出入太大了。待会回办公室你来拿张他上次报给我的表"。我们回到公司后，谢×交给我一份由南方公司代管房屋支出情况的明细表，让我替他保管。

周×：能否将这张明细表提供给我们？

赵×：好的。

周×：作为公司的计财部经理，北方公司的存款是否由你去完成？

赵×：是的。

周×：在2014年3月你是否过去××银行？还记得吗？

赵×：记得，2014年3月我曾经去过××银行办理过接收4000万元贷款的手续，将其中2000万元存入了××银行。

周×：能说说具体情况吗？

赵×：因为我们公司在银行有6000万元额度的贷款，在2014年3月份之前我公司已经提取了2000万元，还剩下4000万的额度。当时大气候说，房地产公司的开发贷款可能要紧缩，银行同意我们拿，我就去拿了，分两次将这4000万元取出来。我自己也有一个经验，就是这种额度贷款如果不提取的话，一段时间以后这个额度就作废了。

周×：这4000万元款项是如何处理的？

赵×：在提出4000万元之前，好像是钱××给我讲，这里面要有2000万元存入银行。

周×：为什么要存入？

赵×：钱行长说，"这是银行要求的，因为你们公司有那么多的贷款"。我以前也听说过，别的公司贷款也有这种情况。另外一个，我自己也在想，银行也挺厉害的，一下子就揽了这么多存款业务。

周×：当时存款的户名是谁？

赵×：是以北方公司的名义。

周×：对于该笔存款银行有无开具证明？

赵×：有的。不过，银行当时没有给我，后来我打电话给钱行长，他说已经放入总行金库，这会儿不好拿。我说"你们应当给我一个复印件给我，证明有这笔业务"，他们就给了我一份存款证实书的复印件。

周×：能否将这份存款证实书的复印件给我们？

赵×：好的。

周×：为什么银行在存款之时没有给你存款凭证？

赵×：因为办理存款手续是银行帮我办理的，存款之时我并不在场。

周×：你在存款时有无任何人包括谢×、钱××等向你说过将这笔存款用于担保？

赵×：没有。

周×：对于这笔2000万元产生的利息是如何处理的？

赵×：对于这笔存款的利息，我是正常提取。在2014年底共提取了大约29.7万元的利息，这些利息全部正常列入北方公司的收入。

周×：对于这笔2000万元存款后来的走向你清楚吗？

赵×：知道的。因为我公司在银行有大量贷款，后来，银行这2000万元钱列入了北方公司的贷款担保金账户，再后来，银行到我们公司来说，这个钱要还公司的贷款，然后让我开支票，因为当时花×不在公司，我打电话向花×请示，他也同意的。然后，我对银行的人说那你就直接划走吧，后来银行就将该笔存款划走还贷了。

周×：如果申请您出庭就上述事实在法庭上作证，您是否愿意？

赵×：我愿意。

周×：以上你所讲的都是客观事实吗？

赵×：是的，否则我愿意承担任何责任。

被调查人（签名、捺指印）：
日期：

（11）申请被调查人出庭作证。就目前司法实践来看，由辩护人向法庭提供调取、制作的证人证言往往不被法庭采纳，辩护人可以将调查的证人证言作为固定证据的一种方式。为了进一步发挥其应有的效力，辩护人应当向法庭申请证人出庭作证，以进一步增强证人证言的合法性和证明力，同时也是律师防范风险的一种途径。

（12）在证人改变证言的情况下，应由证人自行书写相关材料。由证人自行书写相关材料，是降低律师调查风险的重要方法之一。

（13）尽量对"新"证据进行调查。此处"新"证据主要是指卷宗材料中没有出现的证据，尽量用"新"证据否决已经形成的证据，而不是直接对抗。如果律师对侦查机关已经调查的证人再去调查并得出相互矛盾的结果，律师的风险程度会大大增加。

（14）早请示，早汇报。若相关规定不明确或者无十足把握，辩护人可以在调查前向公诉人或审判人员直接汇报，说明情况。获得相关人员的口头许可，在很大程度上能够降低调查取证带来的风险。

（15）在发现调查的结果存在一定风险时，将辩护人调查的结果向法庭表明该结果是一种材料。《刑事诉讼法》第43条规定："辩护律师经证人或者其他有关单位和个人同意，可以向他们收集与本案有关的材料，也可以申请人民检察院、人民法院收集、调取证据，或者申请人民法院通知证人出庭作证。辩护律师经人民检察院或者人民法院许可，并且经被害人或者其近亲属、被害人提供的证人同意，可以向他们收集与本案有关的材料。"为进一步降低律师风险，可以将调取的证人证言作为材料供法庭参考。

（16）将调查结果提交法庭、公诉机关之前，再次对被调查人进行核实。万一在调查后至提交前被调查人的态度发生变化，而辩护人不知道，等到事后司法机关找该证人核实时，辩护人将会非常被动。当然，这种核实方式不一定当面进行，电话、短信、微信等方式均可，关键是辩护人要做到最后明白，将产生风险的时间点不断后移乃至消除。

（三）刑事案件律师调查取证的其他要求

陈瑞华先生曾经说过："调查核实证据属于辩护律师开庭前防御准备活动的重要组成部分，也是辩护律师享有的主要诉讼权利。"无论条件多么艰难，在可能的情况下，刑辩律师应当依法、充分、有效地行使法定的调查取证权。只有这样才能查明有利于犯罪嫌疑人的事实、才能破解控方的证据体系、才能彰显刑辩律师的专业价值。可以说，一名不敢调查、不会调查的律师永远不能成为一名优秀的刑辩律师。当然，我们在调查时应当注意方式方法和专业技巧。

1. 要敢于调查取证，勇于调查取证

坦白而言，刑辩律师调查取证面临的风险极其严重。但作为刑辩律师，是否敢于调查取证是判断其是否属于合格刑辩律师的标准之一。刑辩律师敢于调查取证不仅是实现有效辩护的基本要求，也是替被告人伸张正义的基本要求。刑辩律师数十年寒窗苦读积累的知识，不应因一步的退缩而无用武之地，甚至使自己沦为"形式派"辩护律师。刑辩律师应对得起当事人支付的律师费和内心的良知。笔者曾经承办一起巨额财产来源不明罪案件，本案为当地新中国成立以来立案的第一起巨额财产来源不明罪案件，相关部门非常重视，媒体亦进行了报道。为证明被告人的合法来源，笔者前后花费数天时间，调取、收集了40余份证据，使公诉机关在第一次庭审后撤回对该罪名的起诉。在另一起非法吸收公众存款罪案件中，案件涉及受害人300余名，经法院许可后，笔者作为辩护人与受害人进行沟通、协商，除7名受害人之外的其他300余名受害人均签名表示对被告人予以谅解，恳请法庭对被告人从轻处罚，收到了良好的辩护效果。作为回报，被告人在2017年刑满出狱后，立即与所有受害人签订还款协议，承诺在3年内还清所有欠款，社会效果良好。

2. 善于发现、准确认定证据线索

律师自行调查当然需要发现证据线索，同样律师申请法院、检察院调取证据也需要提供相应的线索，发现、准确认定证据线索是调查取证、申请调查取证的前提和基础。这些线索主要来源于犯罪嫌疑人、被告人及其亲属、证人、证据材料、犯罪现场等，刑辩律师在接触相关人员和审查材料中，注意力必须高度集中、警觉，对相关问题应不断的上下、左右拉伸。如辩护人承办的一起强奸罪（未遂）案件，犯罪嫌疑人说明其与受害人当时一起在一家饭店吃饭，在吃饭过程中发生了本案行为。律师随后即去了饭店现场，发现他们吃饭的包间就在收银台隔壁，且包间隔音效果极差，只要受害人呼救，强奸不可能得逞。律师随即将犯罪现场进行拍照、标示后提交侦查机关并提出强奸罪不能成立的意见。侦查机关予以采纳，将强奸罪变更为强制猥亵罪。由于两人本为朋友关系，且得到受害人的谅解，公诉机关最终对犯罪嫌疑人作出不起诉决定，获得了良好辩护效果。

3. 调取证据的程序必须合法、规范

关于程序合法性问题前文已有详细说明，关于规范性问题同样应引起辩护律师的高度重视。比如自行调取书证，应由律师事务所开具调取证据的函件，向提供证据人员表明身份并出示律师证，调取的书证应当由提供证据的人员签名按手印并书面说明与原件无异，载明调取证据的时间地点，调取证据的律师应当在书证上签字说明等，以上内容缺一不可。作为律师，绝不应因这些技术性的问题使自己处于不利局面，应当努力将调取证据过程中的风险降至最低。

三、确定基本的辩护思路

由于在审查起诉阶段，律师已经审查了证据材料，会见了犯罪嫌疑人，对案件的基本事实情况基本把握。律师在此阶段应确定本案的辩护思路，甚至对本案最终的判决结果大多数情况下已经可以确定。辩护律师在确定辩护思路时，应注意以下问题：

（一）确定辩护思路以综合分析、权衡全案的证据情况为前提

比如《移送审查起诉意见书》认定的罪名、事实、证据、形成的结论是否存在问题或不足，依据对辩方有利的证据，能否破解控方的证据体系；非法证据排除的观点能否被采纳。对于权衡的过程，更多的是凭借律师的个人经验，非书面方式所能准确表达。这需要刑辩律师多办案、多思考，这也是考察刑辩律师辩护水平的主要标准。

（二）辩护思路应当考虑与公诉机关沟通的结果

按照相关规定，辩护律师可以在此阶段与公诉人进行沟通，辩护律师在确定辩护思路前必须充分考虑公诉方的意见。

（三）充分征求犯罪嫌疑人的意见

辩护人归根结底是为犯罪嫌疑人服务的，而且犯罪嫌疑人对案件的事实情况最为了解、清楚。辩护人在确定辩护思路前必须征求犯罪嫌疑人的意见，在犯罪嫌疑人不认罪的情况下，刑辩律师一般来讲不能作有罪辩护。当然在与犯罪嫌疑人沟通的过程中，刑辩律师应依据证据、法律规定向犯罪嫌疑人分析不同选择的利弊及不同选择可能面临的判决结果。此时，律师更多的是给犯罪嫌疑人做选择题而不是替其作出决定，毕竟每个人都是自己最大利益的判断者。

（四）确定的辩护思路应以最大程度上保护犯罪嫌疑人利益为原则

律师的辩护不应是为律师个人利益服务，不能哗众取宠。在一般情况下，

无论是犯罪嫌疑人还是其亲属，往往以听到无罪辩护为心声。但这些人员并不了解法律，若律师纯粹为迎合犯罪嫌疑人及其亲属，不顾事实和证据情况，无视法律规定，在庭上滔滔不绝作无罪辩护，待判决结果大相径庭时，以法院判决不公正作为推辞。这种情形无疑属于不负责任，有悖于刑辩律师的职业道德。

四、向人民检察院提供综合性的辩护意见

刑辩律师在审查起诉阶段向公诉机关提供辩护意见，既是法律规定的权利，也是辩护律师实现有效辩护所应承担的义务。除非提供意见可能对案件的处理结果不利，否则辩护律师均应当向公诉机关提供该阶段的辩护意见。笔者认为，在此阶段提供的辩护意见时，应注意以下问题：

（一）辩护意见观点鲜明、结构清晰、标题醒目

刑辩律师应在首部直接说明涉嫌的罪名是否成立，若不成立，核心理由如何；若成立，从轻处罚的理由如何等。在主体内容中，应通过醒目的标题概括出明确的观点。逻辑结构应层层递进或思路清晰，若让公诉人员自己去概括总结、揣摩，将无法引起公诉人的重视。

（二）重点突出，位置突出

在许多情况下，辩护意见可能会存在多种，应将对犯罪嫌疑人最有利的意见、最重要的内容安排在主文首部。比如对罪名或定性的辩护意见要放首要位置，然后再安排量刑辩护等，甚至可以将量刑辩护作概括性说明一带而过，毕竟审查起诉阶段的辩护意见不同于庭审阶段的辩护词。

（三）表达清晰，行文简洁

正常来讲，一名公诉人处理的案件数量远远超过刑辩律师办理的案件数量，公诉人在个案上花费的时间要少于辩护人，因此辩护人形成的意见行文要简洁，不可拖泥带水，应当尽量创造条件使公诉人在最短的时间内明悉辩护人的观点和理由。

（四）提交法律意见书的时间要及时

目前刑辩律师在案件移送审查起诉后即可复制、查阅卷宗材料，几乎与公诉人同步。但公诉人由于手头案件较多，不一定能够立即阅卷，因此辩护人应尽早阅卷并形成辩护意见提交公诉机关。若公诉人能够带着辩护人提出的意见去阅卷、带着本案存在的疑点去阅卷，辩护观点会得到更多的关注和

探讨。若辩护人提交意见时，公诉人已经将案件的情况内部汇报完毕，即使辩护人提出的辩护观点具有一定道理，但公诉人是否愿意为此再次向领导汇报将会被打上问号。

以下为笔者在审查起诉阶段提交的关于犯罪嫌疑人不构成挪用公款罪的辩护意见。

关于吴×不构成挪用公款罪的辩护意见

××市人民检察院：

江苏省××律师事务所律师刘××受本案犯罪嫌疑人吴×及其家属的委托担任吴×的辩护人，接受委托后，我们通过会见犯罪嫌疑人吴×、进行相关调查等，对本案的相关情况进行了较为深入的了解。通过上述工作，我们认为，《起诉意见书》指控吴×涉嫌挪用公款罪的证据不足，不足以定罪。现就与此相关的法律问题提出以下意见，敬请公诉人予以考虑。

依据我国《刑法》的相关规定，结合本案中的相关事实，如果认定吴×的行为构成挪用公款罪，即挪用北方公司的2000万元存款为其个人的2000万元贷款提供担保，在客观上必须至少符合以下条件：第一，吴×的2000万元贷款为担保贷款。只有属于担保贷款，才有必要以自己或第三方的财产作为担保，吴×存在担保贷款是其构成挪用公款罪的前提和基础。第二，吴×的2000万元贷款由北方公司提供了担保。只有北方公司为吴×的相关贷款提供担保的情况下，吴×才有可能产生挪用北方公司款项的可能，否则不存在对北方公司钱款的挪用。第三，吴×在客观上实施了挪用北方公司2000万存款的行为。即北方公司的2000万元存款必须被吴×利用，为吴×的利益服务。就目前辩护人所调查、了解的情况来看，相关证据尚不足以证明上述事实的存在。具体内容如下：

一、吴×于2004年3月在商业银行的2000万元贷款为信用贷款而非担保贷款。

银行对该笔贷款在银行内部会计账目处理中将其置放于123科目，该科目按照我国银行的相关操作规则属于信用贷款科目。换句话说，从银行本身来讲，银行将吴×的该笔贷款认定为信用贷款，否则不会在会计处理中将其置于信用贷款的科目。

在调查中我们发现，长江市商业银行内部对于吴×的2000万元贷款申请经过多人进行了层层审批，部分审批人在审批手续中将吴×的该笔贷款认定为担保贷款。辩护人认为，这些存在于银行内部的审批手续对认定吴×个人贷款的性质不产生任何影响，更不足以以此认定吴×的2000万元贷款即为担保贷款。原因在于：第一，吴×作为银行以外的贷款人，其不知道也不可能知道银行内部如何认定该笔贷款的性质。银行内部如何认定该笔贷款的性质并不能影响吴×本人对该笔贷款的性质的认识，其在主观上自始至终认为其贷取的2000万元款项为信用贷款，吴×不存在挪用北方公司的资产为个人贷款提供担保的主观故意。第二，银行内部的审批人员在审批过程中对吴×该笔贷款的性质存在分歧。部分审批人认定该笔贷款为担保贷款，但也有部分审批人认为该笔贷款为信用贷款。鉴于审批、发放信用贷款的要求和条件比担保贷款更加严格，相关审批人员绝对不可能将担保贷款作为担保贷款来审批，因此该笔贷款在性质应被认定为信用贷款，至少不可能被认定为担保贷款。第三，银行内部对该笔贷款的审批手续只是完成该笔贷款的部分过程，在审批程序中如何认定该笔贷款的性质对最终如何认定该笔贷款的性质并不存在决定性影响。起决定性作用的事实是该笔贷款最终是如何发放的，有无按照法律的规定签订担保合同。从目前的证据来看，银行在发放该笔贷款的过程中从未与北方公司签订担保合同并为之提供担保。对此辩护人将在下文作详细说明。

二、银行与吴×就该笔贷款签订借款协议时，从未与北方公司签订相应的担保协议并以北方公司的财产为该笔贷款提供担保。

按照我国相关法律规定，如果认定北方公司为吴×的贷款提供担保，则北方公司必须与银行签订书面担保协议。如我国《合同法》第198条中规定："订立借款合同，贷款人可以要求借款人提供担保。担保依照《中华人民共和国担保法》的规定。"与上述规定相适应，我国《担保法》第64条第1款规定："出质人和质权人应当以书面形式订立质押合同。"另外，我国《贷款通则》第29条第2款规定："保证贷款应当由保证人与贷款人签订保证合同，或保证人在借款合同上载明与贷款人协商一致的保证条款，加盖保证人的法人公章，并由保证人的法定代表人或其授权代理人签署姓名。抵押贷款、质押贷款应当由抵押人、出质人与贷款人签订抵押合同、质押合同，需要办理登记的，应依法办理登记。"也就是说，如果将某项贷款认定为担保贷款，必须由贷款人与担保人签订书面的担保合同，包括保证、抵押或质押合同等，否则，即不能认为该项贷款为担保贷款，而只能是信用贷款。就本案中吴×从银行贷款2000万元的事实来看，北方公司从未与银行签订担保合同，北方公司从未为吴×的该笔贷款提供过任何担保。

三、北方公司于2004年3月在银行的2000万元存款是以自己名义存放的款项，吴×从未利用该笔存款为其个人利益服务。

由于北方公司在银行具有额度为6000万元的贷款授信，在2014年3月之前，已经提取贷款2000万元，仍有4000万元尚未提取。为防止余下的4000万元贷款发生变故以致无法提取，2014年3月，北方公司经申请提取了2000万元。鉴于贷款银行一般均要求借款人应当在贷款银行有结算资金、有留存，即出于吸储的需要，北方公司将提取的2000万元贷款在当日存放于银行，开户名称为北方公司，银行向北方公司出具了存款开户证实书。由此可以看出，北方公司在存款过程中，从未以该笔存款为包括吴×在内的任何主体提供担保。而且，从银行开具的存款开户证实书来看，其在显著位置标明"本证实书仅对存款人开户证实，不得作为质押的权利凭证"，因此该存款开户证实书根本无法作为为他人担保的标的，无法用于为他人提供担保。进一步讲，即使吴×未能按照约定于2014年9月向银行归还其贷取的2000万元钱款，银行是否可以申请人民法院对北方公司的2000万元贷款予以查封、冻结、划拨以偿付吴×的欠款呢？答案是否定的，因为其缺乏最起码的法律依据和事实依据。由此也可以看出，北方公司的2000万元存在并非为吴×的贷款提供担保，而是北方公司自己的存款，这种存款是为了满足银行吸储的需要。

在此之后，北方公司出于自身贷款的需要（北方公司在银行共有超过1亿元的贷款），通过与银行签订担保协议将该笔2000万元的存款转入北方公司的贷款保证金账户，作为北方公司其他贷款的担保。再后来，北方公司与银行通过协商将该2000万元存款用于偿还北方公司在银行的其他贷款。由上述内容可以看出，北方公司于2004年3月在银行的2000万元存款自始至终是为其自身服务的，从未以其为任何第三人提供过担保。

我国《刑事诉讼法》第162条规定，审判机关只有在案件事实清楚，相应证据确实充分的前提下，才能作出有罪判决。如果证据不足，不能认定被告人有罪的，应当作出证据不足、指控的犯罪不能成立的判决。司法机关所认定的每一犯罪事实，必须以足够的证据为支撑，要形成确实充分的证据锁链，司法机关绝不能凭简单的推理来认定犯罪事实。综合本案来看，到目前为止，侦查机关不仅缺乏认定吴×存在担保贷款的证据，而且缺乏北方公司为吴×贷款提供担保的证据，更缺乏吴×挪用北方公司钱款的证据。因此，辩护人认为，就目前的证据来看，认定吴×构成挪用公款罪的证据严重不足，甚至缺乏最基本的形式证据，指控吴×构成挪用公款罪显然不能成立。

最后需要说明，如果最后的辩护思路确定为量刑辩护等并且按照简易程序、速裁程序或认罪认罚程序处理，刑辩律师必须在审查起诉阶段做好与公诉方的沟通、努力达成控辩交易。由于这些事宜与庭审辩护存在较大联系，因此安排在下一章中予以论述。

第四章 审判阶段辩护工作要求与实施

如果说把刑事诉讼程序比作一个电视连续剧,那么审判阶段将是这部电视剧中最高潮的一段。这个阶段是控辩双方对抗最直接、对被告人定罪量刑最重要的阶段。律师在庭审过程中的表现常常直接影响案件办理的成败,因此正确认识和把握审判阶段中的辩护策略是每个刑辩律师职业生涯中面临的最重要课题之一。两院一部《以审判为中心意见》中强调,"规范法庭调查程序,确保诉讼证据出示在法庭、案件事实查明在法庭"。可以说,庭审是刑事诉讼、刑事辩护的主战场。本书在对刑事辩护策略进行基本认识、分类的基础上,就制定和运用辩护策略的基本要求、无罪辩护的决策、实体性辩护、量刑辩护、程序辩护的基本要求和方法及其他问题进行了梳理总结,并提出相关思考。

一、审判阶段辩护工作纲要

辩护人在审判阶段完成的基本工作主要包括以下表中的内容,本表中列举的各项工作是辩护人应当在工作中必须关注和审查的事项。

表 4-1

序号	审判阶段辩护工作纲要
1	围绕起诉书进一步审查案件的事实和证据。
2	会见被告人,一般不低于3次。第一次会见的目的是主要了解、沟通被告人对《起诉书》的意见;第二次会见主要进一步核实、反馈案情及案件进展情况;第三次会见应在开庭前,就庭审中的辩护观点、思路、注意事项作全面沟通。

续表

序号	审判阶段辩护工作纲要
3	在符合法律规定的条件下，申请召开庭前会议。解决非法证据排除事宜。
4	参加一审庭审。主要包括交叉讯问、质证、发表辩论意见、达成控辩交易等。
5	制作并及时提交一审辩护词。
6	一审阶段的其他事宜：申请法院调取证据、申请法院通知证人出庭作证、申请重新或补充鉴定、申请专家证人出庭作证、协助被告人及其亲属办理取保候审或达成刑事和解、代理申诉和控告、协助退赃和缴纳罚款等。
7	协助被告人提起上诉。上诉状的特点和要求。
8	参加二审庭审。主要包括交叉询问、质证、发表辩论意见等，注意把握二审阶段的庭审特点。
9	参加再审程序的相关辩护工作。
10	参加再审程序、死刑复核程序的相关工作。

二、围绕《起诉书》进一步审查案件的事实、证据，梳理控方的逻辑主线

经过侦查期间的会见、审查起诉阶段的阅卷和会见等工作，辩护人对犯罪涉及的罪名、主要事实、证据已经全面把握，但对于公诉机关究竟如何指控，只有在收到《起诉书》以后才能得到定论，这是辩护人最后应当盯住的标靶，辩护人必须对《起诉书》高度重视。

（1）细致审查《起诉书》，读懂、读透《起诉书》。包括以下几个部分：第一，《起诉书》指控的罪名，与《起诉意见书》认定的罪名有无变化。第二，《起诉书》认定的犯罪时间、地点等"7W"。第三，《起诉书》是否包括从轻从重处罚的量刑情节。第四，《起诉书》依据的法律规定。

（2）审查《起诉书》时应对重点内容予以标注。笔者通常会将《起诉书》复印一份，在复印件上对重要内容，如时间、地点、数额、量刑情节的表述等用不同颜色的水笔标注。

（3）结合证据审查《起诉书》指控的罪名、事实是否成立。由于前期已经进行了大量的证据审查工作，若《起诉书》的内容与《起诉意见书》发生变化，应结合相关证据、规定对《起诉书》再次进行全面审核。

（4）梳理公诉方出示证据的基本顺序。通过本次审查，应准确把握公诉方的观点和主线，应当对公诉方在开庭时可能采取的举证顺序、方法等作出预判。通常来讲，公诉方都会按照犯罪构成的逻辑体系分组出示证据，辩护人应对此进行有针对性的梳理，以便在开庭时能够及时提出质证意见。否则，由于庭审时间紧迫，辩护人在不清楚对方出示证据主线的情况下，难免陷于被动。

三、会见被告人，征求其对《起诉书》的意见

在一审阶段，除非事实清楚、案情简单，辩护人应至少会见被告人3次。第一次会见应在收到《起诉书》初期，主要目的是了解被告人对《起诉书》的意见，并就辩护人的意见与之沟通。第二次会见的主要目的是将可能存在的疑问、进一步查明的事实和证据等，向被告人核实、反馈。第三次会见应在开庭前，与被告人共同确定最终的辩护观点和思路，告知庭审具体过程中及每一环节需要注意的事项。具体包括：

（1）让被告人准确了解庭审的基本过程。如审判长核实身份，是否申请回避及相关权利义务，公诉人宣读《起诉书》，审判长讯问其对《起诉书》的意见等等。其中，就如何回答是否同意《起诉书》指控的内容要慎重对待。若辩护思路确定为有罪辩护，那么要确保被告人有好的认罪态度；若辩护思路确定为无罪辩护或证据不足不构成犯罪，辩护人在无十足把握的情况下，被告人可以认同相关事实，对是否构成犯罪作出无法确定的回答。甚至当庭说明，事实就是如此，被告人不懂法律知识，无法判断是否构成犯罪，若判决认定构成犯罪，被告人尊重法庭的判决。被告人的回答不仅决定其认罪的态度，还会影响是否能够构成自首等。

（2）就交叉讯问的事宜与被告人协调一致。辩护人应向被告人分析公诉人可能讯问的问题及应对措施，尤其是被告人应对讯问的基本原则。辩护人更应当详细向被告人说明辩护人在开庭时发问的问题，让被告人做到心底有数。需要注意的问题是，辩护人不要引导被告人如何回答问题，而是让被告人在了解案情、证据的前提下，自己作出选择。

（3）就如何质证和发表辩护意见等与被告人协调一致，分工明确。有些证据，比如犯罪嫌疑人在供述时出现反复的，就反复的原因等，由于被告人最为了解，所以最好由被告人自行解释和质证；若在讯问过程中出现刑讯逼

供等情形,最好首先由被告人自己质证,直接指出涉案的相关人员、时间、地点、方法手段等,其效果显然比辩护人质证更加有力。对于客观证据等,更多地应当由辩护人质证,如果感觉力度不够,可以恳请法庭进一步讯问被告人。总之,辩护人应在庭前最后一次会见被告人的过程中,对如何质证和发表辩护意见等与被告人商定基本的分工方案。

(4)就被告人如何作最后陈述进行沟通。被告人最后陈述直接反映了被告人的态度,一定程度上影响最后的量刑。实践中,少量被告人准备了洋洋洒洒的稿件,对此应尽量劝止。最后陈述的时间以不超过 2 分钟为宜,否则一般不会收到良好效果,只要能够准确、完整表现被告人的态度即可。可以建议被告人在庭审陈述中简略,庭后将书面材料提交法庭。

(5)其他注意事项。比如笔者承办的一起盗窃罪案件,被告人涉及的数额不高,认罪认罚,有可能被判处缓刑。在庭前会见中,辩护人发现被告人的肩膀上有个刺青,极为惹眼,虽然被告人一贯表现尚可,但这种情形显然容易给审判人员留下不好的印象,为此特意向被告人提出建议。类似情形,辩护人在会见中均应予以解决。

四、申请召开庭前会议[1]

2017 年 11 月 27 日,最高法《庭前会议规程》对如何具体召开庭前会议等事项作出具体规定,作为辩护人应当全面理解并合理应用。

(一)庭前会议的目的和功能定位

召开庭前会议的主要目的在于解决与审判有关的程序性事项,提升庭审效率和庭审质量,实现庭审实质化。具体包括:①解决可能导致庭审中断的程序性申请和异议,确保庭审集中审理、持续审理。庭前会议中,人民法院可以依法处理有关回避、出庭证人名单、非法证据排除等可能导致庭审中断的事项。在公诉方提起指控之后,辩护方可以提出各种程序性申请和异议。对于相关申请或异议,通过庭前会议集中解决,可避免庭审中断。②组织证据展示,明确事实、证据争点,确保庭审充分审理、高效审理。庭前会议中,

---

[1] 本节内容主要节选自戴长林、鹿素勋:《〈人民法院办理刑事案件庭前会议规程(试行)〉的理解与适用》,载 https://www.chinacourt.org/article/detail/2018/01/id/3195223.shtml,访问日期:2018 年 3 月 29 日。戴长林作为曾经担任最高人民法院审判委员会委员、刑事审判第三庭庭长,由其作出的解释具有极高的权威性,笔者在撰写本节内容时,主要参考、引用了其观点和内容。

人民法院可以组织控辩双方展示证据，归纳控辩双方争议焦点。由于控辩双方的争点在庭审前就已经初步明确，法庭就可以围绕上述争议问题组织控辩双方积极举证、质证和辩论，突出庭审调查的针对性，提高庭审辩论的充分性，确保庭审的成效。③召开庭前会议的目的是为了确保庭审质效，而不是弱化庭审或取代法庭调查和辩护。

（二）庭前会议的适用范围

①证据材料较多，案情疑难复杂的案件。该类案件庭审的事实、证据调查的工作量较大，通过召开庭前会议整理事实、证据争点，有效区分存在争议和无争议的事实、证据，确保庭审更具针对性，大幅度提高庭审效率。②社会影响重大，舆论广泛关注的案件。此类案件通常需要制定周密的庭审预案，因此有必要召开庭前会议就相关问题听取相关当事人等的意见，确保庭审顺利进行，在确保程序公正的同时充分发挥庭审的法制宣传教育功能。③控辩双方对事实证据存在较大争议的案件。此类案件召开庭前会议，一方面可以听取控辩双方对事实证据的意见，整理案件争议焦点，另一方面控辩双方经过庭前会议初次交锋，互相明了对方观点，也能在庭前会议后为庭审辩论做好充分准备，实现控辩双方平等、有效对抗，有利于提高庭审质量。④当事人提出的申请或者异议可能导致庭审中断的案件。比如非法证据排除、管辖异议等，可召开庭前会议，在庭前妥善解决争议，避免庭审被迫中断。

（三）庭前会议的基本规程

（1）关于庭前会议的启动。根据启动庭前会议主体的不同，可以分为法院启动、控方启动和辩方启动，控方和辩方启动庭前会议必须经过法院的批准，但法院决定不召开庭前会议的，应当告知申请人。法院启动的理由包括：按照普通程序审理的证据材料较多、案情疑难复杂、社会影响重大或者控辩双方对事实证据存在较大争议的案件。关于控方申请启动庭前会议的范围，最高院《庭前会议规程》没有作出明确规定。就辩方来讲，"被告人及其辩护人在开庭审理前申请排除非法证据，并依照法律规定提供相关线索或者材料的，人民法院应当召开庭前会议"。

（2）庭前会议一般不公开进行。对于涉及回避、管辖、不公开审理等争议较为简单的程序性问题，当事人、辩护人等可能一时不在当地，根据案件情况，庭前会议可以采用视频会议等方式进行。

（3）庭前会议可以由承办法官、合议庭成员或法官助理主持召开。

（4）公诉人、辩护人应当参加庭前会议，被告人是否参加视情况区别对待。根据案件情况，被告人可以参加庭前会议；被告人不参加庭前会议的，辩护人应当在召开庭前会议前就庭前会议处理事项听取被告人意见；被告人申请参加庭前会议或者申请排除非法证据等情形的，人民法院应当通知被告人到场；有多名被告人的案件，主持人可以根据案件情况确定参加庭前会议的被告人。被告人申请排除非法证据，但没有辩护人的，人民法院应当通知法律援助机构指派律师为被告人提供帮助。庭前会议中进行附带民事调解的，人民法院应当通知附带民事诉讼当事人到场。

（5）庭前会议召开的次数、时间、地点等。根据案件情况，庭前会议可以在开庭审理前多次召开。人民法院休庭后，可以在再次开庭前召开庭前会议。庭前会议应当在法庭或者其他办案场所召开。被羁押的被告人参加的，可以在看守所办案场所召开。在召开庭前会议3日前，应将会议的时间、地点、人员和事项等通知参会人员。通知情况应当记录在案。

（四）庭前会议解决的具体问题

1. 处理程序性事项

庭前会议中，主持人可以就以下十种程序性事项向控辩双方了解情况，听取意见。对于该十种可能导致庭审中断的事项，人民法院应当依法作出处理，在开庭审理前告知处理决定，并说明理由。控辩双方没有新的理由，在庭审中再次提出有关申请或者异议的，法庭应当依法予以驳回。

（1）是否对案件管辖有异议。被告人及其辩护人对案件管辖提出异议，应当说明理由。人民法院经审查认为异议成立的，应当依法将案件退回人民检察院或者移送有管辖权的人民法院；认为本院不宜行使管辖权的，可以请求上一级人民法院处理。人民法院经审查认为异议不成立的，应当依法驳回异议。

（2）是否申请有关人员回避。被告人及其辩护人申请审判人员、书记员、翻译人员、鉴定人回避，应当说明理由。人民法院经审查认为申请成立的，应当依法决定有关人员回避；认为申请不成立的，应当依法驳回申请。被告人及其辩护人申请回避被驳回的，可以在接到决定时申请复议一次。对于不属于《刑事诉讼法》第29条、第30条规定情形的，回避申请被驳回后，不得申请复议。

（3）是否申请不公开审理。被告人及其辩护人申请不公开审理，人民法院经审查认为案件涉及国家秘密或者个人隐私的，应当准许；认为案件涉及商业秘密的，可以准许。

（4）是否申请排除非法证据。被告人及其辩护人在开庭审理前申请排除非法证据，并依照法律规定提供相关线索或者材料的，人民检察院应当在庭前会议中通过出示有关证据材料等方式，有针对性地对证据收集的合法性作出说明。人民法院可以对有关证据材料进行核实；经控辩双方申请，可以有针对性地播放讯问录音录像。人民检察院可以撤回有关证据，撤回的证据，没有新的理由，不得在庭审中出示。被告人及其辩护人可以撤回排除非法证据的申请，撤回申请后，没有新的线索或者材料，不得再次对有关证据提出排除申请。控辩双方在庭前会议中对证据收集的合法性未达成一致意见，人民法院应当开展庭审调查，但公诉人提供的相关证据材料确实、充分，能够排除非法取证情形，且没有新的线索或者材料表明可能存在非法取证的，庭审调查举证、质证可以简化。

（5）是否申请提供新的证据材料。

（6）是否申请重新鉴定或者勘验。控辩双方申请重新鉴定或者勘验，应当说明理由。人民法院经审查认为理由成立，有关证据材料可能影响定罪量刑且不能补正的，应当准许。

（7）是否申请调取在侦查、审查起诉期间公安机关、人民检察院收集但未随案移送的证明被告人无罪或者罪轻的证据材料。被告人及其辩护人书面申请调取公安机关、人民检察院在侦查、审查起诉期间收集但未随案移送的证明被告人无罪或者罪轻的证据材料，并提供相关线索或者材料的，人民法院应当调取，并通知人民检察院在收到调取决定书后3日内移交。

（8）是否申请向证人或有关单位、个人收集、调取证据材料。被告人及其辩护人申请向证人或有关单位、个人收集、调取证据材料的，应当说明理由。人民法院经审查认为有关证据材料可能影响定罪量刑的，应当准许；认为有关证据材料与案件无关或者明显重复、没有必要的，可以不予准许。

调取证据申请书

申请人：江苏××律师事务所，××律师，地址：南京市××路××号××幢××楼，手机号码：133×××××××。

申请事项和理由：

贵院受理的钱××受贿一案，××律师接受钱××亲属的委托并受江苏××律师事务所的委派作为钱××的辩护人。辩护人经查阅相关卷宗材料、会见钱××后认为，为查明案件事实，需要调取张××、李××个人银行卡的明细清单及其他相关证据（具体内容见下文）。现根据《中华人民共和国刑事诉讼法》第39、41条之规定，提出申请。

第一组：调取张××个人银行卡账户往来清单。

（一）调取证据的具体内容

1. 户名张××××卡号622××（已注销），开户行：××银行长江市××乡分理处，调取该银行卡从2010年3月至2014年4月期间资金往来清单。

2. 户名张××××卡号622××，自2014年4月至2015年2月期间资金往来清单。

（二）主要理由

张××622××卡开户时间为2010年3月10日。2014年4月2日张××注销前卡，在××新开设622××号卡。两张卡系长江市黄河服装有限公司（下称黄河公司）为避税设立的小金库。2015年2月13日，该卡提现30万元，而黄河公司2014年度分红恰恰就是30万元左右。

一审公诉机关除提供言词证据外，没有关于银行资金进出的凭证证明。李××在与黄××的通话录音中说明，黄河公司2009年至2011年的3次分红共计13.52万元，周××扣除7.5万元作为钱××出资，并开具3张合计金额为7.5万元的收据，在黄河公司2009年和2010年年终分配表上注明"收据"字样（即没有实际交付现金），余下的6万元左右先存入李××的银行卡，后李××欲交付给钱××，被钱××拒绝。后李××将钱又通过银行汇入张××的银行卡。以上事实与本案卷宗里3张收据的总金额吻合。如银行往来明细与李××录音内容一致，则证明钱××没有收取分红。

（三）调取证据线索

以上证据恳请法院去相应银行调取或要求张××提供。张××基本情况：张××，女，1972年2月生，身份证号码320××，黄河公司股东、会计，住长江市秋浦花苑××幢××室，电话136××××××××。

第二组：李××个人银行卡账户往来明细清单及交易底单。

（一）调取证据的具体内容

户名李××，××卡号622××，该卡每笔交易的银行交易底单（包括经手人的签字、汇款去向及账号、收款来源及去向）。

（二）主要理由

1. 李××2015年8月19日与黄××的电话录音、黄河公司账册等证据，证实2012年春节期间，李××将6万元还给公司（具体还至张××个人卡上）。该6万元可能是周××试图通过李××向钱××行贿的钱款，但被钱××拒绝。之后，李××将这些钱款还给黄河公司。其他相关理由同第一组理由。

2. 张××在证言中说明，李××名下的622××号银行卡一直由其使用，且用于黄河公司的经营。但从16万元的资金流向来看，存在李××实际使用的可能性。因此调查该卡在实际交易中的署名情况，以证实该卡的实际使用人。

（三）调取证据线索

以上证据恳请法院去相应银行调取或要求李××提供。李××联系方式，江苏××学院员工，住长江市××花苑××幢××室，电话159××。

第三组：向江苏××学院调取相关证据。

（一）调取证据的具体内容

1. 调取江苏××学院相关人员与钱××、李××等人就钱××涉嫌受贿问题的所有调查笔录。

2. 调取该校关于××楼的具体地址，以及将名称变更为××楼的时间。

3. 调取李××办公室地点（尤其是办公室地点发生变更的时间）的说明。

4. 调取该校招投标文件。

（1）长江市××学院储物柜、椅招标书（招标书编号：SB—××），发布日期2011年3月3日。

（2）长江市××服装系车间屋面及地面防水改造工程招标信息、服装系实训车间屋面及地面防水改造工程招标文件（编号：招××），发布日期2011年××月1日。

（二）主要理由

1. 钱××、证人李××分别在江苏××学院、检察院反贪局、检察院公诉科三个阶段有不同的陈述，为查明案件，甄别真伪，申请调取上述证据。

2. 江苏××学院××楼在2010年前后更名为××楼，在该楼幢的二层没有阁楼。一审判决认定的第一次受贿的地点在客观上不存在。另外，按照钱××的辩解，李××的办公室搬至"老黄楼"的时间为2011年中期以后，如果情况属实，一审判决认定的第二次受贿的地点同样不能成立。

3. 招标文件主要证明，在2011年3月份，服装系才开始招标办公用品、

2011年6月，服装系的实训车间才进行屋面及地面防水改造。以上可以证明，在2011年初，李××的办公室尚未搬到老黄楼，一审认定的第二次受贿地点与客观事实不符。

（三）调取证据线索

1. 江苏××学院，位于长江市××路20号。

2. 长江市××学院储物柜、椅招标书，见江苏××学院官方网站，具体网址为：http://www.××××，辩护人访问日期为2016年11月29日。

3. 长江市纺院服装系实训车间屋面及地面防水改造工程招标信息，见江苏××学院官方网站，具体网址为：http://www.××××，辩护人访问日期为2016年11月29日。

第四组：向万山区人民检察院调查取相关证据。

（一）调取证据的具体内容

1. 调取万山区人民检察院在2015年4月16日之前，对钱××、李××、周××、张××等人调查形成的所有笔录。

2. 与黄河公司2012年和2013年分配表上取材相关的鉴定意见。

3. 周××记录的关于向学校送礼的小本本。

4. 2015年4月16日之前的所有与鉴定意见和3月27日《材料提取说明》相关的笔录。

5. 立案前检察院决定初查的文书。

（二）主要理由

1. 一审控方提交的证据《材料提取说明》等证明，万山区人民检察院在2015年4月16日之前，已经对钱××、李××、周××、张××等进行调查。可能存在不同于立案后的证言，为查明本案事实，故申请调取上述证据。

2. 涉案的两张分配表上有被取材的痕迹，结合检察机关已经提交的两份鉴定意见，可能还存在其他鉴定意见未提交。根据已提交的百河司法鉴定中心［2015］文鉴字第20号、第21号两份鉴定意见，对应的检察机关委托函编号为2015年3、4号，特申请向万山区检察院调取与3、4号委托函相邻的2、5号等与钱××案件相关的委托函和对应的鉴定意见。

3. 周××录音中说，小本本记录了给学校送礼的所有情况，其中没有钱××，小本本也被侦查机关调取并保存着。

4. 一审控方证据《材料提取说明》和《鉴定意见》均显示，存在与提取材料和申请鉴定的原因性事实,这些事实应当体现在之前的笔录中。

5. 立案前检察院决定初查的文书。现有证据显示,万山区检察院自 2015 年 3 月 27 日即开始调取相关的证据用于鉴定,4 月 16 日立案。在上诉人强调存在刑讯逼供的情况下,需要调取立案前检察院决定初查的文书,以查明笔录制作等相关内容的合法性。

(三)证据线索

以上证据均由侦查机关即长江市万山区人民检察院掌控。

以上申请,恳请批准!

此致

长江市中级人民法院

申请人:江苏××律师事务所××律师
××××年××月××日

(9)是否申请证人、鉴定人、侦查人员、有专门知识的人出庭,是否对出庭人员名单有异议。控辩双方申请证人、鉴定人、侦查人员、有专门知识的人出庭,应当说明理由。人民法院经审查认为理由成立的,应当通知有关人员出庭。控辩双方对出庭证人、鉴定人、侦查人员、有专门知识的人的名单有异议,人民法院经审查认为异议成立的,应当依法作出处理;认为异议不成立的,应当依法驳回。人民法院通知证人、鉴定人、侦查人员、有专门知识的人等出庭后,应当告知控辩双方协助有关人员到庭。

(10)与审判相关的其他问题。

2. 组织展示证据

在庭前会议中,对于控辩双方决定在庭审中出示的证据,人民法院可以组织控辩双方展示证据,听取控辩双方对在案证据的意见,归纳存在争议的证据。司法实践中,在庭前会议中展示证据时应注意三方面问题:①不能以证据展示取代庭审举证、质证,故在庭前会议展示证据时,不主张详细宣读证据内容,控辩双方可采取对证据证明事项予以简要概括说明等方式,听取对方意见。②对于控辩双方在庭前会议中没有争议的证据材料,庭审时举证、质证可以简化,以实现通过证据展示简化庭审的目的。③人民法院组织展示证据的,一般应当通知被告人到场,听取被告人意见;如果被告人不到场,辩护人要在召开庭前会议前采取适当的方式听取被告人意见；如有必要，在庭前会议结束后，应将证据展示的情况告知被告人，确保被告人对证据的知情权和质证权。

3. 组织控辩双方协商确定庭审的举证顺序、方式等事项

笔者认为，最高院《庭前会议规程》对此作出规定，在相当程度上反映出最高人民法院对当前庭审过程中控辩双方权利相差较大的认识及处理态度。实践中，公诉方在出示证据时，往往分组出示、概括出示，往往在宣读一系列证据名称之后，概括关于证据的意见。辩护人往往对公诉人出示证据的顺序一无所知，在极其紧张的时间里被动应对。这不仅对辩护人、被告人不公平，而且影响证据质证效果，影响查明事实。公诉方在开庭之前，往往已经将出示的顺序、目录、拟证明的对象和目的等提交法庭，若能同时提供给辩护人，才能真正在这一问题上实现控辩双方相对平衡。2016年底笔者承办的一起合同诈骗罪案件，该案所在的系列案件被最高人民检察院列为涉及铁路刑事犯罪十大典型案件。由于该案涉及犯罪数额2000多万元，多名被告人，证据材料众多。负责审理的上海第三中级人民法院在庭前召开庭前会议，合议庭不仅组织对存在的争议焦点进行梳理、总结，而且直接要求公诉方将其出示证据的顺序、名称、证明目的等告知辩护人，公诉人亦十分坦诚地按照合议庭的要求将出示的所有证据的组别、内容等详细说明。在第二天的开庭中，整个庭审过程重点突出、中心明确，庭审效果极其良好。可以说，这是笔者从事十余年的律师工作中经历的最为完美的庭前会议和庭审过程。笔者同时认为，鉴于平衡控辩双方权利义务的需要，并为保证庭审实质的目的，应当规定对所有按照普通程序审理的案件，均应当要求公诉方在庭审前将出示证据的顺序、方式、证明的对象和目的等事项以书面方式告知法庭以及辩护人，只有如此才能实现最高院《一审程序规程》第2条规定的"法庭应当居中裁判，严格执行法定的审判程序，确保控辩双方在法庭调查环节平等对抗"。

4. 整理事实和证据争议焦点

人民法院可以在庭前会议中归纳控辩双方的争议焦点，明确法庭调查的方式和重点。通过证据展示，梳理存在争议的证据，归纳争议的焦点。对于控辩双方在庭前会议中没有争议的证据材料，在庭审中可以仅就证据的名称及其证明的事项作出说明，简化举证、质证，简化质证并非不质证。对于控

辩双方存在争议的证据，应当单独举证、质证。

5. 选择审理程序

司法实践中，控辩双方通过庭前会议展示证据、发表意见后，被告人经过对相关证据的分析评估后，可能会自愿认罪认罚，对此，人民法院可以决定不适用普通程序审理，对案件进行繁简分流。也就是说，对于被告人在庭前会议前不认罪，在庭前会议中又认罪的案件，人民法院核实被告人认罪的自愿性和真实性后，可以依法适用速裁程序或者简易程序审理。

6. 建议撤回起诉

为防止"事实不清、证据不足"的案件轻易进入审判程序，对于不符合开庭要求的案件有必要进行相应的分流处理，切实发挥庭前准备程序的过滤功能。《庭前会议规程》规定：人民法院在庭前会议中听取控辩双方对案件事实证据的意见后，对于事实明显不清、证据不足的案件，可以建议人民检察院撤回起诉。作出该规定，主要考虑到有时经过控辩双方出示证据并发表意见后，人民法院会发现案件事实明显不清、证据不足，此时若不建议人民检察院撤回起诉，径直进行庭审，一方面会造成资源的浪费，另一方面也不利于被告人特别是被羁押被告人的人权保障。

（五）庭前会议的效力以及与庭审的衔接

（1）庭前会议对程序性事项的处理具有决定权。主要包括前文所述的10种程序性事项，庭前会议一旦作出决定，控辩双方没有新的理由，在庭审中再次提出有关申请或者异议的，法庭应当依法予以驳回。

（2）控辩双方可以在庭前会议中对相关问题进行协商并作出确定。此中包括三种情况，第一，对于庭前会议中达成一致意见的事项，法庭向控辩双方核实后当庭予以确认。控辩双方在庭前会议中就有关事项达成一致意见，又在庭审中反悔的，除有正当理由外，法庭一般不再对有关事项进行处理。第二，对于庭前会议中虽然未能达成一致意见，但控辩双方可以就处理方法作出合意。比如，对于被告人及其辩护人提出的非法证据排除申请，人民法院不能在庭前会议中作出决定，但控辩双方可以对此交换意见，经过控辩双方出示证据、进行协商，可以作出合意决定，被告人及其辩护人可以选择撤回申请，公诉人也可以选择不将该证据作为指控犯罪的根据。同时，控辩双方可以协商决定事实证据争点，明确有争议的证据和没有争议的证据，进而确定庭审调查的重点。第三，对于未达成一致意见的事项，法庭可以归纳控辩双方争议焦点，听取控辩双方意见，并依法作出处理。

五、刑辩律师庭审辩护策略的基本原则

刑辩律师庭审辩护策略的基本原则是贯穿于庭审始终甚至庭审前后的基本精神，是庭审辩护策略的总指导，刑辩律师庭审辩护策略应坚持以下基本原则：

（一）以维护被告人利益为首要原则

本书在《刑辩律师的角色定位与职业伦理》一章中详细论述了刑辩律师以维护被告人利益为首要原则的内容、原因及宏观性的操作方法，在此不再重复。除该部分关于刑辩律师的辩护要求外，刑辩律师还应当注意协调处理与办案人员的关系。在我国目前公检法机关在处理案件中占有绝对优势的情况下，除非涉及与被告人利益相关的原则性问题，刑辩律师应当且尽量说服被告人避免与办案人员发生直接冲突。实践中，少数刑辩律师为片面追求所谓的庭审效果，就某些与被告人利益并无太多关系的细节问题"闹腾"，甚至招致办案人员的反感。这种在表面上"热闹非凡"的辩护，其结果一般来讲对被告人并不利。一旦出现前述结果，个别刑辩律师往往会将量刑较重的责任推卸到办案机关身上，感慨司法裁判的不公，这不仅对被告人不利，甚至容易引起新的社会矛盾，这完全有悖于刑辩律师的职业伦理。刑辩律师应当树立从根本上、最大程度上维护被告人利益的思想，而不是为获取被告人及其亲属表面上的满意、刑辩律师个人更高的"名气"为目的。刑辩律师应当真正地为维护被告人利益服务而不是哗众取宠。

（二）以说服法官作出对被告人最有利的判断结果为关键环节

在刑事诉讼的三个基本阶段中，侦查机关收集的证据虽然对案件处理起到基础作用，但该些证据是否能够作为定案证据、公诉机关的起诉意见是否能够被最终采纳，取决于审判人员的裁判。平心而论，几乎没有法官会刻意地将无罪的被告人判处有罪或对轻罪判处较重的刑罚。在我国目前的"控辩式"诉讼的模式下，我们姑且不论速度的快慢，绝大多数法官还是在向更加中立的角色发展。因此，如果刑辩律师以维护被告人利益为根本目的和首要原则的话，那么刑辩律师应当以通过其辩护影响、说服法官作出对被告人最有利的判断结果为关键环节和实现途径。刑辩律师出庭辩护既不是取悦被告人及其家属，也不是哗众取宠，更不是对抗法官，其所有的辩护要点均应是

以影响法官为核心。如果脱离了这条原则，那么刑辩律师的辩护策略将属于方向性、原则性的错误。在这种原则下，刑辩律师应努力理解法官的思维方式，并用法官能"听得进"的方式辩护。

（三）实体性辩护和程序辩护并重原则

如前文所述，随着我国立法上的不断健全与司法改革的深入，刑事辩护已经从传统的无罪辩护向量刑辩护、程序性辩护发展。由于程序辩护会涉及以刑讯逼供为核心的问题，而该些问题与评判办案机关和人员的行为是否合法、办案人员个人的政治发展前景、具体办案人员可能会被追究责任等相关联，由此带来的对抗性会更加强烈。这不仅需要刑辩律师熟练掌握诉讼法的相关规定，更需要刑辩律师具有足够的勇气和能力。可以说，加强程序辩护以维护被告人的合法权益是每个刑辩律师义不容辞的责任，也是刑辩律师努力推进程序正义的使命。2010年两院三部《非法证据排除规定》、《刑事诉讼法》、2017年最高院《排除非法证据规程》等，为刑辩律师从事程序辩护提供了法律武器，刑辩律师必须将程序辩护提高到与实体辩护同等的地位。

同时需要说明，强调程序辩护的重要性绝不存在忽视实体性辩护的道理。只是由于近年来对程序正义和刑事诉讼规范化已有的辩护方法有所分化、增加了新的辩护角度，导致实体性辩护"似乎不那么重要"。事实上，在绝大多数案件中，实体性辩护仍然是辩护活动使用的最为普遍的方法。程序性辩护，尤其是非法证据排除，固然更加吸引公众眼球，但是对绝大多数案件来讲并非常态。无论是内蒙古王力军收购玉米案、山东于欢正当防卫案还是天津大妈非法持有枪支案等，这些具有重大影响案件的最终结果都是与实体性问题相关。按照最新研究成果，2012年至2016年，上海市法院系统共审结刑事案件167 864件，其中申请非法证据排除的案件242件，占案件数的0.14%。[1] 更多时候，刑辩律师还是要靠扎实的刑法理论功底进行实体性辩护。

（四）全面、深入地审查所有证据材料并保持合理怀疑

法庭是靠证据说话，而不是靠毫无依据的推断。刑辩律师必须依据"真实性、合法性、关联性"等标准对全案证据进行审查。实践中的确存在个别

---

[1] 郭伟清等："重磅：上海高院关于非法证据排除调研报告"，载《人民法院报》2018年5月4日。

不负责任的刑辩律师在收到案件后,匆匆将证据过一遍,在庭上临时发挥的情形。这不仅影响律师的职业形象,更会影响律师个人。刑辩律师应当树立"每一页纸、每一个字"都是重要的观念,认真审查全案所有证据。当然,刑辩律师在审查证据的过程中,应制作详细的阅卷笔录,审查的结果至少要达到以下要求:第一,在形式上,刑辩律师可以在庭审中对公诉人、法官、被告人提到的每一份证据材料迅速找到其所在卷宗的位置,并对证据材料的内容作出相关反应;第二,在实体上,刑辩律师应当准确掌握案件证据中所有对被告人不利的内容、有利的内容、值得怀疑的内容,对那些有利的内容、值得怀疑的内容应当在庭审中通过相应的方法让法官知悉并引起重视。如果将侦查机关、公诉人形成的证据比作一个完整的体系、一张密不透风的法网,那么刑辩律师应当努力在这张编织已久的网中寻找"漏洞",在绝大多数案件中,刑辩律师都应是属于"点"的突破,这需要建立在对证据全面审查的基础上。刑辩律师在审查证据中绝不能以"有罪推定"为前提,当然其提出的相关怀疑应当是合理的,是建立在相关证据的基础上的,而不是天方夜谭。关于证据材料的审查方法及注意事项,本书将在第五章中详细说明。

(五)与办案人员保持良性沟通

与办案人员保持良性沟通是一件说起来容易但做起来很难的事情。由于不同的办案人员在具体案件中承担的压力不同或因为个人办案风格的不同,可能会出现对刑辩律师作出不同评价、甚至负面评价的情形。作为法律职业共同体中的成员,应当相互理解对方。如公安机关面临"命案必破"的压力、社会舆论的压力等,在这种考核机制或观念没有发生变化的情况下,侦查人员无论在心理上还是体力上均承担着相当重的压力。刑辩律师的介入多少会使犯罪嫌疑人增加一些法律意识和防范能力,如果对刑事诉讼体制、律师的角色定位没有真正理解,这种"对抗性"在所难免,会对彼此间的良性沟通产生一些不利影响。审判人员面临的压力虽然不如侦查人员大,但公检法相互配合的诉讼体制也会影响审判人员的办案思路。刑辩律师应当树立办案人员也不想办错案的基本观念,事实上也没有几个办案人员愿意拿自己的工作和前途开玩笑,这为刑辩律师与办案人员保持良性沟通提供了基础。作为审判人员一般也愿意听到来自刑辩律师的观点,兼听则明。刑辩律师应当依据事实、证据和法律提出合理的辩护意见,而不是完全为了取悦被告人、委托人的"无理取闹"。当然,与办案人员操持良性沟通绝不是提倡向办案人员请客送礼或从事其他违法行为，因为这不仅与刑辩律师的职业道德相违背，甚至构成违法或犯罪。

（六）与被告人及其亲属良性沟通，形成与被告人及其亲属的良性互动

曾经有人提出，律师最大的"敌人"不是法官、检察官、侦查人员，而可以是当事人。该观点虽然有些偏颇，但如何协调刑辩律师与被告人及其亲属的关系是所有刑辩律师职业生涯中面临的重要课题。李庄案件中，其当事人对李庄的定罪毫无疑问起到了至关重要的作用，李庄自己的当事人成为自己的"敌人"。更有甚者，少数被告人及其亲属的观点会将刑辩律师推入两难选择之中：比如一案件经过律师辩护后，若被告人被判处有罪或较重刑罚，被告人及其亲属会对律师不满意，认为律师没用；若被告人被判处无罪，被告人及其亲属会说"我们本来就没有罪，没有律师辩护也会判无罪，律师还是没有用"，并且事后要求律师退还已收费用。对于前述情况，需要刑辩律师积极、合理地与其亲属沟通，既需要让被告人及其亲属了解刑事诉讼程序的基本情况，比如立案后被判无罪的基本情况、犯罪嫌疑人被刑事拘留、逮捕后被判无罪的基本情况等，让被告人及其亲属事先了解一般刑事案件的处理规律；另一方面，刑辩律师应当结合本案案情、证据，对被告人及其亲属实事求是地向其详细解释本案的辩护思路及原因，争取被告人及其亲属的理解。好大喜功、"打包票"的律师最终会受到被告人及其亲属的质疑或指责。

（七）妥善处理与受害人及其亲属之间的关系

在大量刑事件中均存在相对具体的受害人，如故意杀人、故意伤害、强奸、集资诈骗等犯罪。受害人自己或亲属受到的伤害及其感受是可想而知的，在案件处理过程中出现激动的情绪在所难免。从法律的规定来讲，受害人对被告人的态度在一定程度上影响着最终的量刑。如最高院《量刑指导意见》"常见量刑情节的适用"中第9条规定："对于积极赔偿被害人经济损失并取得谅解的，综合考虑犯罪性质、赔偿数额、赔偿能力以及认罪、悔罪程度等情况，可以减少基准刑的40%以下；积极赔偿但没有取得谅解的，可以减少基准刑的30%以下；尽管没有赔偿，但取得谅解的，可以减少基准刑的20%以下。其中抢劫、强奸等严重危害社会治安犯罪的应从严掌握。"相反，如果受害人或其亲属极力要求严惩被告人，其与获取谅解的刑罚结果必定存在一定差距。辩护人应当妥善处理与受害人的关系，既需要引导被告人正确认识自己的行为会对受害人带来的伤害，引导其真正认识到自己的错误之处及后

果，在有可能的情况下尽量对受害人作出相应赔偿；同时刑辩律师自己也可以在庭审中发表一些对受害人表示同情、理解的辩护意见，以获得良好的社会效果和对被告人有利的判决结果。

（八）庭审辩护的过程应当攻守平衡

如果将刑事诉讼的过程比作一场战争，那么侦查机关、公诉机关无疑属于"攻方"，其调查收集的犯罪嫌疑人供述、证人证言、书证、物证等都属于在法庭上用于攻击的轻重武器。刑辩律师更多的时候处于"守方"地位，法官则属于战争结果的裁判者。因此，刑辩律师在庭审中首先解决的是"如何防守"、如何应对公诉人所举证据的问题。这需要刑辩律师在深入地审查证据之后作出应对，对此前文已经说明。当然，如果刑辩律师仅仅防守，在很多时候可能不一定能够取得好的效果，这需要刑辩律师在适当的条件下进行"反冲击"。刑辩律师进行"反冲击"同样需要条件和"武器"，最典型的莫过于新证据、非法证据排除等。这不仅需要刑辩律师具有相关的理论基础，更需要具有在实践中调取、运用该些证据的能力。如前文所述，相关规定为刑辩律师从事程序辩护提供了相应法律武器，刑辩律师在具有相应条件的情况下，应当充分将其运用到法庭审理之中。总的原则是，刑辩律师在庭审中应当攻守平衡：既不能一味强调防守，不重视自己的主动性将在庭审中十分被动；也不能一味强调进攻忽视防守，没有关注公诉方的证据体系将会无的放矢。再次强调，做到攻守平衡都需要建立在刑辩律师对证据的审查程度、对案件研究程度的基础上，否则攻守平衡纯属无稽之谈。

六、庭审中对被告人发问的方法与技巧[1]

按照《刑事诉讼法》、最高院《刑事诉讼法解释》、最高院《一审调查规程》等相关规定，审判人员、公诉人和辩护人等可以依法对被告人讯问（发问）。最高院《一审调查规则》第7、8条中规定：①公诉人宣读起诉书后，审判长应当询问被告人对起诉书指控的犯罪事实是否有异议，听取被告人的供述和辩解。对于被告人当庭认罪的案件，应当核实被告人认罪的自愿性和

---

[1] 限于时间和能力，本书仅对辩护人向被告人发问进行论述，对于证人、鉴定人员等人证的发问方法，虽我国刑事诉讼法及相关司法解释在立法上没有区别对待，但鉴于彼此之间存在的差异，发问方法当然存在区别。推荐龙宗智："刑事庭审人证调查规则的完善"，载《当代法学》2018年第1期；[美]法兰西斯·威尔曼：《交叉询问的艺术》，周华、陈意文译，红旗出版社1999年版。

真实性，听取其供述和辩解。②在审判长主持下，公诉人可以就起诉书指控的犯罪事实讯问被告人，为防止庭审过分迟延，就证据问题向被告人的讯问可在举证、质证环节进行。③经审判长准许，被害人及其法定代理人、诉讼代理人可以就公诉人讯问的犯罪事实补充发问等。

辩护律师对被告人发问是使合议庭了解案情的最直接方法，对案件事实认定和判决结果具有极其重要的影响，尤其是在我国在努力实现"以案卷为中心"向"以庭审为中心"的诉讼模式的转变过程中，辩护人如何讯问被告人尤其重要。笔者认为，如果将庭审阶段比作一场战争，那么主要由讯问和发问、质证和法庭辩论三大战役组成，其中发问确定格局，质证决定胜败，辩论在于造势。从实践中来看，一个辩护人的水平如何，往往通过辩护人的发问即可得出答案，或者可以在此得出这么一个命题：辩护人发问是最能体现辩护人专业水平的环节之一。在英美国家，要想成为一名优秀的出庭律师，尤其是成为一名出色的刑事辩护律师，必须能够熟练地运用交叉询问的艺术。之所以将交叉询问称为一门艺术，是因为交叉询问不仅需要刑辩律师熟知法律、了解案情，需要像科学活动一样进行各种庭前准备，更需要刑辩律师在法庭上能够像艺术表演一样根据法庭活动的进展即席运用交叉询问、彰显自己的个性。交叉询问的过程，不仅仅是双方律师就法律与事实展开的争辩与论证，更是双方人格魅力、生活经验与人生智慧的交锋。因此，交叉询问被英美国家视为"出庭律师的最高艺术形式"。[1]

（一）辩护人发问的目的和意义

1. 辩护人发问的最终目的是为了让合议庭生动、具体、直观地查明对被告人有利的事实

在辩护人发问之前，虽然已经宣读了《起诉书》并经过公诉人讯问，基本案情已经展示。公诉人的发问一般是围绕对被告人不利的事实进行的，尤其经常采用封闭式的问题，被告人在此被动情境下难以准确、系统地表达对自己有利的事实。通过辩护人对被告人系统、全面的发问，可以引导被告人全面、系统、详细地向法庭展示对其有利的一面。一名基层法官一年中大约能够审理上百件刑事案件，工作量极大，许多法官都是通过庭审全面了解案

---

[1] 杜宇峰、李户君："美国刑辩律师是如何炼成的？"，载《中国出版传媒商报》2014年12月2日。

情的。此时，律师应为法官全面了解案情做好辅助工作。上海市高级人民法院原副院长邹碧华大法官在美国联邦司法中心担任研究员期间，一次庭审经历让他印象深刻。庭审结束后，那位法官告诉邹碧华："律师在法庭上是法官的助手，依靠他们的努力，法官能够更快地弄清案件中的事实问题和法律问题，从某种意义上说，律师是法官延伸的眼睛和手足"[1]。这种通过辩护人与被告人之间问答方式的发问，可以将对被告人有利的事实展示得更生动、更具体、更深入，容易被合议庭接受或引起思考，这是其他任何证据都无法代替的。只有通过辩护人发问，努力使合议庭和和公诉人均感到起诉的事实存在诸多疑点、感觉辩护人具有相当的辩护水平和能力，从而对辩护人阐述的观点产生一定程度上的认同，才可能使案件峰回路转。即使被告人实施了犯罪，如果能够通过被告人在辩护人发问环节中，将犯罪的原因、被告人存在的过错、手段与方法的过失等表现清楚，有可能比辩护人收集的被告人获得的荣誉等证据更加有力，更加容易被合议庭接受并从轻处罚。再比如对刑讯逼供的过程，没有人能比被告人说明的更贴切、更形象、更有感染力。

2. 辩护人应努力通过发问环节引导法官重新认识案件事实和被告人

客观上讲，案件一旦到进入审判阶段，被告人往往已经被贴上标签，难免被认为不是一个好人。我国自2012年《刑事诉讼法》颁布实施后，重新确定了全案卷宗移送制度，尤其是2018年1月1日实施的《一审调查规程》，要求承办法官在开庭前应当阅卷并在开庭前已经对案件形成基本的认识。因此，如果想获得良好的判决结果，必须改变法官在开庭之前业已形成的对被告人不利的观点和看法。辩护人应尽量通过发问环节，尽量向法庭展示"坏人"身上存在的闪光的一面、有其背后不为人知的隐情、值得同情怜悯之处，即便被告人最终被判处有罪，亦可能会得到从轻处罚。任何人均可能存在容易被感动的地方，法庭也不例外。笔者承办的一起被告人涉嫌贪污、受贿、挪用公款、挪用资金案件，被告人是法定代表人，第二被告人为财务人员。在发问过程中，被告人直接向法庭开诚布公地说明所有事情均是其本人安排完成，其他人均是受到其指示和安排，对于今天的局面其十分内疚，并愿意一个人承担一切责任，甚至向第二被告人叩头道歉，希望合议庭对其他被告

---

[1] 邹碧华："做一个有专业思维方式的法官"，载 http://www.court.gov.cn/zixun-xiangqing-13532.html，访问日期：2018年4月2日。

人从轻处理。这种认罪、坦诚、敢于担当的表现显然成为其最后获得轻判的原因之一。

3. 通过辩护人发问环节，力图减少因公诉人对被告人讯问而产生的不利后果

由于公诉人讯问在前，且讯问过程中一般逻辑体系完整，层次分明，被告人在紧张的状态下，难免会出现回答错误或不明确。即使没有回答错误，但公诉方所追求的犯罪构成、量刑情节往往已经形成初步结论。对此，辩护人必须追加发问，以向合议庭澄清事实，避免误解，力图减少因公诉人对被告人讯问而产生的不利后果。

4. 辩护人发问的直接目的是为质证和法庭辩论服务

诉讼中，公诉方出示的证据数量较多，但对于这些证据如何质证、解释，直接影响到事实认定。辩护人在对此证据质证时，往往需要以被告人对某些问题的回答、解释为基础，辩护人发问将为质证和法庭辩论程序埋下重要伏笔，为质证和辩论起到必不可少的衔接和印证作用。如果辩护人在发问环节能营造出有利于认定辩护事实的庭审效果，那么，在质证和辩论阶段提出的辩护论点及意见，则是水到渠成、瓜熟蒂落。

5. 发问是弥补辩方证据不足的重要手段

由于受到客观条件的限制，辩护人在诉讼过程中提供的证据往往比较少。控方即使收集的证据再多，一般也会存在漏洞或不足。对于这些存在的漏洞、不足等证据之间的衔接问题，若被告人能够解释的对自己有利且合情合理、相互印证，无疑会起到事半功倍的效果，毕竟被告人对整个案件的事实是最清楚的。比如笔者承办的一起受贿罪案件，被告人接到侦查机关的电话后立即主动到侦查机关全面如实地说明情况，此种情况如果说明的内容属实一般来讲可能构成自首。但是，侦查机关出具的抓获经过对被告人的归案经过的描述比较粗略，只是说明侦查机关将其抓获，没有详细的说明过程。为此，辩护人通过发问，让被告人具体说明其接到电话的相关时间、人员及立即打车赶到侦查机关的过程。公诉人对此亦未提出异议，法院在事后的判决书中直接认定被告人构成自首。

6. 辩护人的发问过程直接决定辩护的格局，甚至影响庭审的格局

从辩护人来讲，庭审发问是辩护人在整个庭审过程中的第一次亮相，若辩护人的发问逻辑清楚、语言简洁、深入细致、击中要害，将会引起合议庭

的关注，也希望在随后的庭审过程中了解辩护人观点；反之，若由于辩护人过于重复、无关痛痒的发问导致法官不断阻止发问，其负面影响可想而知。从辩护人和被告人的问答来看，已经基本确定了无罪还是有罪辩护。在被告人不认罪的情况下，辩护人不可能作有罪辩护；在被告人认罪的情况下，辩护人可以按照既定的辩护思路进行。可以说，辩护人发问环节是律师发现问题、分析问题、质证问题、解决问题等辩护能力的综合展示。在辩护人发问阶段，辩护的格局已经确立，下一步的质证和法庭辩护都是围绕这一格局进行的。

（二）发问的基本原则

（1）针对性原则。发问的问题应当与案情具有关联性是最基本的要求，《刑事诉讼法》第194条中规定，审判长认为发问的内容与案件无关的时候，应当制止。在短暂的发问环节，辩护人的发问不仅应有关联性，而且必须具有针对性，要直指问题要害。否则，很可能会被审判长制止。具体可以通过以下步骤来验证某个问题是否具有针对性：①该问题试图揭示的内容是否为本案的实质问题？②公诉方对该问题是否已经讯问或弥补，是否存在漏洞。③该问题是否可能为合议庭所关注。为此，辩护人整个庭审阶段都要必须专心致志，不可有任何松懈。必须仔细聆听公诉人发问的问题和被告人的供述，同时根据具体情况随时调整自己的发问提纲。

（2）禁止诱导性发问原则。辩护人进行诱导性发问是被审判长制止的主要情形之一。最高院《刑事诉讼法解释》第213条中规定：辩护人不得以诱导方式发问，最高院《一审调查规程》第20条中亦有类似规定。最高院《一审调查规程》第21条中规定：控辩一方发问方式不当或者内容与案件事实无关，违反有关发问规则的……对方未当庭提出异议的，审判长也可以根据情况予以制止。从以上规定来看，我国基本禁止诱导性发问。[1]

诱导性发问，是指询问者为了获得某一回答而在所提问题中添加有暗示被询问者如何回答的内容，或者将需要被询问人作证的有争议的事实假定为业已存在的事实加以提问而进行的提问。[2]诱导性讯问大致可以分为三种情

---

〔1〕 关于在特定条件下是否能够进行诱导性发问，理论界存在多种观点。
〔2〕 张建伟："关于刑事庭审中诱导性询问和证据证明力问题的一点思考"，载《法学》1999年第11期。

况：第一，确定结果。此种方法中，往往已经将结果设定好，被告人不管对方法和过程等如何回答，均无法规避结果。如"那天晚上你根本没有去现场，对不对"。第二，设定选择范围，限制被告人的思维范围。比如"你当时去抢劫的时候拿的是枪还是刀"。第三，记忆性诱导。被告人对某一个问题已经给予回答，但询问者仍然继续重复类似问题。如"你确定他没有去吗""你要不要再考虑一下，你确定吗"。此种方式的表现形式是重复性提问，采取的内容往往是提醒被告人再次回忆、再次思考。

对于前两者，法律上绝对禁止；对于记忆性诱导，若被告人比较特殊，在审判长允许的情况下会有所应用。如对于那些存在一定记忆障碍的被告人，为帮助其恢复正常记忆，经审判长的许可，可以宣读其原来的陈述进行发问。

（3）禁止重复发问原则。重复发问一方面存在诱导式发问的嫌疑，另一方面重复发问显然在浪费审理时间。辩护人必须仔细聆听公诉人的讯问和被告人的回答，对于已经讯问或回答过的问题，不应再重复发问。对于在公诉人讯问环节已经涉及，但未解释清楚的事项，辩护人当然可以继续追问。不能重复发问并不意味着辩护人可以对被告人的回答予以概括，若被告人的回答比较繁琐、模糊，辩护人可以适时地对其内容进行概括，并再次询问这种概括是否准确。

（4）发问简洁原则。这里的简洁包括两层含义：第一，发问的问题要简洁。要让被告人听的清晰、明确、无歧义、易于回答，绝对避免出现误解或无法理解。尽量一个发问只解决一个问题，而不是全面开花。如果涉及的事宜比较复杂，那么辩护人应事先将其拆解成多个单独的问题，而不是让被告人一次性按照自己的思维作出全面、系统的解释。否则，难免会出现失误。辩护人在庭前，应将涉案的时间、地点、主体、行为、后果、动机、目的、归案、自首、立功、赔偿、谅解、前科等事项，分解成一个不能再分解的问题。第二，发问的语言要简洁。不能拖泥带水，尽量使用通俗性语言而不是法言法语。

（5）发问结果可控原则。对于每一个发问的问题，被告人会作出何种回答，辩护人在发问前就应当知道答案。对于可能不知道答案的问题，绝对禁止发问。这需要辩护人在庭前会见中与被告人充分沟通，做到心底有数。辩护人发问最难以让人无语的情况，就是由于被告人没有领会、理解辩护人的深意而回答错误或答非所问，此举不仅对被告人不利，而且会让辩护人贻笑于法庭。辩护人还应当做到，发问的结果基本能够与其他证据相印证，从而为质证、辩论埋下伏笔。

（三）发问前的基本准备

（1）熟悉全部案情，客观分析案件，掌握所有证据。细致阅卷、准确全面地把握案件事实，是从事一切辩护的基础。这对于正确发问的重要性，显然不需要多作解释。

（2）对公诉方讯问的问题作出初步预判。所谓知彼知己方能百战百胜。在把握全案的基础上，要对公诉方的证明体系、核心证据等准确把握，对其讯问的问题作出初步预判。一方面，可以就此与被告人在庭前沟通，提高其防范和应对能力。另一方面也有利于整理辩方的发问体系，寻求突破点。

（3）制作全面的书面发问提纲。在制作发问提纲时，不仅要罗列辩护人的发问问题，也可以将公诉人可能讯问的问题罗列清楚。在庭审中，若公诉人已经讯问其中的问题或被告人已经作出回答，应当立即删除或及时作出调整，这样等待公诉人讯问完毕，剩余的就是辩护人需要发问的问题。

（四）辩护人发问过程中需要注意的其他问题

（1）发问要善于转换角度。事物的辩证性决定，对同一证据，同一问题，站在公诉人和辩护人不同的角度可能会产生不同的认识，辩护人要善于站在自己的角度、中立方的角度甚至法官的角度，将对有利于被告人的认定通过发问体现出来。只有发问的角度与众不同才能更多地吸引法官的注意，才能引导法官作出有利被告人的判断。

（2）善于察言观色。这里主要是指对法官的察言观色。如果发现法官对发问的问题漠不关心，就要注意及时改变问题或调整发问方式，不要等到法官制止发问让自己难堪。

（3）问题应单刀直入但忌浅显直白。问题应单刀直入，不要模糊不清，左右言他。如果确实需要一些前置性问题作为引入，最好向法官说明。当然这种说明不一定是直接申请法官，而是在询问前当庭作出解释，让法官明确询问这些问题的原因，为什么需要询问这些前置性问题。发问的问题不能太浅显直白，要挖掘案情、证据背后的原因，挖得越深，越有说服力。

（4）及时调整。公诉方讯问后，控方的观点和目的基本已经明确，被告人的回答也比较明确，辩护人应根据庭前掌握的证据情况与公诉人讯问的情况进行对比，及时调整准备好的发问提纲，寻找新的对被告人有利的问题。

比如一起诈骗罪案件（单位犯罪，被告人因主要责任人员被追究个人责任），公诉人讯问完毕后，辩护人发现被告人的主观目的不是十分明确，立即将调查被告人的主观故意作为重点。"你作为部门经理是否知道这个事情""从事这件事情，是你自己决定还是其他原因""你的收入是按照固定工资还是按照提成""你从事这件事情的过程中有无获取工资之外的利益""你家里的经济状况如何""为什么家庭经济状况不错"等。事实上，该被告人作为独生子，家庭经济状况极其优越，其父亲是一家上市公司的大股东、董事长，其到涉案公司工作完全是自己想锻炼自己、提高自己。涉案公司骗取的数百万元对被告人根本不具有太大的吸引力。通过前述发问，合议庭对此明确了解，虽然该案最后被判决罪名成立，但被告人最后被判处缓刑。

（5）注意综合运用开放式、封闭式和半开放式发问方法。开放性发问是法律所允许，但难以控制回答结果的发问方式。如"某年某日，你在什么地方？"对于这个问题，不能完全排除被告人作出对自己完全不利的回答。半开放式是指虽然对回答限定了一定范围，但又没有预设具体答案以及倾向的问题。比如，可将前述发问修改为："《起诉书》指控你案发时在现场，你在不在？"，这种发问更多的是让被告人做选择题，而不是漫无边际地进行回答。封闭式则是指由辩护人已经给出的结论的情况下给被告人提出的问题。这种方式结果可控，往往容易被法庭理解为诱导式发问而遭到制止，因此运用这种方式发问时，最好将问题分解成两个以上的问题，先确定结论是否成立，然后再问具体的过程和方法。而且，在确定结论存在时，最好借助于已有的结论或信息。比如，如果这样发问肯定会被审判长制止："你为什么不愿意收受李某送来的50万元钱款？"如果将这个问题拆成以下两个小问题，相信审判长不会制止："李某是否送过50万元钱款或其他钱款给你"，"你为什么不愿意收受李某送来的50万元钱款"？

总之，辩护人发问是所有刑辩律师执业能力的核心考查因素。律师的会见、阅卷、质证、辩论固然重要，但通过发问在庭审中分析和展现事实是实现有效辩护的重要过程。成功的庭审发问，不仅需要辩护人拥有完善的知识结构、随机应变的能力、清晰有力的表达，还需要有敢于发问、勇于发问的胆识和魄力。这些能力不仅需要从书本中学习，更需要通过实践不断磨炼、总结和提高。

七、庭审质证的方法与技巧

刑事质证是指公诉人、被告人、辩护人等在庭审中,就当庭出示的证据,在法庭的主持下,围绕证据的真实性、合法性、关联性以及证明目的、证明效果、证明标准、证明过程等予以说明、质疑、反驳和验证,从而确定证据的证明能力和证明力的活动或过程。在以审判为中心的刑事诉讼制度改革背景之下,庭审质证是实现"查明事实在法庭"的最重要过程。在庭审这场战争中,决胜在于质证。实践中,常存在辩护人在质证阶段少有发言,在辩护阶段洋洋洒洒万言书的情形,笔者认为这种情形在通常情况下是不可取的。相反,如果在质证阶段详细、全面、深入,在法庭辩论阶段只有寥寥数语,在许多情况下却是合理的。如美国的刑事案件在开庭中,法庭会将大约80%的精力和时间都放在质证上,尤其是对证人的交叉询问。一个证人在法庭上被律师翻来覆去、穷追猛打地询问是很常见的。但是他们最后的总结陈词会特别简单,主要是把质证的情况进行归纳总结。因为前面通过质证已经把事实查清楚了,基础夯实后的辩护观点反而不辩自明,坚实有力。[1]

庭审质证与阅卷、制作阅卷笔录、调查取证和审查证据等是不可分割的整体,阅卷和对证据的审查是发现问题、提出问题的前提和基础,也是形成质证意见的最重要的过程,在阅卷时一般应形成质证的实体性内容,上述工作基本是同时进行、一体化操作的。本书在结构安排时,将证据审查、制作阅卷笔录等安排在第五章,将质证的方法等安排在第四章(审判阶段的律师工作),由此导致与质证相关的内容分配在不同章节,由此造成的不便及不合理之处,恳请理解。本章着重说明庭审质证的基本原则,与审查证据、阅卷的方法结合,共同实现质证目的。

(1)围绕证据的证据能力和证明力分层质证。2015年9月16最高人民法院等印发《〈关于依法保障律师执业权利的规定〉的通知》第29条中规定:"法庭审理过程中,律师可以就证据的真实性、合法性、关联性,从证明目的、证明效果、证明标准、证明过程等方面,进行法庭质证和相关辩论。"对证据的证据能力进行质证,主要解决的是评价该证据是否能够作为定罪量刑

---

[1] 邹佳铭:"刑事案件如何质证——理论实务兼备,经验案例丰富",载http://www.king-capital.com/content/details49_ 12962.html,访问日期:2018年4月2日。

根据的资格和条件，对此我们将在第五章进行研究。在认定证据具有证据能力的基础上，进一步说明证明目的、证明效果、证明能力、证明过程等是否合法、合情、合理，而后者是一个动态过程，更具有综合性和说理性。如何判断证明力的大小，法律上一般仅作弹性规定，法官拥有较多的自由裁量权，往往根据经验和职业操守作出判断，更多地属于自由心证的范畴。

（2）发表质证要语言简练、内容明确、条理清晰、层次分明、结构完整、结论明确。如果条理不清、层次不明，不仅让法官难以理解，甚至会直接导致被制止继续质证。实践中，可以采取最简单的表述方法，如第一点是什么，第二点是什么。每一部分在开始时应总结成一个概括相应内容的小标题，然后再展开具体理由。对每一份（组）质证结束时，要向法庭表明辩护人最后的结论，如不具有合法性、关联性、不能作为证据使用、不能作为定案的根据、无法达到证明目的、证据效力较低等，这种结论一般来说具有质疑性、异议性，这是质证包含的"质疑"性质。当然，也存在一些认可性的质证意见，主要表现为向法庭强调说明存在自首、立功等有利于被告人的质证意见，这是质证所包括的"验证"性质。最后，要向法庭说明对该（组）证据的质证意见发表完毕。

（3）善于综合结合其他证据质证，并将庭审调查情况及时融入质证意见之中。一般来说结合其他证据需要说明的事项，在阅卷工作中已经完成，其强调的主要是不同证据之间是否能够印证，是否存在矛盾和冲突，若存在这种情形必须向法庭明示。辩护人同时应及时发现庭审调查中出现的有利于被告人的新情况、新事实，及时向法庭表明，这种现场形成的意见更加容易打动法官。

（4）注意运用常识、常理、常情质证。在我国的司法实践中，证人出庭作证的比例极低，难以通过向证人发问等直接方式对相关证据提出质疑。在这种情况下，往往需要通过运用常识常理等对证据提出意见，去尽可能地影响法官对证据的认识。如一起故意伤害案件中，受害人的母亲在证言中证明其听到了受害人的呼救，但从现场勘查的示意图来看，其母亲离案发地点大约800米，在如此之远的情况下，能够听到呼救声音显然不符合常理。

（5）在条件允许的情况下，可通过质证表达出核心辩护意见。最高院《刑事诉讼法解释》第218条规定："举证方当庭出示证据后，由对方进行辨认并发表意见。控辩双方可以互相质问、辩论。"由此看出，在质证阶段对证据进行辩论是法律允许的。在一些复杂的案件中，有时会允许控辩双方对某一份重要证据进行几轮的辩论，这主要取决于法官的庭审风格。通过质证阶段的辩论，一方面让观点更鲜明，更加吸引法官的注意，因为此时提出的辩护意见往往与证据结合得比较密切、鲜活，更加容易领悟；另一方面，许多案件庭审的时间较长，等待质证完毕进入法庭辩护阶段时，经常面临下班、吃饭等情况，时间相对紧迫，且庭审人员相对比较疲惫。此时，法官对案件审理的投入程度、积极程度将会打上一定折扣，如果能够通过质证表达出核心辩护意见效果可能更为良好。

实践中我们可以看到的习惯模式是首先由公诉人举证并说明、辩护人提出第一轮质证意见，法官觉得有必要会询问公诉人是否答辩，然后对该份（组）证据的质证基本结束。事实上，辩护人若感觉证据对案件特别重要，完全可以举手示意，要求补充质证意见或辩论意见，许多情况下法官是允许的。只要辩护人言之有理、言之有物，绝大多数情况下法官是愿意倾听的。不过，辩护人在此时发表辩论意见时一定要言简意赅，针对"三性"，点到为止，毕竟质证阶段的辩论不可能完全替代辩论阶段的辩论。

八、辩护的分类与选择[1]

按照不同的标准，可以将刑事辩护分成不同的种类。对辩护分类处理，可以有效地梳理辩护思路、明确辩护方向。

（一）辩护的基本类别

1. 无罪辩护、罪轻辩护和量刑辩护

以刑事辩护试图实现的目标为标准，可以分为无罪辩护、罪轻辩护和量刑辩护。

（1）无罪辩护。无罪辩护是指无论是通过实体还是程序，在结果上能够实现被告人无罪的辩护。根据辩护依据的不同，可以进一步分为实体性无罪辩护和程序上无罪辩护。实体上的无罪辩护是指根据《刑法》规定以推翻公诉方指控罪名为目的的辩护活动。程序上的无罪辩护是指由于司法机关在处

---

[1] 陈瑞华："论刑事辩护的理论分类"，载《法学》2016年第7期。由于陈瑞华教授对此论述得十分科学、详细，笔者不可能有另辟蹊径的能力，但又出于本书结构完整的需要，因此关于辩护的分类基本借鉴了陈瑞华教授的观点和研究成果。

理案件过程中通过非法程序收集证据、违反程序审理案件等,从而导致形成的证据无效和审理结果无效的辩护方法以及综合全案证据情况论证公诉方没有达到法定证明标准的辩护活动。程序上的无罪辩护可以进一步分为申请无效的程序性辩护和否定公诉方指控事实的程序辩护。所谓"申请宣告无效的程序性辩护"("对抗性辩护")是指律师通过申请法院实施程序性制裁,挑战侦查程序或审判程序合法性的辩护活动。在我国,这类程序性辩护的内容主要有两种:一是申请排除非法证据的程序性辩护;二是申请二审法院撤销原判、发回重审的程序性辩护。所谓"否定公诉方指控事实的程序性辩护",也就是通常所说的"证据上的无罪辩护",是指律师论证公诉方对指控事实的证据无法达到法定证明标准的程序性辩。律师只要证明公诉方没有证据支持其指控事实,或者现有证据无法达到事实清楚、证据充分或无法排除合理怀疑的,就都可以归入此类程序性辩护的范畴。此类分类方法中,程序辩护仅仅作为一种为目标服务的手段,未体现其独立价值。

(2)罪轻辩护。罪轻辩护是指律师在论证公诉方指控的事实或罪名不成立的基础上,说服法院对被告人适用较轻罪名或认定较少犯罪事实的辩护活动。罪轻辩护的具体分类与无罪的具体分类基本相同。

(3)量刑辩护。量刑辩护是在认可被告人构成犯罪的情况下,由于存在法定或酌定情节,围绕被告人存在的可以或应当从轻、减轻处罚等情形作出的辩护。在我国现阶段,刑事辩护已经从最初的无罪辩护发展到量刑辩护、程序辩护的阶段。尤其是在最高人民法院于 2010 年 9 月 13 日颁布《量刑指导意见》以后,量刑辩护已经成为不可或缺的辩护方式。

2. 实体辩护与程序辩护

根据律师辩护所依据的法律渊源的不同,可以将刑事辩护分为实体性辩护和程序性辩护。

(1)实体性辩护。实体性辩护是指律师依据刑事实体法提出并论证无罪、罪轻或者减轻、免除刑罚的辩护活动。根据具体目标的不同,实体性辩护可以进一步分为实体上的无罪辩护、罪轻辩护和量刑辩护。实体上的无罪辩护以辩护的内容是反驳控方指控的事实还是适用法律为标准,进一步区分为事实性无罪辩护和法律适用无罪辩护。对同一法律规定的不同理解、解释以及成文法本身的滞后性、不周延性均为律师行使辩护权留下一定的空间,全面、深入、准确地理解和运用法律条文保护被告人利益是每个刑辩律师面临的重要考验。

（2）程序性辩护。程序性辩护是根据刑事程序法协助被告人行使诉讼权利，或者提出有利于被告人的程序性主张的辩护活动。凡是依据刑事诉讼程序提出的主张和申请，都可以归入程序性辩护的范畴。根据程序性辩护所要达到的目标的不同，可以将程序辩护进一步分为三个类型：主张诉讼权利的程序性辩护；申请宣告无效的程序性辩护；否定公诉方指控事实的程序性辩护。[1]所谓"主张诉讼权利的程序性辩护"是指律师为有效行使辩护权而实现诉讼权利的活动，如申请回避、申请变更管辖、申请召开庭前会议、申请证人出庭作证、申请延期审理、申请二审法院开庭审理、申请重新鉴定等，这些诉讼涉及的活动都属于此一类型。其他两种程序辩护前文已经说明。随着我国刑事司法改革的推进，律师的程序性辩护已经具备特有的操作方式，也具备有别于其他辩护形态的独立目标，只是这种辩护方式在司法实践中经常陷入困境。"非法证据"的模糊性、程序性裁判的附属地位、检察机关对证据资源的垄断，以及相关证据规则的缺失，导致程序性辩护很难达到预期的诉讼效果。尽管律师界进行了积极的制度探索，却仍然生存于制度夹缝中，难以摆脱困境。[2]

3. 对抗性辩护与妥协性辩护

依据控辩双方在诉讼过程中对抗与妥协的成分分布来看，刑事辩护又可以分为对抗性辩护和妥协性辩护。"对抗性辩护"主要发生在无罪辩护和程序性辩护之中，在这种辩护模式下，辩护方与公诉方处于利益完全冲突、立场完全对立的状态，辩护的目标是试图推翻公诉方的诉讼主张，或者通过挑战侦查程序的合法性来说服法院宣告某一诉讼行为无效。而"妥协性辩护"则主要发生在量刑辩护和罪轻辩护之中，是指辩护方与公诉方尽管存在着一定程度的对抗，但辩护方认同公诉方提出的部分指控主张，双方对部分诉讼问题达成了诉讼合意。

虽然按照不同的标准可以对辩护作出不同分类，但分类的结果彼此之间却存在一定的交叉。主要体现在以下几个方面：第一，证据辩护对其他辩护形成的贯穿性与独立性。因为几乎所有的辩护基本都需要以证据为基础，不

---

[1] 陈瑞华："程序性辩护的理论反思"，载《法学家》2017年第1期。
[2] 陈瑞华："程序性辩护的理论反思"，载《法学家》2017年第1期。

仅包括前文所述的律师论证公诉方对指控事实的证据无法达到法定证明标准的程序性辩护，还包括通过证据来论证罪名是否成立、是否存在从轻或减轻处罚的事实等实体性问题。因此，从广义上讲，除与法律适用相关的辩护外，其他的均可以归入证据辩护范畴。通过前述分析似乎可以得出两种结论：一是从辩护依据上讲所有的辩护均是证据辩护，由于其更多强调的是认定案件的基本原则，因此对辩护形态的分类不具有任何意义；二是从辩护目的来看证据辩护只具有工具性而不具有独立性，如果这样进行证据辩护则失去其独立意义。不过，如果我们将用于证明事实的证据归入实体辩护，此时其是一种工具，不具有独立；如果将证据本身是否存在事实转化功能并综合全案证据能否作出合理怀疑，将导致证据辩护具有挑战公诉方证据和观点的功能，显然具有独立的考查价值。为避免出现对面证据辩护的理解歧义，本书依然采纳陈瑞华教授的观点，将"证据辩护"作为程序辩护的一种。只不过为了全面认识证据辩护，所以在此进行分析。第二，无罪辩护与程序辩护的交叉。无罪辩护包括实体性无罪辩护和程序性无罪辩护，程序辩护除包括无罪性程序辩护外还包括其他诉讼权利或通过程序辩护推翻部分事实的辩护，因此二者存在一定的交叉。

（二）理性作出有罪辩护与无罪辩护的决策

有罪辩护还是无罪辩护是所有刑辩律师在刑辩策略中作出的首要的、无法回避的选择，当然选择结果对被告人具有至关重要的影响。实践中，存在少数律师为取悦被告人及其亲属或个人"出名"等原因，不顾案件证据情况，武断作出无罪辩护的情况，甚至因为从事无罪辩护之多，被业内称为"张无罪""王无罪"，这种情形绝不应得到提倡。刑辩律师在作出有罪辩护还是无罪辩护的决策时，应当慎之再慎，应当理性。

1. 理性作出有罪辩护与无罪辩护决策时应当考虑的因素

从数据看，2003年至2014年间，除2013年的无罪判决率高于2012年之外，这12年间无罪判决率呈逐年下降趋势，至2014年达到最低值0.066%，这意味着每万名被告人中，仅6.6人最终获得无罪判决。[1]据最高人民法院公布，2015年全国新收刑事一审案件1 126 748件，宣告无罪1039人，占

---

[1] 刑丙银："去年14省份平均无罪判决率不到千分之一，这意味着什么"，载https://www.thepaper.cn/newsDetail_ forward_ 1434370，访问日期：2018年4月16日。

0.08%。[1] 上述判处无罪的人数中还包括自诉案件，公诉案件被判处无罪的数量和比例会更低。以江苏省为例，2016年江苏省各级人民法院判决宣告包括16名自诉案件被告人在内的27人无罪，也就是说最多有9名公诉案件的被告人被判处无罪。[2] 从客观存在的概率来讲，当一名律师选择无罪辩护之后，其辩护观点可能被支持的概率不会超过1‰。在如此之低的无罪辩护率面前，律师选择无罪辩护需要一定的勇气。

不过，从客观上看，与判决结果不相匹配的是律师选择无罪辩护的比例远超过无罪判决的比例。其中的原因除少数律师为沽名钓誉外，应当承认这种"通过无罪辩护来达到量刑辩护效果"的辩护方式，其在中国现行体制下有存在空间。[3] 笔者认为，除非存在相当的无罪辩护的理由，辩护人应慎重选择无罪辩护。主要理由在于：第一，选择无罪辩护容易牺牲被告人利益。按照我国目前刑事诉讼法及相关规定，简易程序、速裁程序和认罪认罚程序均会在不同程度上体现对认罪的被告人从轻的态度。尤其是随着我国量刑规范化制度的不断深入，认罪的客观结果往往优于无罪辩护。若辩护人一旦选择了无罪辩护，被告人将很难享有现行司法改革所带来的利益。为解决这一矛盾，实践中许多辩护人往往会选择由被告人认罪、辩护人依据辩护权的独立性作无罪辩护的策略，这似乎能够在一定程度上解决前述矛盾，但这种策略的实施效果在量刑结果往往会打上一定折扣。第二，选择无罪辩护将一定程度上影响量刑辩护的庭审效果。虽然我国目前已经将量刑辩护作为一种独立的辩护形态，但量刑辩护与实体性辩护存在大量交叉。在此种情况下，若辩护人在前期进行无罪辩护，后期又说明"即使构成犯罪，也存在一定可以减轻、从轻的量刑情节"，这种当庭作出的辩护意见，不仅前后存在"一定矛盾"，而且事后的量刑辩护往往难以受到重视。第三，无罪辩护容易造成辩方与控、审两方的正常冲突并最终影响量刑结果。一旦作出无罪辩护的决定，公诉人出于工作角色需要以及受到相关考核制度的影响，产生控辩双方的"冲突"在所难免。就法官来讲，真正的司法现实却是法院不甘心只作"司法

---

〔1〕 "2015年全国法院审判执行情况"，载 http://www.court.gov.cn/fabu-xiangqing-18362.html，访问日期：2018年4月26日。

〔2〕 "江苏省高级人民法院工作报告"，载 http://www.jsrd.gov.cn/huizl/qgrdh/1205/sycy/201703/t20170303_445426.shtml，访问日期：2018年4月16日。

〔3〕 陈瑞华："论刑事辩护的理论分类"，载《法学》2016年第7期。

裁断"，而愿意发挥继续追诉的作用，对公诉方的指控"拾遗补漏"，充当"第二公诉人"的诉讼角色。[1]在此情况下，一旦无罪不能成功，将对被告人极为不利。

刑辩律师在作出有罪与无罪辩护的决策过程中，应当结合案件的总体情况与司法现状作出分析并得出结论。被告人往往会听从刑辩律师的意见，刑辩律师作为专业人员，对案件的最终处理结果一般具有较强的判断能力，如果基本判断被告人最终会判有罪，其仍然出于其他因素为被告人作无罪辩护，显然是不可取的。如果刑辩律师在综合全案证据，并客观分析的情况下能够得出被告人无罪的结论当然应当作无罪辩护；如果刑辩律师在综合全案证据、客观分析的情况下能够得出存在其他合理怀疑或法律适用错误的结论，可以作证据不足、指控罪名不能成立的辩护。同时，刑辩律师在作出决策时，务必要将个人的名利抛开。刑辩律师在自己作出有罪辩护与无罪辩护的决定后，还需要考虑被告人及其委托人的意见。如果二者意见一致则罢，若二者存在争议，则应结合案件情况做好解释和说明工作，如果被告人及其委托人坚持其意见，则应当以被告人及委托人的意见为主；如果刑辩律师、被告人和委托人三者意见不一，则原则上应当以被告人的意见为主。对此，本书在《辩律师的角色定位和职业伦理》一章已有详细说明。

实践中还会存在以下刑辩律师在辩护中首先作无罪辩护，然后再作有罪辩护的情形。其往往采取以下方法：第一步，起诉书指控被告人构成某罪不能成立；第二步，若指控的罪名能够成立，还存在某些可以从轻、减轻处罚的情节。笔者认为只有在迫于无奈下的情况下才能如此决策。因为，这种辩护思路本身应存在形式逻辑上的矛盾，且容易给法官造成辩护人自己的观点都不坚决的判断。

当然，前述情况只是笔者对客观情况的分析，如果辩护人认为被告人确实无罪或者存在"通过无罪辩护来达到量刑辩护效果"的理由，应理直气壮地选择无罪辩护，不应有丝毫气馁。

2. 刑辩律师作出有罪与无罪辩护决策时应当注意的细节问题

（1）量罪辩护情况下，应注重对不同的事实区别对待。刑辩律师作量罪辩护并非是指对指控事实的全面接受，对于有证据证明可以或不应当作犯罪

---

[1] 陈瑞华："论刑事辩护的理论分类"，载《法学》2016年第7期。

处理的事实，刑辩律师应结合证据全面辩驳，以在最大程度上维护被告人权益。量刑辩护情况下，刑辩律师应更加注重与量刑相关的细节，对于比如被告人可能存在的从轻、减轻处罚的情节均应在法庭中详细说明。对此，下文将有全面论述。

（2）被告人认可指控事实与刑辩律师作无罪辩护的协调。为更加有利于保护被告人利益，在特定情况下，可以选择由被告人认可指控事实，刑辩律师作无罪辩护的辩护策略。这种情况往往适用于被告人是否构成犯罪难以确定，但被告人可能存在自首等情节的情形。在这种情况下，如果被告人不认可事实，一旦被判决有罪，往往会妨碍其构成自首情节。如果采取前述策略，则为判决结果认定被告人构成自首情节留下余地。

（3）无罪辩护与无罪辩护策略的告知。无论在庭审中作无罪辩护还是有罪辩护，刑辩律师在开庭前均应当与被告人沟通并将在庭审中的辩护思路明确告知被告人，而且应当形成会见笔录经被告人签字确认。这不仅反映了刑辩律师的工作情况，同时对辩护人在一定程度上起到保护作用。尤其是对于无罪辩护案件，应当明确告知其结果上的风险。实践中，可以采取单独制作《无罪辩护风险告知书》的方式。

无罪辩护风险告知书

被告人_____涉嫌_____罪一案，目前已经被起诉至_____人民法院，并将于近期开庭审理，被告人（委托人）要求辩护人在开庭时作无罪辩护。鉴于对本案作无罪辩护存在相关风险，现告知如下：

一、辩护人作无罪辩护的观点有可能全部或部分不被法院采纳。

二、在无罪辩护情况下，一般不能再做被告人存在减轻、从轻等情节的量刑辩护。即便从事量刑辩护，其效果可能大打折扣。在判决认定被告人有罪的情况下，减轻、从轻的量刑情节可能不被采纳。

三、从本案情况来看，被告人一贯表现较好，无前科或其他违法记录，且被告人属于偶犯、首犯。如果认罪态度好，可能会判处缓刑；如果做无罪辩护，判决结果可能是无罪，也可能是有罪。若无罪辩护不被法院采纳的情况下，可能导致法院认定被告人不认罪或认罪态度不好，且一般不会被判处缓刑。

如被告人（委托人）已经详细阅读并理解上述内容且无坚持要求辩护人作无罪辩护，请签字确认。

委托人（被告人）签字：
签署时间：

（三）罪轻辩护

相对于无罪辩护，罪轻辩护无疑具有一定的妥协性，但这种选择对于在最大程度上保护被告人利益具有重要意义。实践中，大量辩护人会选择罪轻辩护。对此应注意以下几点：

（1）罪轻辩护的时间应尽量提前而不是等到在庭审中提出。无论是案件的办理还是人的思绪方式往往都存在一定的惯性，若案件的定性从最初一直持续到法院审判阶段再行更改显然比较困难，辩护人应努力将错案（罪名错误）消灭在萌芽状态。辩护人一旦发现罪轻辩护的事由，必须在第一时间提出，无论是侦查阶段还是审查起诉阶段。

（2）刑辩律师是否有必要在庭审中明确指出可能构成的较轻的罪名，需要视情况而定。如果构成较轻罪名的可能性比较大，如公诉方指控构成集资诈骗罪，刑辩律师认为构成非法吸收公众存款罪，则原则上可以在庭审中或辩护词中说明。这一问题在实践中存在一定争议，有部分刑辩律师认为，只要公诉方指控的罪名不成立，就可以作指控的罪名不成立的辩护，无需指明构成其他较轻犯罪。笔者认为，从考虑保护被告人利益的角度，可以在前述情况下向法庭说明；如果公诉方指控的罪名不能成立，构成轻罪的证据并不十分充分、法律适用不是十分明确，刑辩律师应当仅做指控的罪名不能成立的辩护，无需要说明可能构成其他轻罪的情况。如果认为犯罪数额等需要减少例外。

（3）辩护人作罪轻辩护应当征得犯罪嫌疑人和被告人的同意，并征求委托人及亲属的意见。辩护人作罪轻辩护，直接涉及犯罪嫌疑人或被告人的切身利益，虽然辩护人依法享有独立辩护权，但是独立辩护权不应与被告人权益相抵触。若犯罪嫌疑人或被告人不同意罪轻辩护而是坚持无罪辩护，原则上辩护人应服务于其意见或者根据合同退出辩护。

(四) 量刑辩护

1. 量刑规范化的产生与发展

1979年《刑事诉讼法》第28条规定:"辩护人的责任是根据事实和法律,提出证明被告人无罪、罪轻或者减轻、免除其刑事责任的材料和意见,维护被告人的合法权益。"2012年、2018年《刑事诉讼法》均有类似规定。从以上规定可以看出,为被告人提出从轻、减轻等处罚意见是辩护人应当承担的责任。不过,传统的辩护中,辩护人提出从轻、减轻等处罚的意见往往是概括性列举影响量刑的情节。至于这些情节对于量刑存在多少影响,长期缺少明确、具体的规定。与辩护相对应,就法官来讲,如何对这些从轻、减轻等情节纳入宣告刑的综合考量,完全属于自由裁量权的范畴且基本不受限制,律师提出的辩护意见少有受到重视。

为规范量刑,最高人民法院从2005年开始对量刑程序改革问题进行实质性的调研论证,起草了《人民法院量刑程序指导意见(征求意见稿)》。最高人民法院于2007年8月在山东省淄博市淄川区法院召开了"量刑规范化试点工作会议",初步确定了东部、中部、西部各两家共计六个基层法院作为量刑规范化试点法院。2008年7月,在深圳召开了"量刑规范化试点工作座谈会",对量刑规范化试点工作进行动员和部署,之后增加了六个法院进行试点。当年10月份还召开了"中美量刑改革国际研讨会",60余位中外量刑方面专家和法官参与研讨和模拟法庭。在前期广泛调研、反复论证和局部试点的基础上,量刑规范化课题组修订了"人民法院量刑程序指导意见"。经报中央政法委批准,最高人民法院决定于2009年6月1日起在全国范围内的120多个法院进行试点活动。试点的主要内容是保障量刑活动的相对独立性,探索将量刑活动纳入法庭审理程序的方式和方法,确保控辩双方以及其他与量刑有关的主体能够参与量刑活动,发表量刑意见或建议,并要求法官在裁判文书中说明量刑理由。[1] 2009年12月,根据工作的需要,课题组又起草了《新增十个罪名的量刑指导意见(试行)》,并要求一并进行试点。作为改革的指导性文件,《人民法院量刑指导意见(试行)》以及《关于规范量刑程序若干问题的意见(试行)》于2010年10月1日起全面试行。2013年12月

---

[1] 熊选国:"关于量刑程序改革的几个问题",载 http://www.court.gov.cn/zixun-xiangqing-1632.html,访问日期:2018年4月16日。

23 日,最高人民法院颁布《关于常见犯罪的量刑指导意见》,并于 2017 年 3 月 9 日予以修订。

量刑规范化改革了传统量刑方法,建立了"以定量分析为主、定性分析为辅"的量刑方法。传统的量刑方法可以说是经验量刑法或综合估量法,最大的弊端就是对被告人的犯罪行为以及各种量刑情节没有一个量化分析的过程,主要依靠法官个人的法律修养和实践经验进行"估堆"量刑,其结果自然会出现因人而异的情况,有的甚至差异还很大。可以说,量刑方法不规范、不科学,是造成量刑不公、量刑失衡的重要原因之一。量刑规范化改革的主要任务就是在现行刑罚制度比较粗放、法定刑幅度较大的情况下,如何让法官的量刑越来越公正和精细,以满足社会的需求。量刑规范化使法官裁量权的行使具有更加明确、更加具体、操作性更强的依据,同时将量刑纳入法庭审理程序,具有相对的独立性,从而确保量刑公平公正、公开透明,使公正执法、司法为民的理念落到实处。[1]

2. 量刑规范化对辩护人的影响——量刑辩护成为独立的辩护形态

与前述内容相一致,《人民法院量刑指导意见》和《关于规范量刑程序若干问题的意见(试行)》两部文件的实施,为刑事辩护正式打开了量刑辩护之门。其改变了过去量刑辩护没有"名分"、没有依据、没有尺度和程序的局面,为律师量刑辩护提供了广阔的空间。在量刑程序若干问题的意见中,对量刑活动的相对独立性、量刑证据查证责任、检察院量刑建议、其他诉讼参与主体发表量刑意见权、量刑辩护等重要的量刑程序事项均有明确的规定,对法官的自由裁量权给予一定的限制。在量刑指导意见中,对量刑的指导原则、量刑的基本方法、量刑步骤、调节基准刑的方法、确定宣告刑的方法、常见 15 种犯罪的量刑情节的适用作出详细规定,量刑辩护已经成为一种独立的辩护形态。

3. 量刑辩护的基本特点

(1)量刑辩护属于实体性辩护。量刑辩护一般围绕公诉方指控的事实和依据的法律进行辩护,既包括对公诉方适用较重的罪名的辩驳,也包括在认同公诉方指控罪名成立情况下,提出的有利于对被告人从轻、减轻或免予处

---

[1] "最高法院有关负责人就量刑规范化试点答记者问",载 http://www.china.com.cn/policy/txt/2009-06/01/content_ 17863073_ 3.htm,访问日期:2018 年 4 月 16 日。

罚的事实和意见。但从量刑辩护的内容来看，均与法律、事实和证据相关，均属于实体性内容，这与程序辩护存在较大区别。因此，刑辩律师在从事量刑辩护时，应当建立在相应的事实和证据基础上。

（2）量刑辩护属于有罪辩护。量刑辩护是以有罪辩护为前提，辩护的内容不涉及对犯罪构成的影响，只是涉及对处罚结果的影响，是对"重与轻"的辩护，而不是对"是与非"的辩护。

（3）量刑辩护属于从轻辩护。量刑辩护的目的是为了能够影响法官对被告人作出从轻、减轻或免予处罚，是以对公诉方提出的从重处罚情节的反驳和主张从轻处罚情节的存在为手段。虽然辩护权具有独立性，但这种独立性不能以损害被告人利益为条件，刑辩律师在任何情况下均不得充当"第二公诉人"的角色，提出不利于被告人的辩护意见。

4. 量刑辩护现状及存在的基础性问题

虽然量刑辩护已经成为一种独立的辩护形态，但是我国并没有确立定罪程序与量刑程序完全分离的制度。相关规定在起草和制定过程中，对是否应当将定罪程序与量刑程序完全分离，我国理论界和实务部门存在不同观点。理论界的主流观点是主张参照英美法系国家的做法，将量刑与定罪程序完全分离，先进行定罪程序，在确定被告人有罪后再启动量刑程序。而我国诉讼制度更为接近的大陆法系国家如德国、法国以及采用混合式诉讼模式的日本、意大利等国家至今没有将定罪与量刑程序完全分离。一些国家的改革教训告诉我们，如果贸然改变我国现有的庭审模式，将定罪与量刑程序完全分离，很可能会重蹈上述国家的覆辙。另外，基于对诉讼制度、诉讼结构、犯罪构成理论、司法资源等多种因素的考虑，我国并没有采用定罪程序与量刑程序完全分离的制度，而是采取相对独立的量刑程序。[1]

但是这种相对独立的量刑程序导致量刑辩护与定罪辩护之间存在大量交叉，甚至有些证据既是定罪证据也是量刑证据。这种交叉对于被告人认罪和辩护人作量刑辩护时影响不大，但对于被告人不认罪或辩护人作无罪辩护、罪轻辩护的情形，量刑辩护的效果则会大打折扣。原因在于：第一，在被告人不认罪或辩护人作无罪辩护、罪轻辩护的情况下，庭审的工作往往重点审

---

[1] 熊选国："关于量刑程序改革的几个问题"，载 http://www.court.gov.cn/zixun-xiangqing-1632.html，访问日期：2018年4月16日。

理指控的罪名是否成立，并围绕这一争议组织出示证据并质证。关于量刑的相关证据，一般不单独出示，至少目前笔者辩护的案件中极少有经历过就量刑的证据单独出示并质证的情形。按照《人民法院量刑指导意见（试行）》颁布时最高院的观点，"在定罪事实调查阶段，应当一并调查与定罪和量刑有关的犯罪事实，之后再调查其他与犯罪无关的量刑事实如被告人是否自首、是否赔偿损失等"。笔者认为，这种观点的想法无疑是好的，但在实施过程中困难重重。在这种情形下，控辩审三方的注意力均集中在确定是否有罪的证据上，而不可能对量刑证据充分展开质证、辩论。第二，在无罪辩护或罪轻辩护的情况下，公诉方出示证据往往按照指控有罪的逻辑体系出示证据，当被夹杂的量刑证据出现时，正在作无罪辩护的辩护人，如果突然、频繁地说明，"如果构成犯罪，按照该证据被告人应构成自首、立功、坦白或存在其他从轻处罚的量刑情节"，至少从形式上难免有些滑稽。这种辩护观点、态度的瞬间大幅度转变一般难以让人接受。正如，陈瑞华教授所言："真正独立的量刑辩护建立在量刑程序与定罪程序分离的制度基础上。"[1]

为解决这一问题，在没有采用定罪程序与量刑程序完全分离制度的框架下，或许应当进一步明确规定在质证阶段中设立一个专门的、独立的阶段，要求控辩双方就量刑证据单独出示并质证。而且，这个阶段是建立在被告人是否有罪不能确定的前提下进行，毕竟在判决生效以前，被告人是否构成犯罪仍处在不确定状态。为真正实现量刑辩护，相关辩护工作绝不应仅仅限于法庭辩论阶段，而是应当以制度性的规定将其至少提前到法庭调查阶段、质证阶段。

5. 量刑辩护的具体内容[2]

（1）量刑情节的依据。根据《刑法》及相关法律规定、司法解释及司法实践，量刑情节主要体现在以下规定：[3]①《刑法》总则和有关法律规定对各种犯罪共同适用的法定量刑情节，如自首、立功、坦白、从犯、胁从犯、犯罪预备、犯罪未遂、犯罪中止、防卫过当、避险过当、丧失或限制刑事责

---

[1] 陈瑞华："论刑事辩护的理论分类"，载《法学》2016年第7期。

[2] 除本章说明的辩护策略外，还包括实体性辩护的基本要求和策略，不过该些辩护内容主要包括证据审查、法律适用辩驳等，由于法律适用的辩驳属于刑辩律师个人的法律理解和把握能力、证据的审查方法在前文已经详细阐述，因此本章中不再另外论述，特此说明。

[3] 济南市律师协会：《量刑辩护规范指导意见（试行）》第二章。

任能力、被告人未满 18 周岁或已满 75 周岁等。②《刑法》分则和有关法律规定对特定犯罪适用的法定量刑情节。③ 司法解释或其他规范性文件中明文规定的量刑情节，如被告人当庭认罪、退赃退赔、赔偿被害人损失、取得被害方谅解、被害人存在明显过错、被告人家属协助抓获被告人、被告人的悔罪态度、被害人的个体差异、案件起因、初犯或偶犯、未成年被告人具备监护和帮教条件等。④ 其他对刑罚裁量具有一定法律意义的酌定量刑情节，如被告人的平时表现、成长环境、家庭和婚姻情况、职业、文化程度、身心状况、性格习性、作案动机、案发后社区及社会反应、社会形势、回归社会的难度、犯罪的时间和地点、犯罪对象、判罚财产刑案件中缴付财产有预先执行的可能等。

（2）量刑情节的分类。根据不同的标准，可以将量刑情节分成不同的各类：其一，根据量刑情节对法院作出裁判时的约束力不同，量刑情节可以分为法定情节和酌定情节两大类。其二，根据量刑情节对被告人处罚结果影响的不同，可以将量刑情节区分为从重量刑情节和从轻量刑情节。[1] 刑辩律师在庭审中应当一方面依据事实和法律对针对公诉方提出的从重量刑情节提出辩驳意见、尽力消除该些指控对被告人的不利影响，另一方面应向法庭明确被告人存在的从轻量刑情节，二者缺一不可。

A. 法定量刑情节。所谓法定量刑情节是指由法律明确规定的、司法机关在作出裁判时必须考虑的除影响犯罪构成事实之外的、对被告人的判决的结果具有一定影响的事实。该些情节包括法定从轻、减轻或免予处罚情节，也包括法定从重情节。

第一，法定量刑情节的特点。法定量刑情节主要有以下特点：①法定量刑情节对犯罪构成不存在影响。法定量刑情节一般对犯罪构成本身没有影响，只是在对裁判结果具有一定影响。如《刑法》第 68 条规定的犯罪后有重大立功表现的，可以减轻或者免除处罚。《刑法》第 351 条第 3 款规定的非法种植毒品原植物，在收获前自动铲除的，可以免予刑事处罚等。②法定量刑情节均由法律作出明文规定。③法定量刑情节对司法裁判的结果具有较强约束力和强制性。只要在案件中存在法定量刑情节，裁判时必须予以考虑。当然由

---

〔1〕 出于表述上的方便，本书中的法定从轻量刑情节包括应当、可以从轻处罚的情节以及可以免予刑事处罚的情节，如无明确说明均作类似解释。

法定情节内容的不同,在裁判时是否必须援用这些量刑情节对被告人作出处罚,应当视案情及规定的具体内容(如属于"可以"还是"应当")定夺。但是,无论量刑情节对裁判结果是否产生根本性的影响,司法人员在裁判时必须考虑这些情节。④法定量刑情节对司法裁判的结果具有较大影响。无论是法定从重情节还是从轻、减轻或免予情节,一旦适用,其对被告人最终处罚结果的影响是显而易见的,本书中其他部分多有明确说明。

第二,法定从轻、减轻或免予处罚情节的具体内容。法定从轻情节是指刑法明文规定在量刑时必须考虑的对被告人可以或应当从轻、减轻或免除处罚的情节。所谓从轻,是指在法定刑幅度内,对被告人选择适用相对较轻的刑种或者相对较短的刑期。从轻处罚包括两层含义:其一,在法定刑的限度内判处刑罚;其二,要以被告人的基准刑为参照标准。对被告人从轻处罚既不能理解为一律判处法定最低刑,也不能理解为在"中间线"以下判刑,而是应当根据《刑法》第61条规定的量刑原则、最高院《量刑指导意见》以及各地规定的具体标准,在综合的基础上适当量刑。

第三,法定从重量刑情节。法定从重量刑情节在刑法总则与分则中均有涉及。如《刑法》第29条中规定的"教唆不满18周岁的人犯罪的"、第65条第1款中规定的"累犯"、第236条第2款中规定的"奸淫不满14周岁的幼女的"等,均属于法定从重处罚情节。

B. 酌定量刑情节。酌定量刑情节,又称裁判情节,是指《刑法》没有明文规定,根据立法精神从审判实践经验中总结出来的,反映犯罪行为的社会危害性程度和犯罪人的人身危险性程度,在量刑时酌情适用的事实。主要包括如被告人成长环境、家庭和婚姻情况、职业、文化程度、悔罪态度、个体差异、案件起因、初犯或偶犯、作案动机、案发后社区及社会反应、社会形势、回归社会的难度、缴付财产预先执行可能的财产刑、犯罪的时间和地点、犯罪对象、未成年被告人具备监护和帮教条件等。酌定量刑情节对宣告刑具有一定影响,甚至在限制死刑适用中也具有重要意义。高明暄先生曾指出"重视酌定量刑情节在死刑案件中的作用,就是司法中限制死刑一条切实可行的道路"[1],"高度重视酌定量刑情节在死刑司法控制中的作用,对于减少

---

[1] 高铭暄:"宽严相济刑事政策与酌定量刑情节的适用",载《法学杂志》2007年第1期。

和严格控制我国的死刑具有重要意义"。[1]

第一，酌定量刑情节的特点。酌定量刑情节主要有以下特点：①酌定量刑情节不影响犯罪构成。②酌定量刑情节往往不在法律条文中体现。酌定量刑情节往往是根据立法精神、司法精神、社会形势等，在司法实践中总结出来的经验，并以作为判断被告人社会危害性的标准，具有较大的操作性和变化性，因此一般在法律条文中一般没有明文规定。当然，并不排除在经过长时间的探索、实践之后，将酌定情节上升到立法的层面。③酌定量刑情节对量刑具有一定影响。这种影响往往比法定情节的影响较小，但只要有利被告人，均属于刑辩律师应当从事的工作。④酌定量刑情节在适用时具有较大的弹性。由于酌定情节并非法定，因此如果何认定酌定情节的范围、如何评判和依据酌定量刑情节作出最终裁判，不同的情况下、不同的法官可能有不同的理解，对酌定量刑情节的适用更多地属于法官自由裁量权的范畴。⑤酌定量刑情节存在的广泛性。酌定量刑情节由于其表现形式的广泛性，因此在案件中大量存在。一般来讲，一个犯罪行为中或多或少地存在一些酌定量刑情节，但法定量刑情节却不一定存在。

第二，酌定量刑情节的分类。根据不同的标准可以将酌定量刑情节分为不同的种类，不同种类的酌定量刑情节对宣告刑具有不同的影响。①以酌定量刑情节对宣告刑影响的不同，可分为酌定从重刑情和酌定从轻量刑情节。酌定从重量刑情节和从轻量刑情节是对酌定量刑情节内容的进一步细化和类型化。酌定从严量刑情节主要是指量刑情节反映的社会危害性或人身危险性较大，可以酌定对其从重处罚。主要表现为犯罪手段极其残忍、犯罪对象为弱势群体等。酌定从轻量刑情节是指量刑情节反映的社会危害性或人身危险性较小，可以酌定对其从轻处罚。如犯罪后坦白、偶犯、由于义愤而犯罪等等。②以酌定量刑情节发生时间的不同，可以分为罪前酌定量刑情节、罪中酌定量刑情节和罪后酌定量刑情节。相关罪前酌定量刑情节相关的事实发生在犯罪行为发生前，在一定程度上能够反映犯罪嫌疑人人身危险性程度的高低，如罪前是否存在嘉奖、罪前的工作表现、邻里和家庭中的表现、有无受到相关处罚等。罪中酌定量刑情节是指在犯罪过程中具体表现，如手段是否恶劣残忍、实施犯罪行为的时间地点、犯罪的对象、犯罪的动机和目的、犯

---

[1] 赵秉志、彭新林："论犯罪动机与死刑的限制适用"，载《学术交流》2010年第7期。

罪持续的时间和次数等。罪后酌定量刑情节主要是指犯罪行为后发生的表现，如是否认罪、有悔罪表现，是否采取相关补救措施等。③以酌定量刑情节反映对象的不同，可以分为反映社会危害性的酌定量刑情节和反映犯罪嫌疑人人身危险性的酌定量刑情节。社会危害性是指行为人对我国的社会关系实际造成的损害或者可能造成的损害；而人身危险性是指犯罪人的存在对社会所构成的潜在威胁，它由犯罪人的改造可能性和再犯可能性组成。[1]人身危险性与社会危害性既有联系又有区别。部分反映社会危害性的因素同样表征行为人的人身危险性；现实的社会危害性是从过去的人身危险性转化而来，而现实的人身危险性又可能转化为将来的社会危害性。其区别主要在于人身危险性是人的属性，只有人才有人身危险性，社会危害性是行为的属性，只有行为的存在才有社会危害性；社会危害性的有无、大小与人身危险性的有无、大小基本上是一致的、统一的，但社会危害性大而人身危险性小的情况也并不少见；存在人身危险性并非必然会犯罪或构成犯罪，社会危害性则由于特定的已经发生的行为对刑法能保护的社会关系已经造成损害；人身危险性是一个变量，会随着各种因素的影响而发生变化，而社会危害性对社会造成的后果是一个定量，危害结果一旦发生一般不再改变。反映社会危害性和人身危险性的酌定量刑情节对刑罚轻重的适用、是否判处缓刑、是否判处死刑等均具有重要影响。反映犯罪行为社会危害性的酌定量刑情节主要包括犯罪的手段和方法、犯罪所造成的结果、犯罪当时的环境、条件和社会背景等。反映犯罪人的人身危险性的酌定量刑情节具体包括犯罪的动机和目的、犯罪者对犯罪行为的态度、犯罪前的表现、犯罪故意的成因、犯罪后的认罪态度等。[2]

第三，酌定量刑情节的主要表现。由于酌定从轻情节的种类繁多，难以全部予以列举，根据审判实践和有关司法解释，酌定量刑情节主要表现为以下方面。另外，由于酌定量刑情节并不涉及犯罪构成，因此本书在归纳酌定量刑情节的类型时，只是参照了犯罪构成的主要因素，其涵盖的内容比犯罪构成更为广泛。

---

〔1〕 周光权：《刑法诸问题的新表述》，中国法制出版社1999年版，第363页。
〔2〕 陈建平："略论我国刑法中的人身危险性"，载 http://www.chinacourt.org/article/detail/2007/12/id/280123.shtml，访问日期：2014年12月24日。

Ⅰ. 主观方面。

（ⅰ）间接故意较直接故意为轻。虽然刑法就某些犯罪规定的直接故意与间接故意的刑罚结果是相同的，但是鉴于直接故意与间接故意的区别以及间接故意的特点，实践中间接故意的刑罚一般轻于直接故意的刑罚。原因在于：首先，直接故意犯罪在犯罪目的上具有直接性，而间接故意对犯罪结果具有"伴随性"的特点，因而直接故意的主观恶性在一般情况下会小于间接故意，但是要结合具体的情况来判断，现实中也会出现，间接故意的量刑高于直接故意的情形。其次，间接故意犯罪的构成必须要求存在危害后果，但直接故意却不必然需要存在危害后果。最后，是否构成间接故意更多地体现了法官的自由裁量权。尤其是间接故意与过于自信的过失在实践中难以判断，对于主观状态的认定更多地体现为法官的自由裁量权，即使在认定间接故意时，多少也会由于过于自信的存在使裁判结果轻于直接故意。为此，最高人民法院在《全国法院维护农村稳定刑事审判工作座谈会纪要》（法〔1999〕217号）中规定，在直接故意杀人与间接故意杀人案件中，犯罪人的主观恶性程度是不同的，在处刑上也应有所区别。

（ⅱ）疏忽大意过失较过于自信过失为轻。在疏忽大意的过失犯罪中，行为人在客观上对危害结果的发生负有预见义务，且对危害结果的发生具有预见能力或者预见可能，但实际上没有预见其行为可能发生危害社会的结果，其主观上是一种无认识的过失状态。而过于自信的过失犯罪中，行为人已经预见自己的行为可能发生危害社会的结果，对危害结果的基本处于明知状态，但这种识程度的明确性较低，对危害结果可能发生的时间、如何发生及其后果均不清楚，行为人在主观在不希望也不放任危害结果的发生，而且行为人轻信能够凭借自己的能力、客观条件等避免危害结果的发生。过于自信的主观状态已经接近于间接故意，因此其主观恶性要重于疏忽大意的过失，因此对于过于自信的过失犯罪的量刑则应当适当重于疏忽大意的过失犯罪。

（ⅲ）激情或激于义愤的犯罪（非"大义灭亲"的犯罪）。我国《刑法》对激情犯罪、激于义愤杀人等并未作出直接规定，但是有些刑法条文为激情犯罪、激于义愤杀人等作出从轻处理留下了足够的空间，如《刑法》第232条中规定的故意杀人"情节较轻的，处三年以上十年以下有期徒刑"。2010年2月最高人民法院下发的《关于贯彻宽严相济刑事政策的若干意见》中规定："对于因恋爱、婚姻、家庭、邻里纠纷等民间矛盾激化引发的犯罪，因劳动纠纷、管理失当等原因引发、犯罪动机不属恶劣的犯罪,因被害方过错或者基于义愤引发的或者具有防卫因素的突发性犯罪,应酌情从宽处罚。"这是由于激情犯罪、激于义愤杀人等具有突发性特点,人身危险性较低,社会危害性一般也比较低,甚至有些激于义愤杀人在一定程度上维护了社会正义和道德伦理。有些国家和地区的刑法类似犯罪明确规定处以相对较轻的刑罚。如《德国刑法典》对于故意杀人罪(非预谋)之激情犯罪,视作减轻情节,也仅处1年以上10年以下自由刑;我国台湾地区"刑法"第273条规定:"当场激于义愤而杀人者,处七年以下有期徒刑。"

(iv)犯罪目的、动机特殊,反映主观恶性程度较轻的。之所以将犯罪目的和动机作为量刑的考查依据,原因在于犯罪的动机和目的在一定程度能够体现犯罪嫌疑人的主观恶性程度、人身危险性程度甚至社会危害性程度。许多国家将犯罪目的和动机作为量刑的考查依据。如《德国刑法典》第46条规定法院在量刑时要特别注意的情节包括"犯罪人的犯罪动机和目的""行为所表露的思想和行为时的意图"等。[1]《瑞士联邦刑法典》第64条规定,行为人具有以下情节之一的,可以从轻处罚:"出于值得尊敬的动机""在严重之困境情况下""在受到严重威胁之压力下"等。[2]《俄罗斯联邦刑法典》第61条将"由于生活困难情况的交迫或出于同情的动机而实施犯罪"规定为减轻刑罚情节。

我国现行刑法并没有将犯罪动机作为法定的量刑情节,但在相关司法解释中有所体现。如最高人民法院《关于审理非法制造、买卖、运输枪支、弹药、爆炸物等刑事案件具体应用法律若干问题的解释》(法释〔2009〕18号)第9条第1、2款规定:"因筑路、建房、打井、整修宅基地和土地等正常生产、生活需要,以及因从事合法的生产经营活动而非法制造、买卖、运输、邮寄、储存爆炸物,数量达到本解释第一条规定标准,没有造成严重社会危害,并确有悔改表现的,可依法从轻处罚;情节轻微的,可以免除处罚。具有前款情形,数量虽达到本解释第二条规定标准的,也可以不认定为刑法第一百二十五条第一款规定的'情节严重'";再如《全国法院维护农村稳定刑事审判工作座谈会纪要》(法〔1999〕217号)中规定:"确因生活困难而实施盗窃

---

[1] 参见《德国刑法典》,徐久生、庄敬华译,中国法制出版社2000年版,第56~57页。
[2] 参见《瑞士联邦刑法典》,徐久生译,中国法制出版社1999年版,第25页。

犯罪，或积极退赃、赔偿损失的，应当注意体现政策，酌情从轻处罚。"

（ⅴ）其他酌定量刑情节。如对犯罪无违法性认识的、假想防卫和假想避险、认罪态度较好的等，均可以从轻辩护的量刑情节。对此相关司法解释已经十分明确，不再详述。

Ⅱ．客观方面。

（ⅰ）犯罪行为发生时间。在犯罪时间不属于犯罪构成要件的情况下，不排除由于犯罪时间的不同反映的社会危害性程度的不同，从而导致对量刑产生的一定的影响。从实践来看，犯罪时间对量刑的影响更多地体现在从重处罚方面。如最高人民法院、最高人民检察院《关于办理妨害预防、控制突发传染病疫情等灾害的刑事案件具体应用法律若干问题的解释》第3条规定："在预防、控制突发传染病疫情等灾害期间，生产用于防治传染病的不符合保障人体健康的国家标准、行业标准的医疗器械、医用卫生材料，或者销售明知是用于防治传染病的不符合保障人体健康的国家标准、行业标准的医疗器械、医用卫生材料，不具有防护、救治功能，足以严重危害人体健康的，以生产、销售不符合标准的医用器材罪定罪，依法从重处罚。"此时的预防、控制突发传染病疫情等灾害期间，即时间要素成为从重处罚的情节，对量刑产生重大影响。最高院《量刑指导意见》第三部分第14条规定："对于在重大自然灾害、预防、控制突发传染病疫情等灾害期间故意犯罪的，根据案件的具体情况，可以增加基准刑的20%以下。"

（ⅱ）犯罪行为发生时当地的社会形势。治安形势的好坏是测定潜在犯罪人有无犯罪可能及犯罪可能性大小的一种重要指标。[1]比如同样的盗窃行为在盗窃罪频发时期与治安形势良好时期，其可能受到处罚并不一样，一般会认为在盗窃罪频发时期发生的盗窃行为比治安形势良好时期的社会危害程度大。原因在于盗窃罪频发时的社会形势会使其间发生的盗窃行为对社会大众心理造成更大的压力和不安定，社会大众的生活会受到更大的负责影响，前者期间发生的盗窃行为可能受到比后者期间发生的盗窃行为更重的处惩。

（ⅲ）犯罪行为持续时间、次数。犯罪行为持续时间和次数的长短在很大程度上能够体现犯罪嫌疑人的人身危险性，并在一定程度上体现社会危害性的大小。犯罪行为的持续时间在继续犯和连续犯中均会对量刑产生一定影响。

---

[1] 邱兴隆、许章润：《刑罚学》，群众出版社1988年版，第261页。

比如非法拘禁罪，在已经构成犯罪的情况下，如果持续时间较长，量刑结果应该偏重；比如最高院《量刑指导意见》第四·（六）中规定盗窃达到数额较大起点，2年内3次盗窃的，可以在1年以下有期徒刑、拘役幅度内确定量刑起点；多次盗窃，数额达到较大以上的，以盗窃数额确定量刑起点，盗窃次数可作为调节基准刑的量刑情节；数额未达到较大的，以盗窃次数确定量刑起点，超过3次的次数作为增加刑罚量的事实。

（iv）犯罪地点。犯罪地点的不同能够在一定程度上反映社会危害程度的较重。江苏省高院《量刑实施细则》第四·（六）·3规定，盗窃罪有下列情节之一的，可增加基准刑的20%以下；同时具有两种以上情形的，累计不得超过基准刑的100%。但已根据相关情节确定量刑起点和基准刑的除外：自然灾害、事故灾害、社会安全事件等突发事件期间，在事件发生地盗窃的；在医院盗窃病人的等。

（v）犯罪的诱因。不同的犯罪诱因能够在一定程度上反映人身危险性和社会危害性的高低，尤其是对人身危险性的反映程度，从而对量刑结果产生一定影响。如最高人民法院《全国法院维护农村稳定刑事审判工作座谈会纪要》（［1999］217号）中规定，关于故意杀人、故意伤害案件要准确把握故意杀人犯罪适用死刑的标准。对故意杀人犯罪是否判处死刑，不仅要看是否造成了被害人死亡结果，还要综合考虑案件的全部情况。对于因婚姻家庭、邻里纠纷等民间矛盾激化引发的故意杀人犯罪，适用死刑一定要十分慎重，应当与发生在社会上的严重危害社会治安的其他故意杀人犯罪案件有所区别。

（vi）犯罪对象。犯罪对象的不同一般能够反映犯罪社会危害性程度的轻重。不同的罪名涉及的不同犯罪对象在处罚上有所区别对待。如最高院《量刑指导意见》第三·14中规定：对于犯罪对象为未成年人、老年人、残疾人、孕妇等弱势人员的，综合考虑犯罪的性质、犯罪的严重程度等情况，可以增加基准刑的20%以下。

（vii）犯罪方法和手段。犯罪方法、手段在一定程度上能够反映犯罪行为的社会危害程度。如故意伤害罪，最高院《量刑指导意见》第四·（二）·1中规定：以特别残忍手段故意伤害致一人重伤，造成六级严重残疾的，可以在10年至13年有期徒刑幅度内确定量刑起点。依法应当判处无期徒刑以上刑罚的除外；第四·（二）·2中规定：在量刑起点的基础上，可以根据伤害后果、伤残等级、手段残忍程度等其他影响犯罪构成的犯罪事实增加刑罚量,确定基准刑。

(viii) 其他表现为客观方面的酌定量刑情节。防卫中侵害第三人的;冒险行为是否具有合理性;特定义务的来源;受害人对犯罪事实发生的影响;危害结果及社会影响;犯罪发生后采取的措施情况;赔偿与退赃情况;违反法律的重轻情况等。

Ⅲ. 犯罪的主体情况。犯罪的主体情况在一定程度上能够反映犯罪行为的社会危害性程度,也能在一定程度上反映其人身危险性程度。

(i) 犯罪或违法次数、犯罪前表现。偶犯、初犯与再犯相比,其人身危害性的轻重是十分明显的。如最高院《量刑指导意见》第三·12 中规定:对于有前科的,综合考虑前科的性质、时间间隔长短、次数、处罚轻重等情况,可以增加基准刑的 10% 以下。前科犯罪为过失犯罪和未成年人犯罪的除外。

(ii) 被告人犯罪时的年龄。比如江苏省高院《量刑实施细则》第三·2 中规定:对于已满 75 周岁的人故意犯罪的,根据犯罪时的年龄、犯罪性质、情节和社会危害程度等情况,可以减少基准刑的 30% 以下;过失犯罪的,可以减少基准刑的 20%~50%。

(iii) 被告人的身体状况。对一般残疾人犯罪、先天发育不良或受后天疾病影响而智力低下控制力弱的犯罪嫌疑人,考虑该客观情况一般可以酌定从轻处罚。

(iv) 被告人的社会认知与控制能力。犯罪人的认识和控制能力以及犯罪人是否具有犯罪经验和犯罪技能,直接反映犯罪嫌疑人的人身危险程度。这也是立法与实践中对未成人犯罪、智力低下人员犯罪从轻处罚的主要原因之一。

(v) 犯罪人与被害人关系特殊。犯罪人与被害人之间是否存在特殊关系在一定程度上可以反映犯罪行为的社会危害程度。最高院《量刑指导意见》第四·(六)·3 中规定:盗窃近亲属财物的,可以减少基准刑的 50% 以下。不作犯罪处理的除外。

(vi) 其他表现为主体方面的酌定量刑情节。如国家工作人员非职务性犯罪一般会从重处罚等。

6. 量刑证据的发现、收集、促成[1]

在量刑规范化改革过程中,侦查机关和公诉机关全面收集能够证明犯罪

---

[1] 该部分内容主要参考《济南市律师量刑辩护规范指导意见(试行)》。

嫌疑人、被告人犯罪情节轻重的证据是实现改革目的的重要保障。《刑事诉讼法》第50条规定："审判人员、检察人员、侦查人员必须依照法定程序，收集能够证实犯罪嫌疑人、被告人有罪或者无罪、犯罪情节轻重的各种证据。"从实践来看，完全将收集对被告人有利的量刑证据的行为寄希望于侦查机关或检察机关，几乎很难实现。作为辩护人必须在有可能情况下，自行或申请相关机关调取对被告人有利的量刑证据，在情况允许的情况下应尽力促成有利于被告人量刑证据的形成。辩护人收集、发现和促成量刑证据需要考虑以下内容：

（1）发现和调取对被告人有利的量刑证据。在量刑辩护过程中，辩护人可以通过会见、阅卷、调查取证等途径发现有利于被告人的量刑证据，这需要辩护人在阅卷、会见时细心再细心。尤其重点查找侦查机关提供的破案经过、抓捕经过等材料，注意发现是否存在自首、坦白、立功等量刑情节。

辩护人更应当注重通过犯罪嫌疑人或被告人发现量刑证据。辩护人会见被告人时，应详细了解被告人已经存在或将来可能出现的量刑情节，并告知被告人相关量刑情节的法律意义。主要包括：告知被告人什么是自首及自首的法律意义，并了解被告人是否存在自首行为；告知被告人什么是立功、立功的法律意义及立功的程序，并了解被告人是否存在或将来可能出现立功行为；应告知被告人积极赔偿、安抚被害人的法律意义，并询问是否曾向被害人一方悔罪、赔偿或愿意由近亲属代为赔偿；律师应告知被告人退赃的法律意义，并询问是否退赃或愿意由近亲属代为退赃；告知被告人可能影响量刑的其他情形。一旦发现有利于被告人的量刑证据或线索的，可以自行调查取证。自行调查取证遇有困难的，可以向人民检察院、人民法院提出调取证据的申请。

（2）关于促成有利于被告人的量刑证据。辩护律师在量刑辩护中，要注意发现或者促成新的量刑情节。比如：被告人与被害人有和解可能的，律师可以建议被告方向被害方赔礼道歉并进行赔偿。被害人不接受赔偿的，律师可以根据案件情况建议被告方将赔偿金交付司法机关；被告人具备退赃条件的，律师可以建议被告方退赃；被告人有立功可能的，律师可以向其告知立功的法律意义。被告人是否决定检举、揭发他人的犯罪行为最终应由其自己决定，辩护人对此不应当鼓励或制止，只是告知其可能带来的有利后果。

7. 关于公诉方量刑建议以及不利于被告人的量刑证据的应对

辩护人应注意调查核实量刑建议中的每一量刑情节是否成立；审查是否

遗漏了有利于被告人的量刑情节；收集上级法院已经判决生效的相似案例，并审查这些案例的量刑裁决是否与公诉方量刑建议保持均衡。公诉方没有提出书面量刑建议的，辩护律师在庭审前应通过会见、阅卷等方式预测公诉方可能提出的量刑情节，并做好相应的量刑辩护准备。为应对被害方的量刑意见，辩护律师可以从被害人有过错、被告人悔过道歉、积极退赃、赔偿、案发后采取措施避免损失扩大等方面提出有利于被告人的量刑情节。

8. 量刑辩护意见的形成、质证与发表

（1）量刑意见的形成。为了充分发挥量刑辩护的作用，辩护律师可以向法庭提交专门的量刑辩护意见书。律师在提交量刑辩护意见时，应注意以下几个方面：第一，适当回应公诉方的量刑建议及被害方的量刑意见；第二，量刑情节有相关证据予以证明；第三，量刑意见有较为明确的刑罚种类与幅度；第四，对每一量刑情节对基准刑的调节比例加以论证；第五，发现存在与本案案情相似但量刑较轻的同期生效判决的，可据此提出量刑辩护意见。

辩护律师可以从以下几个角度论证量刑情节对量刑意见的影响：第一，被告人主观恶性较轻，或者事后有所降低；第二，被告人行为的社会危害性较小，或者事后有所减轻；第三，被告人再犯罪的可能性较小，或者事后有所减少；第四，被告人得到了被害方乃至社会的谅解；第五，其他对于量刑具有法律意义的情况。

（2）量刑证据的质证。在量刑调查过程中，辩护律师应当对公诉方、被害人提出的量刑证据进行质证，并提出有利于被告人的量刑证据。对于在定罪调查中提出过的证据，能够证明某一量刑情节的，辩护律师在量刑调查中可以继续向法庭提出。在法庭辩论阶段，辩护律师可以根据最高院《量刑指导意见》逐一论证每个量刑情节对基准刑的调节比例，提出对被告人从轻、减轻或免除刑罚的辩护意见。在庭审后，若案件出现了自首、立功、和解、退赃、主动赔偿、预交罚金等新的量刑情节的，辩护人可以申请法庭进行调查核实，并可根据法庭调查核实的情况提交量刑辩护的补充意见。

（3）量刑辩论意见的发表。辩护律师在对每个量刑情节进行法律评价的基础上，应就被告人的社会危害性、人身危险性、主观恶性、回归社会的可能性以及社区意见等进行综合说明，论证本方量刑辩护意见的成立。在法庭辩论中，辩护律师可以根据法庭审理的情况对其量刑辩护意见做出及时的补充或修正。遇有公诉方当庭变更量刑建议的情形，律师应根据庭审情况调整本方的量刑辩护意见。在简易程序中,辩护律师应主要围绕控辩双方存有异议的量刑情节和量刑证据参与法庭调查和法庭辩论。

(4) 二审程序中的量刑辩护。对一审法院作出的量刑裁判,遇有下列情形之一的,律师在征得被告人同意的情况下,可以提起上诉:①法院对量刑辩护意见无正当理由拒绝采纳的;②法院对公诉方量刑建议、被害方量刑意见的采纳没有正当理由的;③法院的量刑判决不符合最高院《量刑指导意见》的;④法院的量刑判决与相似案例相比,存在量刑畸重或者违背经验法则、逻辑法则的。在二审辩护中,辩护律师应针对一审判决对量刑情节的认定、量刑情节的评价和量刑裁判的理由,形成并提出量刑辩护意见。一审判决遗漏重要量刑证据的,辩护律师应当申请二审法院开庭审理,并对一审判决遗漏的重要量刑证据进行调查、质证和辩论。

一审判决后发现以下可能影响二审量刑的情节的,辩护律师应及时向二审法庭提出:①一审中不认罪的被告人在二审中认罪的;②被告人自首或立功的;③被告人退赃或预交罚金、为一审判处的其他财产刑的执行提供保障的;④被告人赔偿被害人或与被害人达成和解协议的;⑤被害方对被告人表示谅解或请求对被告人从轻、减轻、免除处罚的;⑥其他可能影响二审量刑的有利于被告人的新情节的。

(5) 死刑复核程序中的量刑辩护。在死刑复核期间,辩护律师应当向合议庭提交书面辩护意见。合议庭口头听取辩护意见的,律师在充分陈述辩护意见后,应及时提交书面辩护意见。在死刑复核期间,辩护人可以向被告人近亲属及其他人了解案件情况。律师可以通过自己所在律师事务所向原审辩护律师所在律师事务所借阅案卷材料。原审辩护律师所在的律师事务所应当予以协助、配合。在死刑复核期间,辩护人发现有新的有利于被告人的量刑情节的,应及时形成书面材料,向最高人民法院提供,并申请最高人民法院调查核实。

九、法庭辩论的基本要求、方法和技巧

(一) 法庭辩论的基本要求

1. 牢记目的、围绕目的、服务目的

辩护人在庭上所做的工作,其直接目的就是引导、说服法官采纳辩护人的意见。辩护人应始终牢记在心,而不是流于形式。辩护人在庭上的表现更

应当为前述目的服务，围绕这一目的展开工作。这需要辩护人在庭前与辩论中经常换位思考，站在法官的角度去理解与把握辩护的过程，及时地调整自己的辩护策略和具体行为，为说服法官接受辩护观点服务。

实践中许多人认为，辩护人与公诉人是对立的，但笔者认为这仅仅是一种表象。事实上该二者从不是真正的敌人，充分有效地辩论使控辩双方在某种程度上是"合作"关系。正是通过这种辩论等过程，使事实越辩越清，法律适用越辩越明，法官作为中立者更加容易从这种充满"冲突""斗争"的碰撞中，理解和准确把握案件实质。辩护人的目标不是"扳倒"公诉人，而是通过双方辩论说服法官，这才是成功的辩论。

2. 观点明确、突出重点、结构清晰

辩论意见应直接表明是作无罪辩护还是罪轻辩护，然后再具体阐述理由。阐述理由过程中要突出重点，抓住对方要害、主要矛盾。尤其是存在多个辩护理由的情况下，必须通过观点前置、加重语气、稍作重复等方式作出特别强调。禁止在庭审中过于纠缠细节问题而冲淡主题、主要矛盾。

3. 有破有立、攻防兼备、层次分明、布局稳健

如果将公诉方的指控比作一张网，那么刑辩律师要做的就是将这张网戳出一个洞；如果将公诉方的指控比作一条环环相扣的锁链，那么刑辩律师要做的就是将其中的一环或数环击断或打开，律师所做的就是破解。辩护人要做到破，是以准确把握控方观点、逻辑结构为前提，然后才有破的目标和对象，这需要辩护人庭前细致地掌握卷宗材料、指控事实和数额等的来龙去脉。

"破"后最好还要"立"，要攻防兼备，在攻同时能确立对自己有利的观点。无论是破还是立、攻还是防，辩方均应有足够的依据，在法庭上夸夸其谈、口若悬河并不一定是有效辩护。同时，破与立、攻与防的过程和方法要多个层次，多道防线。比如，攻击时应将非法证据排除、事实不轻、证据不足等轻重武器分批次使用，使进攻波澜壮阔但层次分明；防守时应建立多道防线，从无罪辩护的理由，到无罪辩护不成立后罪轻辩护的理由等，均应设置相应屏障，一般不宜孤注一掷。辩护人应充分考虑在辩护人观点没有被采纳的情况下，如何实现对被告人利益保护的最大化。

4. 语言简洁、深入浅出、生动形象

法庭辩论是一种特殊的语言表达方式，其首先强调不是幽默、嗓音、激情，而是专业和庄重。若发表的内容不专业，即使看上去气势磅礴，也会被

法官看作哗众取宠，降低法官对律师的信任，影响对辩护意见的参考价值。使用的句子一般不应冗长、拗口，应简洁、直接、富有现场感。具体来讲：第一，必须脱稿发表，忌宣读。宣读辩护词会让所有感觉枯燥乏味。第二，必须关注变化并及时作出回应，忌遵照预案缺少应变。若不能及时作出回应，则缺少当庭辩论的意义，正是这种针对问题、及时回应、见招拆招的情形，才能增强和体现庭审辩论应有的现场感，才能碰撞出思想的火花，才能引起法官的重视。第三，应生动形象但不失庄重。法庭辩护中，往往会涉及一些复杂、疑难的理论和事实，此时律师可以通过生动形象的方式向法庭表达清楚，往往会收到明显的效果。第四，控制语速，吐字清晰。可以在声调上抑扬顿挫，提高辩论的感染力。

5. 适时进行辩方与审、控、听三方的互动[1]

法庭辩论不是一个人的"秀"，在法庭的每一个人都是参与者。法庭辩论高手能够把信息传递给在场的每一个人并与其进行信息交流。比如可以适时辩审互动，"刚才审判长在讯问时也问到该问题，我们的观点如下"；可以适时辩控互动。律师和检察官既是对手，又是队友，双方基于立场不同，对案件事实和法律适用常会存在一定分歧，但这不影响两个职业对公平正义的一致追求。控辩双方在庭后完全可以就法庭上未讨论充分的问题进行交流，如果能取得公诉人的支持，辩护意见被采纳的概率将成倍增加；可以辩听互动，"旁听群众的心情辩护人理解，但案件的事实不容更改"等等，这样的互动必然会把法庭的中心重新集结到辩护人身上。

6. 立意高远、体现情感、控制情绪

在有可能的情况下，律师的辩论意见不应完全局限于案件本身，而应当通过具体案件看到和表达出更深、更高的思考。立意决定辩论意见的高度和格局，辩护人不应完全站在个人角度进行辩争，而是站在司法共同体角度共同为追求公平正义、维护法律实施、保护基本人权的高度进行的一次殊途同归的思考。当然这需要具体适合的案件为前提，不能无病呻吟；在具体的表达时，应点到为止，不可冗长。同时，发表辩论意见时应当在一定程度上体现出律师的情感。这种情感不是带有当事人的感情色彩，不是矫揉造作、表

---

[1] 参见胡瑞江："刑事律师法庭辩论的基本要领"，载 http://www.sohu.com/a/132515522_653338，访问日期：2018 年 1 月 1 日。

演和卖弄,而是由于律师对案件的深入了解后所自然而然产生的对案件严重性的真诚认识,表明对本案的信心,情感措辞应是发而不露、放而不纵。

法庭辩论是专业能力和专业水平的对抗,而非情绪的对立。律师应在综合事实、证据和法律适用的基础上提炼出专业性观点,所谓以理服人。绝不可因他人导致自己在庭审中失控,一方面这为相关规定所禁止,另一方面会严重影响自己的思考能力和辩论水平。静能生智,这是儒释道三家共同强调的要点之一,也是王阳明先生所强调的"心不动"。辩护律师确实在法庭中会遇到一些容易让人产生情绪对抗的事由,但我们必须要及时调整心态,避免产生不必要的纠纷和麻烦。如果遇到实在难以处理的情形,律师尽量占有道德的制高点,形成有利自己的态势。

(二)法庭辩论的基本方法

1. 迎难而上

不回避问题、迎难而上与前文的所述的"破"相一致。实践中公诉方无论是证据体系的组织还是法庭中的实际地位一般均优于辩护人。作为辩护人来讲,除非被告人完全认罪,否则一般不应回避公诉方的主要指控观点和证据,不应回避问题,而是迎难而上,去接受问题、分析问题和解决问题。否则,在无法解决主要矛盾的前提下,基本不可能改变案件的定性和量刑。试问,哪个结果良好的刑事案件,不需要辩护人迎难而上?如果有可能,这是辩护人应当采取的首要方法。当然,迎难而上说起来容易,做起来极其困难,这需要辩护人拥有极其认真负责的办案态度和专业扎实的办案功底。

2. 先声夺势

所谓"勇怯在谋,强弱在势。谋能势成,则怯者勇;谋夺势失,则勇者怯"。所以,通过某种方法形成对辩护人有利的气势、形势和趋势对辩护的过程和结果极为有利。辩护人应通过细致的研究和专业技能发现对辩方有利的辩护主线,以我为主,先入为主,全面展示给法庭,就会形成对辩方有利的形势。这种方法的效果还在于,可以用辩方的"实"去弱化、淡化对方的"实"。当然。为了避免公诉、辩护的观点和主线不在一个"频道"的尴尬情况,辩方在确立这种形势之后,应去反驳对方的观点,但这是以牢牢把握辩方的主动权为前提。

3. 反复追问

此处反复追问与本书前处提及的反复追问有所区别,笔者强调在阅卷过程中的反复追问是一种思考方法，通过思考以穷极证据中可能存在的利弊。此处的反复追问是指针对公诉方存在薄弱环节"穷追猛打"，追问到底。依据我国目前的司法实践，辩护人不适合在质证阶段向公诉人发问，但辩护人可以将发问融合进辩论阶段。在辩论阶段向公诉人提出问题，要求公诉人明示或说明。公诉人难以回答时往往会以公诉人在质证时或前期的公诉意见中已经说明不再重复予以搪塞或回避。此时，辩护人应在第二轮、第三轮辩论过程中继续要求公诉人明示或说明。其实，对于公诉人予以回避、搪塞或答非所问的情况并不需要太多在意，甚至说公诉人不予回答、搪塞的方式是辩护人希望看到的结果。公诉人回答或处理结果是否正确不是公诉人说了算，而是法官说了算，辩护人追问的目的是让法官接受公诉方在此环节是存在严重问题或不足的就已经达到目的。

4. 设问否定

设问否定是反复追问的延续。在可能的情况下，律师首先设置一个深藏目的的设问，让对方在不了解目的的情况下作出回答。一旦回答之后，即陷入律师预先设定的"局"或难以自圆其说。不过，这种方法在刑事辩护中能否成功，往往取决于法庭是否允许问出第一个问题以及对方是否回答第一个问题。一个有经验的公诉人一般来讲是不会回答自认为答案不确定的问题的，这需要律师根据实际情形随机发挥。如果完成提出问题或由对方回答，可以退而求其次，进行无疑而问，自问自答，以引导法庭的注意和思考。根据内容的需要，设问可以采取连用的形式，从而达到提醒法庭注意、引导思考、突出内容的目的，使辩论的过程产生波澜起伏的变化。当然，这种设问要用得恰到好处，也就是要用在必要的地方，用在必要的时候，要有针对性和启发性。

5. 以退为进

以退为进是法庭辩论中经常采取的一种方法，是形式逻辑的归谬法在法庭辩论中的使用。归谬法是首先假设对方的论点是正确的，然后从这一论点中加以引申、推论，从而得出极其荒谬可笑的结论来，以驳倒对方论点的一种论证方法。归谬法常和泼辣、犀利的语言相配合，产生辛辣、有力而富有幽默感的表达效果。

6. 反证法

反证法属于"间接证明法"一类，在拉丁语中表述为"转化为不可能"，阿基米德经常使用它，牛顿曾经说过，"反证法是数学家最精当的武器之一"，在法庭辩论中同样可以参考适用。反证法首先假设某命题不成立（即在原命题的题设下，结论不成立），然后推理出明显矛盾的结果，从而下结论说假设不成立，原命题得证。反证法与归谬法相似，但归谬法不仅包括推理出矛盾结果，也包括推理出不符事实的结果或显然荒谬不可信的结果。一般来讲，反证法常用来证明正面证明有困难，情况多或复杂，而命题的否定则比较浅显的题目。[1]反证法往往可以帮助律师在"立"观点的过程中提供帮助。

（三）首轮辩论要点[2]

1. 洞悉环境，审时度势

庭审的过程往往时间较长，尤其是开始的较晚，前期的时间用时较多。比如一个案件在上午开庭，法警往往会在上班（8：30）以后开始去看守所提押被告人，来回1个小时属于正常。庭审正式于9：30开始后，经过前期程序、发问与质证，等到法庭辩论环节往往已经11：00以后甚至11：30左右。这是一个十分尴尬的时间。作为辩护人，究竟该如何发表辩护意见，要注意观察当时的情形、观察法官的情绪变化。在法官没出作出下午或其他时间继续开庭审理的情况下，与其让其"不情愿"地听30分钟，不如让其"愉快"地听5分钟，5分钟的效果可能比30分钟更好。事实上，法庭辩论不是比谁说的时间长，而是比谁找的问题准并能在最短的时间内将自己的理由表达的更清楚。对于庭审中没有能够解释的具体问题，可以庭后向法庭提交辩护词。

2. 脱稿表达，严禁"朗诵"

关于脱稿，前文已有所说明。只有脱稿才是辩论，这个世界从来没有可以长时间读稿件的辩论。脱稿表达并不意味着辩护人可以不准备书面的辩护词或辩护提纲，庭前书写辩护词或提纲是脱稿的前提和基础。只有脱稿才能实现前文所述的庭审互动的要求。朗读是一种单向的内容输出，只有脱稿才是一种交流，才能拥有感染力，法官等才能愿意听、愿意反馈，辩护人才能捕捉和发现法官、公诉人和旁听人员的反馈信息，及时作出调整措施。

---

[1] 百度百科："反证法"，载 https://baike.baidu.com/item/%E5%8F%8D%E8%AF%81%E6%B3%95/5017739?fr=aladdin&fromid=5502823&fromtitle=%E5%BD%92%E8%B0%AC%E6%B3%95，访问日期：2018年4月8日。

[2] 参见胡瑞江：《刑事律师法庭辩论的基本要领》，载 http://www.sohu.com/a/132515522_653338，访问日期：2018年5月5日。

3. 辩护词应当观点明确、结构清晰、层次分明、结论明确

（1）首先，辩护人应在发表辩护词首先明确是无罪辩护还是罪轻辩护、量刑。

（2）其次，概括主要论证理由。在表明观点后，辩护人应表明支持辩护观点的主要理由包括哪些类别。比如辩护人若作无罪辩护，那么主要理由在于事实、证据、法律适用还是程序；辩护人若作有罪辩护，那么要概括说明从轻处罚的理由是什么。

（3）再次，分层次论证观点。针对每一辩护理由，分层次提出具体的辩护意见。在此以法律适用中对某个特定问题的认识为例，辩护人为支持自己的观点，至少应考虑以下内容：

第一，法律法规；

第二，最高人民法院和最高人民检察院颁布的相关司法解释和公安部的相关规定；

第三，最高人民法院和最高人民检察院颁布的相关规范性文件；

第四，所在地省、自治区或直辖市人民法院和检察院颁布的相关文件；

第五，最高人民法院公报的相关指导案例及裁判精神；

第六，《刑事审判参考》等权威性审判参考中刊登的相关判例及审判要旨；

第七，最高人民法院法官发表的相关论文、专著、解读或观点；

第八，最高人民法院或所在地省级人民法院判决的相关案例；

第九，所在地省级人民法院法官发表的相关论文、专著、解读或观点；

第十，主审法官或合议庭成员发表的相关论文、专著、解读或观点；

第十一，主审法官、合议庭成员或所在法院判决的相关案例；

第十二，权威学者发表的相关论文、专著、解读或观点；

第十三，中国裁判书网公布的类似案例。

以上层次从上到下，分层研究，并结合处理的案件提出相关辩护观点。对于相关的资料，辩护人应主动搜集齐全并复制后提交法庭。辩护人不能坐等法官自己去从事前述搜集工作，要积极、主动地当好法官的助手。对于这些资料的收集工作尽量不要临阵磨枪，要做生活中的有心人。平时多留意、多收集、多保存、多归纳、多总结。十年的"精一"工夫，一般来讲都可以在某一方面取得相当成就。

（4）结论明确。比如作罪名辩护，辩护人最后总结时不能简单地陈述为"请合议庭对被告人从轻处罚"等模糊性结论，而是应提出"请合议庭对被告人减轻处罚并适用缓刑"等明确的要求。

（四）次轮及后期的辩护要点

1. 及时回应

辩护人对第一轮辩护意见可以作出充分准备是几乎所有律师都会做到，但如何应对第二轮辩护却十分考验辩护人的能力和水平。我们看到，在公诉人发表的第一轮公诉词中，其内容往往包括三个部分：第一，本案事实清楚，证据确实充分，依法应认定构成犯罪；第二，量刑意见；第三，法庭教育或本案启示、教训。总体上讲，其内容不是十分深入。但律师发表的第一轮辩护意见往往会直接涉入实质、直奔主题，观点鲜明，说理深入，焦点已经十分明确。公诉人在发现第二轮意见时，往往会对辩护人的意见进行总结，并作出针对性的答辩。这些答辩内容同样会直接涉及案件实质，但辩护人对其内容在此之前却无从了解，并且不能完全排除发生超出辩护人预期范围以外的情形。辩护人必须随时吸收公诉人的答辩意见并立即进行归纳总结并作出正面回应，形成一套有针对性地反驳意见及理由，否则庭审效果将大打折扣。可以说，总结、概括、提升，是第二轮辩论意见的重要功能。辩护人发表的第二轮辩护意见，最能体现律师的应变能力和辩护水平。

2. 查遗补漏

若由于脱稿表达等原因，导致在第一轮辩论中遗漏的意见，辩护人应及时补充。若需要增加辩论观点，在第二轮时也应当提出。

3. 重申重点

重复之前已经发表的辩论意见，不仅经常被法官制止，而且影响律师的形象。但是，对于极其重要的核心观点、核心问题，以言简意赅的方式再次进行概括和强调非常必要。为防止法官制止，在发表意见时，可以借用公诉人观点或意见作为导入语，然后再作详细说明。这种处理方式基本已经将重复的内容化为回应和解释，容易被法官接受。

十、二审阶段的特点和辩护要求

二审阶段的辩护人需要从事的工作与一审阶段的工作基本相同，不过鉴于二审阶段的特点，其辩护要求与一审相比亦有所变化。

(一) 二审阶段的基本功能

根据我国传统理论,刑事二审的意义在于:第一,有利于维护或纠正初审法院的裁判;第二,有利于吸收当事人的不满,保障当事人特别是被告人的合法权益;第三,有利于上级法院对下级法院审判工作进行监督;第四,有利于我国刑法的统一实施。[1]虽然该些意义更多的是从审判角度作出的思考,但作为辩护人对实现刑事二审的意义存在重要作用。

(二) 二审开庭审理的困境及对策

《刑事诉讼法》第234条第1款中规定:"第二审人民法院对于下列案件,应当组成合议庭,开庭审理:(一)被告人、自诉人及其法定代理人对第一审认定的事实、证据提出异议,可能影响定罪量刑的上诉案件;(二)被告人被判处死刑的上诉案件;(三)人民检察院抗诉的案件;(四)其他应当开庭审理的案件。"就目前来看,死刑案件和抗诉案件基本都能开庭审理,但对于被告人等对第一审认定的事实、证据提出异议的案件,开庭比例并不高。甚至可以认为,刑事二审不开庭审理已经成为常态化现象。[2]有学者曾对D省Z市中级人民法院2012~2016年刑事二审案件的相关数据进行测算,得出如下结论:2012~2016年,D省Z市中级人民法院共审结刑事二审案件2256件,以开庭方式审理的案件数为291件,仅占12.9%。采取阅卷加调查讯问方式审理的案件总数达1588件,占比70.39%,超过案件总数的2/3。[3]二审开庭率低的原因是多种多样的,诸如法律没有强行规定、司法资源有限、异地羁押等原因,但这种情形与"以审判为中心"的司法改革显然不一致。如果不开庭审理,以案卷笔录为中心的调查讯问程序成为实质的二审裁判程序,将很难做到查明案件事实在法庭等司法改革中的改革目标。

作为辩护人来讲,开庭的意义在于方便查明案情。在发现案件事实上,大大优于书面审理。如果二审不开庭,查明案情的效果大为减弱,只能勉强维持法律审查的效果。只有开庭才能更加深入、全面地查明事实、才能"当

---

[1] 参见樊崇义主编:《刑事诉讼法学》,中国政法大学出版社2013年版,第511页;王国枢主编:《刑事诉讼法学》,北京大学出版社2012年版,第257页;孙长永主编:《刑事诉讼法学》,法律出版社2012年版,第299~300页。

[2] 田源:"刑事二审不开庭审理常态化现象透析与问题疏解",载《山东大学学报(哲学社会科学版)》2017年第5期。

[3] 田源:"刑事二审不开庭审理常态化现象透析与问题疏解",载《山东大学学报(哲学社会科学版)》2017年第5期。

面"向法庭详细说明一审判决存在的问题并继而分析和解决问题，才能进行庭审的抗辩发问增强亲自问审的现场感，才能有更多的机会去说服法官。若失去开庭机会，辩护效果将大打折扣。为此，辩护人应尽可能地说服法官在二审中开庭审理。在目前相关制度没有修改的情况下，辩护人可以从以下几个方面着手：

（1）二审要有"新意"。许多二审案件不开庭审理，往往是被认为二审中的事实与证据一审查明的事实和证据并无过多区别，查看一下一审卷宗即可，缺少开庭的意义。为此辩护人应努力地在二审中创造出新意，从而使二审中增加与一审不同的成分。这主要体现在以下几个方面：第一，提交新证据。尤其是可能有对定罪量刑产生影响的新证据，应当经过庭审的质证，可能会成为促成开庭的理由。第二，申请新的证人出庭作证、要求重新鉴定等。第三，提出新的辩护思路或更加充分的意见等等。

（2）善于发现一审在程序上存在的问题。比如一审违反《刑事诉讼法》有关公开审判的规定的；违反回避制度的；剥夺或限制当事人的法定诉讼权利，可能影响公正审判的；审判组织的组成不合法的；非法证据没有排除的；其他违反法定诉讼程序，可能影响公正审判的等等。

（3）其他理由。从前文所述的二审的意义中可以看出，二审开庭有利于吸收当事人的不满，有利于缓解社会矛盾。在争取二审开庭过程中，律师可以说明与此相关的理由，甚至说二审开审理在一定程度上是对法官的保护。只能开庭审理，才能让当事人和社会公众看到司法公正，正义应当以看得见的方式实现。同时，开庭审理可以将法官的艰辛工作、精心准备呈现出来，公众可以看到法官的业务素质高、主持审判活动的文明，自然会增进对审判结果的认可度，使得法官和法院免受不公正的指责和恶意的揣测。[1]

（三）二审辩护的基本思路

（1）对上诉案件，应当重点围绕上诉所涉及的事实、证据及法律适用问题展开辩护活动，请求二审人民法院撤销原判，进行改判；对于事实不清、证据不足的，可以请求二审人民法院发回原审法院重新审判；已经发回重审过一次的案件应当直接要求人民法院按疑罪从无原则宣告被告人无罪。

---

[1] 徐昕："刑事案件二审开庭及争取策略"，载 http://www.sohu.com/a/128375341_570256，访问日期：2018年4月19日。

（2）对抗诉案件，应当根据抗诉对原审被告人产生的影响确定辩护思路和意见。对不利原审被告人的抗诉，应当维护原审判决，请求二审人民法院驳回抗诉，维持原判；对有利原审被告人的抗诉，应当支持抗诉，以期二审人民法院撤销原判，作出对被告人有利的改判。

（3）对既有上诉又有抗诉的案件，应当重点围绕上诉请求和理由展开辩护活动，同时兼顾抗诉请求和理由，分别不同情况，支持有利上诉人、原审被告人的抗诉，反对不利上诉人、原审被告人的抗诉。

十一、认罪认罚从宽处理制度中的有效辩护

（一）认罪认罚程序概述

最高人民法院、最高人民检察院等于2016年11月11日颁布《关于在部分地区开展刑事案件认罪认罚从宽制度试点工作的办法》以后，认罪认罚从宽处理制度正式确立。2018年10月26日修订的《刑事诉讼法》从立法层面上予以确认。认罪认罚从宽制度是依法推动宽严相济刑事政策具体化、制度化的重要探索，有利于及时有效惩罚犯罪，维护社会稳定；有利于进一步落实宽严相济刑事政策，加强人权司法保障；有利于优化司法资源配置，在更高层次上实现公正与效率相统一。从本质上讲，认罪认罚从宽处理是一种程序上从简，处罚上从轻的制度。

（二）适用认罪认罚从宽处理制度的条件和结果

1. 适用条件

依据《关于在部分地区开展刑事案件认罪认罚从宽制度试点工作的办法》，适用认罪认罚从宽处理制度应符合以下条件：

（1）犯罪嫌疑人、被告人自愿如实供述自己的罪行，对指控的犯罪事实没有异议。被告人认罪并不是简单的认罪所能涵盖，应满足以下要求：第一，办理认罪认罚案件，应当保障犯罪嫌疑人、被告人获得有效法律帮助，确保其了解认罪认罚的性质和法律后果，自愿认罪认罚。所谓有效法律帮助是指获得律师的有效的帮助。为此，人民法院、看守所可以根据实际工作需要，安排法律援助机构在前述单位设立法律援助工作站派驻值班律师、及时安排值班律师等形式提供法律帮助。在犯罪嫌疑人、被告人自愿认罪认罚，没有辩护人的情况下，人民法院、人民检察院、公安机关应当通知值班律师为其提供法律咨询、程序选择、申请变更强制措施等法律帮助。第二，侦查机关、公诉机关和审判机关的明确告知。[1]在侦查过程中,侦查机关应当告知犯罪嫌疑人享有的诉讼权利和认罪认罚可能导致的法律后果。在审查起诉过程中,人民检察院应当告知犯罪嫌疑人享有的诉讼权利和认罪认罚可能导致的法律后果,并就指控的罪名及适用的法律条款、从轻减轻或者免除处罚等从宽处罚的建议、认罪认罚后案件审查适用的程序等听取犯罪嫌疑人及其辩护人或者值班律师的意见。人民法院审理认罪认罚案件,应当告知被告人享有的诉讼权利和认罪认罚可能导致的法律后果,审查认罪认罚的自愿性和认罪认罚具结书内容的真实性、合法性。

(2) 同意量刑建议。当然犯罪嫌疑人和被告人需要自愿同意,而不是受到强迫或欺骗。

(3) 签署具结书的。按照相关规定,犯罪嫌疑人自愿认罪,同意量刑建议和程序适用的,应当在辩护人或者值班律师在场的情况下签署具结书。

(4) 不得具有相关规定禁止的情形。具有下列情形之一的,不适用认罪认罚从宽制度:第一,犯罪嫌疑人、被告人是尚未完全丧失辨认或者控制自己行为能力的精神病人的;第二,未成年犯罪嫌疑人、被告人的法定代理人、辩护人对未成年人认罪认罚有异议的;第三,犯罪嫌疑人、被告人行为不构成犯罪的;其他不宜适用的情形。

2. 处理原则

认罪认罚制度在程序上的从简绝非目的,只是提高办案效率的手段。在此过程中,由于处理结果涉及被告人的人身自由或生命财产,因此刑事诉讼法关于正确适用法律的规定当然仍然需要遵守。相关办法中规定,办理认罪认罚案件,应当遵循刑法、刑事诉讼法的基本原则,以事实为根据,以法律为准绳,保障犯罪嫌疑人、被告人依法享有的辩护权和其他诉讼权利,保障被害人的合法权益,维护社会公共利益,强化监督制约,确保无罪的人不受刑事追究,有罪的人受到公正惩罚,确保司法公正。坚持证据裁判,依照法律规定收集、固定、审查和认定证据。

---

[1] 2018年10月26日,第十三届全国人大常务委员会第六次会议审议通过的《刑事诉讼法》第120条规定:"侦查人员在讯问犯罪嫌疑人的时候,应当告知犯罪嫌疑人享有的诉讼权利,如实供述自己罪行可以从宽处理和认罪认罚的法律规定。"

3. 结果上的从轻

相关办法规定，对不具有法定减轻处罚情节的认罪认罚案件，应当在法定刑的限度以内从轻判处刑罚，犯罪情节轻微不需要判处刑罚的，可以依法免予刑事处罚，确实需要在法定刑以下判处刑罚的，应当层报最高人民法院核准。

但这种从轻处罚并非无原则的从轻处罚，相关办法规定：贯彻宽严相济刑事政策，充分考虑犯罪的社会危害性和犯罪嫌疑人、被告人的人身危险性，结合认罪认罚的具体情况，确定是否从宽以及从宽幅度，做到该宽则宽，当严则严，宽严相济，确保办案法律效果和社会效果。坚持罪责刑相适应，根据犯罪的事实、性质、情节、后果，依照法律规定提出量刑建议，准确裁量刑罚，确保刑罚的轻重与犯罪分子所犯罪行和应当承担的刑事责任相适应。

（三）认罪认罚程序辩护中的要点

在认罪认罚从轻处理制度中，由于被告人自愿认罪，因此许多人也许会认为在这种处理模式下辩护人的作用可有可无，但笔者认为恰恰相反，只有辩护人的有效参与才能保证认罪认罚从轻处理制度的有效实施。这也是相关办法中规定认罪认罚制度必须是以辩护人（包括法律援助和值班律师）参与为前提的原因所在。作为辩护人，尤其是因委托而产生的辩护人更应当理解并充分运用认罪认罚从轻处理制度，切实保护被告人利益。

（1）详细告知认罪认罚从轻处理制度的具体内容，充分尊重被告人意见。该些内容包括：被告人有选择认罪认罚从轻处理制度进行的权利及基本的处理程序；案件的事实情况及不同选择结果的预测，既不能夸大亦不应回避风险；与公诉协商的详细情况及公诉人意见。客观上讲，这种告知在一定程度上增加了辩护人的诉讼风险，容易引起被告人的怀疑和指责，辩护人一定要细心处理，作好相应风险的防范与保护。当辩护人与被告人的意见不一致时，原则上应尊重被告人意见，而不是为了自己办案的方便劝说当事人。

（2）确认被告人认罪的自愿性。辩护人的职责在于在最大程度上维护被告人利益，因而与被告人属于利益共同体，被告人一般亦对此予以认可。尤其是被告人被羁押的情况下，在判决生效之前，辩护人是其唯一可以放心沟通交流的人。若辩护人发现存在冤假错案的可能性，比如被告人被迫认罪，同样应设法维护被告人的合法权益，防止冤假错案的发生。

（3）保证选择结果的合理性。被告人对认罪认罚从宽处理制度一般不可能了解,因此必须借助于辩护人的帮助。辩护人应当在全面了解案件并作出判断的基础上为被告人是否自愿认罪提供重要参考。虽然最终的选择是由被告人决定,但辩护人的意见对被告人最终选择哪种诉讼程序更为合理具有重要作用。

(4) 辩护重心由法庭审理前移至审查起诉阶段。辩护重心由法庭审理前移至审查起诉阶段的主要原因在于,相关办法规定,对于认罪认罚案件,人民法院依法作出判决时,一般应当采纳人民检察院指控的罪名和量刑建议。依据《最高人民检察院工作报告》(2018年3月9日),2016年11月认罪认罚从宽制度试点工作后,人民法院适用该制度审结的刑事案件中,由检察机关建议适用的占98.4%,人民法院对检察机关量刑建议的采纳率为92.1%。[1] 由此可看出,在90%以上情况下,公诉机关的量刑建议对被告人获得的处罚具有决定性影响。甚至可以说,该种类型案件主要的辩护工作在审查起诉阶段基本已经结束,只是等待法院判决的最后确认,辩护的工作已经由说服法官前移至说服检察官。因此,辩护人应将辩护重心向前移至审查起诉阶段。

(5) 加强与公诉人沟通和"控辩交易"。实行繁简分流、控辩交易是司法改革的重要措施之一,事实上美国等相关国家绝大多数的刑事案件都是通过控辩交易完成的。就辩护人来讲,凭借何种砝码与公诉机关交易是辩护人需要解决的问题,否则谈不上交易,只是服从。这需要辩护人详细审查卷宗材料,从中发现对被告人有利的量刑情节,甚至发现案件办理过程中存在的重大问题,以提高交易谈判和交易的能力。这需要辩护人不能再按照传统的一边办一边看的辩护思路,要提高对案件预测的准确性,及时发现问题并协商沟通,否则难免会错失良机,形成对被告人不利的结果。

(6) 积极促成形成有利于被告人的量刑情节。在达成控辩交易之前及过程中,辩护人应积极、主动地促成、形成有利于被告人的量刑情节。比如获得受害人谅解、积极退赃、缴纳罚金等。相关办法规定:检察机关办理认罪认罚案件,应当听取被害人及其代理人意见,并将犯罪嫌疑人、被告人是否与被害人达成和解协议或者赔偿被害人损失,取得被害人谅解,作为量刑的

---

[1]《最高人民检察院工作报告》(第十三届全国人民代表大会第一次会议 曹建明 2018年3月9日),载 http://www.spp.gov.cn/spp/gzbg/201803/t20180325_372171.shtml,访问日期:2018年4月19日。

重要考虑因素。

（7）担当被告人与公诉人、法官之间的桥梁。由于自身角色的不同，被告人一般不愿意直接将想法、底牌告诉法官、公诉人，法官、公诉人出于工作需要同样一般也不会将相应情况告知被告人。因此，就被告人与公诉人和法官来讲，双方存在一定的信息不对称。就辩护人来讲，可以运用自己的专业知识与法官、公诉人沟通，并在充分了解被告人想法的基础上，在被告人与公诉人和法官之间架起沟通的桥梁，并获得对被告人最为有利的结果。

CHAPTER 5 第五章
非法证据排除规则在辩护中的运用

为杜绝刑讯逼供等行为的发生,实现程序正义和保障人权,我国制定并发布一系列与非法证据排除相关的法律、司法解释及其他规定。目前,关于非法证据排除已经形成了诉讼结构比较完整、内容较为全面的立法体系。非法证据排除在辩护中的作用极大,如果将非法证据比作针对控方的"炸弹",那么辩护人将是拉响"炸弹"引信的人,甚至可以认为非法证据排除是辩护工作中的"核武器"。既然是"核武器",实践中能够成功使用的情形少之又少。本书在对相关规定进行梳理的基础上,对非法证据排除规则的相关问题及辩护要求进行全面研究。

一、非法证据排除程序的相关规定及立法进程[1]

序号	发布时间	相关规定的名称	内容与创新
第一阶段:酝酿阶段(1979年~1996年),相关规定以整治刑讯逼供为主要目的。在此阶段,虽然相关法律规定严禁以非法的方法收集证据,且已经规定"非法证据"的表现等,但由于这一阶段的主要目的以整治刑讯逼供为主要目的,关于非法证据的认定规则、排除规则等均缺少具体的操作性规定,该阶段处于非法证据排除的酝酿阶段。			
1	1979/07/06	《刑法》	第36条:严禁刑讯逼供,符合法定构成刑讯逼供罪或故意伤害罪。

---

[1] 由于我们建立非法证据排除制度的最初目的是为了防止刑讯逼供,与非法证据排除理念相关的规定最初不仅体现在诉讼法中,也体现在刑事实体法中,本书将相关的法律规定一并列入。具体内容参见戴长林、罗国良、刘静坤:《中国非法证据排除制度》(修订版),法律出版社2017年版,第3~35页。

续表

序号	发布时间	相关规定的名称	内容与创新
2	1979/07/07	《刑事诉讼法》	第32条：严禁刑讯逼供和以威胁、引诱、欺骗以及其他非法的方法收集证据。必须保证一切与案件有关或者了解案情的公民，有客观地充分地提供证据的条件，除特殊情况外，并且可以吸收他们协助调查。[1]
3	1992/01/06	公安部《关于坚决制止公安干警刑讯逼供的决定》	提出治理刑讯逼供的多种措施。
4	1993/01/06	最高检、公安部《关于加强检察、公安机关在查办刑讯逼供案件中密切配合的通知》	进一步加强治理刑讯逼供。
5	1994/03/21	最高法《关于审理刑事案件程序的具体规定》	第45条中规定："严禁以非法的方法收集证据。凡经查证确实属于采用刑讯逼供或者威胁、引诱、欺骗等非法的方法取得的证人证言、被害人陈述、被告人供述，不能作为证据使用。必须保证一切与案件有关或者了解案情的公民，有客观地充分地提供证据的条件，除特殊情况外，并且可以吸收他们协助调查。"[2]
6	1995/12/13	公安部《关于集中开展制止刑讯逼供专项教育整顿的通知》	进一步加强治理刑讯逼供，将制止刑讯逼供纳入各级领导实绩考核和民警岗位考核。
7	1996/03/17	《刑事诉讼法》	第43条：严禁刑讯逼供和以威胁、引诱、欺骗以及其他非法的方法收集证据。必须保证一切与案件有关或者了解案情的公民，有客观地充分地提供证据的条件，除特殊情况外，并且可以吸收他们协助调查。[3]

[1] 最高人民法院再审聂树斌案件中，亦考虑到是否适用1979年《刑事诉讼法》的该条规定。

[2] 这是我国关于探索建立非法证据排除规则的尝试，具有开创性意义。参见戴长林、罗国良、刘静坤：《中国非法证据排除制度》（修订版），法律出版社2017年版，第6页。

[3] 1996年《刑事诉讼法》虽然在立法上取得多方面的进展，但对非法证据是否具有证据能力未作出明确规定，最高法1994年3月21日《关于审理刑事案件程序的具体规定》中的内容没有在立法上得到落实。

续表

序号	发布时间	相关规定的名称	内容与创新
8	1998/05/14	《公安机关办理刑事案件程序规定（修正）》	第8条：公安机关办理刑事案件，必须重证据，重调查研究，不轻信口供，严禁刑讯逼供。 第51条中规定："严禁刑讯逼供和以威胁、引诱、欺骗或者其他非法的方法收集证据。必须保证一切与案件有关或者了解案情的公民，有客观充分地提供证据的条件，除特殊情况外，并且可以吸收他们协助调查。"
9	1998/09/02	最高院《刑事诉讼法解释》	第61条：严禁以非法的方法收集证据。凡经查证确实属于采用刑讯逼供或者威胁、引诱、欺骗等非法的方法取得的证人证言、被害人陈述、被告人供述，不能作为定案的根据。[1]
10	1999/01/08	最高检《刑事诉讼规则》	第265条：严禁以非法的方法收集证据。以刑讯逼供或者威胁、引诱、欺骗等非法的方法收集的犯罪嫌疑人供述、被害人陈述、证人证言，不能作为指控犯罪的根据。人民检察院审查起诉部门在审查中发现侦查人员以非法方法收集犯罪嫌疑人供述、被害人陈述、证人证言的，应当提出纠正意见，同时应当要求侦查机关另行指派侦查人员重新调查取证，必要时人民检察院也可以自行调查取证。侦查机关未另行指派侦查人员重新调查取证的，可以依法退回侦查机关补充侦查。
11	2001/01/02	最高检《关于严禁将刑讯逼供获取的犯罪嫌疑人供述作为定案依据的通知》	该《通知》指出：近一时期以来，一些地方陆续发生了严重的侦查人员刑讯逼供案件。特别是云南省昆明市杜培武案，尤为典型。各级人民检察院一定要认真吸取教训，采取有力措施，坚决杜绝刑讯逼供现象的发生，彻底排除刑讯取得的证据，确保办案质量。
12	2005/11/01	《人民检察院讯问职务犯罪嫌疑人实行全程同步录音录像的规定（试行）》	为进一步规范执法行为，依法惩治犯罪，保障人权，提高执法水平和办案质量，人民检察院讯问职务犯罪嫌疑人实行全程同步录音、录像，人民检察院办理直接受理侦查的职务犯罪案件，每次讯问犯罪嫌疑人时，应当对讯问全过程实施不间断的录音、录像。[2]

[1] 提出定案证据的观点及不得作为定案证据的规定。
[2] 该规定对防范职务犯罪侦查过程中刑讯逼供起到重要作用，录音录像正式走上刑事诉讼领域的舞台，对后续相关立法产生极其重要影响。

续表

序号	发布时间	相关规定的名称	内容与创新
		第二阶段：初步确立阶段（2010~2017年），非法证据排除制度正式确立并在司法实践中实施。本阶段自两院三部《非法证据排除规定》的颁布至2017年11月27日最高院颁布最高院《排除非法证据规程》之前。 2005年佘祥林案件、2010年的赵作海案件等对我国的刑事司法制度尤其是刑讯逼供事宜再次提出思考，加速了两院三部颁布《非法证据排除规定》《办理死刑案件证据规定》。这两项规定对于非法证据的内涵和外延以及排除规则的适用范围、条件、程序、证明责任等作出比较具体的规定，为控辩审三方提供了较为具体的依据和操作办法，为律师启动和从事相关辩护工作提供了相应空间。2012年《刑事诉讼法》全面总结、吸收了两院三部《非法证据排除规定》的相关内容，并以国家立法形式确定，随后的相关司法解释作出具体规定。 从实践中看，大量律师在辩护工作中开始运用非法证据排除规则，《刑事审判参考》曾刊载了多个涉及非法证据排除问题的案例。但是，由于2010年出台的两个规定具有一定的跨越性，陈瑞华教授认为是一种"大跨进"式的发展，[1]且许多操作细节仍然不够具体等多原因，非法证据排除规则的实施效果是难以令人满意的，法院真正排除非法证据的案例少之又少。[2]上海高院关于非法证据排除规则适用的调研报告显示，2012年至2016年，上海市法院系统共审结刑事案件167 864件，其中申请非法证据排除的案件242件，占案件数的0.14%，申请后实际启动非法证据排除程序的案件170件（占案件总数的0.1%，占申请数量的70.2%），最终认定非法证据并予以排除的案件16件（占案件总数的0.0095%，占申请数量的6.6%，占启动案件数的9.4%）。在16件决定排除非法证据的案件中，因非法证据排除而减少认定犯罪事实的有2件，法院依据其他证据仍然认定相关犯罪事实从而对定罪量刑没有影响的有14件，无一件因非法证据排除宣告被告人无罪或免刑的案件。可以说，非法证据排除规则实施后对实体裁判的影响甚微。[3]	
13	2010/06/13	两院三部《非法证据排除规定》[4]	1. 明确非法言词证据的内涵和外延，非法言词证据应当予以排除。 2. 初步确立被告人及辩护人启动排除非法言词证据的权利以及提供线索的义务。 3. 确定了非法证据排除的先行调查程序。 4. 初步确立了审查、认定非法言词证据的基本程序。

---

[1] 陈瑞华："非法证据排除程序的理论展开"，载《比较法研究》2018年第1期。
[2] 戴长林："非法证据排除规则司法适用疑难问题研究"，载《人民司法（应用）》2013年第9期。
[3] 郭伟清等："完善非法证据排除规则 积极推进诉讼制度改革——上海高院关于非法证据排除规则适用的调研报告"，载《人民法院报》2018年5月4日。
[4] 《关于办理刑事案件排除非法证据若干问题的规定》虽然只有短短15条、1562个字，却标志了我国非法证据排除制度的正式确立，对中国的刑事诉讼制度乃至人权保护具有革命性影响。

续表

序号	发布时间	相关规定的名称	内容与创新
			5. 确立公诉机关对不存在非法证据的证明责任。加盖公章的说明材料,应经有关讯问人员签名或者盖章。 6. 初步确立讯问人员、其他人员出庭作证的义务。 7. 初步规定法庭对证据的调查核实权。 8. 初步确立了申请排除非法证据二审的救济权。 9. 明确非法以得的物证、书证排除问题。
14	2010/06/13	最高院等五部门《关于办理死刑案件审查判断证据若干问题的规定》	1. 重申非法以得的物证、书证排除问题。 2. 重申以暴力、威胁等非法手段取得的证人证言、被害人供述,不能作为定案的根据。 3. 重申采用刑讯逼供等非法手段取得的被告人供述,不能作为定案的根据。 4. 规定讯问聋哑人、不通晓当地通用语言、文字的人员时,应当提供通晓聋、哑手势的人员或者翻译人员而未提供的,不得作为定案证据。
15	2012/03/14	《刑事诉讼法》第50、54~58、171、182条。	1. 2012年修订的《刑事诉讼法》对全面吸收了前述两个《规定》的内容,在国家立法层面上规定了非法证据排除制度。 2. 增加规定:侦查、审查起诉和审判阶段均要实行非法证据排除规则。 3. 重申对言词证据和物证、书证均应排除,但在排除方式上存在区别。 4. 重申举证责任倒置原则等。 5. 没有规定调查程序是否应当优先进行、审前进行。
16	2012/11/05	最高院《刑事诉讼法解释》	1. 进一步界定刑讯逼供的表现方式。第95条规定:使用肉刑或者变相肉刑,或者采用其他使被告人在肉体上或者精神上遭受剧烈疼痛或者痛苦的方法,迫使被告人违背意愿供述的,应当认定为刑事诉讼法第54条规定的"刑讯逼供等非法方法"。 2. 对严重违反法定程序收集物证、书证的判断方法作出规定:第95条第2款规定:认定刑事诉讼法第54条规定的"可能严重影响司法公正",应当综合考虑收集物证、书证违反法定程序以及所造成后果的严重程度等情况。

第五章 非法证据排除规则在辩护中的运用

续表

序号	发布时间	相关规定的名称	内容与创新
			3. 修改了两院三部《非法证据排除规定》确定的非法证据排除的先行调查程序。其在第100条中规定，对证据收集合法性的调查，根据具体情况，可以在当事人及其辩护人、诉讼代理人提出排除非法证据的申请后进行，也可以在法庭调查结束前一并进行。许多学者认为是一种倒退。
17	2012/11/12	最高检《检察院诉讼规则》	基本重申以前规定。
18	2012/12/03	公安部《刑事程序规定》	基本重申以前规定。
19	2013/11/22	《中央政法委员会关于切实防止冤假错案的规定》	基本重申以前规定。
20	2013/10/09	最高院《防范冤假错案机制》	1. 将冻、饿、晒、烤、疲劳审讯等非法方法，与刑讯逼供并列列举。（参见第8条） 2. 其他重申以前规定。
21	2014/09/05	公安部《录音录像规定》	1. 规定对5类重大犯罪案件，应当对讯问过程进行录音录像；对其他存在特殊情况的8种情形的讯问过程应当进行录音录像。 2. 为非法证据排除提供重要依据和参考。
22	2014/05/26	最高检《同步录音录像规定》	基本重申以前规定。
23	2016/10/11	两院三部《以审判为中心意见》	1. 第4条中规定：侦查机关应当依法收集证据。对采取刑讯逼供、暴力、威胁等非法方法收集的言词证据，应当依法予以排除。 2. 重申其他内容。
24	2017/02/21	最高院《以审判为心实施意见》	1. 重申相关内容。

续表

序号	发布时间	相关规定的名称	内容与创新
25	2017/06/27	两院三部《严格排除非法证据规定》	1. 重新解释刑讯逼供的表现。第2条规定：采取殴打、违法使用戒具等暴力方法或者变相肉刑的恶劣手段，使犯罪嫌疑人、被告人遭受难以忍受的痛苦而违背意愿作出的供述，应当予以排除。 2. 增加对"威胁"的解释。第3条规定：采用以暴力或者严重损害本人及其近亲属合法权益等进行威胁的方法，使犯罪嫌疑人、被告人遭受难以忍受的痛苦而违背意愿作出的供述，应当予以排除。 3. 增加规定非法限制人身自由的方法。第4条规定：采用非法拘禁等非法限制人身自由的方法收集的犯罪嫌疑人、被告人供述，应当予以排除。 4. 增加规定采取非法限制人身自由等非法方法收集的证人证言、被害人陈述，应当予以排除。 5. 重申其他相关内容。

第三阶段：深入推进阶段（2017年11月27日~现在），非法证据排除的程序设计基本完善。

为贯彻落实《中共中央关于全面推进依法治国若干重大问题的决定》的有关要求，推进以审判为中心的刑事诉讼制度改革，2016年两院三部颁布《以审判为中心意见》、最高院颁布《以审判为中心实施意见》，强调坚持程序公正原则，通过法庭审判的程序公正实现案件裁判的实体公正。发挥庭审在查明事实、认定证据、保护诉权、公正裁判中的决定性作用，确保诉讼证据出示在法庭、案件事实查明在法庭、诉辩意见发表在法庭、裁判结果形成在法庭。为贯彻落实前述刑事政策，最高院于2017年11月27日颁布《庭前会议规程》《排除非法证据规程》和《一审调查规程》（简称"三项规程"）。制定深化庭审实质化改革的"三项规程"，有助于充分发挥审判特别是庭审在刑事诉讼中的决定性作用，构建更加精密化、规范化、实质化的刑事审判制度。非法证据排除规程重点针对非法证据排除程序适用中存在的启动难、证明难、认定难、排除难等问题，进一步明确人民法院审查和排除非法证据的具体规则和程序。可以说"三项规程"颁布与实施必将深入推进非法证据排除规则在司法实践中的全面展开和运用。

序号	发布时间	相关规定的名称	内容与创新
26	2017/11/27	最高院《排除非法证据规程》	1. 重申相关内容。 2. 具体规定了非法证据排除的程序性问题，大大增强可操作性。 3. 重新确立非法证据优先审查原则。

续表

序号	发布时间	相关规定的名称	内容与创新
27	2018/03/20	《监察法》	1. 监察机关在收集、固定、审查、运用证据时，应当与刑事审判关于证据的要求和标准相一致。 2. 以非法方法收集的证据应当依法予以排除，不得作为案件处置的依据。 3. 严禁以威胁、引诱、欺骗及其他非法方式收集证据，严禁侮辱、打骂、虐待、体罚或者变相体罚被调查人和涉案人员。 4. 调查人员进行讯问以及搜查、查封、扣押等重要取证工作，应当对全过程进行录音录像，留存备查。

二、非法证据与非法证据排除规则概述

非法证据排除作为最早源于美国的一项诉讼制度，是伴随着自由心证取代法定证据制度后出现的。在自由心证的诉讼理念下，并非所有的证据都有资格交给陪审团审查，以避免对其造成"污染"，即并非所有材料均具有证据能力或证据资格。对于那些通过严重侵犯人权的手段获得的材料，出于诉讼程序正义、人权保护的价值需要，不应纳入裁判者的视野。

非法证据的产生原因和过程决定其并不是与我国传统意义上的"合法性"证据相对应的概念，而且是在程序正义、保护人权的诉讼价值下特有的概念。非法证据规则并非传统的证据规则，而是宪法性规则，是为了维护公民的宪法权利而创设的规则。[1]我国在引进非法证据排除理论过程中，主要考虑到两个因素：第一，防范冤假错案；第二，关注程序正义和人权保障。我国传统的证据规则更加强调真实性原则，但是在现代证据法的世界里，发现真相固然是非常重要的价值，但那些被用来发现真相的手段却要受到越来越严格的限制，而且就连发现真相的价值本身，也经常要让位于其他更为重要的法

---

[1] 参见戴长林、罗国良、刘静坤：《中国非法证据排除制度》（修订版），法律出版社2017年版，第39、64页。

律价值。[1]尤其是在2004年我国《宪法》修订过程中,将"国家尊重和保障人权"写入宪法,对作为"小宪法"的《刑事诉讼法》以及非法证据排除制度产生深远影响。正是基于以上理由,戴长林法官认为,"非法证据是指采用违反法定程序,并且侵犯宪法权利或者重要诉讼权利的方式取得的证据"。[2]非法证据规则是指违反法定程序,以非法方法获取的证据,不具有证据能力,不能为法庭所采纳。[3]陈瑞华教授认为应将所有会带来公共侵权后果的程序性违法行为均纳入程序性裁判的轨道。[4]基于以上概念和原理,可以将非法证据范围界定为两种:第一,采用违反法定程序,侵犯公民宪法权利的方式取得的证据。这些非法证据主要表现为通过刑讯逼供、肉刑等手段获得的被告人供述;第二,采用违反法定程序,侵犯公民重要诉讼权利的方式取得的证据。这些非法证据主要表现为超期羁押期间获得被告人供述等。需要指出的是,以保障宪法权利为主旨的非法证据排除规则,并不以《宪法》和《刑事诉讼法》对排除规则作出明确规定为前提。[5]

我国在设立非法证据排除制度过程中,更多地吸收了美国的立法经验,以非法证据不得进入法庭调查程序为形式上的目标。但是,美国刑事司法采取的是陪审团制度,由法官在庭前进行过滤,决定相关证据是否属于非法证据、是否可以进入陪审团视野,避免"污染"陪审团。我国作为大陆法系国家,没有陪审团制度,显然缺少美国式的非法证据排除制度设置的前提。大陆法系国家采取的类似非法证据排除的制度往往为证据禁止原则,从总体上来看我国并没有采取证据禁止原则。为引入非法证据制度,我国立法必须在

---

[1] 陈瑞华:《刑事证据法学》,北京大学出版社2012年版,第18页。陈瑞华教授在论述"证据学"与"证据法学"存在的区别过程中,深入研究、揭示了证据法的理论原理,认为"证据法所要考虑的首要问题不是案件事实真相能否得到准确揭示问题,而是事实真相通过什么样的途径和手段得到揭示,也就是发现事实真相所采用的方式如何具备正当性、人道性和公正性的问题"(第6页)。非法证据排除规则作为证据规则、证据法的重要组成部分,亦应建立在这些原理的基础之上。

[2] 戴长林、罗国良、刘静坤:《中国非法证据排除制度》(修订版),法律出版社2017年版,第41页。虽然非法证据排除规则最初源于美国并被许多国家接受,但关于非法证据排除的目的,不同的国家存在一定的区别,就我们国家来看,更多地倾向于美国的立法原理。参见戴长林法官的前述著作第二章。

[3] 陈光中主编:《证据法学》(第3版),法律出版社2015年版,第242页。

[4] 陈瑞华:"非法证据排除规则的理论反思",载《法律适用》2006年第6期。

[5] 戴长林、罗国良、刘静坤:《中国非法证据排除制度》(修订版),法律出版社2017年版,第78页。

不存在陪审团制度的情况下，对非法证据排除制度予以变通。可以说，我国采取的非法证据排除制度是以大陆法系的立法形式为体，以英美国法系的内容为用的一种结合模式。变通结果主要体现为在职业法官的主导下认定非法证据，并不能作为定案证据。如最高院《排除非法证据规程》第4条规定："依法予以排除的非法证据，不得宣读、质证，不得作为定案的根据。"两院三部《严格排除非法证据规定》第40条规定："第一审人民法院对被告人及其辩护人排除非法证据的申请未予审查，并以有关证据作为定案根据，可能影响公正审判的，第二审人民法院可以裁定撤销原判，发回原审人民法院重新审判。"《关于办理刑事案件排除非法证据若干问题的规定》第2、10、11、12、14条均有类似规定。

据此，许多学者将我国非法证据的属性定性为"不得作为定案证据"。笔者认为这种界定未能准确反映非法证据的属性，结合立法与实践情况，将我国的非法证据的属性定性为"不得进入法庭调查、质证程序的证据"更为合适。主要考虑以下几个因素：第一，确定非法证据的属性必须考虑到与其他"不得作为定案证据"的区别。不得作为定案证据的情形包括很多种，比如传闻证据等，那些不具有证明力的证据同样不属于定案证据。如果将非法证据的属性定性为"不能作为定案证据"，将无法凸显与其他不得作为定案证据的区别。从本质上来看，非法证据不能作为定案证据的操作程序是先行调查，一旦认定为非法证据，其不应进入法庭调查；其他证据不能作为定案证据主要由于其证明力不足，即使也涉及证明资格问题亦不会必须经过先行的、专门的调查程序。非法证据与其他不得作为定案的证据在认定、处理程序上存在本质区别。第二，确定非法证据的属性必须考虑到我国的立法与实践。我国不存在陪审团制度，而是采取职权主义审判模式，在此种情况下，法官可以在正式前庭前看到非法证据。2012年《刑事诉讼法》修改时恢复了案卷全案移送规则，最高院《排除非法举证规程》第7条中更是规定，"开庭审理前，承办法官应当阅卷，并对证据收集的合法性进行审查"，法官不可能像美国陪审团成员那样避免受到污染。在此种情况下，仍然将非法证据的属性确定为"不得进入法庭"既不符合法律规定，也不符合司法实践。事实上，法官是会在一定程度上会受到非法证据的"污染"的。我国在审判阶段认定非法证据的时间节点是通过庭前会议以及庭审前期优先处理。最高院《排除非法举证规程》第18条中规定："人民法院决定对证据收集的合法性进行法庭调查的，应当先行当庭调查。在对证据收集合法性的法庭调查程序结束前，不得对有关证据宣读、质证。"由此看出，我国立法和实践的态度是：非法不得进入质证，而非不得进入法庭。从以上内容可以看出，将非法证据的属性确定为"不得进入法庭调查、质证"，既能解决与其他不得作为定案的证据相区别，又能与协调与制度引进过程中的矛盾，这种定性似乎更加合理。[1]

三、非法证据排除程序的特征

（一）非法证据排除程序的目标具有独立性

在过往的经验中，非法证据排除与无罪辩护在很多时候被画上等号。从实践上看，许多被法院认定存在非法证据的案件并没有最终判决无罪。[2] 非法证据排除程序作为程序辩护的组成部分，其针对的直接目标是相关证据形成的合法性，在于否定相关证据的证据能力。否定了部分证据的证据能力，

---

[1] 关于我国将非法证据不得进入法庭质证程序的立法模式，笔者认为仍然存在一定不足。因为这种处理模式显然已经让非法证据进入法官视野，已经对法官造成"污染"，这与美国直接禁止非法证据进入法庭显然存在一定的差距。在我国作为传统的大陆法系国家采取的是职权主义审判模式，不可能建立陪审团制度的情况下，为解决这一问题，笔者窃以为可以通过法院内部调控的方法予以解决。比如，案件到达审判阶段，承办法官或合议庭审理后，若启动非法证据程序（无论是辩护人启动还是其他原因启动），均由该合议庭作出裁判。若认为存在非法证据，由于法官已经受到非法证据的污染，则应当中止对案件的审理，然后将所有非法证据在卷宗中删除、重新归卷后，转由其他合议庭处理。极端的考虑，可以由上级法院指定其他法院管辖。只有通过上述方式，才能真正避免作出实体裁判的法官受到非法证据的影响。这种观点会肯定会受到严重批评，比如此种审理方式严重影响审理效率，目前的司法资源无法满足要求。笔者认为这种观点难以成立：第一，在审理效率与司法公正面前，除非对审理效率严重影响，否则应当公正优先。可以通过设定特定的、较短的非法证据审查时限来解决效率问题；第二，通过案件繁简分流，有效解决司法资源不足问题。目前我国在大力推行的简易程序、速裁程序、认罪认罚程序等，均是解决司法资源不足的方法。解决繁简分流问题，不应当仅仅限于司法推动，应当是建立相应制度促进被告人推动。就笔者从事刑事辩护多年的经验来看，繁简分流之所以没有能够有效展开，与法院对案件的量刑尺度有关。最典型的情况在于，许多案件中，被告人是否认罪对判决结果的影响不大，多则一年，少则几个月。在这种情况下，认罪对被告人没有太多的吸引力和敦促力。既然在认罪情况下从轻处罚的幅度不大、在不认罪情况下从重处罚的幅度也不大，许多被告人宁愿选择奋力一搏以试图获得更好的结果。在没有被告人主动推动的情况下，繁简分流实施的状况难以达到理想效果。如果规定凡是认罪的案件，一般在法定最低刑上浮20%以内判处；凡不认罪而被法院认定有罪的情况下，一般在法定最高刑下浮20%内判处，将会对被告人具有重大的吸引力和敦促力。当然，由于在认罪的情况下处罚较轻，可能会对受害人、社会公共利益带来一定负面影响，如何在此之间建立有效平衡，可以通过进一步研究。如果通过被告人推动的方式解决繁简分流问题，能够导致仅剩下10%的案件通过普通程序审理，相信可以解决司法资源不足的问题。

[2] 陈瑞华："程序性辩护的理论反思"，载《法学家》2017年第1期。

并不意味着可以全盘否定公诉方的指控事实。只有核心证据、关键证据的证据能力被否定，导致证据锁链断裂、无法达到证据确实、充分的标准才可能形成最终无罪的结果。因此，非法证据排除程序虽然在一定程度上可能影响实体性裁判，但更具有切实保障人权，有效防范冤假错案的终极目标。通过法院最后对证据能力的审查，从而通过倒推的方式将侦查过程、审查起诉过程中等纳入到合法性审查的范畴，对侦查行为作出必要的威慑和约束，有效防止刑讯逼供等行为的发生，并最终实现从"以侦查为中心"向"以审判为中心"的转变。陈瑞华教授认为，这种程序性辩护具有独立的价值：这种辩护将侦查行为的合法性纳入法院的司法审查范围，使得侦查人员处于"接受审判"的状态，这本身就足以产生将侦查人员的权力"关入牢笼"的效果。[1]

（二）非法证据的范围具有法定性

如前文所述，在我国并非所有违反法律规定收集的证据均属于非法证据，只有那些通过采用违反法定程序，并且侵犯宪法权利或者重要诉讼权利的方式取得的证据才属于非法证据的范围。这些证据应通过专门的程序在庭前或开庭审前期决定是否排除，属于相对独立的范畴。

（三）非法证据排除程序的运行具有相对独立性

依据目前我国相关规定，从非法证据排除程序的启动、到审查过程中、审查方法、裁判依据、裁判结果及救济程序等，已经形成了辩护人或被告人申请、司法机关自身启动到庭前会议、庭审审理、上诉救济等一套比较完整的处理程序方法，而且这种处理程序具有前置性、相对独立性，在审判阶段属于"案中案""诉中诉""审判之中的审判"。[2]即使在一些情况下与其他审判程序存在交叉的情况，但其相对独立性已经十分明确。

（四）非法证据排除程序具有制裁性

这种制裁属于基于程序原因上的制裁。《刑事诉讼法》任务不仅在于保证准确、及时地查明犯罪事实，正确应用法律，惩罚犯罪分子，还要在于保障无罪的人不受刑事追究，尊重和保障人权等，这要求从侦查阶段开始后所有的刑事诉讼过程均应尊重和保障人权。我国相关法律在基于保障人权的基础上，对讯问、询问、调查取证等作出具体要求。在侦查、审查起诉、审判时

---

[1] 陈瑞华："程序性辩护的理论反思"，载《法学家》2017年第1期。
[2] 陈瑞华："非法证据排除程序的理论展开"，载《比较法研究》2018年第1期。

发现有应当排除的证据的，均应当依法予以排除，不得作为提请批准逮捕、批准或决定逮捕、移送审查起诉、作出起诉决定和判决的依据。尤其是在审判阶段，非法证据会被法院以过程违法、程序违法的原因否认其证据资格。这种裁判结果不仅导致以非法方法形成的证据无效，而且从事非法行为人员可能会被依法追究个人责任，甚至可能成为构成暴力取证罪、刑讯逼供罪、非法拘禁罪等，这种制裁结果对非法收集证据的人员来讲极其不利。

（五）非法证据排除程序具有进攻性

追究、指控犯罪嫌疑人、被告人构成犯罪，应当由侦查机关、公诉机关收集各种证据并承担相应工作。从这个意义上，侦查机关和公诉方属于攻方，辩方属于守方。不过辩方收集证据的能力往往十分有限，即使收集与侦查机关、公诉机关的能力亦存在较大差距。但是，如果辩方能够通过非法证据排除程序否认侦查机关、公诉机关出具证据的证据资格和能力，无疑会起到釜底抽薪的效果，其作用具有进攻性。这种进攻性属于对侦查行为、公诉行为的"挑战"，"挑战"成功的结果是将导致相关证据丧失证据资格。

（六）非法证据排除的结果可能影响实体性裁判结果

相关证据一旦被确定为非法证据，就效力来讲就不再具有证据能力和证据资格，从形式上来讲不得进入法庭调查程序，这种结果是绝对的。但仅仅排除部分证据的证据能力，并不一定导致案件最终会作出无罪判决。只有那些与认定案件事实相关的核心证据、关键证据，其证据能力被否定，才会直接导致控方无法形成完整的证据锁链、无法达到证据确实充分的标准，被指控的犯罪事实无法成立，因此非法证据排除程序可能在一定情况下影响实体性裁判结果。

四、非法证据与违法证据、瑕疵证据、真实性存疑证据和资格待定证据

（一）非法证据与违法证据

如前文所述，"非法证据是指采用违反法定程序，并且侵犯宪法权利或者重要诉讼权利的方式取得的证据"。非法证据≠违法证据，违法证据的范围要远远大于非法证据。从广义上讲，所有违反法律规定收集的证据均属于违法证据。对于那些没有侵犯公民的宪法权利或者重要诉讼权利获得的证据，并不属于现行法意义的非法证据，该些证据由于在收集过程中不规范、违反了相关法律规定，导致其真实性存疑或存在瑕疵。比如两院三部《办理死刑案

件证据规定》第 14 条中规定的,收集证人证言"没有填写询问人、记录人、法定代理人姓名或者询问的起止时间、地点的",通过有关办案人员的补正或者作出合理解释的,可以采用。该类证据即使无法通过补正或作出合理解释,导致被排除作为定案证据,但并不属于非法证据。事实上,证据排除规则不仅包括非法证据排除规则,还包括瑕疵证据规则和真实性存疑证据排除规则,[1]非法证据排除规则只是证据排除规则的一种。

(二) 非法证据与瑕疵证据

在两院三部颁布的《非法证据排除规定》和《办理死刑案件证据规定》中,在证据学上有一个重要的理论创新,即提出了"瑕疵证据"的概念。[2]陈瑞华教授认为:"2010 年以来,我国非法证据排除规则在两个方面得到了逐步完善:一是确立了以强制性排除、裁量性排除与瑕疵证据补正三元并立的非法证据排除模式。"[3]"两部证据规定针对不同的非法证据确立了'强制性排除'与'自由裁量的排除'两种规则,并对那些违法情节不严重的'程序瑕疵'确立了'可补正的排除'规则。"同时指出"从广义上说,'可补正的排除'属于'自由裁量的排除'的一个特殊分支。"[4]

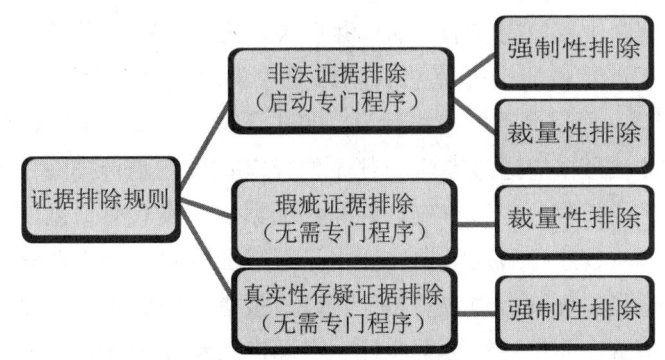

---

[1] 参见戴长林、罗国良、刘静坤:《中国非法证据排除制度》(修订版),法律出版社 2017 年版,第 261~262 页。另外排除的原因,证据排除规则还体现为传闻证据规则、意见证据规则、证人特权规则以及品格证据规则等。该书表述的真实性存疑证据排除规则似乎是对非法证据排除规则以外的证据排除规则的概括。孙远:"证据是如何排除的",载《政法论坛》2005 年第 5 期,转引自戴长林、罗国良、刘静坤:《中国非法证据排除制度》(修订版),法律出版社 2017 年版,第 46 页;陈光中主编:《证据法学》(第 3 版),法律出版社 2015 年版,第 234~278 页。

[2] 李勇:《刑事证据审查三步法则》,法律出版社 2017 年版,第 37 页。

[3] 陈瑞华:"非法证据排除程序的理论展开",载《比较法研究》2018 年第 1 期。

[4] 陈瑞华:"非法证据排除规则的中国模式",载《中国法学》2010 年第 6 期。

既然瑕疵证据排除属于一种创新，必须对这个新的概念予以明确，否则难免会导致认识上的混乱。尤其是"瑕疵"本身就属于一个涵盖范围极广的词汇，从字面意义上可以将"瑕疵证据"往往可以理解为"证据在取证方面未严重违反法定程序，但证据形式存在瑕疵，反映出取证工作未能完全按照规范的要求。如果上述瑕疵只是影响到证据形式上的合法性，没有在实质上影响到证据的真实性，可以实行裁量排除"。[1] 两院三部《办理死刑案件证据规定》中规定大量的瑕疵证据排除情形。如第14条中规定："证人证言的收集程序和方式有下列瑕疵，通过有关办案人员的补正或者作出合理解释的，可以采用：（一）没有填写询问人、记录人、法定代理人姓名或者询问的起止时间、地点的；（二）询问证人的地点不符合规定的……"判断是否属于瑕疵证据的一个重点在于立法上的表述，凡是规定"应当予以补正或者作出合理解释；不能补正或者作出合理解释的，对该证据应当予以排除"，均可视为瑕疵证据。

不过，《刑事诉讼法》第56条中规定的：收集物证、书证不符合法定程序，可能严重影响司法公正的，不能补正或者作出合理解释的证据，不能理解为瑕疵证据。主要原因在于《刑事诉讼法》第56条规定的是"非法证据"的范畴，属于严重侵犯公民宪法权利或重大诉讼权利的情形，因此不属于"微小的缺点"，而是严重性违法行为。非法证据与瑕疵证据在诉讼程序中的区别在于，非法证据应通过专门的程序先行审查决定是否排除，属于相对独立的范畴。经专门程序先行审查后，非法证据由于不具有证据能力，因此不得进入庭审调查程序；瑕疵证据往往由于形式要件存在一定瑕疵、违法程序轻微，从而未丧失证证据力或资格，可以直接进入法庭审理，无需要通过专门程序先行审查，而是通过法庭质证、审理进一步确定其是否可以作为定案证据，属于证据的真实性、可靠性问题。[2] 虽然《刑事诉讼法》第56条中规定的证据不属于瑕疵证据，但是由于最终能否获利证据能力需要法官的裁量，因此其仍然属于裁量性证据，且在法官未作出决定之前，该证据与瑕疵证据一样，都属于资格待定的证据。

---

〔1〕戴长林、罗国良、刘静坤：《中国非法证据排除制度》（修订版），法律出版社2017年版，第262页。

〔2〕戴长林："非法证据排除规则司法适用疑难问题研究"，载《人民司法》2013年第9期。

法律上之所将通过侵犯公民宪法权利或者重要诉讼权利的方式取得的证据予以排除，而将通过其他轻微违法方式取得证据赋予证据能力和资格，根本原因于法律需要在维护程序正义、保障人权与维持国家利益、社会公共利益、惩罚犯罪、保障侦查等工作顺利进行之间寻找到合适的平衡，在程序性违法与程序性制裁之间寻找到适当的平衡。对于那些违法情节不严重、侵害的利益不很重大、造成后果不是特别严重的违法侦查行为，假如一律采用无条件排除的做法，未免过于严厉，容易破坏程序性违法与程序性制裁相均衡的原则，并且也可能导致一些有价值的证据仅仅因为取证手段的轻微违法而被否定了证据能力，使得案件的事实真相难以发现，甚至带来放纵犯罪的消极后果。[1]排除非法证据以维护公民享有的宪法性权利和重要诉讼权利不受侵犯为底线。当然如何把握这一原则性问题，在不同的时期、不同的情势下必然有不同的判断，因此非法证据的范围也会发生相应的变化。甚至在同一情势下，针对不同的案件会有不同的选择。[2]比如美国在"9·11"事件以后通过的《爱国者法案》，大大缩小了非法证据排除的范围。

（三）非法证据与真实性存疑证据

与非法证据排除、瑕疵证据排除规则相类似的还有真实性存疑证据排除规则。该规则主要是指涉及的证据由于其本身特点（如传闻证据）或者严重违反法定以证程序，进而导致该证据具有极大的虚假可能性，据此在规范层面上否定了其作为证据的资格，予以排除，而且法官不存在裁量的空间。此类真实性存疑证据排除规则实际上是将证明力问题转化为证据资格问题。[3]两院三部《办理死刑案件证据规定》中规定大量的真实性存疑证据排除情形。如第13条："具有下列情形之一的证人证言，不能作为定案的根据：（一）询问证人没有个别进行而取得的证言；（二）没有经证人核对确认并签名（盖章）、捺指印的书面证言；（三）询问聋哑人或者不通晓当地通用语言、文字的少数民族人员、外国人，应当提供翻译而未提供的。"

---

[1] 陈瑞华："非法证据排除规则的中国模式"，载《中国法学》2010年第6期。

[2] 戴长林法官认为："对于恐怖活动犯罪、黑社会性质组织犯罪以及杀人犯罪、绑架犯罪等危害国家安全和社会稳定的严重刑事犯罪，侦查机关可能基于维护国家安全和社会公共安全的必要，在特定情况下违反法定程序收集实物证据，实践中对此类非法实物证据是否予以排除应特别慎重。"参见戴长林："非法证据排除规则司法适用疑难问题研究"，载《人民司法》2013年第9期。

[3] 戴长林、罗国良、刘静坤：《中国非法证据排除制度》（修订版），法律出版社2017年版，第261~262页。

非法证据排除与真实性存疑证据排除均属于解决证据资格范畴。区别在于以下几点：第一，设立目的不同。设立非法证据排除规则的目的在于遏制收集证据过程中严禁侵犯公民宪法性权利或重大诉讼权利的行为，在于遏制刑讯逼供。实践中并不能排除通过这种行为收集到的证据是真实的，但即使非法证据是真实的，也不具有证据资格；真实性存疑证据排除规则的设立目的在于，由于证据本身特点（如传闻证据）或者严重违反法定取证程序[1]，进而导致该证据具有极大的虚假可能性问题。第二，适用的排除方式不同。非法证据排除既包括强制性排除，也包括裁量性排除；真实性存疑证据排除仅包括强制性排除，法官无裁量权。第三，适用程序不同。前者必须适用专门程序予以先行排除，禁止进入法庭；后者无须适用专门程序，没有禁止进入法庭，只不过法官不得将之作为定案证据。第四，适用的相关规定不同。认定非法证据必须以《刑事诉讼法》第52、54条等为主要依据；判断真实性存疑证据则需要以存在其他明确法律规定为前提，否则不能适用。

（四）瑕疵证据与真实性存疑证据

如前文所述，瑕疵证据是在取证方面未严重违反法定程序，但证据形式存在瑕疵，反映出取证工作未能完全按照规范的要求。瑕疵只是影响到证据形式上的合法性，没有在实质上影响到证据的真实性。真实性存疑证据主要是指涉及的证据由于其本身特点或者严重违反法定取证程序，进而导致该证据具有极大的虚假可能性，据此在规范层面上否定了其作为证据的资格，予以排除。二者的相同之处在于：第一，都存在违反法律程序取证的情形；第二，均无须经过专门程序审查，均可以进入质证程序。二者的区别在于：第一，产生原因不同，真实性存疑证据不仅可能因违反法定程序取证，也可能由于证据本身特点导致，如传闻证据；第二，违法的程度不同，真实性存疑证据的违法程度相对比瑕疵证据更加严重，而且认定真实性存疑证据必须以明确法律规定为条件，瑕疵证据违法程度较轻；第三，瑕疵证据排除属于裁量性排除，真实性存疑证据属于强制性排除，只要出现规定的情形，真实性存疑证据必须排除，瑕疵证据则只能在不能补正或作出合理解释时才能排除。

---

[1] 如果这种违反法定程序的行为严重侵犯了宪法规定的基本权利等，则属于非法证据的范畴。

五、非法证据的范围和分类

(一) 以非法证据被排除的弹性程度为标准,可以分为强制性排除证据、裁量性排除证据[1]

强制性排除证据主要是指只要出现了法律的应当排除的情况,法官就应当予以排除的非法证据,法官对此不存在回旋的余地。强制性排除的范围,从取证的手段和方法来看,主要包括采用酷刑、威胁、限制人身自由等侵犯基本人权的方式取得的供述。[2]对于这种严重的违法侦查行为,唯有确立最严厉的程序性制裁,即无条件地宣告无效的方式,才能体现程序性违法与程序性制裁相适应的原则,从而达到有效地抑制程序性违法行为的效果。[3]强制性排除的范围主要是指言词证据。

裁量性排除证据主要是指法官对存在一定瑕疵的证据,综合考虑取证手段对公民重要诉讼权利侵犯的程度,从而判断证据是否具有证据能力的方式,法官在此过程中具有一定的裁量权。从程序上看,裁量性排除在作出决定之前,往往会给控方一定的补充和解释机会,法官会在综合这种补充或解释的基础上作出裁量决定。裁量性排除的范围,从取证的手段和方法来看,主要是采用严重侵犯公民诉讼权利的方式取得的供述。相对于公民享有的基本权利,采用侵犯住宅权、隐私权等方式收集证据,与采用酷刑等方式取得供述相比,对权利的侵犯程度相对较低,多数国家都是均衡考虑不同的诉讼价值,基于公正审判的裁量权决定是否排除。[4]裁量性排除的范围,从证据的类型上来看,主要是针对物证、书证。如最高院《排除非法证据规程》第3条规定:"采用非法搜查、扣押等违反法定程序的方法收集物证、书证,可能严重

---

[1] 陈瑞华教授在"非法证据排除程序的理论展开"(载《比较法研究》2018年第1期)一文中认为:"2010年以来,我国非法证据排除规则在两个方面得到了逐步完善:一是确立了以强制性排除、裁量性排除与瑕疵证据补正三元并立的非法证据排除模式。"在"非法证据排除规则的中国模式"一文中认为:"两部证据规定针对不同的非法证据确立了'强制性排除'与'自由裁量的排除'两种规则,并对那些违法情节不严重的'程序瑕疵'确立了'可补正的排除'规则。"同时指出"从广义上说,'可补正的排除'属于'自由裁量的排除'的一个特殊分支。"

[2] 戴长林、罗国良、刘静坤:《中国非法证据排除制度》(修订版),法律出版社2017年版,第81页。

[3] 陈瑞华:"非法证据排除规则的中国模式",载《中国法学》2010年第6期。

[4] 戴长林、罗国良、刘静坤:《中国非法证据排除制度》(修订版),法律出版社2017年版,第81页。

影响司法公正的，应当予以补正或者作出合理解释；不能补正或者作出合理解释的，对有关证据应当予以排除。"

(二) 按照非法证据产生的原因和过程，可以将非法分为原生性非法证据、重复性非法证据和派生性非法证据

原生性非法证据是指由于非法收集行为直接产生的证据，如由于刑讯逼供产生的被告人供述。重复性非法证据是指被告人由于前期受到非法行为从而形成相关言词证据，后期由于受到前期非法行为的影响而重复形成的证据。比如最高院《排除非法证据规程》第1条第2款规定："采用刑讯逼供方法使被告人作出供述，之后被告人受该刑讯逼供行为影响而作出的与该供述相同的重复性供述，应当一并排除。"派生性非法证据是指以非法言词证据和非法实物证据为线索取得的证据，即"毒树之果"。按照最高人民法院戴长林法官的观点，2010年两院三部《非法证据排除规定》制定之初，曾对毒树之果问题作出规定："对于以非法言词证据和非法实物证据为线索取得的证据，法庭根据取证行为违法的程度和案件的具体情况决定能否作为定案的根据。"但考虑到实际情况十分复杂，最终未保留该内容。2012年《刑事诉讼法》在确立非法证据排除规则的同时，也未就毒树之果问题作出规定。在起草两院三部《严格排除非法证据规定》过程中，关于是否确立毒树之果排除规则面临较大争议，有的部门认为，毒树之果具有客观性，一旦排除将直接影响案件事实的认定，不利于惩罚犯罪。鉴于目前非法实物证据排除规则的落实尚有难度，排除毒树之果的难度更大，最终没有规定。但从长远看，为有效遏制刑讯逼供等非法取证情形，兼顾实体公正和程序公正，有必要在立法层面确定毒树之果的裁量排除规则。[1]

(三) 按照刑事证据的分类为标准，非法证据包括犯罪嫌疑人和被告人的供述、证人证言、被害人陈述、物证和书证

非法证据的定义和理念倾向于以获取证据的手段作为判断是否属于非法证据的核心标准，只要取证手段侵犯公民宪法权利或者重要诉讼权利，获取的证据均属于非法证据。因此从理论上，对于刑事诉讼法规定的所有证据种类，均可能被采用非法手段获得，均可能成为非法证据。但是，我国刑事诉讼法以及其他相关规定来看，目前我国纳入非法排除规则的证据仅仅包括以

---

[1] 戴长林："非法证据排除制度的新发展及重点问题研究"，载《法律适用》2018年第1期。

上标题中的五类证据。《刑事诉讼法》第50条规定的鉴定意见；勘验、检查、辨认、侦查实验等笔录；视听资料、电子数据没有纳入，其他司法解释等亦作类似规定。对于该三类证据即使通过严重违法手段获得，并不能依据非法证据排除程序处理，似乎可以进入法庭审理，这种立法模式无疑让人产生疑问和不解。尤其是最高院《以审判为中心实施意见》第21条中规定："采取刑讯逼供、暴力、威胁等非法方法收集的言词证据，应当予以排除。"或许从非法证据排除的设立目的和意义上来讲，所有证据均可纳入非法证据排除的范围并无不利。本书在研究过程中，基本是将非法证据的种类划分为言词证据和实物证据，言词证据主要包括证人证言、被害人陈述、犯罪嫌疑人和被告人供述、鉴定意见等；实物证据主要包括物证、书证、电子数据等。[1]

六、是否构成非法证据的判断标准

（一）犯罪嫌疑人、被告人供述是否属于非法证据的判断标准

综合前述相关理论并结合相关规定，判断犯罪嫌疑人、被告人供述属于非法证据的标准可以分为两大类，第一为采用酷刑、威胁、限制人身自由等侵犯基本人权的方式取得的供述；第二为采用严重侵犯公民重要诉讼权利的手段获得的供述。

关于与刑事诉讼相关的基本人权的范围，我国《宪法》主要规定了以下内容：①人身自由权。《宪法》第37条规定："中华人民共和国公民的人身自由不受侵犯。任何公民，非经人民检察院批准或者决定或者人民法院决定，并由公安机关执行，不受逮捕。禁止非法拘禁和以其他方法非法剥夺或者限制公民的人身自由，禁止非法搜查公民的身体。"②人格尊严不受侵犯权。《宪法》第38条规定："中华人民共和国公民的人格尊严不受侵犯。禁止用任何方法对公民进行侮辱、诽谤和诬告陷害。"③公民的住宅不受侵犯。《宪法》第39条规定："中华人民共和国公民的住宅不受侵犯。禁止非法搜查或者非法侵入公民的住宅。"④通信自由和通信秘密受法律的保护权。《宪法》第40条规定："中华人民共和国公民的通信自由和通信秘密受法律的保护。除因国家安全或者追查刑事犯罪的需要，由公安机关或者检察机关依照法律规定的

---

[1] 就目前录音录像基本采取电子数据方式存储的情况下，实质上可以划入电子数据的范围。

程序对通信进行检查外,任何组织或者个人不得以任何理由侵犯公民的通信自由和通信秘密。"

《刑事诉讼法》规定的犯罪嫌疑人和被告人享有的重要诉讼权利包括:①委托辩护人权利。《刑事诉讼法》第34条中作出相关规定。②不得强迫任何人证实自己有罪。《刑事诉讼法》第52条中对此作出规定。我国虽然没有确立沉默权制度,但2012年《刑事诉讼法》修订中增加的"不得强迫任何人证实自己有罪"已经属于立法上的重大进步,属于犯罪嫌疑人、被告人重要的诉讼权利之一。③严禁非法拘禁。《刑事诉讼法》第119条第3款中对此作出规定。④其他重大诉讼权利,如侦查人员在讯问犯罪嫌疑人的时候,应当首先讯问犯罪嫌疑人是否有犯罪行为,让他陈述有罪的情节或者无罪的辩解,然后向他提出问题。犯罪嫌疑人对侦查人员的提问,应当如实回答。但是对与本案无关的问题,有拒绝回答的权利。查人员在讯问犯罪嫌疑人的时候,应当告知犯罪嫌疑人如实供述自己罪行可以从宽处理的法律规定等。

1. 通过侵犯公民基本人权的方法取得的供述——强制性排除

刑事诉讼法及相关司法解释对于采用侵犯公民基本人权的方法获得的证据一律予以强制性排除。结合相关规定来看,主要包括以下情形:

(1) 刑讯逼供。刑讯逼供是指使用肉刑或者变相使用肉刑,使犯罪嫌疑人在肉体或者精神上遭受剧烈疼痛或者痛苦以逼取供述的行为,刑讯逼供严重侵犯公民基本人权。①肉刑。肉刑主要体现为殴打、捆绑、违法使用戒具等暴力方法,使犯罪嫌疑人在肉体或者精神上遭受剧烈疼痛或者痛苦。两院三部《严格排除非法证据规定》第2条中规定:"采取殴打、违法使用戒具等暴力方法或者变相肉刑的恶劣手段,使犯罪嫌疑人、被告人遭受难以忍受的痛苦而违背意愿作出的供述,应当予以排除。"最高院《排除非法证据规程》第1条第1项中亦有类似规定。最高院《刑事诉讼法解释》第95条中规定:"使用肉刑或者变相肉刑,或者采用其他使被告人在肉体上或者精神上遭受剧烈疼痛或者痛苦的方法,迫使被告人违背意愿供述的,应当认定为刑事诉讼法第54条规定的'刑讯逼供等非法方法'。"最高人民检察院《关于渎职侵权犯罪案件立案标准的规定》中规定:"刑讯逼供罪是指司法工作人员对犯罪嫌疑人、被告人使用肉刑或者变相肉刑逼取口供的行为。涉嫌下列情形之一的,应予立案:1. 以殴打、捆绑、违法使用械具等恶劣手段逼取口供的……"②变相肉刑。比如冻、饿、晒、烤、疲劳审讯。最高人民检察院《关于渎职侵权犯罪案件立案标准的规定》中规定："刑讯逼供罪是指司法工作人员对犯罪嫌疑人、被告人使用肉刑或者变相肉刑逼取口供的行为。涉嫌下列情形之一的，应予立案：…… 2. 以较长时间冻、饿、晒、烤等手段逼取口供，严重损害犯罪嫌疑人、被告人身体健康的……"最高院《防范冤假错案机制》第 8 条中规定："采用刑讯逼供或者冻、饿、晒、烤、疲劳审讯等非法方法收集的被告人供述，应当排除。"③"其他非法方法"，即采用其他使被告人在肉体上或者精神上遭受剧烈疼痛或者痛苦的方法。《刑事诉讼法》第 56 条规定的"其他非法方法"是指被告人在肉体上或者精神上遭受剧烈疼痛或者痛苦的方法。最高检《检察院诉讼规则》第 54 条第 3 款规定："其他非法方法是指违法程度和对犯罪嫌疑人的强迫程度与刑讯逼供或者暴力、威胁相当而迫使其违背意愿供述的方法。"两院三部《严格排除非法证据规定》第 3 条规定，采用以暴力或者严重损害本人及其近亲属合法权益等进行威胁的方法，使犯罪嫌疑人、被告人遭受难以忍受的痛苦而违背意愿作出的供述，应当予以排除。

（2）威胁。威胁对犯罪嫌疑人带来的危害虽然没有刑讯逼供更加恶劣，但其客观会造成对犯罪嫌疑人造成精神上的强迫，所有采用严重损害本人及其近亲属合法权益等进行威胁的方法，应当依法予以排除。如两院三部《以审判为中心意见》第 4 条中规定："对采取刑讯逼供、暴力、威胁等非法方法收集的言词证据，应当依法予以排除。"

不过威胁究竟达到何等程度才能成为非法证据，在两院三部《严格排除非法证据规定》之前，一直缺少具体的规定，容易给司法实践带来操作上的困难。到目前为止，极少出现将采用威胁方法获得的犯罪嫌疑人供述证据认定为非法证据的情况。两院三部《严格排除非法证据规定》第 3 条中规定："采用以暴力或者严重损害本人及其近亲属合法权益等进行威胁的方法，使犯罪嫌疑人、被告人遭受难以忍受的痛苦而违背意愿作出的供述，应当予以排除。"最高院《排除非法证据规程》第 1 条中规定："采用以暴力或者严重损害本人及其近亲属合法权益等进行威胁的方法，使被告人遭受难以忍受的痛苦而违背意愿作出的供述，属于以非法方法收集的供述。"

《刑事审判参考》刊载的第 1140 号尹某受贿罪案中，对威胁的方式有所论述。本案中，由于侦查机关没有移送 25~27 日对尹某进行调查时的同步录音、录像，经过多方协调，办案法官在侦查机关指定地点观看了该期间的同步录音、录像,资料显示尹某在进入办案地点之后产生较强的抗拒情绪,经过多天的思想教育仍未交代犯罪事实。在27日17时~19时,办案人员对尹某有言语辱骂,并威胁其再不交代问题将把其家人带至办案地点一并调查等违规情况,以此给尹某造成较大的心理压力,迫使其尽快承认犯罪事实。[1]该案综合其他证据,对侦查阶段初期形成的言词材料作为非法证据予以排除。

(3)非法拘禁等非法限制人身自由的方法。两院三部《严格排除非法证据规定》第4条中规定:"采用非法拘禁等非法限制人身自由的方法收集的犯罪嫌疑人、被告人供述,应当予以排除。"最高院《排除非法证据规程》第1条中规定:"采用非法拘禁等非法限制人身自由的方法收集的被告人供述,属于以非法收集的供述。"

关于立案前初查阶段形成的言词证据是否属于非法证据,是否属于非法限制人身自由问题,在司法实践中存在一定争议。辩护人往往认为,在此阶段形成的言词证据属于通过非法拘禁等限制人身自由的方式获得的证据,属于非法证据。但就司法实践来看,不一定能够获利采纳。《刑事审判参考》刊载的第1140号尹某受贿罪案的裁判理由认为:侦查机关启动侦查以发现犯罪事实为前提,并不以立案为必要前提。立案的实质是为强制侦查提供法律依据,而非启动侦查的前提。能够证明案件事实情况的合法材料,都可以被用作为证据或者证据辅助材料。初查阶段取得的被调查人言词证据材料,符合取证主体和办案程序的相关规定,具有合法性,调查当中无刑讯逼供等非法情形的,可以作为诉讼证据使用。[2]笔者在工作中亦处理过类似案件并获得了类似结果。

(4)疲劳审讯。疲劳审讯可以说是目前司法实践中最常见的一种非法取证方式,由于疲劳审讯无疑会使被告人"肉体上或者精神上遭受剧烈疼痛或者痛苦",为避免采用疲劳审讯方式非法取证,可以将疲劳审讯归入到变相肉刑的范围。

如何界定疲劳审查同样是实践中的难点。两院三部《严格排除非法证据

---

[1] "尹某受贿罪案——如何审查被告人在侦查阶段不同期间所作供述的合法性",载最高人民法院刑事审判第一、二、三、四、五庭主办:《刑事审判参考》,法律出版社2015年版,第19页。

[2] "尹某受贿罪案——如何审查被告人在侦查阶段不同期间所作供述的合法性",载最高人民法院刑事审判第一、二、三、四、五庭主办:《刑事审判参考》,法律出版社2015年版,第19页。

规定（征求意见稿）》中曾规定："讯问犯罪嫌疑人、被告人，应当保证每日不少于8小时的连续休息时间。采用违反上述规定的疲劳讯问方法收集的犯罪嫌疑人、被告人供述，应当予以排除。"不过，由于多种原因该条规定最终未被采纳。实践中如何把握是否构成疲劳审讯，可以借鉴最高检《检察院诉讼规则》第195条的规定。该条规定："传唤持续的时间不得超过12小时；案情特别重大、复杂，需要采取拘留、逮捕措施的，传唤持续的时间不得超过24小时。两次传唤间隔的时间一般不得少于12小时，不得以连续传唤的方式变相拘禁犯罪嫌疑人。传唤犯罪嫌疑人，应当保证犯罪嫌疑人的饮食和必要的休息时间。"从以上规定来看，审讯时间有两个基本规定：第一，两次讯问间隔得不少于12小时；第二，必须保证被告人有必要的休息时间，按照正常的生活要求，应保证被告人每24小时内连续休息8小时。实践中，已经出现法院以疲劳审讯获得的证据认定为非法证据的判例。如《刑事审判参考》刊载的第1141号吴某、朱某贪污案，该案中被告人吴毅在长达三十多小时的连续讯问过程中没有得到必要休息，这种疲劳审讯属于一种变相肉刑，它对公民基本权利的侵犯程度与刑讯逼供基本相当。吴某在这种情况下所作有罪供述不能排除是在精神和肉体遭受痛苦的情况下，违背自己意愿作出的。这种供述不可靠，属于使用非法方法取得的证据，应当予以排除，不得作为定案依据使用。[1]《刑事审判参考》刊载的第1140号尹某受贿罪案，该案中被告人尹某称其于7月25日晚进入侦查机关指定的办案地点接受调查，至28日上午立案之时，历时约72小时，没有离开过办案地点，并一直接受办案人员"车轮战"式的调查，每天睡眠时间不足4小时。另外，25~27日，侦查机关没有制作一份调查笔录，也未移送25~27日的同步录音、录像资料。据办案人员称，此段时间，其一直在对尹某进行思想教育。基于对上述情况的判断，办案法官内心产生较强确信，在该期间侦查机关采用"疲劳战术"对尹某进行取证。[2]

以下为笔者承办一起受贿罪案件中被告人的供述时间汇总，其中存在的疲劳审讯问题非常明显：

---

[1] "吴毅、朱蓓娅贪污案"，载最高人民法院刑事审判第一、二、三、四、五庭主办：《刑事审判参考》，法律出版社2017年版，第37页。

[2] "尹某受贿罪案——如何审查被告人在侦查阶段不同期间所作供述的合法性"，载最高人民法院刑事审判第一、二、三、四、五庭主办：《刑事审判参考》，法律出版社2015年版，第19页。

① 2015.10.11日19：45~12日5点10，讯问了整整一夜；
② 2015年10月14日10：03~10：14；
③ 2015年10月14日14：15~15：23；
④ 2015年10月15日02：10~02：18，在凌晨讯问；
⑤ 2015年10月15日04：10~05：20，继续在凌晨讯问；
⑥ 2015年10月15日10：11~10：57，继续白天讯问；
⑦ 2015年10月15日11：19~12：35，继续白天讯问；
⑧ 2015年10月15日15：30~16：30，继续白天讯问；
⑨ 2015年10月16日00：01~02：08，继续午夜讯问；
⑩ 2015年10月16日05：10~07：00，继续凌晨讯问。

（5）因刑讯逼供导致的重复性供述。两院三部《严格排除非法证据规定》第5条中规定："采用刑讯逼供方法使犯罪嫌疑人、被告人作出供述，之后犯罪嫌疑人、被告人受该刑讯逼供行为影响而作出的与该供述相同的重复性供述，应当一并排除，但下列情形除外：（一）侦查期间，根据控告、举报或者自己发现等，侦查机关确认或者不能排除以非法方法收集证据而更换侦查人员，其他侦查人员再次讯问时告知诉讼权利和认罪的法律后果，犯罪嫌疑人自愿供述的；（二）审查逮捕、审查起诉和审判期间，检察人员、审判人员讯问时告知诉讼权利和认罪的法律后果，犯罪嫌疑人、被告人自愿供述的。"

关于重复性供述不应当"一刀切"均认为属于非法证据，无论在理论还是实务界均是不争之事实，两院三部《严格排除非法证据规定》第5条中亦为此作出两种例外。但是笔者认为，这两种例外性的规定难免有些过于严格。因为从犯罪嫌疑人的心理分析，不消除恐惧心理影响继续取证实质上是侵犯基本人权的延续。尤其是行为人在向后续的司法机关反映其被刑讯逼供的痛苦遭遇后，非但未获得后续的司法机关的积极回应，反而继续让其作有罪供述，一定程度上让行为人感觉后续的司法机关与前期的司法机关是同一条战线的，其心理包袱不是减轻了而是加重了。[1]在此情况下，被告人是否会继

---

[1] 刘晓虎："文某非法持有毒品案"，载最高人民法院刑事审判第一、二、三、四、五庭主办：《刑事审判参考》，法律出版社2015年版，第8页。

续重复供述,并不能得出确定结论。或者说,即使更换办案机关或办案人员,被告人业已形成的心理恐惧能否完全消除,并不能得出统一结论。在此种情况下,以侦查机关更换人员、检察人员提审等作为判断重复性供述是否属于非法证据,其科学性并不是十分充分。就英国司法状况来看,究竟如何判断后续遵守法定程序的讯问是否消除最初非法讯问的影响,2002年兴格勒顿案件提出了二步式审查标准:第一,导致先前供述被排除的非法讯问情形是否具有根本性持续性;第二,后续讯问是否充分保障被告人权利,促使其能够明智且独立地选择重复最初供述、撤回最初供述或者保持沉默。该案中,最初非法讯问情形并不具有持续性,兴格勒顿有充分理由和机会决定是否重复最初供述,因此后续供述不应被排除。[1]

(6)指供。刑讯逼供、威胁、诱供和欺骗等非法手段虽然可以获得犯罪嫌疑人的供述,但是单单凭借此种手段一般情况下难以实现其目的。比如一个犯罪嫌疑人在没有杀人的情况下,无论如何也难以具体描述其杀人的过程;一个犯罪嫌疑人没有受贿,无论如何也难以将相关的数额、时间、地点等"行贿人"达成一致。因此,要想通过前述方法达到"侦查目的",与该些非法手段相伴随的往往是侦查人员的指供,即通过明示或暗示的方式使犯罪嫌疑人理解侦查人员想要达到的目标并违背事实作出供述。没有指供,通过刑讯逼供等非法手段获得犯罪嫌疑人供述几乎没有意义。从前述指供产生的原因及造成的后果来看,一旦出现侦查人员指供的情形,应当作为非法证据直接强制性排除。在聂树斌案件再审判决书中,关于关键证据"花上衣"的供述情况,再审判决书认定不能排除指供、诱供可能。"聂树斌曾经供述自己本来想不说,后在办案人员'劝说和帮助下说清整个过程';聂树斌供述偷花上衣的地点存在随证而变的情形;一些笔录显示讯问内容指向明确;参与现场勘查的办案人员曾称被安排到讯问场所与聂树斌核对案发现场情况等,故不能排除存在指供、诱供的可能。"[2]

---

[1] "英国非法证据排除制度考察报告",载最高人民法院刑事审判第一、二、三、四、五庭主办:《刑事审判参考》,法律出版社2015年版,第30页。
[2] "聂树斌故意杀人、强奸妇女再审刑事判决书",载 http://wenshu.court.gov.cn/content/content? DocID=05b7e52f-5fa0-435c-8562-683f2e368fa4&KeyWord=%EF%BF%BD%EF%BF%BD%EF%BF%BD%EF%BF%BD%EF%BF%BD,访问日期:2018年8月8日。

2. 通过严重侵犯公民重要诉讼权利的方法获得的供述——裁量性排除

刑事诉讼活动是一场国家与个人之间产生争端的过程中，代表的国家公权力的侦查机关、公诉机关相对于被告人无疑具有强大的优势和能力，为防止公权力的滥用，必须赋予处于弱势地位的被告人相应的诉讼权利，以实现对双方权利的平等武装。我国法律赋予被告人多项诉讼权利，若侦查机关采取严重侵犯公民重要诉讼权利的手段获得供述，显然不符合程序正义的价值要求。如前文所述，与侵犯公民的宪法性权利相比较，通过严重侵犯公民重要诉讼权利的方法获得的供述，对公民权利的侵犯程度相对较低，多数国家都是均衡考虑不同的诉讼价值，基于公正审判的裁量权决定是否排除。关于重要诉讼权利的范围，结合我国相关规定主要包括诉讼权利被告知权、不得强迫自证其罪等。排除的情形主要包括：

（1）诱供和欺骗。通过诱供、欺骗方式取证侵犯了犯罪嫌疑人的自愿供述权。《刑事诉讼法》第52条将通过引诱、欺骗方法获得的证据为非法证据，遗憾的是在其他解释、规定中，没有任何关于诱供的类似规定。[1]这可能源于诱供、欺骗在许多情况下属于侦查的手段，"适度欺骗是刑事审讯的基本方法之一"，理论界和实务界对引诱、欺骗方法的认可度（容忍度）较高。[2]但是，引诱、欺骗等强制性方法虽然不如刑讯逼供等直接侵犯了犯罪嫌疑人的宪法性权利，但是该种行为严重侵犯了犯罪嫌疑人的自愿供述权、严重损害诉讼程序的公正性，在法律上明确规定通过引诱、欺骗方法获得的证据为非法证据的情况下，没有理由将这种行为排除在辩护方法之外。两院三部《严格排除非法证据规定（征求意见稿）》中曾经规定："采取以许诺法律不准许的利益等进行引诱或者指供的方法收集的犯罪嫌疑人、被告人供述，应当予以排除。采取以伪造物证、书证等进行欺骗的方法收集的犯罪嫌疑人、被告人供述，应当予以排除。"此处立法试图以许诺的利益是否被法律所准许作为判断非法证据的标准。比如对于吸食毒品的犯罪嫌疑人，侦查人员以给以相关毒品作为供述的条件，引诱犯罪嫌疑人，通过这种方式获得的供述应

---

[1] 李勇检察官认为，按照德国证据禁止理论，《刑事诉讼法》第52条属于证据的取得禁止，第56条属于使用禁止。参见李勇：《刑事证据审查三步法则》，法律出版社2017年版，第62页。

[2] [美]弗雷德英博：《审讯与供述》，何家弘译，群众出版社1992年版，第275页，转引自戴长林、罗国良、刘静坤：《中国非法证据排除制度》（修订版），法律出版社2017年版，第99页。

予排除。龙宗智教授认为，这种做法的违法程度不亚于刑讯逼供。[1]实践中，经常会出现侦查人员以可以获得取保候审为条件，引诱犯罪嫌疑人作出有罪供述的情形，笔者在办理案件中屡有所见。按照前述精神，显然属于"法律不准许的利益"，应当属于非法证据予以排除。

（2）首次讯问笔录没有记录告知被讯问人诉讼权利内容的。对前述情况无法通过有关办案人员的补正或者作出合理解释的，应当予以排除。《刑事诉讼法》第120条规定："侦查人员在讯问犯罪嫌疑人的时候，应当首先讯问犯罪嫌疑人是否有犯罪行为，让他陈述有罪的情节或者无罪的辩解，然后向他提出问题。犯罪嫌疑人对侦查人员的提问，应当如实回答。但是对与本案无关的问题，有拒绝回答的权利。"公安部《刑事程序规定》第198条规定："侦查人员讯问犯罪嫌疑人时，应当首先讯问犯罪嫌疑人是否有犯罪行为，并告知犯罪嫌疑人如实供述自己罪行可以从轻或者减轻处罚的法律规定，让他陈述有罪的情节或者无罪的辩解，然后向他提出问题。犯罪嫌疑人对侦查人员的提问，应当如实回答。但是对与本案无关的问题，有拒绝回答的权利。"两院三部《严格排除非法证据规定》第16条规定："审查逮捕、审查起诉期间讯问犯罪嫌疑人，应当告知其有权申请排除非法证据，并告知诉讼权利和认罪的法律后果。"第23条规定："人民法院向被告人及其辩护人送达起诉书副本时，应当告知其有权申请排除非法证据。"

（3）在规定的办案场所外讯问取得的供述。关于讯问地点，按照相关规定，合法的讯问地点只有以下三种：第一，侦查机关指定的地点。《刑事诉讼法》第119条规定："对不需要逮捕、拘留的犯罪嫌疑人，可以传唤到犯罪嫌疑人所在市、县内的指定地点或者到他的住处进行讯问，但是应当出示人民检察院或者公安机关的证明文件。"公安部《刑事程序规定》第193条规定："公安机关对于不需要拘留、逮捕的犯罪嫌疑人，经办案部门负责人批准，可以传唤到犯罪嫌疑人所在市、县内的指定地点或者到他的住处进行讯问。"此处"犯罪嫌疑人所在市、县内的指定地点"，包括三个条件，首先是犯罪嫌疑人所在市、县内；其次必须经侦查机关出示证明；最后，该指定点应当是犯罪嫌疑人所在市县侦查机关的办案场所，不得宾馆、酒店、招待所等其他场所讯问。第二，犯罪嫌疑人的住处。《刑事诉讼法》第119条规定可以在犯罪

---

[1] 龙宗智主编：《中国刑事证据规则研究》，中国检察出版社2011年版，第449页。

嫌疑人的住处进行讯问，比如犯罪嫌疑人病情严重、即将分娩等情形。第三，看守所。《刑事诉讼法》第 118 条第 2 款规定："犯罪嫌疑人被送交看守所羁押以后，侦查人员对其进行讯问，应当在看守所内进行。"两院三部《严格排除非法证据规定》第 9 条中规定："拘留、逮捕犯罪嫌疑人后，应当按照法律规定送看守所羁押。犯罪嫌疑人被送交看守所羁押后，讯问应当在看守所讯问室进行。因客观原因侦查机关在看守所讯问室以外的场所进行讯问的，应当作出合理解释。"最高院《排除非法证据规程》第 26 条中规定，"侦查机关除紧急情况外没有在规定的办案场所讯问，现有证据不能排除以非法方法收集证据的"，应当予以排除。最高院《防范冤假错案机制》第 8 条中规定："除情况紧急必须现场讯问以外，在规定的办案场所外讯问取得的供述，未依法对讯问进行全程录音录像取得的供述，以及不能排除以非法方法取得的供述，应当排除。"从实践中来看，犯罪嫌疑人被提出看守所讯问后，往往供述会发生重大变化，对此应引起辩护人的充分注意。将供述的变化与犯罪嫌疑人被提出看守所讯问结合，往往是实现非法证据排除的重要方法和依据。

[案例]江苏省高级人民法院审理的沈某、林某等寻衅滋事罪（再审，案号［2016］苏刑再 4 号）一案中，再审法院在判决书中认定：1. 沈某的 11 份讯问笔录中有 5 次是有罪供述，沈某先后两次被侦查人员提出看守所讯问后入所的检查结论，一为"健康"，一为"/"。2. 林某的 10 份讯问笔录中有 4 次是有罪供述，林某先后 2 次被侦查人员提出看守所讯问后入所的检查结论，一为空白，一为"健康"。3. 五位侦查人员作出关于"不存在刑讯逼供、诱供情节"的"情况说明"，虽然经一审庭审质证、认证，但不能作为其自证无过的证据，且与灌南县看守所在押人员出所入所情况表这一客观书证相矛盾。4. 侦查人员以"辨认现场"为由分别将沈某、林某、林某 2 提出看守所，但案卷中没有辨认现场笔录。5. 侦查人员对三人的讯问笔录记载的讯问地点与情况表记载内容不符。6. 侦查人员对其三人的讯问过程没有全程的同步录音录像，而公诉机关提交的经原审庭审质证的录音录像与上述讯问笔录均不能相互对应。7. 沈某的讯问同步录音录像没有制作过程的证据材料，视频时间 20 分钟，对应的讯问笔录时间超过 2 小时。8. 沈某、林某、林某 2 在其他讯问笔录中或拒绝签字，或辩解无罪。上述沈某、林某、林某 2 的有罪

供述笔录的形成时间均在被侦查人员以"辨认犯罪现场"为由提出看守所期间。案卷内无发破案记录、辨认现场笔录。

最终,再审法院认为,侦查机关提供沈某、林某、林某2有罪供述笔录不是建立在全面收集其供述和辩解的基础上,且取证的合法性存疑,不能排除系在刑讯逼供的情况下作出。公诉机关举证未达到确实、充分的程度,不具有绝对的排他性。依照两院三部《非法证据排除规定》第11条、第12条规定,原审上诉人沈某、林某、林某2在庭前的有罪供述均不能作为定案的根据,应当作为非法证据予以排除。[1]

(4)应当对讯问过程录音录像的案件没有提供讯问录音录像,或者讯问录音录像存在选择性录制、剪接、删改等情形,现有证据不能排除以非法方法收集证据的。

两院三部《以审判为中心意见》第5条中规定:"严格按照有关规定要求,在规范的讯问场所讯问犯罪嫌疑人。严格依照法律规定对讯问过程全程同步录音录像,逐步实行对所有案件的讯问过程全程同步录音录像。"最高院《排除非法证据规程》第26条中规定,"应当对讯问过程录音录像的案件没有提供讯问录音录像,或者讯问录音录像存在选择性录制、剪接、删改等情形,现有证据不能排除以非法方法收集证据的",应当予以排除。按照相关规定,以下情况应当进行录音录像:

①犯罪嫌疑人被送交看守所羁押后,讯问应当在看守所讯问室进行并全程同步录音或者录像。

②除情况紧急必须现场讯问以外,在规定的办案场所外讯问取得的供述,未依法对讯问进行全程录音录像取得的供述,以及不能排除以非法方法取得的供述,应当排除。

③对于可能判处无期徒刑、死刑的案件或者其他重大犯罪案件,应当对讯问过程进行录音或者录像。前述规定的"可能判处无期徒刑、死刑的案件",是指应当适用的法定刑或者量刑档次包含无期徒刑、死刑的案件。"其他重大犯罪案件",是指致人重伤、死亡的严重危害公共安全犯罪、严重侵犯

---

[1] 参见"沈某、林某等寻衅滋事罪再审刑事判决书",载http://wenshu.court.gov.cn/content/content?DocID=97d16f0d-5e5f-4b04-b0d1-a78b011b785a&KeyWord=%EF%BF%BD%EF%BF%BD%EF%BF%BD,访问日期:2018年8月8日。

公民人身权利犯罪，以及黑社会性质组织犯罪、严重毒品犯罪等重大故意犯罪案件。黑社会性质组织犯罪案件，包括组织、领导黑社会性质组织，入境发展黑社会组织，包庇、纵容黑社会性质组织等犯罪案件。严重毒品犯罪案件，包括走私、贩卖、运输、制造毒品，非法持有毒品数量大的，包庇走私、贩卖、运输、制造毒品的犯罪分子情节严重的，走私、非法买卖制毒物品数量大的犯罪案件。

④犯罪嫌疑人是盲、聋、哑人，未成年人或者尚未完全丧失辨认或者控制自己行为能力的精神病人，以及不通晓当地通用的语言文字的。

⑤犯罪嫌疑人反侦查能力较强或者供述不稳定，翻供可能性较大的。

⑥犯罪嫌疑人作无罪辩解和辩护人可能作无罪辩护的。

⑦犯罪嫌疑人、被害人、证人对案件事实、证据存在较大分歧的。

⑧共同犯罪中难以区分犯罪嫌疑人相关责任的。

⑨引发信访、舆论炒作风险较大的。

⑩社会影响重大、舆论关注度高的。

⑪人民检察院讯问职务犯罪嫌疑人实行全程同步录音、录像。是指人民检察院办理直接受理侦查的职务犯罪案件，讯问犯罪嫌疑人时，应当对每一次讯问的全过程实施不间断的录音、录像。讯问过程中，需要出示、核实或者辨认书证、物证等证据的，应当当场出示，让犯罪嫌疑人核实或者辨认，并对核实、辨认的全过程进行录音、录像。讯问过程中，因技术故障等客观情况无法录音、录像的，一般应当停止讯问，待故障排除后再行讯问。讯问停止的原因、时间和再行讯问开始的时间等情况，应当在笔录和录音、录像中予以反映。无法录音、录像的客观情况一时难以消除又必须继续讯问的，讯问人员可以继续进行讯问，但应当告知犯罪嫌疑人，同时报告检察长并获得批准。未录音、录像的情况及告知、报告情况应当在笔录中予以说明，由犯罪嫌疑人签字确认。待条件具备时，应当对未录的内容及时进行补录。

⑫监察机关办理的所有留置案件，讯问过程等均需要全程同步录音录像。《监察法》第41条规定："调查人员采取讯问、询问、留置、搜查、调取、查封、扣押、勘验检查等调查措施，均应当依照规定出示证件，出具书面通知，由二人以上进行，形成笔录、报告等书面材料，并由相关人员签名、盖章。调查人员进行讯问以及搜查、查封、扣押等重要取证工作，应当对全过程进

行录音录像,留存备查。"

关于录音录像的问题实践中还存在先逼供后制作笔录和录像的情形,对于这种情况,往往在录像里看不出刑讯逼供等情形,控方一般会将其作为认定不存在非法证据的主要理由。对此,应当区别对待。比如《刑事审判参考》刊载的刑某、吴某故意杀人罪(第926号)案件中,侦查机关对犯罪嫌疑人多次变更羁押地点且时间不详,多次讯问均不在看守所。尤其是A市检察院于6月10日提审和侦查机关于6月11日宣布逮捕刑某时,刑某均不认罪之后,A市公安局刑侦大队办案人员获批准将刑某提押出看守所指认现场,但明显与刑某指认现场笔录所记载的时间6月4日14时不相符。而侦查机关在还押后仅10分钟却再次提讯刑某,刑某又作出有罪供述,这一情节实属反常。对于公诉机关提供的同步录像能否证明讯问合法的问题。由于第二被告人提出被提押到看守所以外的地方,先逼供后制作笔录和录像的问题,公诉机关未能够提供相关证据予以排除。因此,该录像仅能证明讯问当时的情况,不能否定被告人提出的事先存在逼供的情形,达不到证明取证合法性的效果。综合公诉机关据以证明被告人刑某、吴某审判前有罪供述合法性的证据未达到确实、充分的程度,刑某、吴某审判前的有罪供述,不能作为定案的根据。[1] 这一判例,为辩护人如何审查录像、如何否认录像反映内容的真实性提供了重要参考。

(5)驻看守所检察人员在重大案件侦查终结前未对讯问合法性进行核查,或者未对核查过程同步录音录像,或者录音录像存在选择性录制、剪接、删改等情形,现有证据不能排除以非法方法收集证据的。

最高院《排除非法证据规程》第26条中规定,"驻看守所检察人员在重大案件侦查终结前未对讯问合法性进行核查,或者未对核查过程同步录音录像,或者录音录像存在选择性录制、剪接、删改等情形,现有证据不能排除以非法方法收集证据的",应当予以排除。

3. 辩护人发现和固定犯罪嫌疑人供述属于非法证据的具体方法

虽然是否属于非法证据的证明责任由公诉机关承担,但作为辩护人应尽

---

[1] 参见李文玉:"刑某、吴某故意杀人案件——故意杀人案件中非法证据的审查判断及处理",载最高人民法院刑事审判第一、二、三、四、五庭主办:《刑事审判参考》,法律出版社2014年版,第50页。

量设法发现并固定该些证据,这对有效辩护存在重要影响。

(1)要求调取体检记录。如前文所述江苏省高级人民法院审理的沈某、林某等寻衅滋事罪(再审,案号[2016]苏刑再4号)一案中,再审法院在判决书中认定,沈某先后两次被侦查人员提出看守所讯问后入所的检查结论,一为"健康",一为"/"。该体检记录对于证明构成非法证据具有重要影响。

(2)审查采取强制措施或者侦查措施的法律文书。这些文书中关于采取强制措施的时间、地点等均有明确记载,通过该些时间等与犯罪嫌疑人的辩解相对比,以发现是否存在非法限制人身自由等情形。

(3)审查侦查终结前对讯问合法性的核查材料等证据材料。最高院《排除非法证据规程》第26条中规定,"驻看守所检察人员在重大案件侦查终结前未对讯问合法性进行核查,或者未对核查过程同步录音录像,或者录音录像存在选择性录制、剪接、删改等情形,现有证据不能排除以非法方法收集证据的",应当予以排除。

(4)审查录音录像。最高院《排除非法证据规程》第32条中规定:"法庭对证据收集的合法性进行调查的,应当重视对讯问录音录像的审查,重点审查以下内容:(一)讯问录音录像是否依法制作。对于可能判处无期徒刑、死刑的案件或者其他重大犯罪案件,是否对讯问过程进行录音录像;(二)讯问录音录像是否完整。是否对每一次讯问过程录音录像,录音录像是否全程不间断进行,是否有选择性录制、剪接、删改等情形;(三)讯问录音录像是否同步制作。录音录像是否自讯问开始时制作,至犯罪嫌疑人核对讯问笔录、签字确认后结束;讯问笔录记载的起止时间是否与讯问录音录像反映的起止时间一致;(四)讯问录音录像与讯问笔录的内容是否存在差异。对与定罪量刑有关的内容,讯问笔录记载的内容与讯问录音录像是否存在实质性差异,存在实质性差异的,以讯问录音录像为准。笔者辩护的一个受贿罪案件中,犯罪嫌疑人多次强调存在诱供情形,为此笔者申请启动非法证据排除程序并要求观看录音录像。观看到录音录像的过程极其困难,第一次到法院后发现公诉方提供的录音录像无法打开;第二次看的时候能够打开,但没有声音;第三次看的时候有声音,但仅仅只能观看5分钟,其他部分无法观看;第四次法院无奈的情况下,安排辩护人到侦查机关技术部门的电脑上观看。终于发现讯问中存在侦查人员许诺非法利益的诱供情形,甚至临时离开讯问室通过电话向领导汇报确认。"笔者对此的感受是,越是难以看到录像、越是遇到被设置了种种障碍的情形，辩护人更应当坚持观看录音录像，这种困难过程往往更能印证此间存在问题。

（5）提请法庭通知侦查人员或者其他人员出庭说明情况。在侦查人员出庭的情况下，通过"当面对质"等过程，往往更加容易发现是否存在非法证据。

（6）其他方法。比如在侦查阶段发现犯罪嫌疑人被刑讯逼供的情况下，不能完全依靠向侦查机关、检察机关控告等方式进行，那样很可能失去稍纵即逝的机会，而是应当设法直接将伤情等予以固定。比如询问犯罪嫌疑人可否找到同监室人员证明并记录下同监室人员名字备用；立即向看守所反映、要求固定伤情并记载看守所管教警官的姓名备用；立即向驻所检察官申请固定关于伤情的证据；告知犯罪嫌疑人可以自行书写相关材料提交管教、驻所检察官等。

（二）证人证言、被害人陈述是否属于非法证据的判断标准

用暴力、威胁等非法方法收集的证人证言、被害人陈述，应当予以排除。两院三部《非法证据排除规定》第1条中规定："采用暴力、威胁等非法手段取得的证人证言、被害人陈述，属于非法言词证据。"两院三部《严格排除非法证据规定》第6条中规定："采用暴力、威胁以及非法限制人身自由等非法方法收集的证人证言、被害人陈述，应当予以排除。"

由于犯罪嫌疑人涉及的证据类型为"供述"，因此对应的非法手段主要表现为"刑讯逼供"；证人、被害人涉及的证据类型为证人证言和被害人陈述，对应非法手段定义为"刑讯逼供"显然不如"暴力"手段更加合适，所以《刑事诉讼法》第56条对此二者在立法的表述上有所区别。不过，从本质上来讲，"刑讯逼供"与"暴力"并无区别，二者涵盖的范围基本相当。

需要特别指出的问题是，关于"引诱""欺骗"等属于非法获取证人证言、被害人陈述的方法，主要规定在《刑事诉讼法》第52条之中，其他所有司法解释、规范性文件中未中有规定，这种规定方式显然缺少具体的操作依据。在大多数冤假错案中，除了有非法的犯罪嫌疑人供述作为支撑外，非法的证人证言少有缺席。如果想尽量减少冤假错案，排除非法的证人证言、被害人供述绝不可少。另外，认定证人证言是否属于非法证据，最需要解决的制度性问题是改革证人出庭作证制度、提高证人出庭作证率，否则终究难免沦为空谈。

(三) 物证、书证等实物证据是否属于非法证据的判断标准[1]

与言词证据相比较，物证、书证等实物证据具有较强的客观性。实物证据的内容相对于言词证据，其内容一般不会受到刑讯逼供、暴力方法的影响。通过非法搜查、扣押收集实物证据主要侵犯了公民住宅权、隐私权等宪法权利，对权利的侵犯程度相对较低，刑讯逼供侵犯的是公民人身权这一最基本并且不可克减的人权。将非法取得的言词证据与实物证据区别对待，还在于平衡惩罚犯罪与保障人权的双重价值倾向。[2]我国将认定物证、书证是否属于非法证据归属于裁量性排除的范围。《刑事诉讼法》第56条中规定"收集物证、书证不符合法定程序，可能严重影响司法公正的，应当予以补正或者作出合理解释；不能补正或者作出合理解释的，对该证据应当予以排除"。从相关规定来看，认定物证、书证等是否属于非法证据主要有以下三个条件及具体体现：

1. 收集程序不符合法定程序

（1）未经批准进行搜查获得的实物证据。《刑事诉讼法》第138条规定："进行搜查，必须向被搜查人出示搜查证。"公安部《刑事程序规定》第217条规定："为了收集犯罪证据、查获犯罪人，经县级以上公安机关负责人批准，侦查人员可以对犯罪嫌疑人以及可能隐藏罪犯或者犯罪证据的人的身体、物品、住处和其他有关的地方进行搜查。"不过，第219条亦作出了五种例外情况，该五种情况仅限于执行拘留、逮捕的情况下。在没有经过批准的情况下搜查显然侵犯了公民的住宅权，获取的证据很可能属于非法证据。

（2）未经批准非法扣押的实物证据。《刑事诉讼法》第143条第1款规定："侦查人员认为需要扣押犯罪嫌疑人的邮件、电报的时候，经公安机关或者人民检察院批准，即可通知邮电机关将有关的邮件、电报检交扣押。"公安部《刑事程序规定》第223条规定："在侦查过程中需要扣押财物、文件的，应当经办案部门负责人批准，制作扣押决定书；在现场勘查或者搜查中需要

---

[1] 虽然从目前我国的相关规定来看，非法证据排除的实物证据范围基本限于物证、书证，但是笔者认为既然确立非法证据的目的在于实现程序正义与人权保障，因此只要收集相关证据过程中出现前述情形，均应纳入非法证据排除的范畴。换句话讲，犯罪嫌疑人的供述、证人证言、被害人陈述、鉴定意见等言词证据采取一类判断标准；物证、书证、电子数据等实物证据采取一类判断标准，这有待于以后的立法进一步完善。笔者在本书中，将物证、书证及其他实物证据统一研究和分析。

[2] 参见戴长林、罗国良、刘静坤：《中国非法证据排除制度》（修订版），法律出版社2017年版，第81页、第116~117页。

扣押财物、文件的，由现场指挥人员决定；但扣押财物、文件价值较高或者可能严重影响正常生产经营的，应当经县级以上公安机关负责人批准，制作扣押决定书。"第227条规定："扣押犯罪嫌疑人的邮件、电子邮件、电报，应当经县级以上公安机关负责人批准，制作扣押邮件、电报通知书，通知邮电部门或者网络服务单位检交扣押。"

（3）非法采用技术性侦查措施获得的证据。由于采用技术性侦查措施直接影响到公民的隐私权，因此许多国家均对采用技术性侦查措施设置了各种各样的严格性条件。非法采用技术性侦查措施将严重侵犯公民的隐私权，由此获利的相关证据应属于非法证据排除范围。《刑事诉讼法》第150~152条中，对采取技术性侦查措施的范围和条件作出严格规定，其他解释、规范性文件中亦有类似规定：公安机关在立案后，对于危害国家安全犯罪、恐怖活动犯罪、黑社会性质的组织犯罪、重大毒品犯罪或者其他严重危害社会的犯罪案件，根据侦查犯罪的需要，经过严格的批准手续，可以采取技术侦查措施。采取技术侦查措施，必须严格按照批准的措施种类、适用对象和期限执行。若出现技术性侦查的材料、证据，律师应严格审查是否获得审批及是否按照审批的范围进行。

2. 可能严重影响司法公正

关于可能严重影响司法公正的标准，最高院《刑事诉讼法解释》第95条第2款规定："认定刑事诉讼法第54条规定的'可能严重影响司法公正'，应当综合考虑收集物证、书证违反法定程序以及所造成后果的严重程度等情况。"戴长林法官认为，这一解释较为抽象，实践中可以参照澳大利亚1995年《证据法》的规定，在裁量时考虑以下因素：第一，证据的证明价值；第二，证据在诉讼中的重要性；第三，相关犯罪的性质；第四，违法取证的严重性；第五，违法取证明故意还是过失；第六，违法取证是否侵犯国际公约所保障的人权；第七，是否已经针对违法取证提起诉讼；第八，不违法取证的情况下获取证据的难度。[1]

3. 不能补正或作出合理解释

正是由于物证、书证等实物证据客观性较强的特点，为在打击犯罪与保

---

〔1〕 参见戴长林、罗国良、刘静坤：《中国非法证据排除制度》（修订版），法律出版社2017年版，第118页。

障人权之间实现平衡,法律上对物证、书证等实物证据予以排除的条件相对比较宽松。对此,不仅体现在取证的方法上,还体现在给控方一定的解释和说明机会,如果不能补充或作同合理解释,则会被纳入非法证据排除的范围。不过,如何判断解释属于"合理",需要法律上作出进一步更加明确的规定。否则,对实物证据的排除难免会流于形式。

七、认定非法证据的程序及效力

(一)启动程序

无论是侦查阶段还是审查批准逮捕阶段、审查起诉阶段和审判阶段,非法证据排除的启动程序均可以包括犯罪嫌疑人和被告人自己启动、辩护人启动和司法机关自行启动。

犯罪嫌疑人、被告人和辩护人启动需要提供涉嫌非法取证的人员、时间、地点、方式、内容等相关线索或者材料。最高院《刑事诉讼法解释》第96条中规定:"当事人及其辩护人、诉讼代理人申请人民法院排除以非法方法收集的证据的,应当提供涉嫌非法取证的人员、时间、地点、方式、内容等相关线索或者材料。"此处"材料"是指被告人出示的血衣、伤痕、伤痕照片、医疗证明、伤残证明、同监人证言等能够证明刑讯逼供等非法取证事实的证据材料。[1]

司法机关自行启动主要是司法在案件审查过程中发现可能存在非法取证情形时,可以自行依法予以调查。比如:①两院三部《严格排除非法证据规定》第15条中规定:"对侦查终结的案件,侦查机关应当全面审查证明证据收集合法性的证据材料,依法排除非法证据。"②公安部《录音录像规定》中规定,对重大犯罪案件,应当对讯问过程进行录音录像。办案部门在报送审核时应当同时提交讯问录音录像资料。审核部门应当重点审查是否存在以刑讯逼供等非法方法收集证据等。除重大案件外,存在刑讯逼供等非法取证嫌疑的,审核部门应当对讯问录音录像资料进行审查。③审查逮捕、审查起诉期间讯问犯罪嫌疑人,应当告知其有权申请排除非法证据,并告知诉讼权利和认罪的法律后果。人民检察院在审查起诉期间发现侦查人员以刑讯逼供等

---

[1] 刘晓虎:"文某非法持有毒品案",载最高人民法院刑事审判第一、二、三、四、五庭主办:《刑事审判参考》,法律出版社2015年版,第5页。

非法方法收集证据的，应当依法排除相关证据并提出纠正意见，必要时人民检察院可以自行调查取证。

（二）侦查机关认定非法证据的程序及效力

在侦查阶段一旦被认定存在非法证据，应当依法予以排除排。排除非法证据后，证据不足的，不得移送审查起诉。

（1）在侦查阶段发现有应当排除的证据的，经县级以上公安机关负责人批准，应当依法予以排除，不得作为提请批准逮捕、移送审查起诉的依据。

（2）侦查终结前的全面审查。对侦查终结的案件，侦查机关应当全面审查证明证据收集合法性的证据材料，依法排除非法证据。排除非法证据后，证据不足的，不得移送审查起诉。公安机关经过侦查，对有证据证明有犯罪事实的案件，应当进行预审，对收集、调取的证据材料的真实性、合法性及证明力予以审查、核实。

（3）侦查机关更换侦查人员另行调查。侦查机关发现办案人员非法取证的，应当依法作出处理，并另行指派侦查人员重新调查取证。但是，在侦查期间，根据控告、举报或者自己发现等，侦查机关确认或者不能排除以非法方法收集证据而更换侦查人员，其他侦查人员再次讯问时告知诉讼权利和认罪的法律后果，犯罪嫌疑人自愿供述的，之后形成的犯罪嫌疑人供述不属于非法证据。

（4）公安机关的审核部门发现存在非法证据情形的，不得将犯罪嫌疑人供述作为提请批准逮捕、移送审查起诉的依据。

（5）犯罪嫌疑人及其辩护人在侦查期间可以向人民检察院申请排除非法证据。对犯罪嫌疑人及其辩护人提供相关线索或者材料的，人民检察院应当调查核实。调查结论应当书面告知犯罪嫌疑人及其辩护人。对确有以非法方法收集证据情形的，人民检察院应当向侦查机关提出纠正意见。侦查机关对审查认定的非法证据，应当予以排除，不得作为提请批准逮捕、移送审查起诉的根据。

（6）人民检察院驻看守所检察人员应当对重大案件在侦查终结前询问犯罪嫌疑人，核查是否存在非法取证情形。对重大案件，人民检察院驻看守所检察人员应当在侦查终结前询问犯罪嫌疑人，核查是否存在刑讯逼供、非法取证情形，并同步录音录像。经核查，确有刑讯逼供、非法取证情形的，侦查机关应当及时排除非法证据，不得作为提请批准逮捕、移送审查起诉的根据。

（三）检察机关认定非法证据的程序和效力

人民检察院经审查发现存在《刑事诉讼法》第 56 条规定的非法取证行为，依法对该证据予以排除后，其他证据不能证明犯罪嫌疑人实施犯罪行为的，应当不批准或者决定逮捕，已经移送审查起诉的，可以将案件退回侦查机关补充侦查或者作出不起诉决定。

（1）检察机关的告知义务。审查逮捕、审查起诉期间讯问犯罪嫌疑人，应当告知其有权申请排除非法证据，并告知诉讼权利和认罪的法律后果。

（2）检察机关的审查部门。对于非法证据的调查核实，在侦查阶段由侦查监督部门负责；在审查起诉、审判阶段由公诉部门负责。必要时，渎职侵权检察部门可以派员参加。

（3）检察机关的调查权及向侦查机关提出纠正意见。①人民检察院认为可能存在以非法方法收集证据情形，要求公安机关进行说明的，公安机关应当及时进行调查，并向人民检察院作出书面说明。说明应当加盖单位公章，并由侦查人员签名。②人民检察院在审查起诉期间发现侦查人员以刑讯逼供等非法方法收集证据的，应当依法排除相关证据并提出纠正意见，必要时人民检察院可以自行调查取证。③在侦查、审查起诉和审判阶段，人民检察院发现侦查人员以非法方法收集证据的，应当报经检察长批准，及时进行调查核实。④当事人及其辩护人、诉讼代理人报案、控告、举报侦查人员采用刑讯逼供等非法方法收集证据并提供涉嫌非法取证的人员、时间、地点、方式和内容等材料或者线索的，人民检察院应当受理并进行审查，对于根据现有材料无法证明证据收集合法性的，应当报经检察长批准，及时进行调查核实。⑤上一级人民检察院接到对侦查人员采用刑讯逼供等非法方法收集证据的报案、控告、举报的，可以直接进行调查核实，也可以交由下级人民检察院调查核实。交由下级人民检察院调查核实的，下级人民检察院应当及时将调查结果报告上一级人民检察院。⑥人民检察院对审查认定的非法证据，应当予以排除，不得作为批准或者决定逮捕、提起公诉的根据。被排除的非法证据应当随案移送，并写明为依法排除的非法证据。

但是，采用刑讯逼供方法使犯罪嫌疑人、被告人作出供述，之后犯罪嫌疑人、被告人受该刑讯逼供行为影响而作出的与该供述相同的重复性供述。审查逮捕、审查起诉和审判期间，检察人员、审判人员讯问时告知诉讼权利和认罪的法律后果，犯罪嫌疑人、被告人自愿供述的，不属于非法证据。

(4) 人民检察院的调查方法。人民检察院可以采取以下方式对非法取证行为进行调查核实：①讯问犯罪嫌疑人；②询问办案人员；③询问在场人员及证人；④听取辩护律师意见；⑤调取讯问笔录、讯问录音、录像；⑥调取、查询犯罪嫌疑人出入看守所的身体检查记录及相关材料；⑦进行伤情、病情检查或者鉴定；⑧其他调查核实方式。人民检察院调查完毕后，应当制作调查报告，根据查明的情况提出处理意见，报请检察长决定后依法处理。

犯罪嫌疑人、被告人及其辩护人向人民检察院申请调取公安机关、国家安全机关、人民检察院收集但未提交的讯问录音录像、体检记录等证据材料，人民法院、人民检察院经审查认为犯罪嫌疑人、被告人及其辩护人申请调取的证据材料与证明证据收集的合法性有联系的，应当予以调取；认为与证明证据收集的合法性没有联系的，应当决定不予调取并向犯罪嫌疑人、被告人及其辩护人说明理由。经审查讯问犯罪嫌疑人录音、录像，发现侦查机关讯问不规范，讯问过程存在违法行为，录音、录像内容与讯问笔录不一致等情形的，应当逐一列明并向侦查机关书面提出，要求侦查机关予以纠正、补正或者书面作出合理解释。发现讯问笔录与讯问犯罪嫌疑人录音、录像内容有重大实质性差异的，或者侦查机关不能补正或者作出合理解释的，该讯问笔录不能作为批准逮捕或者决定逮捕的依据。

[案例] 5次讯问只有1次作有罪供述，排除非法证据对嫌疑人不起诉。[1]

5次讯问只有1次作了有罪供述，且这次讯问前曾被提解出看守所5个多小时，侦查机关无法提供该时段的证据。近日，河北省怀来县检察院对犯罪嫌疑人倪某作出不起诉处理。

2017年10月，怀来县检察院受理了倪某涉嫌非法种植毒品原植物案。办案检察官审查时发现，侦查机关共对倪某进行了5次讯问，其中只有2017年7月21日15时开始进行的第2次讯问倪某作了有罪供述，承认其参与种植罂粟，其余4次他均作了无罪辩解。检察官进一步审查发现，第2次讯问当天，侦查机关于9时30分将倪某提解出看守所近5个半小时，14时50分回所后，于15时开始对其进行审讯。案卷中，侦查机关只单方说明将倪某提解出所系

---

〔1〕 范宗凡、张萍："五次讯问只有一次作有罪供述，河北怀来：排除非法证据对嫌疑人不起诉"，载《检察日报》2018年5月17日。

带至医院检查身体,但未能提供相关证据印证。

检察官在对倪某提讯时,倪某坚持无罪辩解,对到医院检查身体之说予以否认,并提出有罪供述系在受到侦查人员逼供、诱供后作出的,属于非法证据,申请排除。检察官认为,根据刑事诉讼法规定,讯问应当在看守所内进行,倪某的这次有罪供述存在非法取证嫌疑。

怀来县检察院公诉部遂启动非法证据排除调查程序,向倪某核实具体细节,两次退回侦查机关要求补强证据,并发出提供证据收集合法性说明通知书。但在两次退查期间,侦查机关未能就上述问题提供相关证据和作出合理解释。公诉人员认为侦查机关无正当理由将倪某提解出所近5个半小时,押解回所后立即进行讯问,倪某这次有罪供述的证据是在违反法定程序情况下获取的,应当认定为非法证据,因此依法予以排除。

怀来县检察院经检委会讨论决定,依法对倪某作出存疑不起诉,并向侦查机关提出纠正非法取证意见书,同时制作了非法证据调查报告入卷。

（四）一审期间认定非法证据排除的程序及效力

法庭审理过程中,审判人员认为可能存在《刑事诉讼法》第56条规定的以非法方法收集证据情形的,应当对证据收集的合法性进行法庭调查。一审期间认定非法证据排除的程序及效力的相关内容主要如下:

1. 法院前期工作

（1）承办法官应当在开庭审理前阅卷,并对证据收集的合法性进行审查。关于非法证据排除审查的内容主要包括:①被告人在侦查、审查起诉阶段是否提出排除非法证据申请;提出申请的,是否提供相关线索或者材料。②侦查机关、人民检察院是否对证据收集的合法性进行调查核实;调查核实的,是否作出调查结论。③对于重大案件,人民检察院驻看守所检察人员在侦查终结前是否核查讯问的合法性,是否对核查过程同步录音录像;进行核查的,是否作出核查结论。④对于人民检察院在审查逮捕、审查起诉阶段排除的非法证据,是否随案移送并写明未依法排除的非法证据。

（2）通知检察补充相关材料。人民法院对证据收集的合法性进行审查后,认为需要补充证据材料的,应当通知人民检察院在3日内补送。

（3）告知被告人申请排除非法证据权利。人民法院向被告人及其辩护人送达起诉书副本时,应当告知其有权在开庭审理前申请排除非法证据并同时提供相关线索或者材料。上述情况应当记录在案。被告人申请排除非法证据，但没有辩护人的，人民法院应当通知法律援助机构指派律师为其提供辩护。

2. 辩护人启动程序

被告人及其辩护人申请排除非法证据，应当在开庭审理前提出，但在庭审期间发现相关线索或者材料等情形除外。"线索"是指内容具体、指向明确的涉嫌非法取证的人员、时间、地点、方式等；"材料"是指能够反映非法取证的伤情照片、体检记录、医院病历、讯问笔录、讯问录音录像或者同监室人员的证言等。

被告人及其辩护人在开庭审理前未申请排除非法证据，在庭审过程中提出申请的，应当说明理由。人民法院经审查，对证据收集的合法性有疑问的，应当进行调查；没有疑问的，应当驳回申请。人民法院驳回排除非法证据的申请后，被告人及其辩护人没有新的线索或者材料，以相同理由再次提出申请的，人民法院不再审查。

3. 法院初步审查

（1）被告人及其辩护人申请排除非法证据，未提供相关线索或者材料的，人民法院应当告知其补充提交。被告人及其辩护人未能补充的，人民法院对申请不予受理，并在开庭审理前告知被告人及其辩护人。上述情况应当记录在案。

（2）对于可能判处无期徒刑、死刑或者黑社会性质组织犯罪、严重毒品犯罪等重大案件，被告人在驻看守所检察人员对讯问的合法性进行核查询问时，明确表示侦查阶段没有刑讯逼供等非法取证情形，在审判阶段又提出排除非法证据申请的，应当说明理由。人民法院经审查对证据收集的合法性没有疑问的，可以驳回申请。

（3）被告人在侦查终结前接受检察人员对讯问合法性的核查询问时，明确表示侦查阶段不存在刑讯逼供、非法取证情形，在审判阶段又提出排除非法证据申请，法庭经审查对证据收集的合法性没有疑问的，可以驳回申请。

4. 决定召开庭前会议

被告人及其辩护人申请排除非法证据，并提供相关线索或者材料的，人民法院应当召开庭前会议，并在召开庭前会议3日前将申请书和相关线索或者材料的复制件送交人民检察院。

驻看守所检察人员在重大案件侦查终结前未对讯问的合法性进行核查询问，或者未对核查询问过程全程同步录音录像，被告人及其辩护人在审判阶段提出排除非法证据申请，提供相关线索或者材料，人民法院对证据收集的合法性有疑问的，应当依法进行调查。

检察人员在侦查终结前未对讯问合法性进行核查，或者未对核查过程全程同步录音录像，被告人在审判阶段提出排除非法证据申请，人民法院经审查对证据收集的合法性存在疑问的，应当依法进行调查。

5. 庭前会议关于处理非法证据的主要程序

（1）庭前会议的基本过程。①被告人及其辩护人说明排除非法证据的申请及相关线索或者材料。②公诉人提供证明证据收集合法性的证据材料。人民检察院应当通过出示有关证据材料等方式，有针对性地对证据收集的合法性作出说明。人民法院可以对有关材料进行核实，经控辩双方申请，可以有针对性地播放讯问录音录像。在庭前会议中，人民检察院可以撤回有关证据。撤回的证据，没有新的理由，不得在庭审中出示。被告人及其辩护人可以撤回排除非法证据的申请。撤回申请后，没有新的线索或者材料，不得再次对有关证据提出排除申请。③控辩双方对证据收集的合法性发表意见。④控辩双方对证据收集的合法性未达成一致意见的，审判人员归纳争议焦点。

（2）庭前会议的处理结果。①控辩双方在庭前会议中对证据收集的合法性达成一致意见的，法庭应当在庭审中向控辩双方核实并当庭予以确认。对于一方在庭审中反悔的，除有正当理由外，法庭一般不再进行审查。②控辩双方在庭前会议中对证据收集的合法性未达成一致意见，人民法院应当在庭审中进行调查，但公诉人提供的相关证据材料确实、充分，能够排除非法取证情形，且没有新的线索或者材料表明可能存在非法取证的，庭审调查举证、质证可以简化。③审判人员应当在庭前会议报告中说明证据收集合法性的审查情况，主要包括控辩双方的争议焦点以及就相关事项达成的一致意见等内容。

6. 关于非法证据排除的法庭审理

（1）关于审理涉嫌非法证据的前提性原则。

A. 先行调查原则。人民法院决定对证据收集的合法性进行法庭调查的，应当先行当庭调查。对于被申请排除的证据和其他犯罪事实没有关联等情形，为防止庭审过分迟延，可以先调查其他犯罪事实，再对证据收集的合法性进行调查。关于先行调查原则，我国的相关立法体现了不同的规定和变化。

第一，"绝对先行调查原则"。两院三部《非法证据排除规定》第5条中规定:"被告人及其辩护人在开庭审理前或者庭审中,提出被告人审判前供述是非法取得的,法庭在公诉人宣读起诉书之后,应当先行当庭调查。法庭辩论结束前,被告人及其辩护人提出被告人审判前供述是非法取得的,法庭也应当进行调查"。该份司法解释中确定的"绝对先行调查原则"。

第二,可以在法庭调查结束前一并进行调查原则。最高院《刑事诉讼法解释》第 100 条中规定:"法庭审理过程中,当事人及其辩护人、诉讼代理人申请排除非法证据的,法庭应当进行审查。经审查,对证据收集的合法性有疑问的,应当进行调查;没有疑问的,应当当庭说明情况和理由,继续法庭审理。当事人及其辩护人、诉讼代理人以相同理由再次申请排除非法证据的,法庭不再进行审查。对证据收集合法性的调查,根据具体情况,可以在当事人及其辩护人、诉讼代理人提出排除非法证据的申请后进行,也可以在法庭调查结束前一并进行。法庭审理过程中,当事人及其辩护人、诉讼代理人申请排除非法证据,人民法院经审查,不符合本解释第 97 条规定的,应当在法庭调查结束前一并进行审查,并决定是否进行证据收集合法性的调查。"

调查时间之所以在立法发生前述变化,主要原因在于:两院三部《非法证据排除规定》实施之后,由于当时的庭审准备程序不发达、受到人民检察院举证能力和辩护律师的辩护策略的影响等因素,导致庭审中对证据收集合法性进行先行调查的时间较长,案件迟迟未能进入审理阶段,庭审效率受到一定影响。因此最高院在 2010 年《刑事诉讼法解释》中予以调整。但是,这种调整结果并不能尽如人意,实践中有的法院走向了极端,即对被告方提出的排除非法证据申请,通常不先行调查,而是留待法庭调查结束前一并调查,有的甚至不予调查,实际架空了非法证据排除规则。[1]为此,必须重新调整。

第三,以先行调查为原则,但调查前禁止宣读、质证原则。最高院《以审判为中心实施意见》第 23 条中规定:"法庭决定对证据收集的合法性进行调查的,应当先行当庭调查。但为防止庭审过分迟延,也可以在法庭调查结束前进行调查。"第 26 条中规定:"在法庭作出是否排除有关证据的决定前,不得对有关证据宣读、质证。"最高院《排除非法证据规程》第 18 条中规定:

---

[1] 参见戴长林、罗国良、刘静坤:《中国非法证据排除制度》(修订版),法律出版社 2017 年版,第 157 页。

"人民法院决定对证据收集的合法性进行法庭调查的，应当先行当庭调查。对于被申请排除的证据和其他犯罪事实没有关联等情形，为防止庭审过分迟延，可以先调查其他犯罪事实，再对证据收集的合法性进行调查。在对证据收集合法性的法庭调查程序结束前，不得对有关证据宣读、质证。"

B. 怀疑证据不得宣读、质证原则。在对证据收集合法性的法庭调查程序结束前，不得对有关证据宣读、质证。这些证据主要是指辩护人申请的可能非法的证据。

C. 公诉人负责对证据收集的合法性加以证明的原则。在对证据收集的合法性进行法庭调查的过程中，人民检察院应当对证据收集的合法性加以证明。

（2）非法证据排除的法庭审理的基本程序。

A. 召开庭前会议的案件，法庭应当在宣读起诉书后，宣布庭前会议中对证据收集合法性的审查情况，以及控辩双方的争议焦点。

B. 被告人及其辩护人说明排除非法证据的申请及相关线索或者材料。

第一，被告人及其辩护人可以出示相关线索或者材料，并申请法庭播放特定讯问时段的讯问录音录像。

第二，被告人及其辩护人向人民法院申请调取侦查机关、人民检察院收集但未提交的讯问录音录像、体检记录等证据材料，人民法院经审查认为该证据材料与证据收集的合法性有关的，应当予以调取；认为与证据收集的合法性无关的，应当决定不予调取，并向被告人及其辩护人说明理由。

第三，被告人及其辩护人申请人民法院通知侦查人员或者其他人员出庭说明情况，人民法院认为确有必要的，可以通知上述人员出庭。

C. 公诉人出示证明证据收集合法性的证据材料。

第一，公诉人对证据收集的合法性加以证明，可以出示讯问笔录、提讯登记、体检记录、采取强制措施或者侦查措施的法律文书、侦查终结前对讯问合法性的核查材料等证据材料，也可以针对被告人及其辩护人提出异议的讯问时段播放讯问录音录像，提请法庭通知侦查人员或者其他人员出庭说明情况。不得以侦查人员签名并加盖公章的说明材料替代侦查人员出庭。庭审中，检察人员、被告人及其辩护人提出未到庭证人的书面证言、未到庭被害人的书面陈述是非法取得的，举证方应当对其取证的合法性予以证明。

需要特别说明，公诉人在此阶段出示讯问笔录与在质证阶段出示讯问笔录，无论是在出示的内容还是证明目的均存在根本区别。在此阶段，出示讯问笔录主要是出示笔录的形成时间、地点、人员等内容,以证明取证程序的合法性;不得出示笔录的具体内容,这与质证阶段出示笔录证明犯罪事实存在本质区别。

第二,被告人及其辩护人可以对相关证据进行质证。公诉人提交加盖公章的说明材料,未经有关讯问人员签名或者盖章的,不能作为证明取证合法性的证据。

第三,经审判长准许,公诉人、辩护人可以向出庭的侦查人员或者其他人员发问。

现有证据材料不能证明证据收集的合法性的,人民检察院可以提请人民法院通知有关侦查人员或者其他人员出庭说明情况;人民法院可以通知有关侦查人员或者其他人员出庭说明情况。有关侦查人员或者其他人员也可以要求出庭说明情况。经人民法院通知,有关人员应当出庭。侦查人员或者其他人员出庭的,应当向法庭说明证据收集过程,并就相关情况接受发问。对发问方式不当或者内容与证据收集的合法性无关的,法庭应当制止。

不得以侦查人员签名并加盖公章的说明材料替代侦查人员出庭。经人民法院通知,侦查人员不出庭说明情况,不能排除以非法方法收集证据情形的,对有关证据应当予以排除。[1]

D. 控辩双方对证据收集的合法性进行辩论。

(3) 审理非法证据排除事宜需要注意的事项。

A. 法庭对证据收集的合法性进行调查的,应当重视对讯问录音录像的审查,重点审查以下内容:

第一,讯问录音录像是否依法制作。对于可能判处无期徒刑、死刑的案件或者其他重大犯罪案件,是否对讯问过程进行录音录像。

第二,讯问录音录像是否完整。是否对每一次讯问过程录音录像,录音录像是否全程不间断进行,是否有选择性录制、剪接、删改等情形。

第三,讯问录音录像是否同步制作。录音录像是否自讯问开始时制作,

---

[1] 参见《刑事审判参考》刊载的第971号案例(李某等贩卖毒品罪)。该案中由于侦查人员拒绝出庭作证等原因,法院裁决被告人在审判前的有罪供述应当予以排除,被告人被判处无罪。参见白春子:"李刚、李飞贩卖毒品案——如何审查未查获毒品实物的指控事实,以及在毒品案件中如何运用非法证据排除规则",载最高人民法院刑事审判第一、二、三、四、五庭主办:《刑事审判参考》,法律出版社2014年版,第90~96页。

至犯罪嫌疑人核对讯问笔录、签字确认后结束；讯问笔录记载的起止时间是否与讯问录音录像反映的起止时间一致。

第四，讯问录音录像与讯问笔录的内容是否存在差异。对与定罪量刑有关的内容，讯问笔录记载的内容与讯问录音录像是否存在实质性差异，存在实质性差异的，以讯问录音录像为准。

第五，对于法律规定应当对讯问过程录音录像的案件，公诉人没有提供讯问录音录像，或者讯问录音录像存在选择性录制、剪接、删改等情形，现有证据不能排除以非法方法收集证据情形的，对有关供述应当予以排除。

B. 人民法院对控辩双方提供的证据来源、内容等有疑问的，可以告知控辩双方补充证据或者作出说明；必要时，可以宣布休庭，对证据进行调查核实。法庭调查核实证据，可以通知控辩双方到场，并将核实过程记录在案。对于控辩双方补充的和法庭庭外调查核实取得的证据，未经当庭出示、质证等法庭调查程序查证属实，不得作为证明证据收集合法性的根据。

(4) 审理结果的确定。

A. 作出是否排除结果的时间。人民法院对证据收集的合法性进行调查后，应当当庭作出是否排除有关证据的决定。必要时，可以宣布休庭，由合议庭评议或者提交审判委员会讨论，再次开庭时宣布决定。

B. 确认排除相关证据。经法庭审理，具有下列情形之一的，对有关证据应当予以排除：

第一，确认以非法方法收集证据的。具体参见前文。

第二，应当对讯问过程录音录像的案件没有提供讯问录音录像，或者讯问录音录像存在选择性录制、剪接、删改等情形，现有证据不能排除以非法方法收集证据的。

第三，侦查机关除紧急情况外没有在规定的办案场所讯问，现有证据不能排除以非法方法收集证据的。

第四，驻看守所检察人员在重大案件侦查终结前未对讯问合法性进行核查，或者未对核查过程同步录音录像，或者录音录像存在选择性录制、剪接、删改等情形，现有证据不能排除以非法方法收集证据的。

关于法官认定非法证据的标准，两院三部《非法证据排除规定》第11条规定："对被告人审判前供述的合法性，公诉人不提供证据加以证明，或者已提供的证据不够确实、充分的，该供述不能作为定案的根据。"关于何为"不够确实、充分。"从以上规定可以看出，公诉方的证明标准是"确实、充分"，即公诉方应当对证据收集合法性的证明必须达到"确实、充分"的标准。《刑事审判参考》刊载的观点认为：对于所要排除的证据，只要公诉机关未能提供确实、充分的证据证明其合法性，就应当对该证据予以排除，即只要怀疑其合法性，且该怀疑没有得到公诉机关的证据排除即可，而无须证明其"确系非法"。侦查机关依照《刑事诉讼法》规定进行的侦查活动都应当在文书中体现出来。证明某一证据"确系合法取得"容易，但证明其"确系非法取得却比较困难"。[1]

第五，其他不能排除存在以非法方法收集证据的。

C. 裁判文书中的说明。人民法院对证据收集合法性的审查、调查结论，应当在裁判文书中写明，并说明理由。

7. 一审判决的救济程序

人民检察院、被告人及其法定代理人提出抗诉、上诉，对第一审人民法院有关证据收集合法性的审查、调查结论提出异议的，第二审人民法院应当审查。

（四）二审期间认定非法证据排除的程序及效力

第二审人民法院对证据收集合法性的调查，参照上述第一审程序的规定。另有一些特殊的地方需要注意：

1. 二审启动的理由

（1）上诉或撤诉。人民检察院、被告人及其法定代理人提出抗诉、上诉，对第一审人民法院有关证据收集合法性的审查、调查结论提出异议的，第二审人民法院应当审查。

（2）被告人及其辩护人在第一审程序中未提出排除非法证据的申请，在第二审程序中提出申请，有下列情形之一的，第二审人民法院应当审查：第一，第一审人民法院没有依法告知被告人申请排除非法证据的权利的。第二，被告人及其辩护人在第一审庭审后发现涉嫌非法取证的相关线索或者材料的。

---

[1] 李文玉："刑某、吴某故意杀人案件——故意杀人案件中非法证据的审查判断及处理"，载最高人民法院刑事审判第一、二、三、四、五庭主办：《刑事审判参考》，法律出版社2014年版，第50页。

2. 二审证据规则

人民检察院在第一审程序中未出示的证据材料,在二审中不应出示,除非在一审程序后发现。人民检察院在第一审程序中未出示证明证据收集合法性的证据,第一审人民法院依法排除有关证据的,人民检察院在第二审程序中不得出示之前未出示的证据,但在第一审程序后发现的除外。

3. 二审裁判结果

(1) 第一审人民法院对被告人及其辩护人排除非法证据的申请未予审查,并以有关证据作为定案的根据,可能影响公正审判的,第二审人民法院应当裁定撤销原判,发回原审人民法院重新审判。

(2) 第一审人民法院对依法应当排除的非法证据未予排除的,第二审人民法院可以依法排除相关证据。排除非法证据后,应当按照下列情形分别作出处理:

第一,原判决认定事实和适用法律正确、量刑适当的,应当裁定驳回上诉或者抗诉,维持原判。

第二,原判决认定事实没有错误,但适用法律有错误,或者量刑不当的,应当改判。

第三,原判决事实不清或者证据不足的,可以在查清事实后改判;也可以裁定撤销原判,发回原审人民法院重新审判。实践已经出现多起因二审法院在排除非法证据后,其他证据不足以证明上诉人有罪从而直接改判上诉人无罪的情形。[1]

八、辩护人运用非法证据排除的其他问题

(一) 非法证据排除 ≠ 无罪辩护[2]

在非法证据排除制度确立之初,许多律师为此欢呼雀跃的原因之一就是:一旦非法证据排除成功,案件就可以无罪。事实上,这种观点和感觉完全错

---

[1] 参见"杨增龙故意杀人案——被告方申请排除非法证据的情形,如何把握证据收集合法性的证明责任,以及二审法院如何贯彻疑罪从无原则",载最高人民法院刑事审判第一、二、三、四、五庭主办:《刑事审判参考》,法律出版社2017年版,第26~31页。

[2] 参见"李志周运输毒品案——如何把握证据收集合法性的证明标准,以及排除非法证据案件后的处理方式",载最高人民法院刑事审判第一、二、三、四、五庭主办:《刑事审判参考》,法律出版社2015年版,第11~15页。

误。非法证据排除仅仅排除个别证据,除非因为排除的证据直接导致控方证据锁链断裂、无法达到证据确实、充分的标准,否则法院依然会依据其他具有证据能力的证据对被告人作出有罪判决。事实上,如同前文所述,2012年至2016年,上海市法院系统共审结刑事案件167 864件,其中申请非法证据排除的案件242件,最终认定非法证据并予以排除的案件16件(占案件总数的0.0095%,占申请数量的6.6%,占启动案件数的9.4%)。在16件决定排除非法证据的案件中,因非法证据排除而减少认定犯罪事实的有2件,法院依据其他证据仍然认定相关犯罪事实从而对定罪量刑没有影响的有14件,无一件因非法证据排除宣告被告人无罪或免刑的案件。可以说,非法证据排除规则实施后对实体裁判的影响甚微。[1]

(二)运用非法证据排除规则进行辩护,应以说服法官为直接目的

虽然运用非法证据排除规则进行辩护的时间阶段可以在审前阶段,但现实情况来看,这种辩护成功的可能性极小,非法证据排除辩护更多地运用在审判阶段。在此阶段,法官对于非法证据排除的程序启动、开庭等具有根本性影响。因此,辩护人应当以法官为中心而不是以公诉人为中心,尤其是尽量不要与法官对抗。实践中可以看到在有些非法证据排除程序中,辩护人与法官就相关事项争论不休,公诉人在一边安静旁观,不得不说这是一种非常滑稽的现象。此中原因虽多种多样,但作为辩护人无论如何均应当以说服法官为己任,说服法官采纳辩方观点。尤其是调取相关证据过程中,辩护人的能力极其有限,依靠公诉人更不可能,辩护人依赖的只能是法官,如果与法官对抗导致证据无法调取,最终牺牲的只能是被告人利益,这与刑辩律师的职业伦理显然不符。

(三)禁止表演性辩护

非法证据排除程序作为程序辩护的一种,其本身的作用不仅仅在于影响案件的审理结果,关键在于大量涉及以刑讯逼供为代表的敏感话题,极其容易引起被告人、亲属及社会各界激愤。实践中存在个别辩护人为哗众取宠、制造热点等目的,刻意而为之的情形。其辩护的目的更多地不在于保护被告人利益,而是为表演,通过表演赢得被告人及其亲属的认可,获得不太了解

---

〔1〕 郭伟清等:"完善非法证据排除规则 积极推进诉讼制度改革——上海高院关于非法证据排除规则适用的调研报告",载《人民法院报》2018年5月4日。

真相的社会各界的关注和好评。事实上，这种表演性辩护的结果不仅在绝大多数情况下只会对被告人更加不利，而且会在最终结果上影响到律师的形象、律师行业的形象。可以试想一下，2017年发生在杭州的保姆纵火案的辩护过程，到底对刑辩律师带来是正面还是负面的影响，相信每个人心里都有一杆秤。

（四）注意辩护人的自我保护

如前文所述，由于非法证据排除程序具有的进攻性特征，因此容易造成控辩双方、审辩双方的正面冲突。在此种情况下，辩护人作为刑辩律师首先具有自我保护的意识和能力，绝对禁止从事法律所禁止的一切行为。如劝说被告人翻供、引导证人改变证言等。如果辩护人从事类似行为，在控辩双方激烈冲突的情况下，后果不堪设想。

为遏制以刑讯逼供为代表的非法取证行为，同时为维护程序正义和保障人权，我国已经建立了以非法证据排除为代表的诸多规则，并在一定程度上赋予了犯罪嫌疑人、被告人和辩护人相关权利。但是，遏制刑讯逼供等非法取证行为绝非能够通过"非法证据排除程序"这种"单兵作战"方式所能解决，或许我国应当建立更加完善和科学的监督体系、考核体系，比如赋予犯罪嫌疑人和被告人沉默权、侦查讯问时律师在场权等，才能从根本大法上解决这一问题。

CHAPTER 6 第六章
审查证据的原则、方法与展开

由于审查证据贯串于审查起诉阶段和审判阶段，且涉及的内容庞大，因此本书对审查证据的具体方法等问题专章论述。对证据及相关材料进行审查、判断和归纳是整个辩护工作中的重中之重。

一、审查证据的目的[1]

通过审查证据及相关材料，主要达到以下目的：第一，进一步明确案情。阅卷之前，辩护人通过会见犯罪嫌疑人等对基本的案情有所了解，但犯罪嫌疑人避重就轻、判断不准等情况广泛存在。通过阅卷，可以对案情事实作出比较准确的判断。第二，确定初步辩护思路。在对证据充分分析的基础上，辩护人将会在此阶段形成基本的辩护思路，对案件的发展方向基本能够作出准确判断。第三，确定下一步工作思路。通过审查证据可以发现控方证据体系中存在的不足，这些不足为辩护人下一步的工作思路提供参考，比如辩护人通过调查证人、咨询专门人员等。第四，简化卷宗、方便办案。许多案件证据材料众多，少则数卷，多则数十卷，甚至上百卷。辩护人必须通过阅卷对这些证据材料进行梳理、简化，以便能够在庭审、会见过程中迅速找到需要的证据材料等，否则在紧张的庭审过程中难免捉襟见肘、无暇应接。第五，了解控方的主要思路。正所谓知彼知己、百战不殆。作为辩护人必须对控方的思路、观点、有利证据准确把握，然后才能作相应对策。第六，筛选对控

---

[1] 从审查对象来讲，律师审查的不仅包括各类证据，也包括相关的诉讼材料。由于在审查方法等方面并不存在本质区别，因此本书以审查证据材料作为本章的概括。本书中，有时表述为审查证据，有时亦会表述为审查卷宗材料等，其指向的内容在本书中一般不存在区别。

辩双方各自有利、不利的证据、控方漏洞。第七，为庭审发问、质证奠定基础，为撰写辩护词提供素材。如果将前述内容加以综合，阅卷的直接目的是为了在审查起诉阶段提供辩护意见，最终目的是为了审判阶段中质证、辩护等作出充分准备。

二、审查案件材料的基本原则

对案件材料进行全面审查与阅卷笔录的形成属于同一问题的两个方面。制作阅卷笔录的过程，在很大程度上就是对案件材料进行全面审查的过程；对案件材料进行全面审查的形式结果主要就是形成阅卷笔录，这两个过程相辅相成，同时进行。辩护人在审查案件材料时应遵循以下几个原则。

（一）客观中立原则

按照本书前面的观点，在最大程度上维护被告人的合法权益是刑辩律师的首要职责。刑辩律师如果想实现前述目标，首先应客观地把握案件，而不是像被告人或其亲属一样带着个人主观想法审查案件材料。否则，这种缺少足够依据的为被告人利益服务的观点极其容易在庭审中败下阵来。刑辩律师只有客观公正地对案件材料进行分析后，才能知彼知己，攻防得当；才能知道对不利的问题如何合理解释和应对，才能对有利的问题进一步扩大战果。客观中立原则要求：第一，审查证据首先要不偏不倚。如果仅仅将着眼点放在辩方有利的证据，难免会一叶障目，在控方更加强大的证据攻势下，必将陷于被动。辩护人在审查卷宗材料时，首先应客观中立，只有客观中立，才能深入、全面地发现证据中对辩方不利的证据和理由。第二，辩护人不仅应注意收集对辩方有利的证据，还要注意收集对辩方不利的证据并作出应对。只有将对辩方有利的证据牢牢确立，同时又能对辩方不利的证据予以破解，才能最终获得对辩方有利的结果，此所谓"有破有立"。虽然一般观点均认为辩方的主要辩护方法应是"点"上的突破，但绝对不能忽视控方从"面"上的包围。第三，辩护人应适时站在法官的立场审查证据。当前的刑事诉讼模式正在实现由"以侦查为中心"向"以审判为中心"的改革，法官对案件的处理结果具有更大决定权。辩护人只有站在法官公正处理案件的角度审查证据后，才能形成影响法官的辩护意见。这种意见的影响力将远远超过仅仅站在犯罪嫌疑人角度形成的意见的影响力，结果当然会对犯罪嫌疑人更加有利。

(二)"亲历性"审查原则

亲历性审查原则是公诉机关、审判机关在诉讼过程中的概念。主要是指是指"司法人员应当亲身经历案件审理的全过程,直接接触和审查各种证据,特别是直接听取诉讼双方的主张、理由、依据和质辩,直接听取其他诉讼参与人的言词陈述,并对案件作出裁判,以实现司法公正"。司法亲历性是司法工作的重要原理,也是司法行为规律的重要内容,在司法制度和诉讼制度中居于重要地位。[1]就辩护人来讲,更应当严格执行亲历性审查原则。辩护人应当自己亲身去会见犯罪嫌疑人、亲自阅卷而不是由助理代替。实践中存在个别律师将自己的主要任务放在开庭上,甚至放在"表演上",阅卷等工作由律师助理代劳,这种方式对理解把握证据、案情存在的负面影响显而易见。亲历性审查原则要求辩护人:

第一,深入细致,切己体察。这是一件说起来容易、做起来很难的事。律师应将所有案件材料复制并打印,详细研究,努力做到不错过一页纸。审查证据材料时,要时刻保持一种高度警惕性。在此可以借用王阳明先生关于修习省察克治功夫的方法和要求,即"常如猫之捕鼠,一眼看着,一耳听着。才有一念萌动,即与克去。斩钉截铁,不可姑容与他方便。不可窝藏,不可放他出路,方是真实用功。"[2]

第二,亲自调查,形成确信。亲历性审查不仅要求辩护人要亲自审查证据,而且还应当跳出书面的局限,尽量发挥自己调查证据的能力,促进内心确信的形成。从目前的司法实践来看,侦查阶段形成的证据一般来讲都比较完善,基本形成完整的锁链,犯罪嫌疑人的辩解是否真实,需要辩护人自己通过调查、分析等后得到印证。辩护人一旦形成心理上的确信,即使辩方观点、证据存在一些瑕疵,但不会影响到辩护人的信心。

(三)全面、细致原则

全面、细致地阅卷是实现阅卷目的的基础,只有全面、细致才能了解案情、事实,才能发现问题然后解决问题。对辩护人来讲,必须做到以下几点:第一,复印所有卷宗材料。2012年《刑事诉讼法》实施后,律师阅卷权已经基

---

[1] 朱孝清:"对司法亲历性的几点认识",载https://www.chinalaw.org.cn/Column/Column_View.aspx?ColumnID=917&InfoID=15576,访问日期:2018年3月9日。

[2] 王阳明:《传习录》,中国画报出版社2013年版,第45页。

本得到解决。2015年12月28日,最高人民检察院出台《人民检察院制作使用电子卷宗工作规定(试行)》,其第13条中规定:"律师和经过许可的其他辩护人、诉讼代理人申请查阅电子卷宗的,案件管理部门应当在审核认证后,将电子卷宗从统一业务应用系统中导入到独立的阅卷终端,供其查阅。"该规定实施后,对辩护人阅卷带来极大方便,辩护人应充分珍惜并利用来之不易的立法成果。第二,阅卷过程中应全面、细致。无论卷宗材料多少,辩护人必须对每一页材料都应进行详细审查,绝不有所取舍。目前法院审理案件仍处于以案卷为中心的模式,案卷是控方的武器,但辩护人应尽最大努力,让部分卷宗材料变成辩方武器。发现的过程必然需要辩护人细致的全面细致地审查和不断的追问。比如笔者承办的一起受贿罪案件,《侦破经过》中记载的是组织移送,但缺少移送材料;初查的地点在某某宾馆,地点非法;初查过程中已经直接讯问犯罪嫌疑人,但缺少检察长批准材料,违反了最高检《检察院诉讼规则》第172条的规定等。以上内容结合其他材料,辩护人对与此相关的前期供述问题不应被采纳的观点最终得到认可。

(四)反复追问原则

如果说"亲历性"审查原则属于"体察"、属于基础的话,那么获得证据有效审查的结果则源于不停地追问。审查证据的过程,就是反复追问的过程。只有反复的追问才能发现证据中存在的"痛点",才能将证据中存在的利弊不断扩大,才能发现证据背后存在的更深层次的原因,才可能实现在控方证据体系中游刃有余的结果。笔者并不赞同发现细枝末节然后进行穷追猛打或无理取闹的思路风格,而是主张通过细节的追问去发现最终的"痛点""穴位",那是一种能力和高度。在此我们借鉴庖丁解牛一文的精髓。即"依乎天理,批大郤,导大窾,因其固然,技经肯綮之未尝,而况大軱乎!良庖岁更刀,割也;族庖月更刀,折也。今臣之刀十九年矣,所解数千牛矣,而刀刃若新发于硎。彼节者有间,而刀刃者无厚;以无厚入有间,恢恢乎其于游刃必有余地矣!是以十九年而刀刃若新发于硎。虽然,每至于族,吾见其难为,怵然为戒,视为止,行为迟。动刀甚微,謋然已解,如土委地。提刀而立,为之四顾,为之踌躇满志;善刀而藏之。"当然,如何用辩护人经验和能力(薄刃)游于证据材料中的"有间",同时又不伤到刀体、刀刃,是一个需要长期积累的过程,虽然笔者目前与前述目标存在极大差距,但无妨将其作为努力的方向和目标。笔者在2015年处理一起合同诈骗罪案件(该系列案件被最高人民检察院列为当年涉及铁路刑事犯罪十大典型案件）中，发现当事人实施的行为与负有管理责任的国有运输单位存在一定关联，辩护人以此为突破口，不断追问深挖导致诈骗形成的过程和背后原因。在庭审质证过程中，为此向公诉人不断追问，直指控方整个证据体系的"痛点"，合议庭亦十分希望了解真相，允许双方对一份证据进行三轮质证，从而使合议庭明白案件背后的真相。虽然这并没有使被告人最终获得无罪判决，但对量刑产生了根本性影响。在犯罪数额高达2000万余元的情况下，庭审后对被告人变更为取保候审，并最终获得缓刑。

（五）原始证据优先原则

根据证据材料的来源不同，可以分为原始证据和传来证据。凡是来自原始出处的证据材料，是原始证据。凡是从间接的非第一来源获得的证据材料，称为传来证据，如证人转述从别人那里听到的情况、复制品等。通常情况下原始证据的证明价值大于传来证据，辩护人应更加注重对原始证据的审查。比如一起危险驾驶罪案件，侦查人员在对驾驶人员抽血后标明，送检的血液数量为5毫升；医院出具的鉴定意见中，标明血液中的酒精含量为228毫克每100毫升，已经远远超过入罪标准。但是，辩护人在鉴定意见中发现，鉴定人员标明的检验对象即血液的数量为3毫升。辩护人无意猜测其中的真实原因，但是由于抽取血液的含量与鉴定的血液数量相关较大，辩护人提出不能排除鉴定的血液不是实际抽取的血液，鉴定的不是原物，鉴定意见不能作为认定本案事实的依据，该案最终没有按照刑事案件处理。

三、审查卷宗材料的基本方法

（一）有的放矢，找准中心，围绕主线

卷宗材料一般较多，任何阶段的阅卷都必须有的放矢，当然不同阶段所围绕的主线会存在一定区别。第一，审查起诉阶段。该阶段在查阅证据材料前应逐字逐句阅读《移送起诉意见书》，了解侦查机关的主要结论，画出重点用语、词汇。在阅卷过程中，尤其应加大关联证据的审查。如果存在检察机关自行（补充）调查的证据，更应当注意审查，因为这些证据往往对案件的认定具有关键性作用。第二，一审阶段。案件移送法院后，《起诉书》将替代《移送起诉意见书》，辩护人应注意审查该两份文书之间是否存在区别，对于区别部分必须分析其原因，并再次与证据材料相对比。第三，二审阶段。二审阶段应注意审查一审《判决书》与《起诉书》认定的事实、法律适用等方面是否存在变化，如果有则要查明背后的原因；如果没有，则应注意审查一审判决书中的内容是否正确或者是否对一审判决书的内容存在异议、一审中提出的辩护观点是否被采纳其原因、一审中认定公诉方观点和证据能够成立的原因、一审的庭审笔录等。前述方法对办理再审案件、死刑复核案件同样具有参考性。

除前述情况外，辩护人在阅卷时，当然还要以注案件事实、程序问题为另一主线，主要包括：①犯罪动机、目的、起因；②犯罪手段、方法、工具等；③犯罪时的社会环境，特别是当时的政治、经济形势；④危害后果的轻重；⑤被害人是否有过错等；⑥犯罪嫌疑犯的一贯表现；⑦犯罪后的态度，是否认罪、退赃、退赔及主动接受财产刑处罚等；⑧法律适用是否准确；⑨诉讼程序是否合法；⑩被告人在共同犯罪中的地位和作用、排名等；⑪是否获得被害人谅解等。

（二）多遍阅卷，层层深入，重点突出

除非卷宗材料特别简单，否则应采用多遍阅卷的方法来完成整个阅卷过程。

（1）第一遍：概览式阅卷。所谓概览式阅卷是指辩护人取得卷宗后，应当先大概、粗略地浏览一下全部卷宗，采用略读、跳读的方法，对卷宗的基本内容、编排形成大概的印象或者宏观上的了解。在此过程中，如果看到一些重要的、影响案件定性或重大程序性的材料，可以采用相应方法重点标注。与阅卷笔录相应对，该遍阅卷将形成概览式的阅卷笔录。

（2）第二遍：沉浸式阅卷。该次是所有阅卷过程中的主要部分，辩护人应当详细摘录卷宗中的所有证据、材料详细阅读、理解、对比等，制作详细的阅卷笔录（包括形成专题式阅卷笔录），必须完成进一步明确案情、简化卷宗、方便办案、筛选对控辩双方利弊的证据等阅卷目的。这个阅卷过程要求辩护人全身心地投入，沉浸于整个阅卷过程，不能有半分偷懒。此中，对其中的重点证据必须突出记载。笔者在制作阅卷笔录时，将有利于辩方的内容标为绿色，有利于控方的内容标为红色，存在疑问的内容标为蓝色，最后将阅卷笔录用彩色打印，形成的阅卷笔录一目了然。

关于审查证据的先后顺序，大多数情况下，应当采用"先供后证"的顺序。犯罪嫌疑人的供述和辩解是了解案件、切入案件的最主要方式。由于辩护人以服务犯罪嫌疑人、保护其利益为天职，要实现此目的，必须首先了解犯罪嫌疑人的想法、观点。以此种顺序阅卷，证据体系的脉络更加清晰、容易对比。虽然有部分学者、律师提出"先证后供"的顺序，但笔者在此并不赞同该观点。笔者亦亲身体验过这种顺序的阅卷方式，实在感觉逻辑混乱、效果不好。

（3）第三遍：总结式阅卷。该次阅卷的对象应当是前述已经形成的阅卷笔录，通过对该些材料的综合性思考分析，进一步归纳、总结和评论，提炼观点，以了解控方的主要思路、确定辩方思路及下一步需要进行的工作等。

（三）全面审查，分层过滤，综合分析[1]

如本书第五章所述，证据审查的内容主要包括证据能力和证明力问题，在审查证据过程中，无论采取何种方法，均应围绕这两个基本问题进行，分层审查，分层过滤。

1. 第一层：审查证据能力[2]

关于证据能力的审查应分成三个方面：非法证据、真实性存疑证据和瑕疵证据。这三个方面虽然同属于证据能力层次，但根据其违法程序程度，仍应按照前述顺序进行。经过这一层次过滤后剩余的证据，再进行证明力审查。具体的审查方法可以参照刑事证据审查三步法则。按照李勇检察官提出的三步法则的观点，审查对象主要包括证据的来源、过程和结果。不过，作为律师来讲，在审查证据时，实际操作顺序应是相反顺序。这是因为，我们在审查证据时，基本是已经形成书面形成的材料，这种材料非常直观，容易切入，律师应首先对这种直观的结果进行审查，发现这种结果在形式上是否存在瑕疵，然后再继续审查证据的形成过程并最后审查证据的来源。

---

[1] 南京市建邺区人民检察副检察长李勇创立的"刑事证据审查三步法则"，相当具有实践意义，笔者在采取的"分层审查"方法与"三步法则"的切入角度不同。具体参见李勇：《刑事证据审查三步法则》，法律出版社2017年版。笔者在采取的"分层审查"方法与"三步法则"的切入角度不同。

[2] 证据能力是大陆法系国家的称谓，与英美法系国家的证据可采性类似但又不尽相同。纵观我国近年来关于证据能力、证据资格、可采性等相关研究成果，存在将大陆法系的概念与英美法系的概念交叉使用的情况，在一定程度上导致概念体系甚至逻辑体系上的混乱。对此，有必要进行专门性研究并厘清、统一相关概念，作者限于能力未作深入研究。本书在审查证据中虽然使用了证据能力的概念，但具体审查操作过程采取可采性的基本框架。

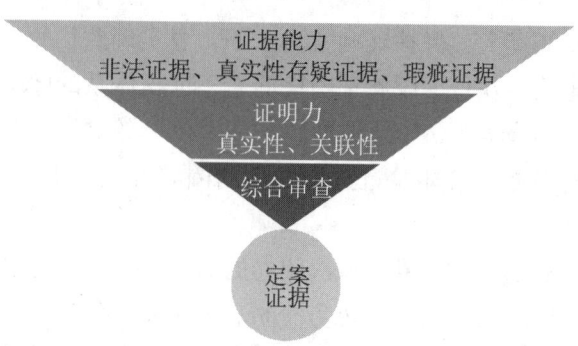

2. 第二层：单个证据证明力审查

所谓证明力是指证据所有的内在事实对案件事实的证明价值和证明作用，亦即人们通常所说的可信性和可靠性。[1]

按照传统观点，证明力的审查同样也应分成三个方面，即真实性、合法性和关联性。不过，经过上一层次的过滤，尤其是经过非法证据和瑕疵证据审查，合法性审查的内容已经所剩无几，第二层的审查基本属于单个证据的真实性和关联性审查。陈瑞华教授认为，证据的证明力的基本内容包括真实性和关联性两个方面。真实性就是证据所包含的事实是真实可靠的，而不是伪造、虚假的；关联性就是证据所包含的事实信息与案件事实具有逻辑上的联系，能够证明案件事实的成立或者不成立。[2] 需要特别说明，由于证据不具有证明能力的观点一般难以让法庭接受，法庭似乎更加关注证明力的大小，为实现辩护目的，辩护人可以将证据能力与证明力的相关问题进行"捆绑"式分析和说明，实践中的效果更好。

在证明力审查过程中，主要采用的方法是对比审查。审查卷宗材料时，除了解基本的案件事实，比如时间、地点、人物、数额、方法、手段、工具等细节外，一定要加强对相关证据的对比，审查证据的可靠性。阅卷的过程，很大程度上属于对比的过程。只有对比才能发现问题，继而才可能解决问题。对比审查的具体内容包括：

（1）注意纵向对比。对案件材料的对比既包括对材料本身的形式要件进行纵向对比，也包括对材料的内容进行纵向对比。通过对材料形式的纵向对

---

[1] 樊崇义主编：《证据法学》，法律出版社 2003 年版，第 3 页。
[2] 陈瑞华：《刑事证据法学》，北京大学出版社 2012 年版，第 79~80 页。

比，可能会发现材料形成时间、地点、人员等方面存在矛盾或问题，该些证据材料很可能证明存在非法证据。通过对材料内容的纵向对比，可能会发现同一被告人、同一证人前后的供述或证言存在相互矛盾，为作出对被告人有利的辩护打下基础。下表属于对同一案件材料进行前后对比的结果，结果显示存在大量同一被告人在同一时间、不同地点、受到不同侦查人员讯问的情况，基本能够反映出侦查机关在取证过程中存在的诸多冲突。

表6-1 张某某涉嫌受贿罪案件供述材料存在的时间、地点、人员冲突情况汇总表[1]

序号	冲突的笔录 （以下讯问笔录存在同一时间、不同地点、不同侦查人员对同一被告人同时讯问的冲突）	笔录涉及的主要内容
第1组	1. 2012/09/14（侦查卷2第15～17页）(9：00～10：50)（侦查人：王乙、李丁；地址：某某局）； 2. 2012/09/14（侦查卷29第4～6页）(08：41～09：30)（侦查人：周甲、赵一；地址：大要案指挥中心）； 3. 2012/09/14（侦查卷2第18～20页）(9：00～10：20)（侦查人：周甲、赵一；地址：大要案指挥中心）。	1. 2012/09/14（侦查卷2第15～17页）(9：00～10：50)张某某供述收取数家证券公司好处费的情况； 2. 2012/09/14（侦查卷29第4～6页）(08：41～09：30)张某某供述收受某某中心10 000元的情况； 3. 2012/09/14（侦查卷2第18～20页）(9：00～10：20)张某某供述在城管及某某公司工作期间学生分配、军人安置、人员调入的程序。
第2组	1. 2012/12/04（侦查卷10第70～72页）(13：00～13：20)（侦查人：袁丁、李丁；地址：大要案指挥中心）； 2. 2012/12/04（侦查卷33第94～95页）(13：10～13：50)（侦查人：王乙、钱丙；地址：大要案指挥中心）。	1. 2012/12/04（侦查卷10第70～72页）(13：00～13：20)张某某供述收受某某公司杨某某5000元； 2. 2012/12/04（侦查卷33第94～95页）(13：10～13：50)张某某供述收受某某公司张三8000元。
第3组	1. 2012/12/04（侦查卷33第31～33页）(14：45～15：10)（侦查人：王乙、钱丙；地址：大要案指挥中心）； 2. 2012/12/04（侦查卷33第68～69页）(14：25～15：20)（侦查人：王乙、钱丙；地	1. 2012/12/04（侦查卷33第31～33页）(14：45～15：10)张某某供述收受某某公司王甲20 000元； 2. 2012/12/04（侦查卷33第68～69页）(14：25～14：40)张某某供述收

[1] 本案是作者从业过程中办理的极为罕见的笔录存在大量时间、地点冲突的案件，作者开庭时向法院提交了该份阅卷笔录，得到承办法官的认可．

续表

序号	冲突的笔录（以下讯问笔录存在同一时间、不同地点、不同侦查人员对同一被告人同时讯问的冲突）	笔录涉及的主要内容
第3组	址：大要案指挥中心）； 3.2012/12/04（侦查卷34 第4~6页）（14：30~14：59）（侦查人：王乙、李丁；地址：大要案指挥中心）。	受某某公司6000元； 3.2012/12/04（侦查卷34 第4~6页）（14：30~14：50）张某某供述收受某某银行1000元.

注：笔者从该案卷宗材料中列出类似冲突17组，篇幅所限不再一一列举。

（2）注意横向对比。横向对比法是指将与同一事实相关联的卷宗材料相互对比，既包括被告人供述、证人证言之间的对比，也包括其他相关联证据之间的对比。横向对比有助于分析证据与案件事实之间是否存在关联性、矛盾或其他问题。比如对现场遗留与犯罪有关的具备鉴定条件的血迹、体液、毛发、指纹等生物样本、痕迹、物品，是否已作DNA鉴定、指纹鉴定等，并与被告人或者被害人的相应生物检材、生物特征、物品等比对。

以下阅卷笔录是对不同证人证言、被告人供述的相互对比，发现被告人供述、不同证人证言之间存在大量内容雷同的情形，甚至是笔录中的错字均是相同的，在一定程度上可以说明这些证据不具有合法性。

李某某涉嫌受贿罪案件相关供述、证言存在雷同情况汇总

1. 某某证券公司李甲丙的证言出现大量雷同。侦查卷3第13~20页的内容、侦查卷3第32~40页的内容、李甲丙的自述（侦查卷3第43~49页）基本完全一致。

2. 某某证券公司，路城的证言侦查卷5第32页第11~19行，与王丙证言侦查卷5第13页倒数两行至第14页第7行雷同。

3. 李九的证言（侦查卷6第40~47页）与张军保（某某证券总经理）的证言（侦查卷6第15~22页）的内容基本雷同。

4. 某某证券李三的陈述侦查卷6第63~66页与侦查卷6第51~54页；侦查卷6第66~68页与侦查卷6第57~59页；侦查卷6第68~69页与侦查卷6第55~56页的内容雷同。

5. 在供述国债托管是否存在风险时，对几个事件的回答内容完全一致。

（某某证券侦查卷 7 第 6 页第 6~11 行，与某某证券公司侦查卷 5 第 7 页第 4~10 行，某某证券公司侦查卷 6 第 5 页最后 7 行，某某证券公司侦查卷 8 第 7 页第 15~20 行，侦查卷 2 第 16 页第 14~19 行）这些关键性问题的回答完全一致，一字不差。

6. 被告人在供述自己的主观心态时，在几个事件的回答内容完全一致。（某某证券公司侦查卷 7 第 8 页第 6~10 行，与某某证券公司侦查卷 5 第 8 页第 2~7 行，某某证券公司侦查卷 6 第 9 页最后 4 行至第 10 页的前两行，尤其是某某证券公司侦查卷 5 第 8 页第 4 行，居然在笔录上直接将某某证券公司用手写修改为某某证券公司）这些关键性问题的回答完全一致，一字不差。

注：笔者从该案卷宗材料中列出类似冲突 18 组，篇幅所限不再一一列举。

3. 第三层：证据的综合审查与运用

关于证据的综合审查与运用，笔者认为应当包括两个部分：第一，是综合全案证据后，对已经审查的单个证据再次进行分层审查，这是在已经了解、把握全案证据的基础上对单个证据的再审查，比第一次审查更有高度，定性更加准确。第二，宏观上，综合全案证据，审查相关证据能否形成完整的证明体系，是否能够达到证据确实充分的标准，是否能够排除其他合理怀疑。具体来讲，包括以下内容：

（1）综合全案证据再次审查单个证据的证据能力和证明力。对全部单个证据进行审查，尤其是进行对比审查后，对单个证据真实性、合法性和关联性的判断准确度必然会显著提高。如果我们不能把案件中所有相关的证据做综合分析，单个证据的审查结果一般难以逐个击破。尤其是对证据的证明力，应当根据具体情况，从证据与待证事实的关联程度、证据之间的联系等方面进行审查判断。证据之间具有内在联系，共同指向同一待证事实，不存在无法排除的矛盾和无法解释的疑问的，才能作为定案的根据。

综合审查与运用证据首先应用排除法，将虚假的、与本案事实无关联或关联性不大的证据、非法证据排除在外，即在证据数量上首先应用减法，证据越多，越会影响辩护人，甚至可能对审判人员产生误导。只要该证据与案件事实没有实质性联系，不影响定罪量刑，即可予以排除。

（2）指控的案件事实是否均有证据证明。按照最高院《刑事诉讼法解释》第 64 条第 1 款的规定："应当运用证据证明的案件事实包括：①被告人、被害人的身份；②被指控的犯罪是否存在；③被指控的犯罪是否为被告人所实施；④被告人有无刑事责任能力，有无罪过，实施犯罪的动机、目的；⑤实施犯罪的时间、地点、手段、后果以及案件起因等；⑥被告人在共同犯罪中的地位、作用；⑦被告人有无从重、从轻、减轻、免除处罚情节；⑧有关附带民事诉讼、涉案财物处理的事实；⑨有关管辖、回避、延期审理等的程序事实；⑩与定罪量刑有关的其他事实。"关于该些事实，已有的证据包括哪些内容，哪些环节的证据相对比较薄弱，该些环节是否可能作为辩护的突破点。

（3）综合全案证据，是否能够形成完整的证明体系，对所认定的事实是否已经排除合理怀疑。

对证据的审查，应当结合案件的具体情况，从各证据与待证事实的关联程度、各证据之间的联系等方面进行审查判断，要有效整合所有证据，并要达到以下标准：

第一，证据之间是否相互印证，是否存在无法排除的矛盾和无法解释的疑问。

证据之间互相印证是认定犯罪事实的核心标准之一，辩护律师在发现证据之间无法印证、存在矛盾之后，并不能轻易地得出无法印证的结论。必须深入分析导致矛盾产生的主要原因。只有在证据之间无法相互印证，且无法作出合理解释的情况下，才可能认定证据之间无法印证。比如，根据被告人的供述、指认提取到了隐蔽性很强的物证、书证，且被告人的供述与其他证明犯罪事实发生的证据相互印证，并排除串供、逼供、诱供等可能性的，可以认定被告人有罪。

对于证据之间虽然能够相互印证，但这种印证不合常理，反而有悖于相互印证的要求。如受贿行为发生在 10 年前，但行贿人和受贿人之间关于受贿的时间、地点、场景等高度一致，这种相互印证的结果反而无法作出合理解释。笔者在处理多起案件中，均遇到过如此情况：被告人、同案人员、受害人、证人等不同人员之间形成的笔录完全一致，甚至连错别字都一样，这显然属于办案人在制作笔录过程中，在电脑中直接复制了相关材料。这种高度一致的言词证据，不仅不能认定为证据之间相互印证，而且这种情况根本无法作出合理解释。

第二，全案证据是否能够形成完整的证明体系。

证据之间能够相互印证是证据体系完整的前提和基础，但这并不意味着证据之间能够相互印证就可以形成完整的证据体系，证据体系是否完整是证据之间能够相互印证的更高阶段。相互印证的证据（我们可以称之为证据组）若能形成完整的证据体系，一方面要求该证据组之间必须存在关联性，另一方面要求该证据组能够全部满足犯罪构成所要求的逻辑体系。如果将犯罪构成要求的证据体系视作一块完整的拼图，那么这些证据组就是其中的一块，要用这些证据组填满所有的拼图，而且不同拼图之间的连接处相互吻合。在司法实践中存在一种常见的错误倾向，即只重视证据锁链中各个环节（证据组）的完整性，但不重视拼图结果即结论的合理性。这种情况往往是受到有罪推定思想的影响，想方设法地收集能够证明案件各个环节的相应证据（证据组），然后作出其能够形成完整的证明体系的结论，这种情况是不可取的。以下是笔者承办的一起受贿罪案件辩护词的部分内容：

原审判决认定李某甲构成职务侵占罪的主要证据为相关上诉人在侦查阶段形成的供述，但是由于该些供述彼此存在诸多矛盾和冲突且无法协调，因此在缺少其他足够证据等印证的情况下，原审法院以上诉人在侦查阶段形成的供述作为认定案件事实的主要依据显然证据不足。

1. 不同上诉人的供述之间存在无法协调的矛盾。如果从整体上看，不同上诉人的供述似乎有许多相一致之处，但如果仔细分析相关供述中关于与案件事实相关的细节事宜，可以发现不同上诉人的供述彼此之间存在诸多矛盾。这些矛盾直接涉及本案事实中最核心的问题，诸如关于提及套钱的会议有无召开、在会议中最初提出套钱的人是谁、在会议中有没有提及通过何种方式套钱、套取钱款的分配过程和具体方式、钱款的去向等等。仅以在会议中最初提出套钱的人是谁为例：王某乙多次供述是其自己提出套钱（卷2第5、27、55页等），但张某丙供述这个最初套钱的想法是张某丙提出的来的，张某丙供述"我对王某乙说，大热天大家工作也比较辛苦，你总要弄点资金来意思意思的。王某乙说，工作做好了，都没有问题。"（卷3第136、171页等）王某乙与张某丙的供述显然是矛盾的。

2. 同一上诉人的供述前后存在无法协调的矛盾。关于上诉人前后供述不一致的情形，前文已有说明，已有内容不再重复。仅以李某甲的供述变化情况为例：李某甲在案发之初供述，其获得的20万元钱款中有17万元存入了黄河银行了（卷4第170页）。据李某甲说明，侦查人员随即对该事实进行调查，根本没有发现李某甲存在存款记录。因此，在此后李某甲的供述更改为收到三四万元钱款，因为这些钱少，无需存入银行。但事后关于三四万元的供述无法与他人印证，因此又改成收到20万元钱款，并且该20万元钱款主要用于赌博了。从李某甲的供述前后变化可以看出，其供述的形成并不是其真实意思，而且是迎合、满足其他意思的结果。

3. 与案件事实相关的重要证据存在不合理之处。以2017年1月是否召开农业污染源会议为例：钱某当庭详细说明，南山村的"农业污染源改造"从2013年11月开始，到2014年5月份已经治理完毕，治理开始时还没有"农业污染源改造"的概念，是村里在村民的强烈反映后自行作出的行为。当时的南山街道办主任杨某亦证明这一事实（卷5第3页）。街道关于"农业污染源改造"的文件是2015年底下发的，当时南山村的农业污染治理已经完成。因此在这种情况下，根本不存在于2017年1月召开关于农业污染源治理会议的前提和基础，上诉人在供述中称在2017年1月如开会议根本不合情理，当然也不属于事实。

再以套取钱款的分配过程为例：钱某供述是其自己陪同马某到花园信用信社和南山信用社信取钱（卷4第10页），然后马某当天将钱款给了钱某。但事实上，南山村在花园信用社和南山信用社根本没有账户，当然也无存款。如果钱某真的与马某一起到花园信用信社和西林信用社取款，侦查机关早已调取了这些证据。类似上述不合理的情形，原审法院在判决中均未给予充分回应和说明，在无法解决前述不合理之处的情况下，原审判决结果同样不合理。

第三，根据证据认定的案件事实是否足以排除合理怀疑，结论是否具有唯一性。其一，排除合理怀疑要以发现疑点为前提。这种疑点包括可能直接影响犯罪事实是否存在的疑点，如缺少作案时间、犯罪地点不一致、工具不一致、方法不一致、DNA鉴定结果不一致等重大疑点，对此无论侦查机关还是公诉机关、审判机关一般均可以发现，通常不能成为律师的主要辩护依据。辩护律师更要善于发现存在的一些"小"的疑点，然后通过"小"疑点深挖、推导出大问题。其二，排除合理怀疑并非排除一切怀疑。排除合理怀疑并非指排除一切怀疑。从理论上讲，任何事情、判断均可以作出怀疑。很多怀疑可能是无中生有、吹毛求疵、强词夺理，这种怀疑任何时候均无法排除，也无必要排除，因为这种怀疑本身就可能是不合理的，更不可能运用于认定犯罪的过程中。此处合理的怀疑是指有理由、有依据的怀疑，更多的是建立在合理的推理的基础上，而不是空洞的冥想。英美判例中先后将合理怀疑界定为"在日常生活中足以使人在决定重要事务时产生犹豫的不确定性""一种有理由的怀疑，不能是一种推测或猜疑""一种建立在共同意识基础上的怀疑"等，我们可以在一定程度上借鉴。其三，"合理"二字赋予法官享有更多的自由裁量权。对此，辩护律师应引起充分重视。同样的证据，不同的法官可能会有不同的理解，这是人之常情，是客观情况。对此，辩护律师应加强与承办法官沟通交流，努力使双方对"合理"性的认识在思想、观点的碰撞中更加合理。其四，凡是无法排除合理怀疑的，应按照"疑罪从无"的原则处理。实践中可以看到类似情况的判决，如认定被告人构成犯罪的证据比认定无罪的证据占有优势，但又存在一些确实无法排除合理怀疑，被害人或其亲属又通过多种方式向侦查机关、公诉机关或审判机关施加压力，最后法院作出有罪判决。但这种案件的量刑往往较低，正常情况下应被判处死刑立即执行的，判决结果会将"枪口抬高一厘米"判处死缓。这种留有余地的判决，显然是不符合法律规定的"疑罪从无"的原则。

（4）运用证据进行的推理是否符合逻辑和经验。逻辑与经验，是指审判人员在刑事审理过程中，以刑事证据的调查、审查、判断、运用为基础的"逻辑推理"与"经验规则推理"。逻辑推理，是指以刑事证据为基础，根据刑事法律条文、刑事法律理论、刑事司法案例和一般的三段论、五段论等逻辑规则进行的推理。经验规则推理，是指以刑事证据为基础、运用常情常理等规则进行的推理。此中，法官的自由裁量权同样存在较大弹性空间，需要辩护律师主动沟通交流，以保证运用证据的推理过程和结果符合逻辑和经验。

四、对物证、书证的审查与判断[1]

物证、书证等展示性证据具有直观性、客观性、被动性等特点，物证等

---

[1] 关于本处相关问题说明如下：第一，出于内容简略起见，且为了与本书贴近实践的特点相一致，关于不同证据的概念、特征、分类等理论性问题，除鉴定意见等需要重点说明的以外，不再具体阐述。第二，按照本书所述的分层理论，对所有证据审查的第一步均应审查其是否具有证据资格，其中包括的非法证据排除的审查事项在前一章中已经详细说明。第三，关于审查证据的具体方法，本书在结构上首先依据最高院相关司法解释等规定列举审查的对象，然后再按照分层理论分解说明判断方法和处理结果，此中难免存在一定的交叉、重复之处，但为了保持结构上的完整、清晰，经多次比较后采取这种体例，不当之处敬请谅解。

作为认定案件事实证据同样渗入主观性的因素。因此，对提取、固定物证等的过程和运用方法、解读方法将成为审查的重点。根据最高院《刑事诉讼法解释》第69~73条、两院三部《办理死刑案件证据规定》第6条等相关规定，对物证审查应注意以下问题：

（一）审查的内容

（1）物证、书证是否为原物、原件，是否经过辨认、鉴定；物证的照片、录像、复制品或者书证的副本、复制件是否与原物、原件相符，是否由二人以上制作，有无制作人关于制作过程以及原物、原件存放于何处的文字说明和签名。

（2）物证、书证的收集程序、方式是否符合法律、有关规定；经勘验、检查、搜查提取、扣押的物证、书证，是否附有相关笔录、清单，笔录、清单是否经侦查人员、物品持有人、见证人签名，没有物品持有人签名的，是否注明原因；物品的名称、特征、数量、质量等是否注明清楚。

（3）物证、书证在收集、保管、鉴定过程中是否受损或者改变。

（4）物证、书证与案件事实有无关联；对现场遗留与犯罪有关的具备鉴定条件的血迹、体液、毛发、指纹等生物样本、痕迹、物品，是否已作DNA鉴定、指纹鉴定等，并与被告人或者被害人的相应生物检材、生物特征、物品等比对。

（5）与案件事实有关联的物证、书证是否全面收集。

（二）证据能力判断

1. 非法证据判断

参见本书第五章相关内容。[1]

2. 真实性存疑证据判断

认定物证、书证属于真实性存疑证据必须以存在明确的规定为前提，因此直接依据相关规定即可作出判断，无需人为地增加其他条件。相关规定主要体现在最高院《刑事诉讼法解释》第73条第1款、两院三部《办理死刑案件证据规定》第9条第1款："经勘验、检查、搜查提取、扣押的物证、书证，未附有勘验、检查笔录，搜查笔录，提取笔录，扣押清单，不能证明物

---

[1] 关于非法证据审查的相关事宜，本书在第五章已有详细说明，本处为保持内容的完整性和逻辑性，特以标题性说明。其他证据审查中亦作类似表述。

证、书证来源的,不能作为定案的根据"。

3. 瑕疵证据判断

由于瑕疵证据客观上是证据在形式上存在瑕疵,因此对瑕疵证据审查主要针对的是证据的表现形式、属于结果上的审查。无论何种原因导致,只要证据在形式上不符合要求,均可能属于瑕疵证据。最高院的司法解释对瑕疵证据审查往往只是指出路径,具体规定主要体现在公安、检察机关等相关部门的规定之中。如最高院《刑事诉讼法解释》第73条第2款第(一)项中规定,应注意审查扣押清单上有没有侦查人员、物品持有人等签名,若没有的,经补正或者作出合理解释的,可以采用。与此相对应的是公安部《刑事程序规定》第224条:"执行查封、扣押的侦查人员不得少于二人,并出示本规定第223条规定的有关法律文书。查封、扣押的情况应当制作笔录,由侦查人员、持有人和见证人签名。"只有这两方面结合起来,才能判断是否属于瑕疵证据。若物证、书证存在以下瑕疵,不能作出合理解释或说明的,不能作为定案证据:

(1)勘验、检查、搜查等笔录、扣押清单在形式上不完备。《刑事诉讼法》第142条规定:"对查封、扣押的财物、文件,应当会同在场见证人和被查封、扣押财物、文件持有人查点清楚,当场开列清单一式二份,由侦查人员、见证人和持有人签名或者盖章,一份交给持有人,另一份附卷备查。"最高院《刑事诉讼法解释》第73条第2款规定:"物证、书证的收集程序、方式有下列瑕疵,经补正或者作出合理解释的,可以采用:(1)勘验、检查、搜查、提取笔录或者扣押清单上没有侦查人员、物品持有人、见证人签名,或者对物品的名称、特征、数量、质量等注明不详的;(2)物证的照片、录像、复制品,书证的副本、复制件未注明与原件核对无异,无复制时间,或者无被收集、调取人签名、盖章的;(3)物证的照片、录像、复制品,书证的副本、复制件没有制作人关于制作过程和原物、原件存放地点的说明,或者说明中无签名的;(4)有其他瑕疵的。对物证、书证的来源、收集程序有疑问,不能作出合理解释的,该物证、书证不得作为定案的根据。"两院三部《办理死刑案件证据规定》第9条第2款亦作出类似规定。公安机关与对述相对应的规定主要体现在《刑事程序规定》第224~226条。

(2)书证有更改或者更改迹象不能作出合理解释的。两院三部《办理死刑案件证据规定》第8条第2款有类似规定,该款中另外规定:"书证有更改或者更改迹象不能作出合理解释的,不能作为定案的根据。"

(三)证明力判断

证明力判断主要包括真实性判断和关联性判断,主要涉及的是证据的可靠性问题。[1]对于瑕疵证据经审查后,法官决定不予排除其证据资格的情况下,仍然应当进行证明力审查。以下情况,一般不得作为定案证据。

(1)物证、书证不属于原物、原件,复制品与原物不一致,不能作出合理解释的。最高院《刑事诉讼法解释》第70条中规定:"据以定案的物证应当是原物。原物不便搬运,不易保存,依法应当由有关部门保管、处理,或者依法应当返还的,可以拍摄、制作足以反映原物外形和特征的照片、录像、复制品。"第71条中规定:"据以定案的书证应当是原件。取得原件确有困难的,可以使用副本、复制件。书证的副本、复制件不能反映原件及其内容的,不得作为定案的根据"。两院三部《办理死刑案件证据规定》第8条第1款作出类似规定。

(2)物证、书证的照片、录像、复制品或者书证的副本、复制件与原物、原件不相符的,物证的照片、录像、复制品,不能反映原物的外形和特征的。物证的照片、录像、复制品,经与原物核对无误、经鉴定为真实或者以其他方式确认为真实的,可以作为定案的根据。书证的副本、复制件,经与原件核对无误、经鉴定为真实或者以其他方式确认为真实的,可以作为定案的根据。

(3)物证、书证在收集、保管过程中证据材料受到污染、受损、改变的。在很多时候,这是辩护人的突破点之一。最典型的体现为物证在提取、保管等环节,是否存在被污染、错误标注等。《刑事诉讼法》第141条第2款规定:"对查封、扣押的财物、文件,要妥善保管或者封存,不得使用、调换或者损毁。"比如在办理危险驾驶罪案件中,一般应对犯罪嫌疑人进行抽血检验。按照《车辆驾驶人员血液呼气酒精含量阈值与检验》第5.3.1条规定:"对需要检验血液中酒精含量的,应及时抽取血样。抽取血样应由专业人员按要求进行,不应采用醇类药品对皮肤进行消毒;抽出血样中应添加抗凝剂,

---

[1] 证明力判断与前文所的瑕疵证据审查(形式审查)在很多时候是具有紧密联系,审查对象基本相同,甚至可以说是同一个问题的两个方面,只不过出于审查目的的不同,将其人为地分成两个部分,实践中很可能是合二为一的。不过,二者虽然针对同一审查对象,但仍然存在一定区别。瑕疵证据审查更加注重证据的表现形式是否完整、齐备、是否符合相关规定;真实可靠性审查注重不是形式,而是证据反映内容的真实性、可靠性。

防止血液凝固；装血样的容器应洁净、干燥，按检验规范封装，低温保存，及时送检"等。这对血液的抽取人员、抽取时间、消毒要求、贮存条件等均提出具体规定，实践中出现用醇类药品消毒、添加缓凝剂（非抗凝剂）、常温保存等的情况，这显然会严重影响到检验结果的正确性，实践中也不乏通过对前述过程提出异议从而辩护成功的案例。

（4）物证、书证没有经过辨认、鉴定的。关于物证的辨认过程，《刑事诉讼法》第 195 条规定，公诉人、辩护人应当向法庭出示物证，让当事人辨认。

（5）物证、书证的来源可疑或存在问题的。物证、书证的来源是判断其是否真实可靠的重要依据，甚至影响其是否会成为非法证据。比如隐蔽性强的物证、书证，该类证据由于其本身的隐蔽性特征，除犯罪嫌疑人以外的人员一般难以知悉，因此其证明力较强。但是，这种证据的证明力并不是绝对的，尤其是存在串供、逼供、诱供的情况下，往往让公诉人或审判人员误认为某些物证具有较强的隐蔽性。对此，辩护人一定要与犯罪嫌疑人、被告人深入沟通，详细了解该些证据被披露的过程，尤其注意审查是否其中存在诱供、刑讯逼供后提取的情况。

最后，物证、书证收集不够全面、深入的，应补充收集、调取证据并作出合理说明。《刑事诉讼法》第 115 条中规定："公安机关对已经立案的刑事案件，应当进行侦查，收集、调取犯罪嫌疑人有罪或者无罪、罪轻或者罪重的证据材料。"因此，侦查机关在收集证据材料中不仅要收集对犯罪嫌疑人不利的证据，而且也应当收集对犯罪嫌疑人有利的证据。两院三部《办理死刑案件证据规定》第 7 条规定："对在勘验、检查、搜查中发现与案件事实可能有关联的血迹、指纹、足迹、字迹、毛发、体液、人体组织等痕迹和物品应当提取而没有提取，应当检验而没有检验，导致案件事实存疑的，人民法院应当向人民检察院说明情况，人民检察院依法可以补充收集、调取证据，作出合理的说明或者退回侦查机关补充侦查，调取有关证据。"

五、对证人证言、被害人陈述的审查与判断

证人证言等作为言词证据具有直观性、主观性、不稳定性等特点，因此对证人证言的审查应以是否具有可靠性等主要内容。根据最高院《刑事诉讼法解释》第 74 条、两院三部《办理死刑案件证据规定》第 11 条等相关规定，

对证人证言、被害人陈述审查的内容如下:[1]

(一)审查的内容

(1)证言的内容是否为证人直接感知。

(2)证人作证时的年龄,认知、记忆和表达能力,生理和精神状态是否影响作证。

(3)证人与案件当事人、案件处理结果有无利害关系。

(4)询问证人是否个别进行。

(5)询问笔录的制作、修改是否符合法律、有关规定,是否注明询问的起止时间和地点,首次询问时是否告知证人有关作证的权利义务和法律责任,证人对询问笔录是否核对确认。

(6)询问未成年证人时,是否通知其法定代理人或者有关人员到场,其法定代理人或者有关人员是否到场。

(7)证人证言有无以暴力、威胁等非法方法收集的情形。

(8)证言之间以及与其他证据之间能否相互印证,有无矛盾。

(二)证据能力判断

1. 非法证据判断

详见本书第五章。

2. 真实性存疑证据判断

根据最高院《刑事诉讼法解释》第75、76条以及两院三部《办理死刑案件证据规定》第12、13条的规定,以下证人证言不得作为证据使用。

(1)处于明显醉酒、中毒或者麻醉等状态,不能正常感知或者正确表达的证人所提供的证言,不得作为证据使用。

(2)证人的猜测性、评论性、推断性的证言,不得作为证据使用,但根据一般生活经验判断符合事实的除外。[2]

(3)询问证人没有个别进行的。《刑事诉讼法》第124条第2款:"询问证人应当个别进行。"公安部《刑事程序规定》第205条第2项:"询问证人、被害人应当个别进行。"因此询问证人、被害人应当个别进行。在现场询问证

---

[1] 审查证人证言与审查被害人陈述的方法、注意事项基本相同,因此关于被害人部分不再单独论述。

[2] 此处规定类似于英美法系的传闻证据规则,参见陈光中主编:《证据法学》(第3版),法律出版社2015年版,第257~264页。

人、被害人，侦查人员应当出示工作证件。到证人、被害人所在单位、住处或者证人、被害人提出的地点询问证人、被害人，应当经办案部门负责人批准，制作询问通知书。询问前，侦查人员应当出示询问通知书和工作证件。

（4）书面证言没有经证人核对确认的。

（5）询问聋、哑人，应当提供通晓聋、哑手势的人员而未提供的。

（6）询问不通晓当地通用语言、文字的证人，应当提供翻译人员而未提供的。

（7）生理上、精神上有缺陷或者年幼，不能辨别是非，不能正确表达的人，不能作证人。对于证人能否辨别是非，能否正确表达，必要时可以进行审查或者鉴定。

3. 瑕疵证据判断

根据最高院《刑事诉讼法解释》第77条、两院三部《办理死刑案件证据规定》第14条的规定，证人证言的收集程序、方式有下列瑕疵，不能补正或者作出合理解释的，不得作为定案的根据：

（1）询问笔录没有填写询问人、记录人、法定代理人姓名以及询问的起止时间、地点的。

（2）询问地点不符合规定的。《刑事诉讼法》第124条第1项规定："侦查人员询问证人，可以在现场进行，也可以到证人所在单位、住处或者证人提出的地点进行，在必要的时候，可以通知证人到人民检察院或者公安机关提供证言。在现场询问证人，应当出示工作证件，到证人所在单位、住处或者证人提出的地点询问证人，应当出示人民检察院或者公安机关的证明文件。"公安部《刑事程序规定》第205条第1项规定："询问证人、被害人，可以在现场进行，也可以到证人、被害人所在单位、住处或者证人、被害人提出的地点进行。在必要的时候，可以通知证人、被害人到公安机关提供证言。"公安机关侦查人员询问证人的地点不得超出以上5个地点。若询问地点不符合规定，不能补正或者作出合理解释的，不得作为定案的根据。

（3）询问笔录没有记录告知证人有关作证的权利义务和法律责任的。公安部《刑事程序规定》第206条中规定："询问时，应当告知证人、被害人必须如实地提供证据、证言和有意作伪证或者隐匿罪证应负的法律责任。"

（4）询问笔录反映出在同一时段，同一询问人员询问不同证人的。

（三）证明力判断

根据最高院《刑事诉讼法解释》第74条、两院三部《办理死刑案件证据规定》第 15 条的规定，等相关规定并结合司法实践，将以下证人证言作为定案证据应当慎重：

（1）证言的内容不是被证人直接感知的。

（2）询问未成年证人时，没有通知其法定代理人或者有关人员到场或通知后其法定代理人或者有关人员不有到达到场。

（3）询问笔录中反映的询问过程不完整、不符合实际。

（4）证人与案件当事人、案件处理结果存在利害关系。公安部《刑事程序规定》第 206 条中规定："询问前，应当了解证人、被害人的身份，证人、犯罪嫌疑人、被害人之间的关系。"与被告人有亲属关系或者其他密切关系的证人所作的有利被告人的证言，或者与被告人有利害冲突的证人所作的不利被告人的证言。对于这些证言等，法庭在裁判时会慎重使用，除非有其他证据印证。

（5）经人民法院依法通知后不出庭作证的。该种情形以下列内容为前提：人民检察院、被告人及其辩护人对证人证言有异议，该证人证言对定罪量刑有重大影响的；人民法院认为其他应当出庭作证的。

（6）未出庭作证证人的书面证言出现矛盾，不能排除矛盾且无证据印证的。

（7）证人当庭作出的证言与其庭前证言存在矛盾且无法作出合理解释。证人当庭作出的证言与其庭前证言矛盾，证人能够作出合理解释，并有相关证据印证的，应当采信其庭审证言。不能作出合理解释，而其庭前证言有相关证据印证的，可以采信其庭前证言。

（8）证人等存在特殊情况，导致法庭可能会慎用该证人证言。在美国著名的辛普森的案件中，辩方通过出示警察与记者谈话的录音以及其日常言论，证明这个警察存在严重的种族歧视观念，从而对其证言的可靠性提出了质疑。这为成功排除对辛普森不利的关键证据起到重要作用。

六、对被告人供述和辩解的审查与判断

由于被告人对案件事实情况最为明确，因此其从理论上来讲最能反映案件的真实情况，因此往往被法院作为裁判的最重要、最直接证据。不过由于被告人的自我保护性及限于我国现阶段的侦查水平，被告人供述并不一定能够真实地反映案件事实情况，对被告人供述的审查是辩护人工作的重中之重。

被告人供述作为言词证据的一种，在实践中具有以下特点：第一，被动性。虽然被告人供述从理论上来讲应当是自愿性的，但一般来讲，被告人的供述是在被侦查机关采取强制措施后，或被控制人身自由的情况形成，而且在我国"重口供"的历史传统的影响下，被告人的供述往往是在被动的情况下形成的。在这种情况下，被告人的供述是否真实、是否真正反映了其真实意思，需要结合被告人的供述及其他相关情况进行判断。第二，反复性。被告人供述前后存在大量反复的情况极为常见。其原因是多样的，既可能是被告人为逃脱罪责翻供，也可能是人身自由受到限制前期的供述非其真实意思。辩护人应当力图在这些存在反复的证据中，寻找到真实情况或对被告人有利的证据。第三，虚假可能性。被告人为了能够减轻或避免罪责，经常存在不交代事实或避重就轻的情形，有的被告人甚至在其他证据已经完全印证的情况下仍然拒不认罪。对此，从被告人的自我保护的角度来讲是可以窥见其原因的；作为辩护人如何对这些供述进行质证、如何就这些供述与被告人协商沟通，需要根据具体情况及其他证据情况决定。

根据被告人供述的上述特点，辩护人审查被告人供述时应重证据、重调查研究，不轻信口供。应当将供述与其他书证、物证、证人证言等证据结合起来，然后再对被告人供述作出综合评判。而且，如果被告人提出其相关的供述是被迫的、虚假的，辩护人可结合案件的其他证据就彼此证据之间存在的矛盾与被告人进行交流沟通，并请被告人作出合理解释。如果被告人能够作出合理解释，则可以在辩护中向推翻已有的供述去努力；如果被告人不能述作出合理解释，辩护人应分析是否存在其他的可能。需要说明，本书在此强调重证据、重调查研究，不轻信口供，并非是让辩护人不要理会被告人的供述，与其相反，辩护人应当严格注意审查被告人的供述，只有在全面、深入理解掌握被告人供述的基础上，才能结合其他证据进行审查，否则审查被告人供述的基础已经不复存在。

（一）审查的内容

根据最高院《刑事诉讼法解释》第80条、两院三部《办理死刑案件证据规定》第18条等规定，对被告人供述和辩解应当着重审查以下内容：

（1）讯问的时间、地点，讯问人的身份、人数以及讯问方式等是否符合法律、有关规定。

（2）讯问笔录的制作、修改是否符合法律、有关规定，是否注明讯问的具体起止时间和地点，首次讯问时是否告知被告人相关权利和法律规定，被告人是否核对确认。

（3）讯问未成年被告人时，是否通知其法定代理人或者有关人员到场，其法定代理人或者有关人员是否到场。

（4）被告人的供述有无以刑讯逼供等非法方法收集的情形。

（5）被告人的供述是否前后一致，有无反复以及出现反复的原因；被告人的所有供述和辩解是否均已随案移送。

（6）被告人的辩解内容是否符合案情和常理，有无矛盾。

（7）被告人的供述和辩解与同案被告人的供述和辩解以及其他证据能否相互印证，有无矛盾。

必要时，可以调取讯问过程的录音录像、被告人进出看守所的健康检查记录、笔录，并结合录音录像、记录、笔录对上述内容进行审查。

（二）证据能力判断

1. 非法证据判断

具体内容参见本书第五章的相关内容。

2. 真实性存疑证据判断

根据最高院《刑事诉讼法解释》第81条、两院三部《办理死刑案件证据规定》第20条等相关规定，被告人供述具有下列情形之一的，不得作为定案的根据：

（1）讯问笔录没有经被告人核对确认的。《刑事诉讼法》第122条规定："讯问笔录应当交犯罪嫌疑人核对，对于没有阅读能力的，应当向他宣读。如果记载有遗漏或者差错，犯罪嫌疑人可以提出补充或者改正。"笔录经犯罪嫌疑人核对无误后，应当由其在笔录上逐页签名、捺指印，并在末页写明"以上笔录我看过（或向我宣读过），和我说的相符"。拒绝签名、捺指印的，侦查人员应当在笔录上注明。侦查人员应当将问话和犯罪嫌疑人的供述或者辩解如实地记录清楚。制作讯问笔录应当使用能够长期保持字迹的材料。犯罪嫌疑人请求自行书写供述的，应当准许；必要时，侦查人员也可以要求犯罪嫌疑人亲笔书写供词。犯罪嫌疑人应当在亲笔供词上逐页签名、捺指印。侦查人员收到后，应当在首页右上方写明"于某年某月某日收到"，并签名。

（2）讯问聋、哑人，应当提供通晓聋、哑手势的人员而未提供的。《刑事诉讼法》第119条规定："讯问聋、哑的犯罪嫌疑人，应当有通晓聋、哑手势的人参加，并且将这种情况记明笔录。"

（3）讯问不通晓当地通用语言、文字的被告人，应当提供翻译人员而未提供的。《刑事诉讼法》第9条规定："各民族公民都有用本民族语言文字进行诉讼的权利。人民法院、人民检察院和公安机关对于不通晓当地通用的语言文字的诉讼参与人，应当为他们翻译。"

3. 瑕疵证据判断

最高院《刑事诉讼法解释》第82条、两院三部《办理死刑案件证据规定》第21条等规定：讯问笔录有下列瑕疵，经补正或者作出合理解释的，可以采用；不能补正或者作出合理解释的，不得作为定案的根据：

（1）讯问笔录填写的讯问时间、讯问人、记录人、法定代理人等有误或者存在矛盾的。

（2）讯问人没有签名的。

（3）首次讯问笔录没有记录告知被讯问人相关权利和法律规定的。首次讯问应当告知犯罪嫌疑人有权申请回避、聘请律师等诉讼权利。

（三）证明力判断

根据最高院《刑事诉讼法解释》第80条、两院三部《办理死刑案件证据规定》第18条等规定并结合司法实践，以下被告人供述在作为定案证据时应当慎重：

（1）讯问的时间和地点、讯问人的身份、人数以及讯问方式等不符合法律规定的。一份完整的讯问笔录应当包括讯问人员的名字、身份、工作单位、讯问起止时间、讯问地点、讯问人员签字、犯罪嫌疑人签字并按指印确认等，缺一不可。以讯问时间为例，《刑事诉讼法》第86条规定："公安机关对被拘留的人，应当在拘留后的二十四小时以内进行讯问。在发现不应当拘留的时候，必须立即释放，发给释放证明。"第92条规定："人民法院、人民检察院对于各自决定逮捕的人，公安机关对于经人民检察院批准逮捕的人，都必须在逮捕后的二十四小时以内进行讯问。在发现不应当逮捕的时候，必须立即释放，发给释放证明。"第117条规定："对不需要逮捕、拘留的犯罪嫌疑人，可以传唤到犯罪嫌疑人所在市、县内的指定地点或者到他的住处进行讯问，但是应当出示人民检察院或者公安机关的证明文件。对在现场发现的犯罪嫌疑人，经出示工作证件，可以口头传唤，但应当在讯问笔录中注明。传唤、拘传持续的时间不得超过十二小时；案情特别重大、复杂，需要采取拘留、逮捕措施的，传唤、拘传持续的时间不得超过二十四小时。不得以连续传唤、拘传的形式变相拘禁犯罪嫌疑人。传唤、拘传犯罪嫌疑人，应当保证犯罪嫌疑人的饮食和必要的休息时间。"

（2）讯问笔录的制作、修改不符合法律规定的。侦查人员讯问犯罪嫌疑人时，应当首先讯问犯罪嫌疑人是否有犯罪行为，并告知犯罪嫌疑人如实供述自己罪行可以从轻或者减轻处罚的法律规定，让他陈述有罪的情节或者无罪的辩解，然后向他提出问题。犯罪嫌疑人对侦查人员的提问，应当如实回答。但是对与本案无关的问题，有拒绝回答的权利。《刑事诉讼法》第122条规定："讯问笔录应当交犯罪嫌疑人核对，对于没有阅读能力的，应当向他宣读。如果记载有遗漏或者差错，犯罪嫌疑人可以提出补充或者改正。"

（3）讯问未成年被告人时，没有通知其法定代理人或者有关人员到场或其法定代理人或者有关人员收到通知后未到场的。

（4）被告人的辩解内容不符合案情和常理且存在矛盾的。

（5）被告人的供述和辩解与同案被告人的供述和辩解以及其他证据无法相互印证，或对认定事实存在矛盾的。

（6）被告人的供述前后不一致或存在反复，且不能作出合理解释的。被告人庭前供述和辩解存在反复，但庭审中供认，且与其他证据相互印证的，可以采信其庭审供述；被告人庭前供述和辩解存在反复，庭审中不供认，且无其他证据与庭前供述印证的，不得采信其庭前供述。被告人庭审中翻供，但不能合理说明翻供原因或者其辩解与全案证据矛盾，而其庭前供述与其他证据相互印证的，可以采信其庭前供述。关于被告人在供述中出现反复的，尤其是要注意审查其反复的原因，实践中公诉机关经常将被告人供述出现反复的，认定为翻供，笔者对此持保留意见。以下是笔者承办的一起受贿罪案件，对被告人供述出现反复的情况作出以下辩论意见。

所有上诉人的供述前后变化极大，原审判决仅以对上诉人的有罪供述作为认定本案事实的依据，显然证据不足，认定本案事实需要其他更加客观的书面证据的加以印证。

1. 如何认识和理解上诉人的"翻供"。

"翻供"作为通俗性质的概念，从法律上应理解为当事人前后供述不一致的情形。本案在发回重审后的一审过程中，马某甲、李某乙、夏某丙均当庭否认了其在侦查阶段、前期庭审中的有罪供述。公诉机关对此理解为该些当事人"翻供",并且认为这种推翻以前有罪供述的情形不应当被法庭采纳。不过,从辩护人看来,马某甲、李某乙、夏某丙的前述行为并不是公诉机关所谓的"翻供",而是将审判阶段后期的供述重新回到了侦查阶段初期的状态。换一种说法,该些上诉人在侦查阶段初期的供述与审判阶段后期的供述是基本一致的,只是中间阶段的供述发生了变化,因此其供述的变化不能称为"翻供"。如果一定认为存在翻供,那也只能说明是案件办理的中间过程中存在"翻供"。但是,原审判决仅将上诉人在办理案件中间阶段的有罪供述作为认定事实的依据,并否认了前期和后期无罪供述的真实性,这种认定方法显然不合理的。以戴某某为例,在本案中的笔录总共有11份笔录(其中形式上是在纪检机关形成),其中涉及的有罪供述有4次(包括在纪检阶段一次),其他7次均否认收到20万元钱款。在2012年5月26日的检察院询问笔录和纪检在5月27日与其第一次谈话中,戴某某否认收到20万元钱款的事实,在5月28日在侦查机关形成的笔录、6月1日被关押进看守所后形成的3份笔录中,戴某某均否认收到20万元钱款。其他上诉人也存在类似情况,原审判决仅以上诉人的有罪供述作为认定案件事实的依据,而将否认犯罪的笔录认为是"翻供"从而不作为认定案件事实的依据,显然是不合理的。

2. 在所有上诉人的供述前后变化极大的情况下,认定本案事实需要其他更加客观的书面证据的印证。

在所有上诉人的供述前后变化极大的情况下,认定本案的事实必须借助更加客观、充分的书面证据,在通过这些相对客观的证据对言词证据加以印证、形成完整的证据锁链的情况下才能最终正确认定本案的事实。按照马某甲的供述,其分配的钱款均是一对一完成,别无其他证人,但是马某甲同时说明,其钱款均是从村委在江南银行的账户中取现,因此必须需要这些取现记录加以印证,而不能仅仅凭借马某甲个人的口供。与马某甲取款、付款相一致的银行交易记录是认定本案事实的重要书证,应当调取并提交法庭,否则本案将无法形成完整的证据锁链。对于这一证据问题,几乎所有的辩护人均多次提请法庭注意,恳请能够调取,但二审出庭检察员仅仅以马某甲作为经手人曾经承认前述事实来应对,显然不具有说服力。前述问题作为本案中最基本的问题,侦查机关不可能注意,究竟是侦查机关没有调取,还是调取后认为对追究上诉人责任不利而没有提交法庭,相信所有参与本案的侦查人员、检察人员、审判人员、辩护人心里均有一笔账。如果连这个基本问题都未解决的情况下，仅仅以上诉人的有罪供述作为认定案件事实的依据，证据将严重不足。

七、对鉴定意见的审查与判断

鉴定意见是指公安机关司法机关或者当事人就案件中的专门性问题，指派或聘请具有专门知识的人进行鉴定后作出的判断意见。[1]鉴定意见作为我国刑事诉讼法规定的八大证据种类之一，不仅对查明案件事实具有重要作用，而且会具体影响到相关案件的定罪量刑。法谚有云："鉴定人是事实的法官"，充分说明了鉴定意见在诉讼中的地位和作用。1996年《刑事诉讼法》及之前的规定，一般将司法鉴定机构出具的专门性意见定义为鉴定结论。2005年5月28日，全国人民代表大会常务委员会通过的《关于司法鉴定管理问题的决定》，首次将"鉴定结论"改为"鉴定意见"。2012年《刑事诉讼法》修订时对上述在法律上予确认。从鉴定结论到鉴定意见的改变不仅体现在表述，更体现在证据理念的转变上。可以看出，鉴定意见仅仅是具有专门知识的人，对专门性问题进行鉴别和判断。必须和其他证据一样，经过质证、审查、综合判断后，才可能作为认定案件事实的依据。

（一）鉴定意见的基本特征

（1）鉴定意见的内容应针对是事实问题。鉴定人在对鉴定对象分析研究的基础上，只能就其发现的现象及其所能说明的事实作出的判断，而不是其中的法律适用等提供意见。比如鉴定人只能对被害人砍杀的工具等进行鉴定，而不能对犯罪嫌疑人是否构成故意杀人罪进行鉴定。

（2）鉴定意见针对的内容具有专门性、专业性。随着社会分工的不断加剧，任何人只能就熟悉的领域事务作出判断，司法人员同样如此。对于涉及较强专业性的问题，必须经由专业人员凭借专门知识和有关技术设备加以认识并作出判断，一般常识性问题不属于司法鉴定的范围。

（3）鉴定意见不排除具有一定主观性。虽然鉴定意见针对的是事实问题，且一般借助于科学仪器等手段，但是不同鉴定人员在很多时候会因知识、技术水平的不同，对同一事物作出不同判断的情形，鉴定意见或者或少地会带有一定的个性特征，具有一定的主观色彩。

---

[1] 陈光中主编：《证据法学》（第3版），法律出版社2015年版，第188页。

（4）鉴定意见的结论具有确定性。鉴定人应运用科学技术或者专门知识对诉讼涉及的专门性问题作出明确的最终结论，而不能模棱两可，否则将失去鉴定的意义。

（5）鉴定意见的出具者身份具有法定性。出具鉴定意见的鉴定机构和鉴定人必须具有法定资质。鉴定机构不具备法定资质，或者鉴定事项超出该鉴定机构业务范围、技术条件的；鉴定人不具备法定资质，不具有相关专业技术或者职称的；鉴定意见不得作为定案的根据。《关于司法鉴定管理问题的决定》《司法鉴定许可证管理规定》等对鉴定人的资质作出了明确规定。

（6）鉴定意见的形成具有程序上的法定性。司法部于2016年3月2日颁布的《司法鉴定程序通则》具体规定了司法鉴定的委托与受理、司法鉴定的实施、司法鉴定意见书的出具等法定程序。《公安部刑事技术鉴定规则》《人民检察院鉴定规则（试行）》亦有相关规定。

（7）鉴定意见的表现形式上具有法定性。《关于司法鉴定管理问题的决定》第10条、《司法鉴定文书示范文本（试行）》对鉴定意见的结构、记载内容等作出了详细规定。

（8）鉴定意见是供司法人员参考并可质疑的诉讼证据材料，并非对案件事实作出的不可质疑的最终结论。司法人员在判断事实过程中，应综合分析包括鉴定意见在内的所有相关证据材料，比如鉴定意见与案件待证事实之间的关联性、鉴定意见与勘验、检查笔录及相关照片等其他证据是否矛盾等，并作出最终的事实认定。我国台湾地区学者陈朴生认为"在证据法上，鉴定意见的功能是补充裁判官之认识能力。事实之认定系基于推测实证事实存否之基础材料，依经验法则、伦理法则，而判断要证事实之存否。如缺乏特别法则上之知识，则由鉴定人依其学识经验，提出报告，以补充法院之知识。"[1]

（9）鉴定意见的属性为意见证据。在一些国家，就专门性问题提出意见的专家被称为"专家证人"，而"专家证人"又被称为"意见证人"，其原因就是在于此。[2]

---

[1] 陈朴生：《刑事诉讼法》，三民书局1979年版，第418页。
[2] 陈光中主编：《证据法学》（第3版），法律出版社2015年版，第189页。

(二) 鉴定意见的种类

1. 以鉴定意见的出具单位为标准，将鉴定意见分为侦查机关出具的鉴定意见和其他司法鉴定机构出具的鉴定意见

《关于司法鉴定管理问题的决定》第3条规定："国务院司法行政部门主管全国鉴定人和鉴定机构的登记管理工作。省级人民政府司法行政部门依照本决定的规定，负责对鉴定人和鉴定机构的登记、名册编制和公告。"第7条规定："侦查机关根据侦查工作的需要设立的鉴定机构，不得面向社会接受委托从事司法鉴定业务。人民法院和司法行政部门不得设立鉴定机构。"根据前述两条规定，可以看出我国司法鉴定机关主要存在侦查机关设立的鉴定机构和由司法行政部分统一登记管理的社会鉴定机构，由前述机构出具的鉴定意见同样可以分成两大类。前述两大类鉴定机关虽然均被全国人大常委会认可，但由于在实践中前述两类鉴定机构在管理模式上存在较大差别，因此在研究时应区别对待。[1]

2. 以为鉴定意见记载内容反映的主客程度为标准，将鉴定意见分为司法鉴定意见书和司法鉴定检验报告书

2007年11月1日年司法部颁布的《司法鉴定文书规范》第3条，将司法鉴定文书分为司法鉴定意见书和司法鉴定检验报告书两种类型。司法鉴定意见书是司法鉴定机构和司法鉴定人对委托人提供的鉴定材料进行检验、鉴别后出具的记录司法鉴定人专业判断意见的文书。司法鉴定检验报告书是司法鉴定机构和司法鉴定人对委托人提供的鉴定材料进行检验后出具的客观反映司法鉴定人的检验过程和检验结果的文书。司法鉴定检验报告书更多的是对客观事实的检验和陈述，一般没有涉及鉴定人的主观意见。《公安部刑事技术鉴定规则》第11条中规定"尸体检验、物证分析、出具检验报告，不出鉴定书。"

《公安机关鉴定规则》第46条规定：鉴定文书分为《鉴定书》《检验鉴定报告》和《检验意见书》三种格式。反映鉴定的由来、鉴定过程，经过检验、论证得出确定性鉴定意见的，出具《鉴定书》。反映鉴定的由来、鉴定过程，直接得出检验结果的，出具《检验鉴定报告》。反映鉴定的由来、鉴定过程，鉴定人的鉴定意见不一致或者作出倾向性鉴定意见的，出具《检验意见

---

[1] 需要说明，我们在分析鉴定的相关问题时，要注意我国的鉴定行为基本是按照侦查机关和非侦查机关这两条线，相关的规范、依据、管理机构是存在较大区别的。

书》。由于前述《鉴定书》和《检验意见书》相对《检验鉴定报告》来讲具有较强的主观性，因此均将其归入鉴定意见类别。

3. 根据鉴定对象的不同，分为法医类鉴定、物证类鉴定、声像资料鉴定和其他鉴定

全国人民代表大会常务委员会《关于司法鉴定管理问题的决定》第2条中规定："国家对从事下列司法鉴定业务的鉴定人和鉴定机构实行登记管理制度：（一）法医类鉴定；（二）物证类鉴定；（三）声像资料鉴定；（四）根据诉讼需要由国务院司法行政部门商同最高人民法院、最高人民检察院确定的其他应当对鉴定人和鉴定机构实行登记管理的鉴定事项。法律对前款规定事项的鉴定人和鉴定机构的管理另有规定的，从其规定。"按照《司法鉴定执业分类规定（试行）》的规定，鉴定业务主要包括：法医病理鉴定、法医临床鉴定、法医精神病鉴定、法医物证鉴定、法医毒物鉴定、司法会计鉴定、文书司法鉴定、痕迹司法鉴定、微量物证鉴定、计算机司法鉴定、建筑工程司法鉴定、声像资料司法鉴定、知识产权司法鉴定等13种。综合以上相关规定并结合理论和实践，可以将鉴定意见作以下分类：

（1）法医类鉴定。是指依法取得司法医学鉴定资格的鉴定机构和鉴定人受司法机关或当事人委托，运用医学、生物学及相关自然科学知识和技术等对涉及诉讼的医学性问题进行检验、鉴别和判断并提供鉴定意见的活动。具体包括法医病理鉴定、法医临床鉴定、法医精神病鉴定、法医物证鉴定、法医毒物鉴定等。根据司法部司法鉴定局2015年8月20日公布的资料，与法医类鉴定相关的技术规范包括25种，[1]刑事诉讼中常见的人体损伤程度鉴定、死因鉴定、血型鉴定等。在我国司法实践中，法医类鉴定业务最大。根据司法部司法鉴定局公布的资料，2015年法医类鉴定业务占业务总量的82.34%。[2]

（2）物证类鉴定。根据司法部司法鉴定局2015年6月10日公布的资料，与物证类鉴定相关的技术规范包括10种，[3]由此可以出物证类鉴定至少包括

---

[1]《司法鉴定技术规范（法医类）》，载 http://www.moj.gov.cn/Judicial_identification/content/2015-08/20/content_6235925.htm?node=74593，访问日期：2016年12月28日。

[2] "2015年度全国司法鉴定情况统计分析"，载 http://www.moj.gov.cn/Judicial_identification/content/，访问日期：2016年12月28日。

[3]《司法鉴定技术规范（物证类）》，载 http://www.moj.gov.cn/Judicial_identification/content/2015-06/10/content_6235924.htm?node=74593，访问日期：2016年12月28日。

文书鉴定、笔迹鉴定、印章印文鉴定、印刷文件鉴定规范、篡改（污损）文件鉴定、特种文件鉴定、朱墨时序鉴定、文件材料鉴定、藏文笔迹鉴定、油漆鉴定规范等。

（3）声像资料鉴定。运用物理学和计算机学的原理和技术，对录音带、录像带、磁盘、光盘、图片等载体上记录的声音、图像信息的真实性、完整性及其所反映的情况过程进行鉴定；并对记录的声音、图像中的语言、人体、物体作出种类或同一认定。根据司法部司法鉴定局2015年4月21日公布的资料，[1]与物证类鉴定相关的技术规范包括4种，由此可以看出，声像资料鉴定至少包括声像资料鉴定、录音资料鉴定、录像资料鉴定等。据司法鉴定局公布的资料，2015年，以上"三大类"业务占总业务量的89.71%。[2]

（4）其他鉴定。除了上述三大类鉴定之外，常见的鉴定还有司法会计鉴定、建设工程类、价格类鉴定、产品质量鉴定、涉农类鉴定、知识产权鉴定、环境损害鉴定、文物类鉴定等。

（三）鉴定意见在案件审理中的运用状况[3]

2015年，全国各级人民法院共受理案件1952.7万件，全国经司法行政机关审核登记在册的司法鉴定机构4924个，鉴定人55 662名，鉴定业务量达到208万件。[4]可以看出，大约有10.6%的案件涉及司法鉴定。另外，根据司法部司法鉴定局公布的资料，近年来，我国在鉴定机构和鉴定人数量基本保持不变的情况下，全年业务量连年增长，2015年增长率达到12.56%，增长率比上年提高近2个百分点，这反映出社会对司法鉴定的需求在不断增加。[5]根据2011~2015年《中国法治建设年度报告》的数据，近年来我国年

---

[1]《司法鉴定技术规范（声像资料类）》，载 http://www.moj.gov.cn/Judicial_identification/content/2015-04/21/content_6235923.htm? node=74593，访问日期：2016年12月28日。

[2]"2015年度全国司法鉴定情况统计分析"，载 http://www.moj.gov.cn/Judicial_identification/content/，访问日期：2016年12月28日。

[3] 需要说明：①该部分所说明的数据，除非有明确提示，均是对非侦查机关出具的鉴定意见作出的统计、分析；②由于受到资料的限制，侦查机关出具的鉴定意见采信率情况，作者尚无法作相关统计；③作者此处说明统计的数据包括刑事案件和民事案件等，不仅仅限于刑事案件，但是由于采信率极高，因此鉴定意见对刑事案件的影响已经足得到说明。

[4]"中国法治建设年度报告（2015）"，载 https://www.chinalaw.org.cn/Column/Column_View.aspx? ColumnID=922&InfoID=21600，访问日期：2016年12月27日。

[5]"2015年度全国司法鉴定情况统计分析"，载 http://www.moj.gov.cn/Judicial_identification/content/，访问日期：2016年12月28日。

鉴定业务在不断增加。如图6-1所示：

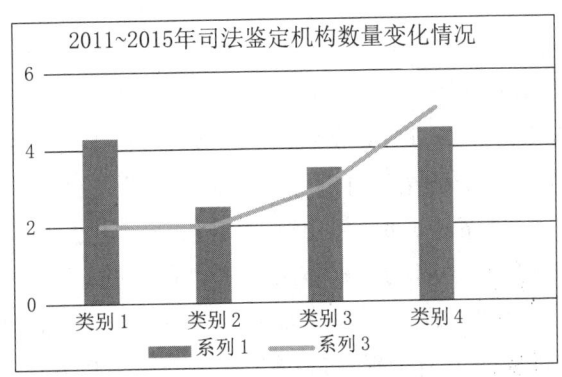

图6-1

司法鉴定的采信率极高，根据笔者统计，近年来我国许多省份司法鉴定意见的采信率极高，许多省份达到99%以上。比如根据司法部公布的相关资料，上海市2016年上半年，司法鉴定的采信率为99.7%，与去年同期基本持平；[1] 天津市2015年全年完成司法鉴定业务32 592件，鉴定采信率高达99%以上；[2] 安徽省2015年司法鉴定的平均采信率已达99%；[3] 北京市近5年来，北京接受京内外单位或个人委托办理司法鉴定案件20余万件，出具的鉴定意见被采信率达95%以上。[4] 另据其他资料显示，陕西省2014年全省司法鉴定检案量32 773件，鉴定意见被人民法院采信率达99.8%。[5] 云南十年

---

[1] "2016年上半年上海市司法鉴定业务统计与分析"，载http://www.moj.gov.cn/Judicial_identification/content/2016-10/10/content_6815428.htm? node=74589，访问日期：2016年12月27日。

[2] "天津召开全市司法鉴定工作会议"，载http://www.moj.gov.cn/Judicial_identification/content/2016-03/28/content_6543474.htm? node=74588，访问日期：2016年12月27日。

[3] "安徽建立淘汰机制提升司法鉴定质量，司法鉴定平均采信率达99%"，载http://www.moj.gov.cn/Judicial_identification/content/2015-09/29/content_6290769.htm? node=74589，访问日期：2016年12月27日。

[4] "北京司法鉴定行政管理和行业协会合力促发展，二十余万起鉴定采信率超九成半"，载http://www.moj.gov.cn/Judicial_identification/content/2015-11/02/content_6334967.htm? node=74588，访问日期：2016年12月27日。

[5] "我省司法鉴定意见被法院采信率达99.8%"，载http://www.sxsf.gov.cn/sftww/zhxx/gzdt/6074666.html，访问日期：2016年12月27日。

完成司法鉴定59万件采信率达99%，包括著名的"晋宁躲猫猫案"案件。〔1〕

从以上内容可以看出，司法鉴定作为一种科学证据对案件的处理具有极其重要的影响。然而，2009年，美国国家科学院发布了《加强美国法庭科学：未来发展之路》的研究报告，在对至少十二种法庭证据进行深入研究之后得出："所有的法庭证据，除DNA检测之外，都缺乏科学有效性。"〔2〕2009年布兰登·L.加勒特教授公布的针对"无辜者计划"的统计结果。该结果显示：在美国137起错案中，82起出现鉴定错误，司法鉴定的致错率高达60%。〔3〕根据以往国内学者的小样本群分析，司法鉴定的致错率高达75%，仅次于排名第一的刑讯逼供。〔4〕虽然如此，一方面从实然的角度来看，司法鉴定意见在案件审理中采信率极高的情况对刑辩律师带来巨大挑战；另一方面从应然的角度来看，刑辩律师在鉴定意见审查、质证和辩护方面同样存在巨大的辩护空间。

（四）审查的内容

鉴定意见具有的专业性特征是一柄双刃剑，不仅对辩护人提出较高的要求，对公诉人、审判人员同样如此。如果辩护人能够对鉴定意见提出具有针对性的质证意见，公诉人也难以应对。根据最高院《刑事诉讼法解释》第84~87条、两院三部《办理死刑案件证据规定》第23、24条等相关规定，〔5〕对鉴定意见应当着重审查以下内容：

---

〔1〕 "云南十年完成司法鉴定59万件采信率达99%"，载http://www.legaldaily.com.cn/index/content/2015-09/24/content_ 6285966.htm? node=20908，访问日期：2016年12月27日。

〔2〕 唐彬彬："鉴定意见采纳问题研究"，载《江西警察学院学报》2016年第5期。

〔3〕 董凯："中美刑事错案中司法鉴定致错的比较研究"，载《政法论丛》2016年第5期。

〔4〕 陈永生："我国刑事误判问题透视——以20起震惊全国的刑事冤案为样本的分析"，载《中国法学》2007年第3期，转引自董凯："中美刑事错案中司法鉴定致错的比较研究"，载《政法论丛》2016年第5期。

〔5〕 与鉴定意见相关的主要规定包括：①1989年7月11日最高人民法院等关于颁发《精神疾病司法鉴定暂行规定》的通知；②2000年11月29日司法部关于下发《司法鉴定执业分类规定（试行）》；③2001年2月20日《司法鉴定许可证管理规定》；④2001年6月12日《司法部关于对司法鉴定地方立法和司法鉴定管理制度性质问题的批复》；⑤2001年11月16日《人民法院司法鉴定工作暂行规定》；⑥2002年7月5日《司法鉴定文书示范文本（试行）》说明；⑦2005年5月28日《全国人民代表大会常务委员会关于司法鉴定管理问题的决定》；⑧2005年9月29日《司法鉴定机构登记管理办法》；⑨2005年9月29日《司法鉴定人登记管理办法》；⑩2011年11月2日《司法鉴定技术规范》；⑪2016年3月2日《司法鉴定程序通则》。

（1）鉴定机构和鉴定人是否具有法定资质。

（2）鉴定人是否存在应当回避的情形。

（3）检材的来源、取得、保管、送检是否符合法律、有关规定，与相关提取笔录、扣押物品清单等记载的内容是否相符，检材是否充足、可靠。

（4）鉴定意见的形式要件是否完备，是否注明提起鉴定的事由、鉴定委托人、鉴定机构、鉴定要求、鉴定过程、鉴定方法、鉴定日期等相关内容，是否由鉴定机构加盖司法鉴定专用章并由鉴定人签名、盖章。

（5）鉴定程序是否符合法律、有关规定。

（6）鉴定的过程和方法是否符合相关专业的规范要求。

（7）鉴定意见是否明确。

（8）鉴定意见与案件待证事实有无关联。

（9）鉴定意见与勘验、检查笔录及相关照片等其他证据是否矛盾。

（10）鉴定意见是否依法及时告知相关人员，当事人对鉴定意见有无异议。

（五）证据能力判断

1. 非法证据判断

参见本书第五章相关内容。

2. 真实性存疑证据判断

最高院《刑事诉讼法解释》第 85~86 条、两院三部《办理死刑案件证据规定》第 24 条等相关规定：鉴定意见具有下列情形之一的，不得作为定案的根据：

（1）鉴定机构不具备法定资质，或者鉴定事项超出该鉴定机构业务范围、技术条件的；鉴定人不具备法定资质，不具有相关专业技术或者职称，或者违反回避规定的。

关于鉴定机构和鉴定人的资质要求，相关规定主要包括《关于司法鉴定管理问题的决定》《司法鉴定许可证管理规定》《司法鉴定机构登记管理办法》《司法鉴定人登记管理办法》《公安机关鉴定机构登记管理办法》等。

关于鉴定机构业务范围，主要体现在全国人大常委会《关于司法鉴定管理问题的决定》第 2 条、《司法鉴定执业分类规定（试行）》的相关规定中。《司法鉴定执业分类规定（试行）》规定的鉴定业务主要包括：法医病理鉴定、法医临床鉴定、法医精神病鉴定、法医物证鉴定、法医毒物鉴定、司法会计鉴定、文书司法鉴定、痕迹司法鉴定、微量物证鉴定、计算机司法鉴定、建筑工程司法鉴定、声像资料司法鉴定、知识产权司法鉴定等13种。《公安机关鉴定机构登记管理办法》第12、13条的规定的公安机关检验鉴定项目主要包括9种。

(2) 送检材料、样本来源不明，或者因污染不具备鉴定条件的；鉴定对象与送检材料、样本不一致的。目前关于检材的来源、取得、保管、送检等的相关规定散见于各种不同的标准规范和规定之中。公安部《刑事程序规定》第241条规定："侦查人员应当做好检材的保管和送检工作，并注明检材送检环节的责任人，确保检材在流转环节中的同一性和不被污染。"以醉酒驾驶的抽血检验为例，相关规定对检材等作出以下规定：第一，《公安机关鉴定规则》第9条第（四）项规定鉴定人应"按规定妥善保管与鉴定有关的检材、样本和其他材料"。第二，《车辆驾驶人员血液、呼气酒精含量阈值与检验》（GB19522-2010）第5.3.1条规定："对需要检验血液中酒精含量的，应及时抽取血样。抽取血样应由专业人员按要求进行，不应采用醇类药品对皮肤进行消毒；抽出血样中应添加抗凝剂，防止血液凝固；装血样的容器应洁净、干燥，按检验规范封装，低温保存，及时送检。检验结果应当出具书面报告。"第三，最高人民法院、最高人民检察院、公安部《关于办理醉酒驾驶机动车刑事案件适用法律若干问题的意见》第5条规定："公安机关在查处醉酒驾驶机动车的犯罪嫌疑人时，对查获经过、呼气酒精含量检验和抽取血样过程应当制作记录；有条件的，应当拍照、录音或者录像；有证人的，应当收集证人证言。"第四，公安部《关于公安机关办理醉酒驾驶机动车犯罪案件的指导意见》中亦有多项规定。

(3) 鉴定程序违反规定的。鉴定程序违反规定的，不得作为定案的根据。司法鉴定程序是指司法鉴定机构和司法鉴定人进行司法鉴定活动的方式、步骤以及相关规则的总称，司法部于2016年3月2日，颁布《司法鉴定程序通则》，主要规定以下程序：第一，司法鉴定的基本原则。第二，司法鉴定的委托与受理。第三，司法鉴定的实施。第四，司法鉴定意见书的出具。《公安机关鉴定规则》《公安部刑事技术鉴定规则》《人民检察院鉴定规则（试行）》等均对类似问题作出详细规定。

(4) 鉴定过程和方法不符合相关专业的规范要求的。鉴定过程和方法不符合相关专业的规范要求的，不得作为定案的根据。司法部先后颁布多个规范,如《笔迹鉴定规范》《篡改(污损)文件鉴定规范》《文件材料鉴定规范》《文书鉴定通用规范》《印章印文鉴定规范》《法医临床检验规范》《视觉功能障碍法医鉴定指南》《精神障碍者司法鉴定精神检查规范》《司法鉴定程序通则》等。

(5)鉴定文书缺少签名、盖章的。司法鉴定实行鉴定人负责制度,鉴定人应当独立进行鉴定,对鉴定意见负责并在鉴定书上签名或者盖章。多人参加的鉴定,对鉴定意见有不同意见的,应当注明。鉴定文书缺少签名、盖章的,不得作为定案的依据。《公安机关办理刑事案件程序规定》第242条、司法部《司法鉴定文书示范文本(试行)》、公安部《刑事程序规定》第47~53条等,对上述问题均作出具体规定,辩护人可以对照予以审查判断。

(6)经人民法院通知,鉴定人拒不出庭作证的,鉴定意见不得作为定案的根据。

(7)违反有关规定的其他情形。

最后,最高院《刑事诉讼法解释》第87条规定:"对案件中的专门性问题需要鉴定,但没有法定司法鉴定机构,或者法律、司法解释规定可以进行检验的,可以指派、聘请有专门知识的人进行检验,检验报告可以作为定罪量刑的参考。对检验报告的审查与认定,参照适用本节的有关规定。经人民法院通知,检验人拒不出庭作证的,检验报告不得作为定罪量刑的参考。"

(六)证明力判断

根据最高院《刑事诉讼法解释》第84~87条、两院三部《办理死刑案件证据规定》第23、24条等相关规定并结合司法实践,以下鉴定意见在作为定案证据时必须慎重:

(1)鉴定意见不明确的。比如杜培武一案中,尽管侦查机关在杜培武衣袖上检测出有射击残留物,但是,此鉴定也只能证明杜培武有过射击的行为,并不能证明此射击行为就是发生在案发当日,更不能由此推断出杜培武开枪打死了人。后来的事实也证明,案前杜培武作为民警曾参与过单位组织的射击训练,因此在其衣袖上有射击残留物并不足为奇。此外,在该案件中,作为判断杜培武犯有罪行佐证之一的测谎技术和警犬气味鉴别,目前法律也并未明确规定其可以作为证据使用,只能作为一种侦查线索。然而,类似的鉴定意见证明力的有限性、不确定性，在侦查、起诉、审判等各个环节有意无意被忽视了。最终，在各种因素的综合影响下，该案办成了错案。[1]

(2) 鉴定意见与案件待证事实没有关联。鉴定意见与案件待证事实有无关联和关联程度。鉴定意见与案件待证事实没有关联的，不得作为定案的根据。

(3) 鉴定意见与勘验、检查笔录及相关照片等其他证据存在矛盾。这是一个综合审查判决过程，需要结合其他证据予以考虑。如笔者作为辩护人办理的一起被害人死亡的案件中，《鉴定意见》对受伤的部位主要包括两部分：一是胸部皮外伤和软组织挫伤；二是后脑损伤并导致死亡。《起诉书》中所称被告人用脚踢、揣被害人胸部导致被害人死亡，应定性为故意伤害罪。就以上情况，我们在辩护中说明，由于被害人胸部的损伤不严重，说明被告人的攻击力度有限，被告人主观上并不存故意伤害的犯罪故意，更非置被害人于死地。结合导致受害人由于后脑受伤导致死亡的情况来看，应是被害人遭到被告人击打后头部撞击地面形成的，被告人伤害他人的主观恶性较小，出现死亡结果出于被告人主观范围以外，因此定性为过失致人死亡更为妥当，该观点得到合议庭的认可。

(4) 鉴定意见未依法及时告知相关人员，当事人对鉴定意见有异议。《刑事诉讼法》第148条规定："侦查机关应当将用作证据的鉴定意见告知犯罪嫌疑人、被害人。如果犯罪嫌疑人、被害人提出申请，可以补充鉴定或者重新鉴定。"从该条规定可以看出，《鉴定意见》必须通知当事人并征询当事人意见。公安部《刑事程序规定》第43条规定："对鉴定意见，侦查人员应当进行审查。对经审查作为证据使用的鉴定意见，公安机关应当及时告知犯罪嫌疑人、被害人或者其法定代理人。"第244条规定："犯罪嫌疑人、被害人对鉴定意见有异议提出申请，以及办案部门或者侦查人员对鉴定意见有疑义的，可以将鉴定意见送交其他有专门知识的人员提出意见。必要时，询问鉴定人并制作笔录附卷。"

(七) 对鉴定意见审查、质证中需要注意的其他问题

对鉴定意见的质证与审查鉴定意见在很多时候是一体化的，质证主要是

---

[1] 张德英："从错案看当前刑事司法鉴定程序的不足及完善"，载《贵州警官职业学院学报》2016年第5期。

建立在前文所述的对鉴定意见进行审查的基础上,需要注意的其他问题如下:

1. 对鉴定意见进行的质证方法

(1) 对鉴定意见应勇于、敢于提出质疑。辩护人不应迷信专家,要有挑战权威的胆量。专家确实一般均具有专业性,但由于其中掺杂了个人主观因素,就有可能为辩护人留下漏洞,而这个漏洞就可能为被告人留下一线生机。

(2) 尽量增加对专业知识的了解。一般来讲,辩护人在掌握相关规定的基础上,可以就鉴定意见在形式上是否存在问题作出判断,但对于鉴定意见涉及的实质性、专业问题肯定存在判断上的困难。我们不能可能要求一个辩护人熟悉林林总总的专业知识,但我们可以在适当情况下,通过自行研究、请教相关专业人员等多多少少地增加一些相应的知识,增加哪怕一点点能提出意见的能力。

(3) 申请鉴定人、专家证人出庭作证。《鉴定意见》是书面的且具有专业性。如果仅仅凭鉴定意见本身去证明某些事实,相信几乎所有的诉讼参与人均会对鉴定意见涉及的内容一知半解。为此,辩护人应尽量申请鉴定出庭作证,一方面增强控辩审三方对鉴定意见内容的理解,另一方面可能发现鉴定意见存在的一些问题。如果专家证人能够出庭并对鉴定意见进行评论,通过"专家对专家"的方式帮助控辩审三方增强对鉴定意见的理解能力,这无疑从最大程度上能辨别鉴定意见的科学性并影响其采信度。

2. 鉴定意见在质证过程中存在的问题及完善措施

如前文所述,鉴定意见在诉讼过程中的采信率极高,这种客观情况对刑辩律师提出极其严峻的考验。依据前文的数据我们几乎可以得出一个结论:包括法官、检察官、律师在内的所有人,均无力抵抗鉴定意见。鉴定意见采信率极高的原因,除了因为法官对鉴定意见的天然信任、较为依赖之外,与我国目前与鉴定相关的司法制度设计存在较大原因。科学、公平的程序制度设计能够在最大程度上解决目前鉴定意见审查过程中存在的诸多问题,辩护人在鉴定意见的质证过程中仍然存在较大的辩护空间。

(1) 改变鉴定启动权由司法机关专属的现状,赋予辩护人相应启动鉴定的权利。《刑事诉讼法》中关于启动鉴定的相关规定主要体现在第144~146条。第146条规定:"为了查明案情,需要解决案件中某些专门性问题的时候,应当指派、聘请有专门知识的人进行鉴定。"第148条规定:"侦查机关应当将用作证据的鉴定意见告知犯罪嫌疑人、被害人。如果犯罪嫌疑人、被害人提出申请，可以补充鉴定或者重新鉴定。"第 196 条第 2 款规定："人民法院调查核实证据，可以进行勘验、检查、查封、扣押、鉴定和查询、冻结。"第 197 条第 1、3 款规定："法庭审理过程中，当事人和辩护人、诉讼代理人有权申请通知新的证人到庭，调取新的物证，申请重新鉴定或者勘验""法庭对于上述申请，应当作出是否同意的决定"。

从以上规定可以看，刑事公诉案件中，启动鉴定程序由侦查机关、审判机关享有。按照《刑事诉讼法》第 175 条的规定，对于需要补充侦查的案件，人民检察院可以自行侦查。由此看出，公诉机关人也具有鉴定程序启动权。但是，辩护人、被告人仅仅享有申请权，不具有最终的启动权。司法部《司法鉴定程序通则》第 11 条明确规定："司法鉴定机构应当统一受理办案机关的司法鉴定委托。"这一规定，更是从鉴定机构收案的来源上，彻底消灭了辩护人或被告人启动鉴定程序的可能性。笔者在办理刑事案件过程中，曾经与部分鉴定机关联系，希望就某些专门性事宜寻求帮助，均被断然拒绝。

参照本书第一章中的相关内容可以看出，刑辩律师作为独立、自由的职业主体，与检察官是完全对立的双方，在地位上、职权上、诉讼上是完全平等的。这种通过立法规定排除律师在刑事诉讼中启动鉴定权的规定与现代的刑事司法理论相悖。由于司法机关在办理刑事案件中的权力不能得到应有的制衡，其导致的危害是十分可怕的。

（2）改变部分鉴定机构从属于司法机关的现状，进一步提高鉴定机构的独立性。我国自 2005 年《关于司法鉴定管理问题的决定》实施以来，人民法院和司法行政部门已经不再设立鉴定机构，但按照该决定第 7 条的规定，侦查机关根据侦查工作的需要仍然可以设立鉴定机构，只是不得面向社会接受委托从事司法鉴定业务。实践中，刑事司法中的鉴定工作主要由公安机关负责，这种司法鉴定机构附属于侦查机关的现状显然存在"先天不足"，影响鉴定的公正性。侦查机关这种自侦自鉴、自诉自鉴情形，违背了司法鉴定最根本的独立性和中立性，行政色彩浓厚，在程序上也难以形成隔离带，不利于司法公正。鉴定机构、人员、经费受制于所在司法机关，由于人为情感因素，难以避免来自本机关及其有关人员的干扰。鉴定人员总自觉或不自觉地倾向于本机关及其人员的意见，为迎合本机关办案人员的需要而歪曲鉴定结论。同时，也容易造成办案人员过于轻信鉴定结论而不仔细审查判别，鉴定机构的从属性不利于发现客观事实。[1] 因此进一步提高鉴定机构的独立性实属必要。就国外立法情况来看，如英国司法鉴定统一管理机构是由内政部、检察院、警察局共同成立的法庭科学管理委员会，负责对全国司法鉴定工作进行指导。该委员会设在内政部，独立于警察、检察机构。英国内政部具体负责一些管理工作。鉴定机构采用统一的技术标准。从改革的方向上，英国的司法鉴定改革趋势明显地向集中方向发展。1995年4月，英国鉴定机构进行了改革，把7个对全国有重要影响的法庭科学实验室收归内政部统一管理，并开始实行办案收费制度，并于2000年11月成立了专家证人注册委员会。[2]

（3）改变鉴定人出庭率极低的现状，建立完善的鉴定人出庭作证制度。既然鉴定意见涉及的是专门性问题，因此一般均是审判人员、公诉人还是辩护人无法掌握的问题。在此种情况下，必须对鉴定意见进行有效质证（尤其是专家证人的质证），才能作为认定案件事实的依据，否则属于对鉴定意见的迷信。但是，遗憾的是数据显示：虽然97.86%的司法鉴定人接到法院的出庭通知后，都能依法出庭，但是法院通知司法鉴定人出庭的次数只占司法鉴定业务总量的0.92%。[3] 这个比例显然易见是让人感到不可思议的，与鉴定意见高达99%以上的采信率相对比，可以得出目前的审判机关对鉴定结论已经达到迷信的程度。显然，《刑事诉讼法》关于辩护人有权申请鉴定人出庭作证的规定完全流于形式。最高人民法院等部门似乎已经认识到此种情况情况的不正常性和严重性。为此，两院三部《以审判为中心改革意见》第十二条中规定："完善对证人、鉴定人的法庭质证规则。落实证人、鉴定人、侦查人员出庭作证制度，提高出庭作证率。公诉人、当事人或者辩护人、诉讼代理人对证人证言有异议，人民法院认为该证人证言对案件定罪量刑有重大影响的，证人应当出庭作证。"不过，究竟如何落实前述规定，有待于制定详细具体的操作规则。

---

[1] 胡健："中国立法评述（八）：期待司法鉴定改革的进一步深化"，载http://gdlawyer.chinalawinfo.com/Newlaw2002/Sl，访问日期：2016年12月30日。

[2] 何靖："国外司法鉴定管理体制"，载http://bdxfy.chinacourt.org/public/detail.php?i，访问日期：2016年12月30日。

[3] "2015年度全国司法鉴定情况统计分析"，载http://www.moj.gov.cn/Judicial_identification/content/2016-03/21/content_6532800_4.htm，访问日期：2016年12月30日。

（4）改变专家证人出庭率极低的现状，建立完善的专家证人出庭作证制度。"专家证人"出庭源于2012年《刑事诉讼法》第192条第2款："公诉人、当事人和辩护人、诉讼代理人可以申请法庭通知有专门知识的人出庭，就鉴定人作出的鉴定意见提出意见。"该条规定在诉讼程序上具有重大突破性，理论上称为专家证人出庭作证。从该规定可以看出：第一，专家证人出庭提供的不是鉴定意见，是专家证人证言；第二，专家证人出庭不是提供新的鉴定意见，而是对鉴定意见进行评论，是在控辩审三方均缺乏专业知识的情况下，引入的"专家对专家"制度，是对鉴定意见的"鉴定"，从而帮助控辩审三方增强对鉴定意见的理解能力；第三，专家证人的意见最多只能推翻原来的鉴定意见，不能树立新的鉴定意见，法理上称之为弹劾证据，即只能推翻原证据不能树立新证据。在辩护人、被告人无权单方启动鉴定权的情况下，该制度为辩护人提供了一个有力武器。[1]在近年发生的"复旦投毒案件"中，"专家证人"这个群体参与到刑事诉讼案件审理，对于整个司法审判抗辩机制的重建具有现实意义。"有专门知识的人"可以根据专业知识对鉴定意见是否科学正确提出自己的意见，其实就是在刑事诉讼参与人如法官、检察官和被告诉讼代理人之外，加入一个新的力量，有助于达到相互制衡的效果，借以防止法官自由裁量权的滥用。从这个角度看，专家证人制度并非是胡搅蛮缠，而是能让法律落地，倒逼公安、检察院提升办案质量和法院审理案件的质量、杜绝冤假错案发生，它并非是所谓的"为坏人开脱"，而是能够成为维护每个公民法律权益的屏障。从个案角度来看，即便"死于乙肝说"专家证人意见不能成立，林森浩因为其投毒行为将要受到法律严惩，但评价对复旦投毒案中专家证人出场的价值，不只在于看他能否最终"反转剧情"，更大的价值在于，引入"专家证人"这个群体参与到刑事诉讼案件审理，对于整个司法审判抗辩机制重建的现实意义。[2]

黑龙江大学法学院董凯副教授通过对中国53起著名刑事错案及中美错案对比的研究成果显示，在该53起刑事错案中，有14起存在鉴定意见错误的情形，占比26%。有39起存在鉴定意见使用错误的情形，占比74%。其中，

---

[1] "我国新刑事诉讼法关于鉴定人、专家证人出庭的若干问题研究"，载http://china.findlaw.cn/lawyers/article/d168604.html，访问日期：2018年2月1日。

[2] 吴学安："专家证人出庭完善刑事抗辩机制"，载《人民法院报》2015年1月14日。

有 23 起案件没有作或者没有及时作 DNA 鉴定，61%（14/23）的案件根据血型鉴定认定了嫌疑人或被害人，其余案件则根据非科学证据认定了嫌疑人或被害人。在已作 DNA 鉴定的 12 起案件中，8 例鉴定意见准确，3 例鉴定未作出认定或排除结论。在 53 起刑事错案中，有 13 起鉴定意见准确并能够排除犯罪嫌疑人，但公安机关却选择舍弃排除性鉴定，转而认定有罪性鉴定或其他证据，其中有 3 起案件，公安机关或检察机关甚至隐匿了排除性鉴定意见。董凯副教授通过研究美国布兰登·L. 加勒特教授的成果，发现布兰登·L. 加勒特教授通过查阅 153 起刑事错案卷宗，鉴定意见错误的占比为 7%，其余类型的证词则体现了鉴定意见的错误使用。该 153 起错案中，使用频率最高的是血型（血清）鉴定，在 116 例鉴定中错误 67 例，错误率达到 58%。DNA 鉴定也存在 17% 的致错率。通过中美错案研究对比，董凯副教授总结为：除了鉴定意见本身错误，中、美两国都存在大量鉴定意见使用错误的情形（中方 74%、美方 93%），其表现形式主要包括：对种属认定的过分高估，排除性鉴定的缺失，对鉴定的随意取舍，对切断关联性事由的忽视等。从两国的致错率可以看出，与鉴定意见本身错误相比，实践中存在更多错误使用鉴定意见的情形。[1]

从以上统计数据可以看出，"鉴定意见使用错误"是导致错案的主要原因。之所以出现这种结果，主要在于审判人员对鉴定意见没有通过有效质证等深入考查。反映在判决书则是少有对鉴定意见予以解释说理、判决书的说服力和公信力不足。为弥补这一不足，可参考美国"Daubert 规则"，法官采纳鉴定意见时应符合以下条件：①形成专家证言所依靠的科学理论和科学方法是否建立在可检验的假设上；②形成专家证言所依靠的科学理论和科学方法是否与现有的专业出版物中记载的原理相同；③有关理论的已知或者潜在的错误率以及该理论现存的研究标准④指导相关理论的方法论以及研究方法为相关科学团体所接受的程度。[2]这些往往需要建立在完善的鉴定人和专家证人出庭作证的基础上。正是基于以原因，两院三部《以审判为中心改革意见》第 12 条中规定："完善对证人、鉴定人的法庭质证规则。落实证人、鉴

---

[1] 董凯："中美刑事错案中司法鉴定致错的比较研究"，载《政法论丛》2016 年第 5 期。
[2] 张德英："从错案看当前刑事司法鉴定程序的不足及完善"，载《贵州警官职业学院学报》2016 年第 5 期。

定人、侦查人员出庭作证制度，提高出庭作证率。"从而真正充分发挥庭审在查明事实、认定证据、保护诉权、公正裁判中的决定性作用，真正做到"诉讼证据出示在法庭""案件事实查明在法庭""控辩意见发表在法庭""裁判结果形成在法庭"。

（5）改变判决书中少有对鉴定意见予以解释说理的现状，进一步加大审判人员审查鉴定意见的深度，提高判决书的说服力和公信力。就目前我国绝大多数的判决来看，法官对案件中涉及的鉴定问题往往直接引用结论，极少解释为什么会采信，缺少足够的说理。究其原因，除了鉴定意见涉及的内容比较专业外，更重要的原因是审判人员对鉴定意见涉及的专业知识不清楚、不了解。我们当然不能要求审判人员对涉及广泛的专业问题能够清楚，但是从现实上可以通过专家证人出庭等方式对鉴定意见进行质证，让审判人员真正参与、实施对鉴定意见的了解，从而帮助其辩明是非。否则，庭审将不再真正是以审判为中心，而是变成了以"鉴定为中心"。如果强制性规定判决书必须对鉴定意见是否采信必须给予充分解释说理，那么将可以"倒逼"审判人员在庭审中对意见的审理过程，从而使鉴定意见在庭审中得到充分质证。

八、对勘验、检查、辨认、侦查实验的审查与判断

（一）审查的内容

1. 对勘验、检查笔录审查的内容

依据最高院《刑事诉讼法解释》第88条、两院三部《办理死刑案件证据规定》第25条等相关等规定，对勘验、检查笔录应当着重审查以下内容：

（1）勘验、检查是否依法进行，笔录的制作是否符合法律、有关规定，勘验、检查人员和见证人是否签名或者盖章。

（2）勘验、检查笔录是否记录了提起勘验、检查的事由，勘验、检查的时间、地点，在场人员、现场方位、周围环境等，现场的物品、人身、尸体等的位置、特征等情况，以及勘验、检查、搜查的过程；文字记录与实物或者绘图、照片、录像是否相符；现场、物品、痕迹等是否伪造、有无破坏；人身特征、伤害情况、生理状态有无伪装或者变化等。

（3）补充进行勘验、检查的，是否说明了再次勘验、检查的缘由，前后勘验、检查的情况是否矛盾。

2. 对辨认笔录审查的内容

依据最高院《刑事诉讼法解释》第 90 条等规定，对辨认笔录应当着重审查辨认的过程、方法，以及辨认笔录的制作是否符合有关规定。

3. 对侦查实验笔录审查的内容

依据最高院《刑事诉讼法解释》第 91 条等规定，对侦查实验笔录应当着重审查实验的过程、方法，以及笔录的制作是否符合有关规定。

（二）证据能力判断

1. 非法证据判断

参见本书第五章相关内容。

2. 真实性存疑证据判断

（1）最高院《刑事诉讼法解释》第 91 条规定，辨认笔录具有下列情形之一的，不得作为定案的根据：①辨认不是在侦查人员主持下进行的。②辨认前使辨认人见到辨认对象的。③辨认活动没有个别进行的。④辨认对象没有混杂在具有类似特征的其他对象中，或者供辨认的对象数量不符合规定的。⑤辨认中给辨认人明显暗示或者明显有指认嫌疑的。⑥违反有关规定、不能确定辨认笔录真实性的其他情形。

（2）最高院《刑事诉讼法解释》第 91 条第 2 款规定："侦查实验的条件与事件发生时的条件有明显差异，或者存在影响实验结论科学性的其他情形的，侦查实验笔录不得作为定案的根据。"

3. 瑕疵证据判断

（1）最高院《刑事诉讼法解释》第 88、89 条中规定，勘验、检查笔录存在明显不符合法律、有关规定的情形，不能作出合理解释或者说明的，不得作为定案的根据。①勘验、检查没有依法进行，笔录的制作不符合法律、有关规定，勘验、检查人员和见证人没有签名或者盖章。公安部《刑事程序规定》第 209 条规定："发案地派出所、巡警等部门应当妥善保护犯罪现场和证据，控制犯罪嫌疑人，并立即报告公安机关主管部门。执行勘查的侦查人员接到通知后，应当立即赶赴现场；勘查现场，应当持有刑事犯罪现场勘查证。"第 201 条规定："公安机关对案件现场进行勘查不得少于二人。勘查现场时，应当邀请与案件无关的公民作为见证人。"第 211 条规定："勘查现场，应当拍摄现场照片、绘制现场图，制作笔录，由参加勘查的人和见证人签名。对重大案件的现场，应当录像。"第 212 条规定："为了确定被害人、犯罪嫌疑人的某些特征、伤害情况或者生理状态，可以对人身进行检查，提取指纹信息，采集血液、尿液等生物样本。被害人死亡的，应当通过被害人近亲属辨认、提取生物样本鉴定等方式确定被害人身份。犯罪嫌疑人如果拒绝检查、提取、采集的，侦查人员认为必要的时候，经办案部门负责人批准，可以强制检查、提取、采集。检查妇女的身体，应当由女工作人员或者医师进行。检查的情况应当制作笔录，由参加检查的侦查人员、检查人员、被检查人员和见证人签名。被检查人员拒绝签名的，侦查人员应当在笔录中注明。"②勘验、检查笔录没有记录以下事项的：提起勘验、检查的事由，勘验、检查的时间、地点，在场人员、现场方位、周围环境等，现场的物品、人身、尸体等的位置、特征等情况，以及勘验、检查、搜查的过程；文字记录与实物或者绘图、照片、录像是否相符；现场、物品、痕迹等是否伪造、有无破坏；人身特征、伤害情况、生理状态有无伪装或者变化等。③补充进行勘验、检查的，没有说明再次勘验、检查的缘由，前后勘验、检查的情况存在矛盾。

（2）两院三部《办理死刑案件证据规定》第30条第2款中规定，有下列情形之一的，通过有关办案人员的补正或者作出合理解释的，辨认结果可以作为证据使用：①主持辨认的侦查人员少于2人的。②没有向辨认人详细询问辨认对象的具体特征的。③对辨认经过和结果没有制作专门的规范的辨认笔录，或者辨认笔录没有侦查人员、辨认人、见证人的签名或者盖章的。④辨认记录过于简单，只有结果没有过程的。⑤案卷中只有辨认笔录，没有被辨认对象的照片、录像等资料，无法获悉辨认的真实情况的。

（三）证明力判断

（1）最高院《刑事诉讼法解释》第90条第1款规定："对辨认笔录应当着重审查辨认的过程、方法，以及辨认笔录的制作是否符合有关规定。"

（2）最高院《刑事诉讼法解释》第91条第1款规定："对侦查实验笔录应当着重审查实验的过程、方法，以及笔录的制作是否符合有关规定。"公安部《刑事程序规定》第216条规定："为了查明案情，在必要的时候，经县级以上公安机关负责人批准，可以进行侦查实验。对侦查实验的经过和结果，应当制作侦查实验笔录，由参加实验的人签名。必要时，应当对侦查实验过程进行录音或者录像。进行侦查实验，禁止一切足以造成危险、侮辱人格或者有伤风化的行为。"

九、对视听资料、电子数据的审查与判断

视听资料是存储作为证明案件事实的音像、活动影像和图形的录音磁带、录像带、电影胶片,包括录音和影像资料。[1]电子数据是案件发生过程中形成的,以数字化形式存储、处理、传输的,能够证明案件事实的数据。电子数据包括但不限于下列信息、电子文件:(一)网页、博客、微博客、朋友圈、贴吧、网盘等网络平台发布的信息;(二)手机短信、电子邮件、即时通信、通讯群组等网络应用服务的通信信息;(三)用户注册信息、身份认证信息、电子交易记录、通信记录、登录日志等信息;(四)文档、图片、音视频、数字证书、计算机程序等电子文件。以数字化形式记载的证人证言、被害人陈述以及犯罪嫌疑人、被告人供述和辩解等证据,不属于电子数据。

(一)审查内容

根据最高院《刑事诉讼法解释》第92条、两院三部《办理死刑案件证据规定》第92条等规定,对视听资料、电子数据的审查应当着重审查以下内容:

1. 对视听资料应当着重审查以下内容

(1)是否附有提取过程的说明,来源是否合法。

(2)是否为原件,有无复制及复制份数;是复制件的,是否附有无法调取原件的原因、复制件制作过程和原件存放地点的说明,制作人、原视听资料持有人是否签名或者盖章。

(3)制作过程中是否存在威胁、引诱当事人等违反法律、有关规定的情形。

(4)是否写明制作人、持有人的身份,制作的时间、地点、条件和方法。

(5)内容和制作过程是否真实,有无剪辑、增加、删改等情形。

(6)内容与案件事实有无关联。

对视听资料有疑问的,应当进行鉴定。

2. 对电子数据应当着重审查以下内容

(1)是否随原始存储介质移送;在原始存储介质无法封存、不便移动或者依法应当由有关部门保管、处理、返还时,提取、复制电子数据是否由二人以上进行,是否足以保证电子数据的完整性,有无提取、复制过程及原始存储介质存放地点的文字说明和签名。

---

[1] 陈光中主编:《证据法学》(第3版),法律出版社2015年版,第205页。

（2）收集程序、方式是否符合法律及有关技术规范；经勘验、检查、搜查等侦查活动收集的电子数据，是否附有笔录、清单，并经侦查人员、电子数据持有人、见证人签名；没有持有人签名的，是否注明原因；远程调取境外或者异地的电子数据的，是否注明相关情况；对电子数据的规格、类别、文件格式等注明是否清楚。

（3）电子数据内容是否真实，有无删除、修改、增加等情形。

（4）电子数据与案件事实有无关联。

（5）与案件事实有关联的电子数据是否全面收集。

对电子数据有疑问的，应当进行鉴定或者检验。

（二）证据能力判断

1. 非法证据判断

参见本书第五章相关内容

2. 真实性存疑证据判断

（1）两院三部《办理死刑案件证据规定》第28条规定，视听资料经审查或者鉴定无法确定真伪的，不能作为定案的根据。

（2）最高院《刑事诉讼法解释》第94条第1项、两院三部《电子证据规定》第28条规定，电子数据具有下列情形之一的，不得作为定案的根据：①视听资料、电子数据经审查无法确定真伪的，不得作为定案的根据。②电子数据系篡改、伪造或者无法确定真伪的。③电子数据有增加、删除、修改等情形，影响电子数据真实性的。

3. 瑕疵证据判断

（1）最高院《刑事诉讼法解释》第94条第2项规定，视听资料、电子数据制作、取得的时间、地点、方式等有疑问，不能提供必要证明或者作出合理解释的，不得作为定案的根据。

（2）两院三部《电子证据规定》第27条规定，电子数据的收集、提取程序有下列瑕疵，经补正或者作出合理解释的，可以采用；不能补正或者作出合理解释的，不得作为定案的根据：

第一，未以封存状态移送的。两院三部《电子证据规定》第18条规定："收集、提取的原始存储介质或者电子数据，应当以封存状态随案移送，并制作电子数据的备份一并移送。对网页、文档、图片等可以直接展示的电子数据，可以不随案移送打印件；人民法院、人民检察院因设备等条件限制无法直接展示电子数据的，侦查机关应当随案移送打印件，或者附展示工具和展示方法说明。对冻结的电子数据，应当移送被冻结电子数据的清单，注明类别、文件格式、冻结主体、证据要点、相关网络应用账号，并附查看工具和方法的说明。"第19条规定："对侵入、非法控制计算机信息系统的程序、工具以及计算机病毒等无法直接展示的电子数据，应当附电子数据属性、功能等情况的说明。对数据统计量、数据同一性等问题，侦查机关应当出具说明。"

第二，笔录或者清单上没有侦查人员、电子数据持有人（提供人）、见证人签名或者盖章的。两院三部《电子证据规定》第7条规定："收集、提取电子数据，应当由二名以上侦查人员进行。取证方法应当符合相关技术标准。"第14条规定："收集、提取电子数据，应当制作笔录，记录案由、对象、内容、收集、提取电子数据的时间、地点、方法、过程，并附电子数据清单，注明类别、文件格式、完整性校验值等，由侦查人员、电子数据持有人（提供人）签名或者盖章；电子数据持有人（提供人）无法签名或者拒绝签名的，应当在笔录中注明，由见证人签名或者盖章。有条件的，应当对相关活动进行录像。"第15条规定："收集、提取电子数据，应当根据刑事诉讼法的规定，由符合条件的人员担任见证人。由于客观原因无法由符合条件的人员担任见证人的，应当在笔录中注明情况，并对相关活动进行录像。针对同一现场多个计算机信息系统收集、提取电子数据的，可以由一名见证人见证。"第24条中规定：对收集、提取电子数据是否合法，应当着重审查收集、提取电子数据是否由二名以上侦查人员进行，取证方法是否符合相关技术标准；收集、提取电子数据，是否附有笔录、清单，并经侦查人员、电子数据持有人（提供人）、见证人签名或者盖章；没有持有人（提供人）签名或者盖章的，是否注明原因；是否依照有关规定由符合条件的人员担任见证人，是否对相关活动进行录像。《公安机关办理刑事案件程序规定》第63条中规定：视听资料、电子数据的复制件，应当附有关制作过程及原件、原物存放处的文字说明，并由制作人和物品持有人或者物品持有单位有关人员签名。

第三，对电子数据的名称、类别、格式等注明不清的。两院三部《电子证据规定》第24条中规定：对收集、提取电子数据是否合法，应当着重审电子数据的类别、文件格式等是否注明清楚。第22条中规定：对电子数据是否真实，应当着重审查电子数据是否具有数字签名、数字证书等特殊标识等。

（三）证明力判断

1. 视听资料证明力判断

根据最高院《刑事诉讼法解释》第92条等规定并结合司法实践，以下视听资料作为定案证据应当慎重：

（1）视听资料不是原件的。

（2）视听资料的复制件没有附有无法调取原件的原因的。

（3）视听资料的复制件缺少制作过程和原件存放地点说明的，制作人、原视听资料持有人没有签名或者盖章的。

（4）没有写明制作的时间、地点、条件和方法的。

（5）内容和制作过程不真实，存在剪辑、增加、删改等情形的。

（6）内容与案件事实无关联的。

对视听资料有疑问的，应当进行鉴定。

2. 电子数据证明力判断

最高院《刑事诉讼法解释》第93条、两院三部《电子证据规定》第22等规定并结合司法实践，将以下电子数据作为定案证据应当慎重：

（1）未扣押封存电子数据原始存储介质的。两院三部《电子证据规定》第8条规定："收集、提取电子数据，能够扣押电子数据原始存储介质的，应当扣押、封存原始存储介质，并制作笔录，记录原始存储介质的封存状态。封存电子数据原始存储介质，应当保证在不解除封存状态的情况下，无法增加、删除、修改电子数据。封存前后应当拍摄被封存原始存储介质的照片，清晰反映封口或者张贴封条处的状况。封存手机等具有无线通信功能的存储介质，应当采取信号屏蔽、信号阻断或者切断电源等措施。"

（2）提取的电子数据。两院三部《电子证据规定》第9条规定："具有下列情形之一，无法扣押原始存储介质的，可以提取电子数据，但应当在笔录中注明不能扣押原始存储介质的原因、原始存储介质的存放地点或者电子数据的来源等情况，并计算电子数据的完整性校验值：（一）原始存储介质不便封存的；（二）提取计算机内存数据、网络传输数据等不是存储在存储介质上的电子数据的；（三）原始存储介质位于境外的；（四）其他无法扣押原始存储介质的情形。对于原始存储介质位于境外或者远程计算机信息系统上的电子数据，可以通过网络在线提取。为进一步查明有关情况，必要时，可以对远程计算机信息系统进行网络远程勘验。进行网络远程勘验，需要采取技术侦查措施的，应当依法经过严格的批准手续。"

（3）采取打印、拍照或者录像等方式固定的相关证据。两院三部《电子证据规定》第10条规定："由于客观原因无法或者不宜依据第8条、第9条的规定收集、提取电子数据的，可以采取打印、拍照或者录像等方式固定相关证据，并在笔录中说明原因。"

（4）冻结的电子数据。两院三部《电子证据规定》第12条规定："冻结电子数据，应当制作协助冻结通知书，注明冻结电子数据的网络应用账号等信息，送交电子数据持有人、网络服务提供者或者有关部门协助办理。解除冻结的，应当在三日内制作协助解除冻结通知书，送交电子数据持有人、网络服务提供者或者有关部门协助办理。冻结电子数据，应当采取以下一种或者几种方法：（一）计算电子数据的完整性校验值；（二）锁定网络应用账号；（三）其他防止增加、删除、修改电子数据的措施。"

（5）收集程序、方式不符合法律及有关技术规范的；电子数据的收集、提取过程无法重现的；远程调取境外或者异地的电子数据没有注明相关情况的；对电子数据的规格、类别、文件格式等未注明清楚的。公安部《刑事程序规定》第227条规定："扣押犯罪嫌疑人的邮件、电子邮件、电报，应当经县级以上公安机关负责人批准，制作扣押邮件、电报通知书，通知邮电部门或者网络服务单位检交扣押。"两院三部《电子证据规定》第16条规定："对扣押的原始存储介质或者提取的电子数据，可以通过恢复、破解、统计、关联、比对等方式进行检查。必要时，可以进行侦查实验。电子数据检查，应当对电子数据存储介质拆封过程进行录像，并将电子数据存储介质通过写保护设备接入到检查设备进行检查；有条件的，应当制作电子数据备份，对备份进行检查；无法使用写保护设备且无法制作备份的，应当注明原因，并对相关活动进行录像。电子数据检查应当制作笔录，注明检查方法、过程和结果，由有关人员签名或者盖章。进行侦查实验的，应当制作侦查实验笔录，注明侦查实验的条件、经过和结果，由参加实验的人员签名或者盖章。"第24条中规定应重点审查："电子数据检查是否将电子数据存储介质通过写保护设备接入到检查设备；有条件的，是否制作电子数据备份，并对备份进行检查；无法制作备份且无法使用写保护设备的，是否附有录像。"

（6）电子数据与案件事实无关联的。两院三部《电子证据规定》第25条规定："认定犯罪嫌疑人、被告人的网络身份与现实身份的同一性，可以通过核查相关 IP 地址、网络活动记录、上网终端归属、相关证人证言以及犯罪嫌疑人、被告人供述和辩解等进行综合判断。认定犯罪嫌疑人、被告人与存储介质的关联性,可以通过核查相关证人证言以及犯罪嫌疑人、被告人供述和辩解等进行综合判断。"

(7)对电子数据有疑问的,应当进行鉴定或者检验。两院三部《电子证据规定》第17条规定:"对电子数据涉及的专门性问题难以确定的,由司法鉴定机构出具鉴定意见,或者由公安部指定的机构出具报告。对于人民检察院直接受理的案件,也可以由最高人民检察院指定的机构出具报告。"第26条规定:"公诉人、当事人或者辩护人、诉讼代理人对电子数据鉴定意见有异议,可以申请人民法院通知鉴定人出庭作证。人民法院认为鉴定人有必要出庭的,鉴定人应当出庭作证。经人民法院通知,鉴定人拒不出庭作证的,鉴定意见不得作为定案的根据。对没有正当理由拒不出庭作证的鉴定人,人民法院应当通报司法行政机关或者有关部门。公诉人、当事人或者辩护人、诉讼代理人可以申请法庭通知有专门知识的人出庭,就鉴定意见提出意见。"

十、审查诉讼文书、技术性材料的具体方法和应当注意的问题

该些材料是指拘留证、逮捕证等程序性法律文书,在越来越强调程序正义的当今时代,辩护人细致审查该些证据往往会有意外收获。在结合犯罪嫌疑人的供述与辩护、审查的结果往往可以发现是否存在非法证据、非法羁押、违法未予(超期)通知、超出办案期间、存在自首等情况,这对于辩护具有一定意义。关键还在于,如果辩护人能够抓住诉讼文书中存在的一些重大问题,在很大程度上可以以此与控方进行交易,可以不战而屈人之兵。比如,笔者承办的一起受贿罪案件,通过对笔录及相关法律文书形成时间的列表对比,提出存在证据不合法的辩护意见。

1. 李某甲供述的基本情况

卷宗材料中反映,李某甲先后在纪检和侦查机关形成11份笔录,具体情况见表6-2:

表 6-2 供述具体情况

序号	办案机关及编号	时间	地点	笔录形式	是否立案	是否供认	卷宗页码
1	侦查第1次	2012/05/26 15：20～16：20	某中心6幢甲单元104室	询问笔录	否	否	卷第148～152页
2	纪检第1次	2012/05/27 08：35～09：18	某中心6幢甲单元101室	谈话笔录	否	否	卷4第165～167页
3	纪检第2次	2012/05/27 22：00～23：20	同上	谈话笔录	否	是，但时间、过程均不符	卷4第168～170页
4	侦查第2次	2012/05/28 20：25～21：20	同上	询问笔录	否	否	卷4第153～156页
5	侦查第3次	2012/05/29 23：33～23：59	同上	询问笔录	否	是，但存在矛盾	卷4第157～160页
6	侦查第4次	2012/05/30 09：14～11：11	同上	讯问笔录	是	否	卷4第112～119页
7	侦查第5次	2012/05/30 19：18～20：15	同上	讯问笔录	是	是	卷4第120～125页
8	侦查第6次	2012/05/31 10：23～11：50	同上	讯问笔录	是	是	卷4第126～132页
9	侦查第7次	2012/06/01 09：34～10：41	某市看守所	讯问笔录	是	否	卷4第133～138页
10	侦查第8次	2012/06/14 16：45～17：27	某市看守所	讯问笔录	是	否	卷4第139～142页
11	侦查第9次	2012/07/24 10：38～11：40	某市看守所	讯问笔录	是	否	卷4第143～147页

2. 李某甲的有罪供述属于非法证据的主要理由

（1）李某甲的初期的有罪供述形成于非法羁押期间，属非法证据，后期的有罪供述是非法证据的延续，同样应予排除。

李某甲最初一次的有罪供述（该笔录由于非侦查机关形成，不得作为定案证据）形成于2012年5月27日晚，形式上属于纪检审查期间。但按照李某甲的当庭辩解，自从其接受审查，一直是侦查机关的工作人员对其审问，李某甲能够直接说明对其审问的具体人员（即一审庭前会议中出庭作证的侦查人员）。这些以纪检名义形成的笔录本身就是虚假的、不合法。为此，我们恳请法庭能够调取该段时间的录音录像，以查明该些讯问人员是否合法。

依据李某甲笔录的形成时间及李某甲当庭说明，李某甲在2012年5月26日15：20～16：20接受侦查机关询问后，当天晚上又被侦查机关传唤，直到目前人身自由一直处于受到限制状态。撇开侦查人员以纪检名义对其讯问的非法事宜，仅从证据上反映出的李某甲2012年5月28日20：25～21：20接受侦查人员的询问来看，至5月30日侦查机关对其立案时止，李某甲被限制人身自由的时间已经远远超过12小时。《刑事诉讼法》第119条第2、3款规定："传唤、拘传持续的时间不得超过12小时；案情特别重大、复杂，需要采取拘留、逮捕措施的，传唤、拘传持续的时间不得超过24小时。不得以连续传唤、拘传的形式变相拘禁犯罪嫌疑人。传唤、拘传犯罪嫌疑人，应当保证犯罪嫌疑人的饮食和必要的休息时间。"因此，李某甲在5月30日之前形成的5份笔录均属非法证据。

李某甲在5月30日被采取监视居住措施后，至6月1日被关押进某市看守所之前，共有3份笔录。其中在2012年5月30日09：14～11：11形成的笔录（卷4第112～119页），李某甲未作有罪供述。仅有2012年5月30日晚和31日形成的笔录为有罪供述，但这两份供述均是在非法羁押期间形成的笔录基础上形成的，具有一定的延续性，其证据内容同样是非法。辩护人认为，该些笔录是否合法应当综合其形成的过程进行审查，而不能断章取义。如果抛开该两份有罪证据的形成过程、前因后果，直接认定该两份证据的合法性，那么公平正义将无从谈起。

（2）李某甲在有罪供述形成期间，受到刑讯逼供或变相刑讯逼供。《刑事诉讼法》第50条中规定："审判人员、侦查人员、侦查人员必须依照法定程序，收集能够证实犯罪嫌疑人、被告人有罪或者无罪、犯罪情节轻重的各种证据。严禁刑讯逼供和以威胁、引诱、欺骗以及其他非法方法收集证据，不得强迫任何人证实自己有罪。"据李某甲当庭多次表示，其中羁押期间存在不让睡觉、被迫认罪等情形。李某甲及其辩护人在一审阶段已经申请并由法院启动非法证据排除程序，但庭前会议中，公诉机关为证实不存在刑讯逼供的行为，仅向法庭提供了最后一次笔录形成时的录音录像，其他笔录形成时的录音录像未能提供。辩护人认为，不属于非法证据的主要证明责任属于公诉机关，公诉机关应当提供李某甲在案期间形成的所有录音录像，在对所有录音录像进行审查后才能作出是否存在刑讯逼供的结论，公诉机关在一审庭前会议中提供的前述证据显然不足，原审判决以李某甲的有罪供述作为认定本案事实的依据不能成立。

另外需要说明，二审期间出庭侦查员曾当庭宣读李某甲在2012年5月29日形成的讯问笔录（卷4第157页），在该笔录中，侦查人员问李某甲"你现在精神状态怎么样"，李某甲回答："还好的。我睡了好几个小时，睡的还好的，刚刚才起来的。"出庭侦查员以此证明侦查人员曾经给李某甲一定的休息时间，不存在刑讯逼供的情形。但是，辩护人认为，该份笔录恰恰能够证明侦查人员曾经在正常的时间没有让李某甲睡觉。因为该份笔录的形成时间是23：33分，在这个时间应当属于正常睡觉的时间，而在这个时间之前李某甲却曾经睡了一会，说明在李某甲睡觉之前相当长的一段时间可能没有得到休息。侦查人员在此关于睡觉时间的询问存在"此地无银三百两"的嫌疑，这也在一定层面了印证了可能存在变相刑讯逼供情形。

十一、制作满足办理案件需求的阅卷笔录

实践中存在有些律师对制作阅卷笔录的重要性认识不足的情形，甚至有的律师仅凭一份《起诉书》结合会见被告人后就出庭辩护，这种做法不仅是对被告人严重不负责任，而且辩护效果不理想。也有很多律师虽然在主观上想制作科学的阅卷笔录，但面对大量的案卷材料感觉千头万绪，无从下手，看过两遍后，凭记忆参加开庭，结果在紧张地庭审过程中抓不到重点和关键环节。前述两种情况均不利于全面、深入地进行辩护工作。刑事案件的侦查卷宗材料一般比较多，少则数卷，多则数十卷甚至上百卷。因此，如果要对案情具体、准确地把握，辩护人必须在阅侦查卷时制作详尽的阅侦查卷笔录。这不仅便于辩护人在分析案件、开庭审理时及时地找到需要的证据材料，同时全面把握案件、对于审查是否存在非法证据、对案件进行纵向和横向的比较分析等具有重要影响。如果能够通过阅卷、制作阅卷笔录后，在强大控方材料中找到为我所用的证据或相关的漏洞，一般均能取得良好的辩护效果。

（一）制作阅卷笔录的基本要求

如前文所述，辩护人在制作阅卷笔录前应认真详细地阅读《起诉书意见》或《起诉书》。该些文书是侦查机关、公诉机关对案卷材料提炼的结果，比较全面地反映了被告人被指控的犯罪事实和公诉方的主要观点，是刑辩律师首先需要把握的主线及需要瞄准的"镖靶"。辩护人应认真阅读并理解《起诉意见书》《起诉书》中的每一个字眼。然后制作阅卷笔录，具体要求如下：

（1）阅卷笔录的结构应当完整。一份完整的阅侦查卷笔录应当包括标题、阅卷笔录制作人、阅卷时间、卷宗材料的具体内容等。

（2）阅侦查卷笔录在形式上应便于查找证据材料。制作阅卷笔录的目的之一就在于方便辩护律师在短时间内找到自己需要的材料。实践中来看，制作概览性阅侦查卷笔录容易实现前述目的。这项工作虽然看似简单，但必不可少，且需要辩护律师投入一定时间来完成。

（3）阅卷笔录的内容应当简明扼要但又不失全面和细节。阅卷笔录本身就是对大量卷宗材料从事的减法工作，是以全案材料的浓缩，简明扼要是阅卷笔录的基本原则。简明扼要要求辩护律师善于对案件材料进行抽象和概括。不过，要求阅卷笔录简明扼要绝不是意味着阅卷笔录草草了事或仅仅限于形成结构性材料。阅卷笔录必须能够明确体现出案件中主要矛盾，体现控辩双方的主要理由、观点和依据及双方可能存在的争议焦点。阅侦查卷中要详细记录对被告人不利或有利的事实、证据，需要进一步核实或查明的问题等。这将是以后形成科学、合理的辩护观点的前提和基础。

（二）阅侦查卷笔录的分类

按照阅侦查卷笔录用途的不同，可以将阅卷笔录分成概览式阅侦查卷笔录和专题式阅侦查卷笔录。

1. 概览式阅卷笔录

概览式阅卷笔录是指将就卷宗材料的标题进行列表汇总的阅卷笔录。一般可以分成两种：

第一，按照侦查卷宗本身编排的顺序制作的阅侦查卷笔录。该种类型的阅侦查卷笔录最大的优点在于方便在最短的时间内查找到相应的材料，同时也便于辩护人全面的把握案件的整体内容。需要说明，由于言词类证据与其他证据材料的内容区别较大，因此在制作阅侦查卷笔录时尽量将言词类证据的阅侦查卷笔录与其他类型证据的阅侦查卷笔录分别制作。

第二，按照同类材料形成的先后顺序制作的概览性阅卷笔录。卷宗中，侦查卷在归档时往往对同一犯罪嫌疑人或证人的不同证言按照形成时间的先后顺序装订。如果没有按照时间顺序归卷，辩护人一定要重新调整。因为，按照该些材料形成的时间顺序阅卷，往往可以发现许多意想不到的结果。如将犯罪嫌疑人关押到看守所是 5 月 20 日，而第一次在看守所讯问时间却在 5 月 18 日。再比如，按照时间进行阅卷。可以明确地发现犯罪嫌疑人从不认罪到认罪、到翻供、到再次认罪的全过程，利于对过程的重点、深入分析。如笔者于 2016 年承办的一起受贿罪案件，该案中被告人曹甲的供述笔录共有 7 份，但仅仅在 2014 年 7 月 3 日的供述中承认收受张丙 55 000 元钱款，其他供述中均予否认。很明显查明该份供述的形成过程是否合法对于正确认定本案事实具有决定影响。分析被告人曹甲 2014 年 7 月 3 日讯问笔录可以看出，曹甲在该份笔录的前期供述了如下事实：第一，分两次共计收受张丙 2000 元钱款（卷 2 第 44~45 页），并说明其在某单位审查阶段供述收受张丙 55 000 元属于虚假供述；随后，在该份笔录中，曹甲再次否认收到张丙 55 000 元钱款。但是，曹甲在该份笔录的后期供述中，突然发生根本性改变，承认了收受张丙 55 000 元钱款（卷 2 第 55 页）。按照曹甲本人的说明，其之所以在该份笔录的后期突然承认收受前述人员钱款，是由于侦查人员说过"达成取保候审意向后，我才违心讲问题的"（卷 2 第 75 页）、其作出前述供述是"有前提的，当时答应请示领导我想取保候审，才这样说的"（卷 2 第 76 页）"昨天有骗供"（卷 2 第 77 页）"我被骗了之后才供述的"（卷 2 第 87 页）。为此，辩护人三次赴相关单位观看了该份证据的同步录音录像，可以说明曹甲在形成该从笔录过程存在被诱骗等情形，属于非法证据的范畴，不能作为认定本案事实的依据。

2. 专题式阅卷笔录

专题式阅侦查卷笔录主要是围绕案件的不同事实制作。以受贿罪为例，阅侦查卷笔录至少包括被告人的主体身份、受贿每一笔数额、时间、地点、行送人等。针对每一笔受贿事实，涉及的证据包括被告人供述、证人证言、书证等，将所有与该笔事实相关的证据制作成统一的阅侦查卷笔录。专题式阅侦查卷笔录的内容应当详细，并且具有针对性。专题式阅侦查卷笔录对于辩护人准确、全面地把握事实的基本内容、审查证据是否充分等具有重要意义。制作阅卷笔录时，可以采用列表、画图等方法，从而对案件焦点问题的分析更加清楚、一目了然。由于表格中能容纳的内容有限，也可以将相关证

据的来源、位置等,直接标明在证据内容之中,既便利快捷查询和说明,又节省篇幅。比如可以采用表6-3:

表6-3 针对某一次具体笔录

对象	张某丁	日期	2015/04/16	时间	16:00~18:00
讯问人	袁某	记录人	李某	地点	某某看守所
笔录次序	第1次	卷宗位置	卷3第1~22页	阅卷人	某某律师
供述内容	（出于篇幅需要,作者将原文件进行了大幅度删减） 1. 我没有参加过长江公司的经营。（卷3第12页） 2. 分红:(1) 2010年年初的一天,我在学校知行楼的楼下遇到李某甲,李某甲告诉我,长江公司第一次分红已经分了。后来,在学校知行楼二楼小阁楼李某甲的办公室里,李某甲将2万多元给我,这2万多元外面是用报纸包着的。（卷3第13页） (2) 2011年初的一天,李某甲电话告诉我,长江公司又分红了。随后我就去找李某甲,在老人文学院食堂前面的大蓝楼一楼李某甲办公室里,李某甲给我2万多元。（卷3第13页） (3) 2012年初,李某甲电话告诉我长江公司又及分红了,你有8万多,随后我到了在老人文学院食堂前面的大蓝楼一楼李某甲办公室里,李某甲给我8万多元。（卷3第14页）				
不利之处	1. 全面供述了所有过程。 2. 供述了达成攻守同盟的过程。				
有利之处	1. 前三次从李某甲拿钱的地点不存在。 2. 其妻子拿钱的过程存在问题:第一,与李某甲证言不致:2013年初,在学校与实训车间与大蓝楼之间的通道碰到李某甲,李某甲告诉我,公司马上分红了,我帮你拿。我说我就让我爱人去拿吧。后来我就叫我妻子去公司拿的分红。第二,2014年初,李某甲电话告诉我公司要分红了,叫我去拿,我在外面办事,就让我妻子去拿的,后来我爱人去拿的,回来告诉我有5万多元。（卷3第14页）				
质证意见及应对策略	1. 调取某省万里工程学院相关人员就张某丁涉嫌受贿问题的所有调查笔录。 2. 调取李某甲办公室地点（尤其是办公室地点发生变更的时间）的说明,以证明第1次受贿地点不存在。 3. 调取该校招投标文件,以证明第2、3次地点不存在。如某省万里工程学院储物柜、椅招标书（招标书编号:××××）;某省万里工程学院实训车间屋面及地面防水改造工程招标信息、服装系实训车间屋面及地面防水改造工程招标文件（编号:××××）等。 4. 调取××区人民检察院在2015年4月16日之前,对张某丁、李某甲、钱某丙、万某等人调查形成的所有笔录。 5. 与长江公司2012年和2013年分配表上取材相关的鉴定意见。 6. 钱某丙记录的关于向学校送礼的小本本,证明里面无记载向被告人行贿。				

表 6-4 针对指控的某一笔事实

序号	指控事实	被告人供述		证人证言		物证、书证		其他
		序号	内容	序号	内容	序号	内容	
1		1		1		1		
		2		2		2		
		3		3		3		

虽然专题式阅卷笔录能够制作成表格式样最为完美，但是往往由于材料内容比较多，表格中难以容纳，也可以退而求其次做成普通文本格式。辩护人在阅卷过程中，为清晰向法庭说明问题，可以将制作的表格作为辩护词的组成部分。比如笔者承办的一起巨额财产来源不明罪案件，为说明被告人的财产来源合法，作者针对起诉书并结合其他事实制作了如下表格。正是凭借该表格，笔者的辩护观点完全获得采纳，检察机关在诉讼过程中撤回对巨额财产来源不明罪的起诉[1]，这也属于专题式阅卷笔录的一种。

表 6-5 张某的支出情况一览表

序号	地址	购/售时间	价格（单位：元）		证据页码
			控方观点	辩方意见	
1	G市某房（1）	2006/10/09	1 137 144	同意控方意见	卷2第86~88页，卷5第2~47页
2	G市某房（2）	2005/05/26	335 600	同意控方意见	卷2第86~88页，卷5第51~56页
3	A市某房（1）	2007/04/28	1 782 355	同意控方意见	卷2第86~88页，卷5第57~96页
4	A市某房（2）	2005/06/30	50 000	同意控方意见	卷2第86~88页，卷5第97~115页

---

[1] 该案被江苏省律师协会省直分会评为首届"十佳刑事辩护案件"，并入选江苏省律师协会编辑的律师年鉴。

续表

序号	地址	购/售时间	价格（单位：元） 控方观点	价格（单位：元） 辩方意见	证据页码
5	A市某房（3）	2006/09/20	393 120	同意控方意见	卷2第86~88页，卷5第116~130页
6	A市某房（4）	2004/03/03	477 470	同意控方意见	卷2第86~88页，卷5第131~146页
7	A市某房（5）	1999	59 250	同意控方意见	卷5第147~148页
8	A市某房（6）	2007/04/19	220 000	应予扣减130 000元。朱某在其笔录中说明是其委托张某购买房屋，并说明给张某130 000元购房款（见卷2第104~105页），张某亦明确承认，该130 000元有明确来源，应予以扣除，张某实际支出数额为90 000元	卷2第86~88页，卷5第150~160页
9	A市某房（7）	1997/05/31购买，2007/05/30出售	152 857	应予全部扣减。由于该房已经于2007年5月30日出售，且售房款用于购买其他房屋（如支付购买A市某房1的欠款），因此在将A市某房（1）的价款已计入支出数额的情况下，该笔钱款应扣除，否则会出现同一笔钱款两次计算的问题，因此该152 857元应予以扣除	卷6第163~186页

续表

序号	地址	购/售时间	价格（单位：元） 控方观点	价格（单位：元） 辩方意见	证据页码
10	投入股市	2001年前后	145 000	应予全部扣减。由于该些投入股市的钱款已经于2001年前后全部提出，用于购买A市某房（1）、（2）、（3）、G市某房（1）、（2）等处的房屋，因此，在将A市某房（1）、（2）等的价款已计入支出数额的情况下，该笔钱款应扣除，否则会出现同一笔钱款两次计算的问题	卷6 第187~193页
11	家庭生活支出		250 480	应予扣减100 480元。1984~1994年是按4个人计算，1994~2007是按3个人计算。该统计数据明显存在错误，以1984年为例，该年每人支出数额为500多元，事实上，当时的工资收入还没有500元，因此该数额计算过多。按照张某的供述，支出数额为150 000元	支出过多
12	退还王某	案发后	50 000	同意控方意见	
13	经济开发区房产	1998年购买，2002年出售。	20 000	应予全部扣减。由于该房已经于2002年4月出售，且售房款用于购买其他房屋，如G市某房（1）、A市某房（1）、（2）等，因此在G市某房（1）、A市某房（1）的价款已计入支出数额的情况下，该笔钱款应扣除，否则会出现同一笔钱款两次计算的问题，因此应予以扣除	卷2第86~88页，卷2第191页

续表

序号	地址	购/售时间	价格（单位：元）		证据页码
			控方观点	辩方意见	
14	上海路房屋被拆迁房屋的支出	2004年购买，2003年7月前后拆迁。	400 000	应予全部扣减。由于该房已经于2003年7月前后被搬迁，拆迁补偿款用于购买其他房屋等，因此在上述房屋的价款已计入支出的情况下，该笔钱款应扣除，否则会出现同一笔钱款两次计算的问题	卷6第153~160、161、162页
15	天地食府	1988年扩建	19 000	应予全部扣除。这些钱是张某岳父出资修建，该笔钱款应当扣除	卷5第149页
16	礼尚往来		30 000	应予全部扣除。因为已经在支出中按照政府统计数据计算了家庭支出情况，这笔包含在家庭支出数额中，因此应予以扣除	
17	借给C公司		200 000	应予扣除其中的100 000元。因为该钱款已经被计入贪污罪，且张某借给C公司的数额为100 000元	补充侦查卷
	总计支出		控方支出总计：5 722 276	辩方认为应当扣除的数额为：1 097 337元，最终支出数额为：4 624 939元	

表6-6 张某的收入情况一览表

财产来源	时间	数额（单位：元）		证据及说明
		控方	辩方	
一、工资性收入：1 373 124				
张某岳父的工资等收入	1932~1993	13 860	50 000	控方证据不足，其岳父作为一名具有行政领导职务的领导，其40年的收入绝不仅仅为13 860元，这个收入比一个普通农民的收入还要低
其妻子的工资等收入		255 789	353 124	从A市市政府出示的证据看，其妻子从1994~2008年7月的工资收入已经达到317 007.38元（卷6第68~81页），再加上1994年以前的工资，其妻子的工资收入远远超过控方认定的数额。辩方计算的数额至少为353 124元，其妻子的部分收入未能在单位的证明中体现出来
张某工资等收入	1972~2008	409 761	730 000	从A市市政局出具的证明看，张某在1998~2008年的工资收入已经达到440 722.45元（卷6第136页）。辩护人统计从1988年10月1日以来的工资收入为：495 889.75元（卷6第86~136页）。另外再加上张某自1972~1988年的工资（该些收入控方未有证据证明），这些收入大大超出控方计算收入数额。另由于张某在单位中领取的部分收入没有入账，再加上张某参加工程项目的论证费、评审费、验收费、工程师资质使用费等，其收入为730 000元

续表

财产来源	时间	数额（单位：元）		
		控方	辩方	证据及说明
女儿的工资收入	2000~2006	无	240 000	其女儿所在单位的证明（辩护人证据）。张某的女儿，在婚前一直与张某生活在一起，并将工资交给张某，因此其收入应当具有合法来源
综合前表，辩方计算的结果比控方多出：683 714				
二、经营性收入：1 804 387				
天地食府房租和开饭店收入、转让费等	1986~2008	379 000	379 000	公诉人在开庭时明确同意这一收入数额
经济开发区房屋买卖及租金	1989~2002	121 000	137 600	1. 买卖差价获利润 80 000 元＝卖出价 100 000 元－购买价 20 000 元。（该房屋实际出卖价格是 100 000 元，合同上写的是 86 000 元。控方仅有证人证言，缺少书面证据，应以张某所述为准。） 2. 租金 57 600 元＝1989 年~2002 年的租金，每月 300 元。（卷 2 第 191 页）
A 市某房屋（3）的租金	1996~2002	无	60 000	李某在 1996~2002 年期间租用该房屋，租金共约 6 万多元。（辩护人证据第 26 页）
A 市某房屋（4）买卖利润及房租	1997/05/31~2007/05/30	340 000	386 787	1. 房价买卖差额 410 000－148 213＝261 787 元；（卷 6 第 163~186 页），谷某证明房屋的购买总价为 410 000 元，非在控方认定（房产局备案的 300 000 元，见辩方提供的证据） 2. 租金 125 000 元：从 1996 年 10 月~2006 年 10 月，每月租金 1000 元，计 12 万余元

第六章 审查证据的原则、方法与展开

续表

财产来源	时间	数额（单位：元）		证据及说明
		控方	辩方	
				（控方同意）。相关证据见鲁某的证言（辩护人证据第28页），证明其从2002年2、3月份~2006年7月，租该房屋，租金每月1000元，共计5万多元
A市某房屋（3）的租金	2003/10~2008/04	9800	108 000	1. 张某证实从2003年10月~2008年4月，每月2000元。 2. 范某证言。证明是从张某处租的房屋，但具体是哪套房屋不明确。租金每月2000元。租2年，从2007年10份~2009年10月10日。（卷2第175~176页）；书证（卷2第177页）
A市某房屋（2）的租金	2004/03~2008/04	25 500	54 000	2005年7月~2008年4月，每月租金1500元（辩护人证据第32~40页），共计54 000元
A市某房屋（5）的租金	2005/06~2008/04	无	47 800	1. 张某证实：2005年6月~2008年4月，其中每月租金1500元，18个月计27 000万元；每月1300元，16个月计20800万元。 2. 余某证言。租用该门面房，月租1200元，从2007年12月31日至2008年6月17日，并且证明是从王某转租。而王某的租赁合同（卷2第184页）证明租期从2007年8月1日开始。（卷2第182~183页）

续表

财产来源	时间	数额（单位：元）		证据及说明
		控方	辩方	
A市某房屋（6）的租金	2005/11~2008/05	36 000	55 800	1. 张某证实：2005年11月~2008年5月，31个月，每月租金1800元 2. 周某证言。证明租用该房子，每个月1800元，从2006年10月8日到2008年10月8日。（卷2第178~180页）
A市某房屋（7）的租金	2007/04~2008/04	14 400	14 400	1. 张某证实：2007年4月~2008年4月，12个月，每月1200元。 2. 陈某证言，证明从2007年6月1日起至2008年5月30日止，每月租金1200元，用于经营网吧。（卷2第186~189页）
炒租门面房收入	1995；1996；1998	无	313 000	1. 1996年汇通市场一区一楼门面房转租转让费88 000元；（见辩护人证据第44~45页） 2. 1995年五区一间门面房3年租金加转让费100 000元（租金45 000元+50 000元转让费）（见辩护人证据第46页） 3. 军分区布匹市场东入口处两间门面房，1995年转让转租费60 000元（见辩护人证据第41页）；西出口处一间门面房1998年转让费65 000元（见辩护人证据第42页）

续表

财产来源	时间	数额（单位：元）		证据及说明
		控方	辩方	
投资挖掘机分红	2003~2006	无	52 000	与张某合股投资 70 000 元挖掘机，2003~2006 年初退股，分红 52 000 元（见辩护人证据第 47 页）
代销川酒、双沟洋酒	2002~2003	40 000	88 000	1. 供销川王酒收入五六万元（见辩护人证据第 48 页） 2. 代销双沟、洋河酒收入 28 000 元。张某证实在 1990 年前后，找人购和卖，约收入 28 000 元
与李某合伙开饭店		无	80 000	李某证实，与张某共同开饭店，4 年分红给张某 80 000 元。（见辩护人证据第 49 页）
买卖古钱币（银元）	1996	无	28 000	张某说明，1996 年在西大街买卖古钱币，共赚约 28 000 元
三、拆迁补偿：1 160 000				
上海路小区周某的拆迁补偿款		1 090 445	1 160 000	拆迁补偿中有 70 000 元是政府补贴的，控方认定的数据没有体现出来，比实际补偿的要少。对此可以从卷 6 第 153~162 页中反映出来，真实的拆迁补偿数额为 1 160 000 元

续表

财产来源	时间	数额（单位：元）		
		控方	辩方	证据及说明
四、炒股炒邮票收入：465 349				
炒邮票	1980~1993	260 000	260 000	公诉人明确认同这一数额
炒股票		205 349	205 349	公诉人明确认同这一数额
五、历年存款利息：500 000				
存款利息	从结婚时到2004	500 000	500 000	公诉人明确认同这一数额
六、住房公积金提取：82 000				
住房公积金提取		82 000	82 000	公诉人明确认同这一数额
七、外借款：280 000				
朱某		无	130 000	见辩护人证据第19页
李某		无	50 000	见辩护人证据第21~23页
姜某		50 000	50 000	公诉人明确认同这一数额
候某		无	50 000	见辩护人证据第58~59页
八、其他人情往来、礼金约：357 000				
财产来源	时间	数额（单位：元）		
		控方	辩方	证据及说明
儿子上大学收入		160 000	357 000	儿子的证言亦证实这一点（辩护人卷第3~4页）
儿子读研究生收入				
女儿20岁生日				其他证据详见辩护人证据第60~96页。该些证据是收集到的证据（仅这些证据已经证明收入为：207 690元），大量收入的证据由于时间等原因无法提取，但张某说明其人情往来收入357 000元应当予以确认
女儿结婚礼金				
儿女20年压岁钱				
妻子50岁生日				
夫妻多年住院等慰问金				
搬家收礼金				

第六章 审查证据的原则、方法与展开

续表

财产来源	时间	数额（单位：元）		证据及说明
		控方	辩方	
九、岳父离休、去世丧葬费等约：75 000				
岳父离休建房安置费		70 000	75 000	张某明确说明这一收入为75 000元，应以张某说明为准
岳父去世丧葬费等				
十、起诉机关认定张某涉嫌的受贿、贪污额为：530 890				
张某涉嫌的受贿数额和贪污数额		342 000	530 890	控方认为，张某涉嫌收受贿赂330 890元，贪污数额为200 000元，不论这些钱款是否构成受贿或贪污，均应计入收入范畴，不属于财产来源不明，控方在计算时存在错误
结论		4 667 604	6 627 750	结合张某的支出数额为：4 624 939元，张某的收入数额比支出多出：2 002 811元。指控的巨额财产来源不明罪不能成立

POSTSCIPT
后 记

本书从 2014 年开始动笔后，其间有两年时间居然未多一字，直到 2017 年下半年复工。无论任何理由均难以掩饰自己遇事拖拉的恶习。虽然自己曾经认为理解了它的含意和恶果，但按照王阳明先生"知行合一"的观点，自己还是没有真正知道，没有行动，就没有"知行合一"。

复工过程却让我获得别样的感受，即在短短的两年多期间里，我国刑事诉讼的相关立法发展迅速。一方面体现为刑事司法程序的规范化、科学化获得长足进步。诸如非法证据排除程序、庭审程序的完善等。许多立法已经走到了辩护实务的前列，对辩护方法起到引导作用，以至于不得不对已经完稿的内容大幅度修改；另一方面体现为辩护权在立法上不断得到加强。诸如《律师法》的修订、最高人民检察院发布《关于依法保障律师执业权利的规定》、最高人民法院发布《关于依法切实保障律师诉讼权利的规定》，直到 2018 年 4 月 21 日最高人民法院、司法部发布《关于依法保障律师诉讼权利和规范律师参与庭审活动的通知》。该通知着眼于构建法官与律师之间彼此尊重、相互支持、相互监督的良性互动关系，重点对庭审阶段的律师权利保障作出规定，使律师参与庭审活动更加有章可循。前述规定在以审判为中心的司法改革的统一引导下，必将为刑事辩护律师提供更加广阔的辩护空间。作为刑辩律师，既应为欢欣鼓舞，亦应自觉承担起更多地责任。

感谢陈兴良教授、孙国祥教授、劳东燕教授在百忙之中览阅本书并作出宝贵评论。本书在写作过程中，得到家人、辩护团队成所有成员万朝发、周劲松、袁小勇、赵洵、尹婕律师的大力支持，他们是本书最早的读者，并提出了诸多具有建设性意义的意见。我的同事赵彤教授、李昌庚教授、何峰律

后 记

师以及研究生时期的同学张保军、孟伟、刘敏为本书的出版提供重要帮助。本书的责任编辑丁春晖先生认真负责的态度和耐心细致的工作精神让人深为敬佩！感谢南京市重点学科应用经济学（培育学科）学科〔宁教高师（2017）〕项目为本书的出版提供的支持。感谢我们的乒乓球队、"行知天下"登山队，正是这些"眼里天堂，脚下地狱"的行走，为写作保证了充沛的体力。当然，今天的一切还得益于所有老师的教育和帮助，至今能清晰得从小学一年开始所有老师的名字和音容笑貌，师恩永不会忘！尤其感慨于2017年初与本科的老师华东政法大学教授刘宪权先生共同出庭辩护的情景，回想起大学时期的青涩时光，回想起去年已经仙逝的傅鼎生教授，想起大学时期的班主任欧亚老师和其他50名同学，唏嘘不已！

限于本人能力和水平，本书存在许多不足，甚至某些观点和内容不一定正确。尤其对本书第五章、第六章文稿进行修改过程中，多次推翻已有的整体结构、数易其稿，但总是难以满意；对其中的证据审查层次是否科学、准确，每一层次中安排的内容是否合理，至交稿时仍极为忐忑。确切地讲，将本书定义为本人多年办案的总结更为合适。若由此给读者带来误导，将深表歉意，恳请各位予以批评指正。

刘绍奎

2018年5月7日初写

2018年10月28日改订于南京